LES COMPACTS

LES COMPACTS

1. **Les œuvres ~ clés de la musique**
   Jean-Jacques Soleil et Guy Lelong
   Préface de Maurice Fleuret
2. **Les grandes découvertes de la science**
   Gerald Messadié
4. **Les films ~ clés du cinéma**
   Claude Beylie
5. **Les grandes affaires criminelles**
   Alain Monestier
7. **Les grandes figures des mythologies**
   Fernand Comte
8. **Les acteurs français**
   André Sallée
9. **Les grandes inventions de l'humanité**
   Gerald Messadié
10. **Les maîtres spirituels**
    Jacques Brosse
11. **Le cinéma de Hollywood**
    Philippe Paraire
13. **Les grandes inventions du monde moderne**
    Gerald Messadié
14. **L'histoire de France des origines à 1914**
    Pierre Bezbakh
15. **Les maîtres de l'occultisme**
    André Nataf
16. **Les grands créateurs de jazz**
    Gérald Arnaud et Jacques Chesnel
    Préface de Claude Nougaro
17. **Florilège de la chanson française**
    Jean-Claude Klein
18. **50 ans de musique rock**
    Philippe Paraire
    Préface de José Artur
20. **Les maîtres du cinéma français**
    Claude Beylie et Jacques Pinturault
21. **Histoire de la France contemporaine de 1914 à nos jours**
    Pierre Bezbakh
22. **Les livres sacrés**
    Fernand Comte
24. **Les maîtres du roman policier**
    Robert Deleuse
25. **Les souverains de la France**
    Jean-Philippe Guinle
26. **Les milliardaires de légende**
    Alain Monestier
27. **Les grands romans historiques**
    Gérard Vindt et Nicole Giraud
28. **Les grands romans du monde entier**
    Dominique Szenes
29. **Afrique - Les mots clés**
    Bernard Nantet
30. **Les controverses du christianisme**
    Tristan Hannaniel
31. **Les Europes d'avant l'Europe**
    Pierre Bezbakh
32. **Les grandes figures de la Bible**
    Fernand Comte
33. **Les musiciens du beat africain**
    Nago Seck et Sylvie Clerfeuille
34. **Étapes et techniques de l'astronautique**
    Jean-Pierre Oehmichen
35. **Les maîtres de la science-fiction**
    Lorris Murail
36. **Les maîtres du fantastique en littérature**
    François Raymond - Daniel Compère
37. **Les grandes figures du surréalisme**
    Alain et Odette Virmaux
38. **Histoire et figures du socialisme français**
    Pierre Bezbakh
39. **Les libres-penseurs**
    André Nataf
40. **Les films-phares du cinéma contemporain**
    Claude Beylie et Jacques Pinturault

Jean-Philippe Guinle

Les souverains de la France

BORDAS

Responsable d'édition : Olivier Juilliard
Édition : Gilbert Labrune
Préparation : Raymond Leroi
Correction : Nathalie Éloïse-Pillerault - Ghislaine Malandin
Iconographie : Laurence Vacher
Cartographie { conception : Jean-François Dutilh
{ réalisation : Danièle Molez
Composition et mise en pages : Lettr'im - 45000 Orléans

Achevé d'imprimer en avril 1995
sur les Presses de l'Imprimerie Jean-Lamour, 54320 Maxéville

Dépôt légal : juin 1991
Réimpressions, dépôt légal : avril 1994, mai 1995
ISBN 2-04-027060-4
ISSN 0985-505X

Sommaire

« Le roi de France ne reconnaît pas de supérieur au temporel. »

Innocent III (1202)

« Le roi ne tient de nelui, fors de Dieu et de soi. »

Établissements de Saint Louis (1270)

« Le roi de France est empereur en son royaume. »

Guillaume de Plaisians (début du XIVe siècle)

« Le royaume et le choix des princes appartiennent au peuple. Il n'est pas permis au roi de changer ce qui a été ordonné quant à la Constitution du royaume. »

Jean de Terre-Vermeille (1419)

« Je veux que vous conveniez que l'État est la chose du peuple, qu'il l'a confiée aux rois, et que ceux qui l'ont eue par force ou autrement, sans aucun consentement du peuple, sont censés tyrans et usurpateurs du bien d'autrui. »

Philippe Pot (1484)

« Pour parler des freins par lesquels la puissance absolue des roys de France est réglée, j'en trouve trois, le premier est la religion, le second la justice, et le tiers la police... »

Claude de Seyssel (1519)

« La monarchie est une sorte de république en laquelle la souveraineté absolue gist en un seul prince. »

Jean Bodin (1576)

« Le roi est seul souverain en son royaume ; et la souveraineté n'est non plus divisible que le point en la géométrie. »

Cardin Le Bret (1632)

« Il est important au public de n'être gouverné que par un seul. C'est pervertir l'ordre des choses que d'attribuer les résolutions aux sujets et la déférence au souverain. »

Louis XIV (1666)

« C'est en ma personne seule que réside la puissance souveraine, dont le caractère propre est l'esprit de conseil, de justice et de raison. »

Louis XV (1766)

« Premier consul, empereur, j'ai été le roi du peuple ; j'ai gouverné pour lui, dans son intérêt. »

Napoléon (1812)

Introduction

« Quand l'Histoire serait inutile aux autres hommes, il faudrait la faire lire aux princes », écrivait Bossuet au début de son *Histoire universelle* dédiée à son élève le Grand Dauphin, sans manquer cependant de préciser qu'il « serait honteux, je ne dis pas à un prince, mais en général à tout honnête homme, d'ignorer le genre humain et les changements mémorables que la suite des temps a faits dans le monde » .

C'est à cet « honnête homme » au sens de notre XVIIe siècle, c'est-à-dire à l'homme désireux d'acquérir sans pédanterie toutes les « belles connaissances », que la présente histoire de nos souverains est destinée.

Nous n'ignorons pas que centrer ainsi notre histoire sur la personne même de nos souverains va à l'encontre de la mode qui, en réaction à une histoire trop scolaire (les rois, les batailles, les dates), juge que « les batailles et les émeutes, les crises dynastiques et les décisions du pouvoir peuvent être généralement tenues pour une effervescence de surface, et que les ressorts profonds de l'Histoire sont ailleurs, dans l'aménagement des forces productives, dans la manière dont furent réparties d'âge en âge entre les hommes la puissance et les richesses » (G. Duby). Mais cette mode, parfaitement admissible pour la recherche de pointe, a fait trop de dégâts, en éliminant l'histoire élémentaire qui demeure la base de toute histoire solide, pour que l'on n'en revienne pas à une histoire plus soucieuse de chronologie, et aussi plus humaine.

Au demeurant, sans nier l'importance des faits sociaux ou du jeu des forces productives, on n'a guère trouvé mieux, pour symboliser les grandes époques de notre histoire, que les figures de quelques grands souverains, celle des autres, souvent bien plus pâles, les faisant d'autant mieux ressortir. L'ensemble constitue ainsi parfaitement la chaîne, parfois fragile il est vrai, de notre histoire dans sa monumentale et néanmoins problématique continuité. N'est-ce pas d'ailleurs un « leurre d'écrire l'Histoire sans tenir compte de la valeur des chefs » (P. Gaxotte), la même remarque valant pour leurs faiblesses et leurs erreurs les plus patentes : que l'on songe aux conséquences désastreuses de la révocation de l'édit de Nantes ou du renvoi de Turgot ? Peu de nos souverains furent, en tout état de cause, irréprochables et, plus rares encore sont ceux qui, tels Saint Louis ou Louis XIV, réussirent à attacher leur nom à un siècle. Mais l'un des miracles de notre histoire n'en est pas moins d'avoir presque toujours rencontré, dans les pires difficultés, l'homme de la situation, même si c'est seulement l'histoire *postérieure* qui, non sans une part d'illusion rétrospective, a pu le reconnaître.

Nous ne prétendons pas pour autant réduire, pour la période envisagée, notre histoire à celle de nos rois, mais il y en eut, malgré tout, d'assez prestigieux pour que l'on puisse, sans exagération, les ranger parmi ces grands hommes dont Hegel a dit qu'ils « veulent leur œuvre parce qu'elle correspond à l'époque », si bien que « les autres se rassemblent autour de leur bannière ». Rassembleurs de terres autant que d'hommes – et tout d'abord par le jeu habilement utilisé des règles féodales –, tels furent en tout cas la plupart de nos premiers monarques, même s'il ne furent pas immédiatement des *souverains* au sens où nous l'entendons de nos jours

Le titre de souverain

Le titre de souverain donné ici à nos rois depuis Hugues Capet ne doit pas égarer. C'est une commodité de vocabulaire qui anticipe sur la souveraineté moderne. En effet le mot « souverain » (du comparatif *superanus* qui a donné aussi *suzerain*) a commencé par désigner le roi féodal situé au-dessus des seigneurs (le « suzerain fieffeux ») avant de marquer, après Saint Louis qui fut le dernier roi féodal, l'emprise politique de plus en plus contraignante du prince sur son royaume. Quant au concept moderne de souveraineté identifiée avec le pouvoir absolu de l'État, dans le cadre de « lois fondamentales » à respecter, il suppose l'apparition de l'État moderne et date de la fin du XVIe siècle où il fut clairement dégagé par Jean Bodin. Il avait été rendu nécessaire par la lutte entre catholiques et protestants pour le pouvoir suprême, et l'on ne doit pas oublier que, malgré son image traditionnelle plutôt bonhomme, Henri IV fut en quelque sorte notre premier souverain absolu. Au demeurant, la souveraineté absolue du prince, qui domina avec Louis XIV, a conduit, au moment de la Révolution, à celle, beaucoup plus absolue, du peuple, ce qui nous permettra d'intégrer sans rupture à notre exposé aussi bien le moment « populaire » de la Révolution (la Convention et le Directoire) que l'épisode napoléonien (à base plébiscitaire), la IIe République (1848-1852) et le second Empire, dont le fondement est demeuré populaire. Mais, si Napoléon III fut notre dernier souverain, pourquoi commencer l'histoire de nos souverains avec Hugues Capet plutôt qu'avec Clovis ou Charlemagne ?

Le début de l'histoire de France proprement dite

Il est évident que si l'on considère les événements survenus depuis la période proprement historique (600 ans environ av. J.-C.) dans notre Hexagone, notre histoire ne débute pas avec Hugues Capet. Était-elle pour autant avant lui une histoire de *France* ? Elle était à coup sûr déjà une histoire des Francs, que précédèrent sur notre sol bien d'autres peuples (voir p. 13 à 19). Mais Hugues Capet lui-même ne fut après tout, à la suite des Mérovingiens et des Carolingiens, que le troisième roi (après Eudes et Robert Ier) de la troisième race franque, celle des Robertiens (descendants de Robert le Fort). Pourquoi dès lors commencer avec lui, puisque nous savons qu'il n'avait probablement au départ aucun grand dessein politique et *a fortiori* géopolitique ? Tout simplement parce qu'en faisant élire et sacrer de son vivant, et quelques mois après son propre sacre, son fils Robert, il créait en fait une monarchie *héréditaire,* en limitant en un premier temps l'aléa d'une élection par les grands de son successeur après sa mort, et consolidait du même coup une dynastie désormais *capétienne* à laquelle un « miracle » (la présence d'héritiers mâles pendant plus de trois siècles) et une habile politique permirent de se fortifier et finalement de tenir contre vents et marées pendant quelque huit cents ans.

Il y a probablement une part d'illusion rétrospective et d'exagération dans la célébration sans nuances du « miracle capétien », surtout si on l'entend, comme certains, au sens médiéval de représentation édifiante. Mais les faits sont là, et la monarchie capétienne, par héritage la plus ancienne d'Europe (fin du ve siècle), n'en survit pas moins encore dans une certaine mesure, à la fois dans cette monarchie élective que dissimule notre régime actuel, et dans les prétentions rivales des orléanistes et des Bourbons d'Espagne, voire des bonapartistes, Napoléon étant devenu, comme on sait, le neveu par alliance de Louis XVI en épousant Marie-Louise ! On voit bien, en tout cas, que la lignée de souverains qui va de Hugues Capet à Napoléon III ne manque pas d'une certaine continuité. Même la Révolution de 1789 peut, à certains égards, lui être intégrée dans la mesure où elle n'a fait que réaliser certaines potentialités de l'Ancien Régime – étant cependant bien précisé que, en dépit de l'épopée napoléonienne et des deux Restaurations, le phénomène révolutionnaire ne pouvait à long terme qu'affaiblir le principe de la souveraineté personnelle qui disparut en même temps que le second Empire.

Limites et esprit de l'ouvrage

Dans les limites assignées notre travail n'en demeure pas moins un essai d'interprétation de notre histoire qui, sans prétendre innover à tout prix, en montrera la continuité profonde et la spécificité. Nous nous permettons donc d'en dégager, d'ores et déjà, les perspectives essentielles. Il est clair en effet que sa lecture continue fera apparaître en premier lieu le fil conducteur de notre histoire qui, sur la base même d'un fort sentiment de la « chose publique » (pas l'État au sens moderne) qui n'avait pas disparu avec la chute de l'Empire romain, n'est autre que celui de la croissance concomitante du pouvoir royal et – résultat d'une politique volontariste soucieuse avant tout d'intégrer, non sans dommages, parfois, races et minorités – du sentiment national, avec comme résultat final la souveraineté sans rivale de notre État moderne.

Il n'en convient pas moins de se méfier, ici comme toujours, d'une illusion rétrospective. Car la nécessité même de cette croissance, si indispensable à la survie de notre pays, n'est justement apparue *qu'après coup,* car elle est demeurée parfois bien aléatoire dans les faits, non cependant au point de rejeter hors d'elle et de la « vraie histoire de France », comme le voudraient certains, la Révolution de 1789. A cet égard il ne fait aucun doute que, si sa récente célébration a pu faire l'objet de controverses d'autant plus passionnées qu'il n'existe « aucun espoir de réconcilier un jour les Français autour de leur première Révolution » (P. Goubert), il se pourrait cependant que la passion même du débat n'ait témoigné en réalité chez les antagonistes que d'une foi égale en la grandeur et en la continuité nationales. Et cette foi est d'autant plus profonde et viscérale que, comme J. Maritain a pu l'écrire en plein désastre de 1940, « la France croit d'une manière indéracinable à sa vocation et il est plus facile d'arracher la peau d'un Français que de lui arracher cette foi ». Non que cette vocation, répondant aux *Gesta Dei per Francos,* puisse être réduite à une vocation religieuse. Mais on conviendra que, pour que notre pays ait pu résister à tant de vicissitudes, il fallait bien qu'il possède, et au premier chef dans la personne même de ses souverains, une vertu secrète qu'une approche plus profonde de son histoire fera apparaître.

Cette vertu n'est autre qu'une quasi miraculeuse capacité de surmonter à la fin les épreuves infligées par ses ennemis et celles dues à ses propres errements en resurgissant de l'abîme : que l'on songe, au-delà même des hasardeux débuts capétiens, à la guerre de Cent Ans ou aux guerres de Religion, et l'on verra qu'à cet égard notre histoire demeure exemplaire. Gardons-nous cependant d'afficher un triomphalisme béat qui, de nos jours, ne serait guère plus de mise que le nationalisme exacerbé du début de ce siècle. Il n'en demeure pas moins vrai que, si l'on songe aux problèmes qui attendent notre pays au seuil d'un troisième millénaire où ses habitants ne représenteront plus que 0,8 % des habitants de la planète, la connaissance de son passé, même réduite à celle des grandeurs et des faiblesses de ses souverains, se révèle indispensable.

Machiavel remarquait déjà que « les hommes sages disent que, pour prévoir l'avenir, il faut consulter le passé, parce que les événements de ce monde trouvent toujours dans le passé leur juste pendant ». Mais, loin d'en tirer une conception passéiste du présent même, il voyait plus profondément dans la connaissance approfondie du passé le gage même d'un avenir créateur, car, s'il est facile pour celui qui la possède « de prévoir ce que l'avenir réserve à chaque État, d'y appliquer les remèdes dont usaient les anciens », il l'est tout autant, « s'il n'en existe pas qui aient été employés, d'en *imaginer de nouveaux d'après la similitude des événements* ». Même si cette imagination créatrice et quelque peu paradoxale est probablement moins facile que ne l'imaginait Machiavel, il est clair qu'elle serait moins facile sans une connaissance et une méditation approfondies de l'Histoire. Puisse la présente histoire de nos souverains, que l'on ne saurait sans arbitraire dissocier de leur tâche séculaire, nous montrer que, « si la France ne s'est pas faite toute seule, elle ne se conservera pas sans efforts » (P. Gaxotte).

Des biographies séparées

Après une étude liminaire dans laquelle nous scruterons brièvement ce que P. Chaunu a nommé l'« obscure mémoire de la France », nous aborderons séparément nos souverains, en intégrant à l'étude de leurs règnes, le cas échéant, les régences ainsi que les problèmes dynastiques (changements de branche). Considérant que, dès le début du Consulat, Bonaparte est un souverain dont le règne englobe les Cent Jours, nous traiterons donc, à part, les épisodes révolutionnaires consécutifs à la chute de la royauté (la Convention et le Directoire), et la Révolution de 1848 suivie des débuts de la IIe République avant l'élection du futur Napoléon III.

Les biographies de nos différents souverains, précédées des dates de leur règne, de l'énoncé de leur état civil (naissance, mariage(s), enfants, mort) et accompagnées en note marginale de leur portrait, physique ou moral, n'obéiront pas à un schéma unique, tant l'ordre des problèmes, qu'ils ont pu rencontrer pour arriver au pouvoir, avec leurs ennemis extérieurs et intérieurs, l'Église ou l'Empire, a varié avec les règnes. La plupart des notes marginales seront consacrées aux grands hommes, aux grands événements ou aux nouvelles institutions du règne, et quelques encadrés mettront en évidence les questions fondamentales. Nous avons intégré les principales dates à notre exposé en nous efforçant, la plupart du temps, d'éviter les retours en arrière.

Indiquons également que les évidentes contraintes du présent ouvrage nous ont obligés à la plus extrême brièveté en même temps qu'à la plus scrupuleuse précision, les meilleurs ouvrages n'étant pas à l'abri (nous avons pu le constater) des erreurs de faits ou de dates auxquelles nous avons tenté, dans la mesure du possible, de remédier. Il en résultera d'inévitables simplifications qui interdisent d'assimiler notre essai à une histoire complète de la période considérée. Du moins le lecteur y trouvera-t-il un noyau solide à partir duquel, s'il est curieux, il pourra perfectionner ses connaissances.

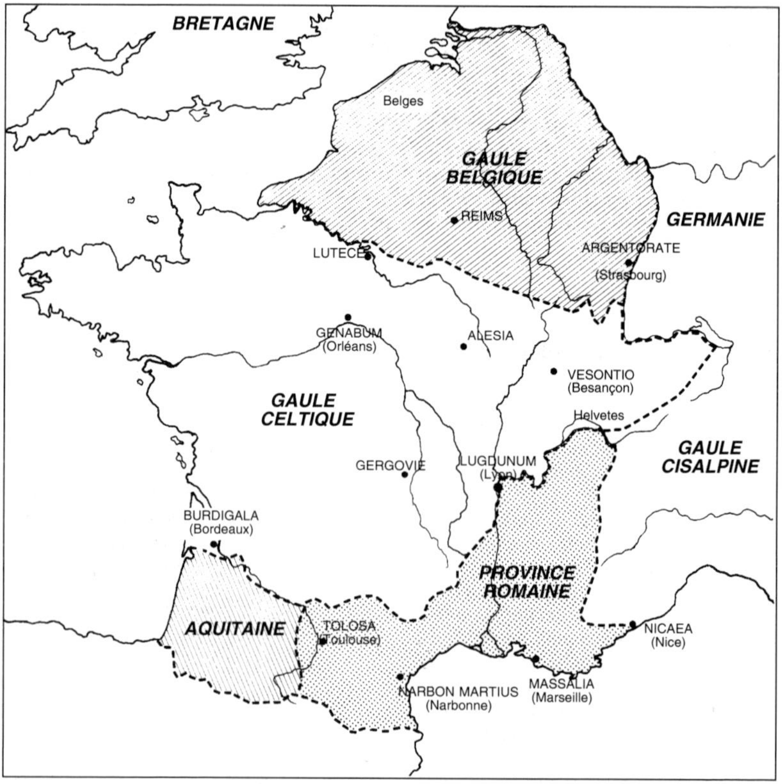

La Gaule vue par César

Cette carte montre la manière dont César percevait, en dehors de la Province romaine, les trois grandes parties de la Gaule : Belgique, Celtique et Aquitaine.

La France avant la France

Ce n'est qu'avec la fondation de Marseille en 620 av. J.-C. par des Grecs d'Asie Mineure (Phocéens) que notre Hexagone est entré dans l'histoire. Nous parlons à dessein d'« Hexagone » pour fixer un cadre géographique que de nombreux peuples sont venus remplir avant qu'il ne finisse par coïncider avec notre pays, et pour éviter de projeter sur le passé une réalité politique ultérieure – la France – difficile à dater précisément.

■ Des Celtes aux Gaulois

Lors de la fondation de Marseille, se trouvaient déjà sur notre sol – nonobstant un fonds préhistorique comprenant les Ligures (au sud-est) et les Ibères (au sud-ouest), depuis le IXe ou le VIIIe siècle, des Celtes (proto-Celtes) identifiables par leur langue et non par leur race, puisqu'ils formaient plutôt un conglomérat de peuples centré autour du Rhin, de l'Allemagne méridionale et de la Suisse. Liés à une civilisation du fer, ils ne tardèrent pas à être hellénisés sous l'influence de Marseille, comme paraît le prouver le célèbre cratère de bronze de Vix (450 av. J.-C.), si bien que notre pays entra dans le monde « civilisé » avant la conquête romaine. Il est cependant vrai que les Celtes (dont certains furent finalement nommés par les Romains, et non par eux-mêmes, Gaulois) demeurèrent à certains égards des barbares, coupeurs de têtes et amateurs de sacrifices humains, qui ravagèrent le nord de l'Italie et même Rome au début du IVe siècle av. J.-C. On comprend qu'après avoir conquis, au siècle suivant, la Gaule Cisalpine, et compte tenu de l'appui des Gaulois à Hannibal lors de la deuxième guerre punique en 218 av. J.-C., les Romains, que les Marseillais avaient appelés au secours contre les Ligures, aient songé à pénétrer au sud de la Gaule. Après avoir battu Bituit, roi des Arvernes, et annexé le territoire des Allobroges, ils finirent par y fonder en 120 av. J.-C. la Gaule Cisalpine (province romaine) avec comme capitale Narbonne. Et des Germains (Cimbres et Teutons) qui avaient envahi la Gaule furent battus par Marius en 102-107 av. J.-C., prélude à la conquête finale de la Gaule par son neveu César.

■ César et la paix romaine

On sait que c'est en réalité pour assouvir des ambitions politiques démesurées que, utilisant avec génie les problèmes tant internes qu'externes de la Gaule dont il imposa la notion (datant de la fin de la période pré-romaine), César en continua la conquête. Il saisit le prétexte d'un appel au secours des Éduens, menacés par le chef des Suèves Arioviste, au départ « ami du peuple romain », pour battre ce dernier, entreprenant, en huit campagnes annuelles, la conquête de la Gaule. Son moment fort fut – après un échec romain devant Gergovie, brillamment défendue en 52 av. J.-C. par un jeune chef arverne, **Vercingétorix,** lequel, avec l'appui des druides, réussit à jouer le rôle de chef national – la prise d'Alésia où ce dernier s'était volontairement enfermé. Cependant, la victoire de César a eu, probablement, par ses conséquences pour Rome, plus d'importance pour l'histoire mondiale que pour celle de notre pays, qu'attendaient tant de vicissitudes. Il n'en demeure pas moins que, faisant suite à la romanisation déjà accomplie de la province romaine, elle marqua le début de celle, plus difficile, de la « Gaule chevelue ». Une grande étape de la romanisation s'accomplit sous Auguste qui, après avoir confié au Sénat la Gaule Cisalpine, qui prit le nom de Gaule narbonnaise, divisa la Gaule chevelue en trois Gaules, confiées chacune à un gouverneur, l'Aquitaine, la Belgique et la Lyonnaise, avec Lyon comme capitale commune. Sous l'empereur Claude la romanisation des Gaules s'accentua, puisqu'il obtint, en 48 apr. J.-C., que les citoyens romains y résidant puissent entrer au Sénat romain. Et, en 90, l'empereur Domitien créera, pour parer aux difficultés militaires, les deux provinces de Germanie, la Germanie inférieure (capitale Cologne) et la Germanie supérieure (capitale Mayence), auxquelles on doit ajouter quatre provinces alpestres. Toutefois, cette romanisation n'avait pas empêché des révoltes gauloises sous Tibère (Sacrovir et Florus) et surtout sous Néron (Vindex, Classicus), révoltes dont l'échec signifia l'intégration définitive des trois Gaules au monde romain, que la paix du IIe siècle ne put qu'accentuer, donnant son plein essor à la civilisation gallo-romaine. Quant à l'ouverture de cette civilisation au monde méditerranéen, elle eut comme principal résultat la pénétration en Gaule de cultes orientaux (Cybèle et Mithra) et, à leur suite, celle du christianisme avec, dès 177, ses premiers martyrs lyonnais (Pothin et Blandine) et aussi notre premier théologien (de langue grecque), saint Irénée.

■ L'Empire romain face aux Barbares

Malgré un début plutôt positif qui vit l'empereur Caracalla arrêter une première invasion des Alamans (Germains dont le nom signifie « ligue de tous les hommes ») et accorder pratiquement en 212 la citoyenneté romaine à tous les hommes libres de l'Empire, le IIIe siècle fut celui des invasions les plus dangereuses et les plus destructrices pour notre pays. Dès 253, les Francs (ce qui signifie en langue germanique ceux qui sont libres de la domination romaine) et les Alamans franchirent le Rhin et, en plusieurs vagues successives, ravagèrent la Gaule, atteignant même le Midi. Pour les repousser (et non pour s'opposer à Rome), le Gaulois Postumus se proclama même en 260 empereur des Gaules, mais ses successeurs échouèrent et l'« Empire gaulois » rentra en 274 dans le giron romain, laissant à l'empereur Probus la tâche de venir à bout des envahisseurs : l'Empire romain avait frôlé la catastrophe et la Gaule s'était fortement germanisée par suite de l'installation de prisonniers. D'autre part, des agriculteurs ruinés et des esclaves (les Bagaudes, préfigurant les futures « jacqueries ») s'étaient révoltés en 270, avant d'être écrasés en 285.

Il appartenait cependant à Dioclétien de consolider et de restructurer un empire devenu difficile à défendre, par le système de la tétrarchie (deux augustes, l'un à l'Est et l'autre à l'Ouest, et deux césars correspondants) instauré en 285, et finalement de partager, avant de quitter le pouvoir, les provinces gauloises en deux « diocèses » ayant comme capitales Trèves et Vienne.

Le IVe siècle fut surtout celui des mutations religieuses, avec la fin des persécutions et la reconnaissance par Constantin du christianisme comme « religion licite » par l'édit de Milan (313). Malgré l'hérésie arienne, condamnée au concile de Nicée (325), le christianisme se développa en Gaule, avec les grandes figures de saint Hilaire et de saint Martin. Mais, après le transfert de la capitale de l'Empire à Constantinople (330), la lutte pour le pouvoir l'ébranla d'autant plus que l'empereur Constance II avait fait appel aux Barbares, avant que son neveu Julien ne les chasse et soit proclamé empereur à Lutèce en 360. Ce n'était pourtant qu'un répit, et le partage définitif de l'Empire en Empire d'Orient et Empire d'Occident à la mort de Théodose (395) ne pouvait qu'affaiblir la Gaule.

Elle fut à nouveau envahie fin 406 par les Vandales, les Suèves, les Alains, puis par les Burgondes. Ces Barbares la pillèrent pendant trois ans avant de se fixer, pour les deux premiers, en Espagne, les autres revenant ou demeurant en Gaule. En 412, ce fut le tour des Wisigoths – les « plus civilisés des Barbares » – venus des côtes baltiques par les Balkans et l'Italie et qui finirent par s'installer comme fédérés près de Toulouse. Mais l'invasion la plus spectaculaire fut celle des Huns (commandés par Attila), des Turco-Mongols venus de Hongrie, qui, après avoir atteint Paris (sans y pénétrer) et assiégé Orléans, furent vaincus en 451 aux champs Catalauniques (près de Troyes) par une coalition de Gallo-Romains et de fédérés commandée par le patrice Aetius (ancien otage d'Attila) et le Wisigoth Théodoric Ier. Après l'assassinat d'Aetius, la Gaule romaine ne put que se désagréger, et les Burgondes (tout d'abord fixés en Savoie) ainsi que les Wisigoths étendirent leur domination au détriment des Gallo-Romains. Après la chute, passée inaperçue, de l'Empire romain, quand Romulus Augustule fut déposé par Odoacre en 476, ne subsista qu'un petit État gallo-romain qu'après la défaite de Syagrius, vaincu par Clovis à Soissons en 486, les Francs annexèrent.

▪ De Clovis à Charlemagne

Petit-fils du mythique Mérovée qui donna son nom à la dynastie mérovingienne et fils de Childéric, roi fédéré des Francs Saliens (qui s'étaient installés près de Tournai alors que les Francs Ripuaires étaient installés près de Cologne), **Clovis** réussit, après sa victoire sur Syagrius, à prendre le contrôle d'une grande partie de la Gaule. Marié par politique à Clotilde, une princesse chrétienne et burgonde, il remporta en 496 près de Tolbiac (lieu et date controversés), une première victoire sur les Alamans, suivie de son baptême (peut-être sincère, celui de ses hommes étant forcé) par saint Rémi à Reims, probablement à Noël 498. Après une nouvelle victoire sur les Alamans, il écrasa à Vouillé (près de Poitiers) les Wisigoths dont le « royaume de Toulouse » s'effondra et qui se réfugièrent en Espagne. Victoire des plus importantes, puisque Clovis, devenu chrétien, avait vaincu des hérétiques (Ariens) et, en héritier légitime de Rome, avait mis fin à un rêve antagoniste de symbiose romano-gothique qui, s'il s'était réalisé, aurait changé la face de l'Occident. Avant de mourir (511), Clovis Ier eut le temps d'être reconnu comme roi par les Francs rhénans, de fixer sa capitale à Paris et de convoquer à Orléans un synode des évêques de son royaume pour faire reconnaître ses mérites chrétiens.

Mais à sa mort, et selon la coutume franque, son royaume fut partagé entre ses quatre fils (royaumes de Soissons, d'Orléans, de Paris, de Reims). Pourtant, il ne faut pas exagérer outre mesure les effets, certes néfastes, de cette patrimonialité du royaume, car, en dépit des discordes, subsista un sentiment très fort de l'unité du « royaume des Francs », chacun des fils demeurant *Rex Francorum*, et non roi de sa portion de territoire. Au demeurant, la politique franque de conquêtes se poursuivit même hors de Gaule, et le pays fut un moment réunifié sous le règne de Clotaire Ier (558-561). A sa mort cependant, le royaume fut de nouveau partagé entre ses quatre fils et, après la mort de Charibert, roi de Paris (567), sa part fut divisée entre les trois autres, et naquit alors une division du pays (qui devait persister plus d'un siècle) en trois royaumes tantôt unis, tantôt séparés : à l'Ouest, la Neustrie, située de la Somme à la Loire ; à l'Est, l'Austrasie, comprenant les pays rhénans, et au sud-est la Bourgogne, héritière de l'ancien royaume burgonde. A cette division, exacerbée par les rivalités entre reines (Frédégonde et Brunehaut) si bien racontées par Augustin Thierry, succéda, sous Clotaire II et surtout sous **Dagobert** (629-639), avec une nouvelle réunification, l'apogée de la période mérovingienne. Mais le nouveau partage du royaume entre les deux fils de ce dernier marqua le déclin de cette période, bien que l'image traditionnelle des « rois fainéants » (en réalité des enfants mineurs ou des dégénérés qui moururent jeunes) ne soit guère satisfaisante.

Le véritable problème était celui de l'inévitable prise de pouvoir par leurs maires du Palais, chargés au départ de mettre en valeur leurs domaines. Il suffit dès lors à l'un d'eux, Pépin II de Herstal, maire du palais d'Austrasie, de battre son rival de Neustrie à Tertry (687), pour que le pouvoir des Pippinides (futurs Carolingiens) se consolide, bien qu'ils aient tout d'abord laissé symboliquement la couronne aux derniers Mérovingiens. Et, après la victoire sur les Arabes de son fils (bâtard) Charles Martel à Poitiers (732) – victoire moins décisive qu'on l'a dit, puisqu'il fallut ensuite leur arracher la Provence –,

Le royaume Franc en 561
A la mort de Clotaire, il est à nouveau divisé en 4 parties dont les principales sont la Neustrie et l'Australe.

il était inévitable que, par la médiation même de son pouvoir de fait, sa dynastie devienne royale.

C'est ce qui s'accomplit en 751, lorsque après avoir assuré la paix du royaume et relégué dans un monastère Childéric III, le dernier Mérovingien, **Pépin III le Bref** (fils de Charles Martel) se fit élire roi des Francs par une assemblée de grands et – pour la première fois dans notre pays – sacrer avec le saint chrême par saint Boniface. Sa légitimité paraissant mal assurée, son sacre fut même renouvelé (accompagné de celui de la reine et de ses deux fils Carloman et le futur Charlemagne) à Saint-Denis en 754 par le pape Étienne II, qui interdit même à une autre lignée de recevoir la couronne et reçut finalement en récompense en 756 un territoire conquis sur les Lombards, germe des futurs États pontificaux. Mais la mort de Pépin en 768 n'en conduisit pas moins à un nouveau partage du royaume entre ses fils, partage auquel la mort prématurée de Carloman (771) mit heureusement fin, Charlemagne s'étant emparé du royaume de son frère défunt.

■ Grandeur et décadence des Carolingiens

Régnant désormais sans partage, celui que l'histoire nommera **Charlemagne** – « Charles le Grand », alors que, malgré sa cruauté et une vie plutôt dissolue, ses contemporains étaient frappés par sa piété – ne put que continuer la politique à la fois de conquête et de défense de ses prédécesseurs. Dès 774, il conquit la Lombardie dont il se proclama roi, avant de faire sacrer par le pape ses fils Pépin et Louis. Et, en 778, l'année même du désastre de Roncevaux où Roland, comte de Bretagne, fut tué par des Basques, il conquit la Bavière. Il en fut de même pour la marche d'Espagne (la future Catalogne), pour la Bretagne et surtout la Saxe, où il n'hésita pas à faire massacrer par représailles quatre mille hommes libres.

Charlemagne
Peinture de Dürer,
XVIe s.
Germanisches
Nationalmuseum,
Nuremberg
Ph. © Roger-Viollet
Arch. Photeb.

Mais le grand moment de son règne fut son couronnement comme empereur à Rome par le pape Léon III qui avait demandé sa protection. Il n'est pas exclu que Charlemagne ait été surpris par cette cérémonie qui en faisait l'héritier de l'Empire romain qu'il rénovait ainsi, mais on doit remarquer que son conseiller Alcuin lui avait conseillé de prendre une couronne impériale dont le paradoxe est que, dans l'esprit même de l'empereur, elle contribua à servir peut-être plus les intérêts de l'Église que ceux d'un empire politique qui demeura toujours fragile.

Dès 789 Charlemagne avait d'ailleurs énoncé dans son « Admonition générale » des principes de gouvernement qui, visant à rénover l'Église autant que la société, contenaient en germe ce que l'on a nommé la « renaissance carolingienne », tout autant spirituelle que temporelle, artistique que littéraire, avec comme but final la réalisation terrestre de la « Cité de Dieu » chère à saint Augustin.

Mais, en dépit de l'institution des *missi dominici* (un comte et un abbé se surveillant mutuellement) pour contrôler les circonscriptions de l'Empire, ce dernier, dans lequel les relations tant personnelles (féodalité héritée du monde mérovingien) que familiales entre les grands tendaient déjà à prendre le pas sur le respect de la souveraineté, demeura d'autant plus fragile que la question de la succession ne fut jamais réglée au fond, la *divisio regnorum* de 806 demeurant muette sur le titulaire du titre impérial.

A sa mort, en 814, Charlemagne ne laissa cependant qu'un fils, Louis le Pieux, mais ce dernier, moins incapable qu'on l'a dit, confia le titre impérial à son fils aîné Lothaire, en ne laissant aux deux autres, Pépin et Louis, que de petits royaumes ; mais lorsqu'il eut de sa seconde épouse un quatrième fils, le futur Charles le Chauve qu'il résolut d'avantager, ses trois premiers fils le firent déposer en 833. Il fut rétabli sur le trône, mais, à sa mort en 840, une guerre de succession éclata entre les fils restants (Pépin était mort en 838).

Après les célèbres serments de Strasbourg, fut signé en 843 le traité de Verdun. On s'accorde à y voir la base juridique de l'indépendance du royaume de France qui eut néanmoins encore quelques rapports avec l'Empire dont Lothaire garda le titre en recevant la France médiane (de la mer du Nord à Rome), la partie orientale (de l'est du Rhin au nord des Alpes) revenant à Louis, et la partie occidentale (à l'est d'une ligne Escaut, Meuse, Saône, Rhône) à Charles le Chauve.

Mais, après la mort de Lothaire (855) et plusieurs partages du royaume, Charles le Chauve qui, pour son propre compte, avait réussi à pacifier l'Aquitaine, réussit à récupérer la couronne impériale (875) avant de mourir au retour d'une expédition en Italie (877). Il avait à peine eu le temps, sinon de créer, du moins de reconnaître, par le capitulaire de Quierzy-sur-Oise, un début d'hérédité pour les « honneurs » (fonctions publiques) et les bénéfices que le pouvoir central avait eu l'imprudence de confier aux grands, tant pour assurer l'ordre que pour se créer des partisans. Et c'est ce glissement, au demeurant tout à fait « légal », de l'autorité centrale qui caractérisera la période suivante qui vit s'esquisser le monde féodal.

■ Des principautés à la chute des Carolingiens

Dès la mort de Charles le Chauve, son fils Louis II le Bègue contribua à affaiblir le pouvoir royal en distribuant des bénéfices. La couronne impériale lui échappa, ainsi qu'à ses deux fils, Louis III et Carloman, qui se partagèrent le royaume. Et l'on comprend qu'à la mort de Carloman (dernier survivant) les grands – revenant peu à peu à la pratique de la monarchie élective, et écartant momentanément le fils posthume de Louis II, Charles le Simple – aient appelé l'empereur Charles le Gros (fils de Louis le Germanique) à régner aussi sur la France (884). Mais son incapacité, symbolisée par son attitude de compromis face aux Normands qui assiégaient Paris, lui valut d'être déposé en 887. Dès 888, les grands choisirent alors pour la première fois comme roi un non-Carolingien, Eudes, comte de Paris, fils de Robert le Fort (l'ancêtre des futurs Capétiens) que Charles le Chauve avait jadis chargé de défendre la région située entre Loire et Seine contre les Normands et qui venait lui-même de se conduire vaillamment au siège de Paris. A la tête de l'une de ces principautés qui affaiblissaient le pouvoir royal, ce dernier ne pouvait que combattre le Carolingien légitime, Charles le Simple, qui réussit à se faire sacrer en 893, mais qui ne put régner qu'à la mort d'Eudes (898), lequel, avant de mourir, avait reconnu ses droits.

Le principal événement du règne chaotique de Charles le Simple (893-922) fut son accord avec les Normands de Rollon qu'il réussit à faire baptiser et à fixer en 911 dans ce qui deviendra la Normandie, en les engageant à combattre d'autres invasions normandes. Mais, Charles le Simple ayant eu le tort de s'emparer de la Lotharingie dont il avait été élu roi en 911, les grands élurent à sa place en Francie occidentale Robert Ier, le frère d'Eudes (922), qui ne tarda pas à être tué au combat par Charles le Simple (923), avant que ce dernier ne soit mis en déroute par Hugues le Grand (fils de Robert Ier) qui, dès lors, devint l'arbitre du jeu politique. Il fit alors élire comme roi Raoul de Bourgogne (923) qui n'était ni Carolingien, ni même « Robertien », n'étant que le gendre de Robert Ier.

A la fin de son bref règne (936), Hugues le Grand, continuant son rôle d'arbitre et ne voulant pas lui-même de la couronne (en réalité pour mieux préserver des chances futures dont son fils Hugues Capet saura profiter), eut l'idée de faire appel au fils même de Charles le Simple – et donc de nouveau à un Carolingien – qui vivait alors en Angleterre, d'où son surnom de Louis IV d'Outremer. Le nouveau roi n'étant âgé que de quinze ans, Hugues le Grand pensa le manipuler, mais Louis IV se révolta contre son protecteur, et tout son règne ne fut qu'une vaine tentative d'échapper à son emprise croissante, qui, après sa mort (954), s'exerça aussi sur son fils Lothaire. Hugues le Grand avait d'ailleurs exigé, en compensation de son accord à l'élection de ce dernier, l'Aquitaine et le duché de Bourgogne. Mais, pas plus que son père, Lothaire n'était prêt à se laisser manipuler.

Hugues le Grand ne tarda pas pourtant à mourir (956) et Lothaire voulut récupérer la Lotharingie, provoquant finalement en retour une réaction de l'empereur Othon II qui arriva même en 978 aux portes de Paris. C'était le départ de l'engrenage qui provoqua la chute des Carolingiens, car c'est Hugues Capet lui-même qui avait poussé à l'inimitié entre Lothaire et l'empereur, sachant qu'il en profiterait. Au demeurant, Lothaire eut beau conclure la paix avec l'empereur, il suffisait à Hugues Capet de jouer à fond la carte othonienne pour que la monarchie carolingienne s'effondre en France occidentale.

A la mort de Lothaire (986), son fils Louis V, qu'il avait jugé prudent de faire sacrer de son vivant, lui succéda, mais son règne, au cours duquel il s'opposa à l'archevêque Adalbéron de Reims (agent de l'empereur, mais aussi ami intéressé de Hugues Capet), fut trop bref pour qu'il ait pu arrêter l'irrésistible ascension des futurs Capétiens. Et, comme il mourut en mai 987 sans enfants, au moment où, à son instigation, une assemblée de grands réunie à Senlis s'apprêtait peut-être à juger Adalbéron pour complicité avec l'empereur, l'archevêque, perdant ainsi son principal accusateur, ne pouvait que pousser – non sans réserve – à l'élection du souverain qui inaugurera notre galerie de portraits : **Hugues Capet.**

Chronologie

Avant Jésus-Christ

v. 620	Fondation de Marseille (Phocéens).
v. 500	Occupation massive par les Celtes.
v. 450	Sépulture de Vix.
390	Prise de Rome par les Gaulois.
225-222	**Conquête romaine de la Gaule Cisalpine.**
118	Fondation de Narbonne.
102-101	Marius bat les Teutons et les Cimbres.
58	César bat les Suèves.
52	**Victoire de Gergovie.**
52	**Défaite d'Alésia.**
43	Fondation de Lyon.
27	**Organisation administrative des « trois Gaules ».**

Après Jésus-Christ

21	Révoltes de Sacrovir et de Florus.
48	Admission des Gaulois au Sénat romain.
68-70	Révoltes de Vindex et de Classicus.
177	Martyrs chrétiens de Lyon.
212	Édit de Caracalla accordant à tous la citoyenneté romaine.
253	Premières invasions des Germains (Alamans et Francs).
260-274	Empire des Gaules.
274	Nouvelles invasions franques.
277-280	Victoire de Probus sur les Alamans et les Francs.
285	Système de la « tétrarchie ».
313	**Édit de Milan (Constantin) qui légalise le christianisme.**
360	**Lutèce devient Paris.**
395	Partage de l'Empire romain.
406-407	Invasion des Vandales, Alains et Suèves.
412	Invasion des Wisigoths.
451	Victoire des champs Catalauniques sur Attila.
454	**Fin de la domination romaine en Gaule.**
476	Fin de l'Empire romain d'Occident.

486	**Clovis roi des Francs.**
486	Victoire de Clovis à Soissons.
493	Mariage de Clovis et de Clotilde.
496	Victoire de Tolbiac sur les Alamans.
498	**Baptême de Clovis.**
507	Victoire de Vouillé sur les Wisigoths.
511	Mort de Clovis et partage de son royaume.
558-561	Unité du royaume autour de Clotaire.
561	Partage du royaume de Clotaire.
613-629	Unité autour de Clotaire II.
629-639	Règne de Dagobert.
680	Pépin d'Herstal maire du Palais.
715	Charles Martel maire du Palais.
732	Victoire de Charles Martel à Poitiers sur les Arabes.
751-758	Règne de Pépin le Bref.
768	Charles et Carloman rois.
771	**Charlemagne seul roi.**
778	Désastre de Roncevaux.
789	« Admonition générale ».
800	**Couronnement impérial de Charlemagne.**
802	Mise au point des *missi dominici.*
814	Mort de Charlemagne.
814-840	Règne de Louis le Pieux.
842	Serments de Strasbourg entre Lothaire, Louis et Charles le Chauve.
843	**Partage de l'Empire au traité de Verdun**.
875	Charles le Chauve empereur.
877	Mort de Charles le Chauve.
877-879	Règne de Louis II le Bègue.
879	Règne de Carloman.
885	Échec des Normands devant Paris.
885-887	Charles le Gros roi de Francie occidentale.
888-898	Règne d'Eudes (Robertien).
898-922	Règne de Charles le Simple.
910	Fondation de Cluny.
911	Rollon comte de Rouen.
922-923	Règne de Robert Ier (Robertien).
923-936	Règne de Raoul de Bourgogne.
936-954	Règne de Louis IV d'Outremer.
954-986	Règne de Lothaire III.
986-987	Règne de Louis V.
987	**Avènement de Hugues Capet.**

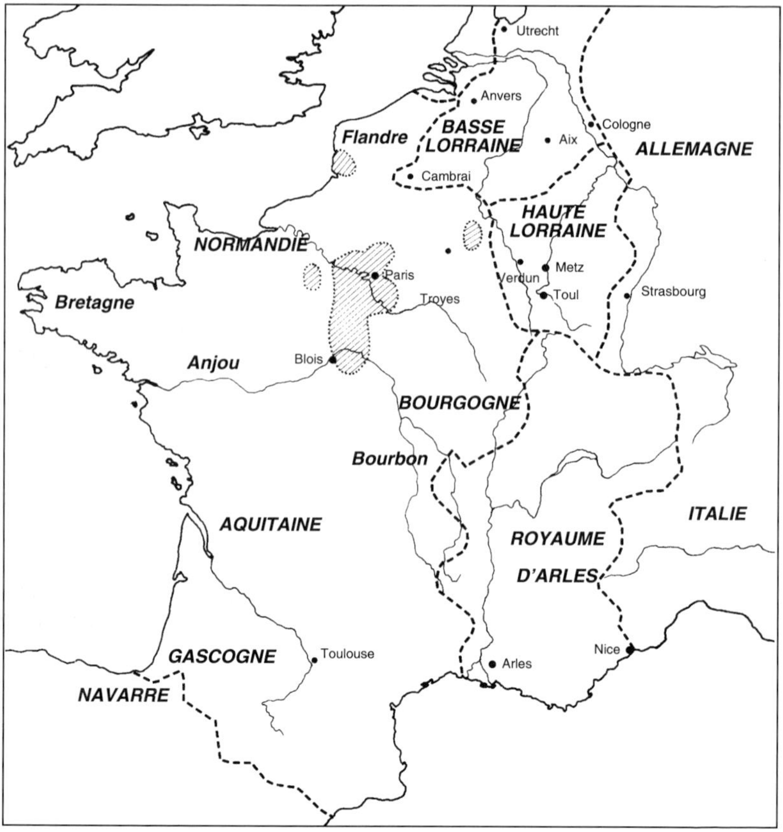

Domaine royal	Duché :	Comtés
	NORMANDIE, BOURGOGNE, AQUITAINE, GASCOGNE.	dont Flandre, Bretagne, Troyes, Anjou, Blois, Bourbon, Toulouse, Barcelone.

La France en l'an 1000 et les principaux fiefs

Cette carte montre l'étroitesse du domaine royal au tournant du 1er millénaire et donc le **peu d'emprise réel du pouvoir** du successeur de Hugues Capet.

Les Capétiens directs

Hugues Capet
Il se fait remettre les clefs de Laon. Cette scène imaginaire marque l'importance de l'acquisition d'une simple ville pour la puissance du pouvoir royal.
Miniature de Jean Fouquet dans *Chroniques de Saint-Denis,* XVe s.
Bibliothèque nationale, Paris.

987 - 996

Hugues Capet *(vers 941 - 996)*

Épouse en 970 Adélaïde de Poitiers → **Robert II**

L'habile fondateur

L'homme qui devint roi de France en 987 n'était nullement ce seigneur médiocre dont on parle parfois. Fils de Hugues le Grand, duc des Francs, qui avait été l'arbitre du jeu politique entre l'empereur d'Allemagne et les Carolingiens, il avait réussi à lui succéder à la fois dans ce rôle, et à la tête de possessions réduites aux comtés d'Orléans et de Senlis et autres lieux mineurs auxquels on doit ajouter quelques abbayes, dont Saint-Martin-de-Tours dont il était l'abbé laïque et où était conservée la «chappe» du saint, d'où probablement son surnom de « Capet ». Au demeurant, sa primauté politique entre Seine et Loire s'exerçant sur de multiples vassaux plus ou moins obéissants lui avait permis, après qu'il eut pratiqué un jeu de bascule plus ou moins équivoque entre l'empereur d'Allemagne et les derniers Carolingiens, Lothaire et Louis V, d'être pour ainsi dire le régent du royaume depuis mars ou avril 987.

■ Une élection inattendue et nécessaire

Le hasard qui fit de Hugues Capet un roi se produisit au cours d'une assemblée de grands qui se réunit à Compiègne à partir du 18 mai 987. Le but était peut-être moins de juger, à l'instigation de Louis V, l'archevêque de Reims Adalbéron accusé de collusion avec l'empereur, comme on l'a souvent dit, que de réconcilier le roi et l'archevêque. Mais la mort du roi au cours d'une partie de chasse, le 22 mai, interrompit l'assemblée qui après qu'Adalbéron – le maître du jeu – eut fait promettre aux grands de ne pas s'engager prématurément, se retrouva début juillet réunie à Senlis où Hugues Capet la présida. Pour bien comprendre les raisons profondes du choix de ce dernier et non de Charles de Lorraine, l'oncle du roi défunt, il est nécessaire de citer le discours (apocryphe mais sonnant vrai) d'Adalbéron devant l'assemblée : «Nous n'ignorons pas que Charles a ses partisans qui soutiennent qu'il est digne du royaume parce que ses parents le lui ont transmis. Pourtant si l'on examine la question, on sait que le royaume ne s'acquiert pas par droit héréditaire et que l'on ne doit élever à la royauté que celui qui s'illustre, non seulement par la noblesse de son corps, mais aussi par la sagesse de son esprit, celui que sa loyauté protège et que sa magnanimité fortifie. Choisissez le duc, le plus illustre par ses actions, sa noblesse et sa puissance militaire... »

Cet habile discours, en réalité reconstitué par le moine Richer, montre tout d'abord l'effacement (déjà pratiqué) de l'hérédité comme source du pouvoir, au

Un roi sans visage
Aucune image et aucun portrait historique ne nous étant parvenus de Hugues Capet, il demeure un roi sans visage dont le caractère lui-même est énigmatique, tant les appréciations de ses contemporains sont contradictoires. Considéré comme aimant la vie simple par l'un, l'autre loue sa bonté. Il semble avoir été surtout un roi pieux, ennemi du luxe, au courage modéré, habile en politique plutôt que combatif, fidèle et cependant parfois retors, remarquable surtout par une patience à toute épreuve et une volonté de durer qui lui ont permis de surmonter des erreurs de jugement et des choix peu judicieux. Il est cependant sûr que, sans son obstination, sa lignée, déjà éminente, n'aurait jamais pu devenir une dynastie vraiment royale.

profit de la *vertu*, que l'*élection* (au sens de choix du plus digne et non comme volonté d'une majorité), bref la *désignation* par les grands, représentant la volonté divine et inspirée par les clercs, a pour but de reconnaître. L'hérédité n'étant pas une garantie suffisante de la moralité se voit ainsi, au moins momentanément, écartée au profit des qualités intrinsèques, opportunément mises en avant, du nouveau souverain. Mais il n'est pas sûr pour autant que l'hérédité qui, malgré tout, avait fonctionné concurremment avec l'élection et l'alternance entre Carolingiens et Robertiens durant le siècle précédent, ait été totalement rejetée ; et l'on a pu voir dans le passage, cette fois définitif, des Carolingiens aux Capétiens, le choix divin d'une autre lignée royale. Ce qui est sûr, en tout cas, c'est que l'élection par les grands – de plus en plus formelle, il est vrai – subsistera jusqu'à Philippe Auguste, élection au demeurant impuissante à remettre en question le principe héréditaire, bien vite mis en avant par Hugues Capet peu après son sacre le 3 juillet 987 à Noyon.

Le sacre
Issu de la Bible, connu des Wisigoths et des Anglo-Saxons comme de Byzance et pratiqué depuis Pépin le Bref, le sacre – onction d'huile de la sainte ampoule (en fait le saint chrême) apportée par une colombe au moment du baptême de Clovis, selon la légende rapportée au IXe siècle par Hincmar de Reims – fait le roi, bien plus que l'élection, au début de la monarchie capétienne. En lui conférant une sorte de sacerdoce qu'on a parfois rapproché de l'épiscopat, il met le roi au-dessus des laïcs et lui confère, à partir de Robert le Pieux, un pouvoir de guérisseur (cf. *les Rois thaumaturges* de M. Bloch) vite limité à des humeurs froides, les écrouelles. Privilège personnel de l'archevêque de Reims à l'origine, le sacre deviendra par la suite un privilège de son Église et, sauf impossibilité matérielle, tous les rois de France seront sacrés à Reims.

Mais il convient de s'arrêter momentanément sur les termes du serment prononcé à cette occasion car, en dépit des faibles moyens de la royauté capétienne à ses débuts, il contient en germe toute sa politique. « Moi, Hugues, qui dans un instant vais devenir roi des Francs par la faveur divine, au jour de mon sacre, en présence de Dieu et des saints, je promets à chacun de vous de lui conserver le privilège canonique, la loi, la justice qui lui sont dus et de vous défendre autant que je le pourrai, avec l'aide du Seigneur, comme il est juste qu'un roi agisse, en son royaume, envers chaque évêque et l'Église qui lui est commise. Je promets aussi de faire justice, selon ses droits, au peuple qui nous est confié. »

Ce serment, qui sera renouvelé, à peu de chose près, par tous nos rois, révèle tout d'abord la carte dont Hugues Capet avait su jouer pour se faire élire : celle de protecteur des églises et des monastères – on sait qu'il fut un ferme soutien de la réforme clunisienne – et donc d'adversaire de l'anarchie naissante de la société féodale que les moines combattaient tout autant que les princes. Quant à la justice envers les seigneurs autres qu'ecclésiastiques et le peuple, elle ne pouvait pas dépasser alors le stade des vœux pieux, mais elle deviendra peu à peu l'idée-force qui permettra finalement à la monarchie capétienne de s'affirmer à la fois au sommet et en face de la féodalité pour mieux la dominer.

■ Une élection forcée

Bien que l'élection de Hugues Capet n'ait provoqué que de rares protestations, il n'en éprouva pas moins le besoin de mieux asseoir son pouvoir en rendant tout d'abord Verdun à la maison d'Ardennes, ce qui, en donnant satisfaction à Adalbéron qui l'avait fait élire et à l'empereur, marquait son besoin de l'appui de ce dernier pour contrer Charles de Lorraine et sa volonté, probablement forcée, de limiter ses ambitions à l'intérieur de la France de l'Ouest.

Mais asseoir son pouvoir supposait que son fils lui succédât. C'est pourquoi, désireux de « laisser après sa mort un héritier reconnu pour le royaume », il reprit une pratique byzantine utilisée à son époque dans l'empire othonien, et demanda à Adalbéron de sacrer de son vivant son fils Robert. Excipant de l'impossibilité imaginaire de «créer régulièrement deux rois dans la même année», l'archevêque commença par refuser, mais le roi, en lui présentant une lettre du duc Borel (de l'Espagne Citérieure) lui demandant secours contre les Arabes, invoqua la nécessité de la défense du royaume et du risque (qu'il se garda de courir !) pour le commandement de l'armée de la disparition d'un chef unique. Adalbéron ne pouvait que céder à ce qu'on a considéré à tort seulement comme un subterfuge imaginé par le roi pour imposer l'hérédité, alors que la règle de meurait encore le consentement des grands à une hérédité jointe au mérite personnel. Le jeune Robert II, qui n'était pas sans mérite, ayant été à Reims l'élève du célèbre Gerbert d'Aurillac, fut donc sacré par Adalbéron le jour de Noël 987 à Orléans, et son père imagina aussitôt de le marier à Rozala, la riche veuve du comte de Flandre, qu'il répudia très vite en conservant sa dot (Montreuil-sur-Mer).

■ Le retour de Charles de Lorraine

Évincé par Hugues Capet d'un trône que même sa propre dynastie carolingienne lui refusait, Charles de Lorraine ne pouvait pas ne pas tenter de le récupérer. En 988 il s'empara par trahison de Laon et de son évêque Adalbéron, dit Ascelin, qui réussit à s'évader peu après le deuxième siège (le premier avait été peu glorieux) de la ville par Hugues Capet qui échoua de nouveau et se trouva encore affaibli par la mort d'Adalbéron de Reims en janvier 989. Alors que ce dernier avait probablement désigné Gerbert pour lui succéder, le roi crut habile de faire élire comme archevêque de Reims Arnoul, un bâtard de Lothaire qui s'engagea à abandonner la cause de son oncle Charles de Lorraine et à lui restituer la ville de Laon. Mais, en dépit d'une nouvelle promesse de fidélité, Arnoul, aussitôt investi, trahit ses serments et livra la ville de Reims à Charles de Lorraine. Le roi tenta alors sans succès de le faire condamner par le pape Jean XV, et un dernier siège de Laon en 990 échoua, lors même que le roi avait donné à son vassal Eudes de Blois la place forte de Dreux comme prix de son alliance. Ce n'est finalement qu'à la traîtrise d'Adalbéron de Laon envers Charles de Lorraine que le roi dut, non seulement l'occupation de Laon, mais la capture du Carolingien (qui finit en prison à Orléans) et de l'archevêque Arnoul. Le pape ayant, comme on l'a vu, refusé de condamner ce dernier, Hugues Capet convoqua à la mi-juin 991 une assemblée d'évêques à Saint-Basle-de-Vergy, près de Reims, et, malgré une remarquable défense d'Abbon de Fleury, qui invoqua à juste titre la primauté romaine, Arnoul y fut condamné et presque aussitôt remplacé à l'archevêché par Gerbert, dont cependant la fidélité politique était on ne peut plus flottante, puisqu'il finit par rallier la cause de l'empereur Othon III.

■ Lutte contre le pape

Lorsqu'il apprit avec retard la déposition d'Arnoul, le pape convoqua en 992, par la voix

La féodalité
Plutôt que d'employer le terme ambigu de « féodalité » il vaudrait mieux appeler l'ordre social qui finit de se mettre en place à l'époque de Hugues Capet le *système féodo-seigneurial* en y distinguant bien le *fief* – que le vassal tient d'un seigneur supérieur à charge de services nobles (et qui relève des liens personnels entre hommes dans la hiérarchie féodale) – et les droits de puissance publique qu'il y exerce lui-même, comme titulaire d'une *seigneurie* et qui lui ont été concédés à moins qu'il ne les ait usurpés. Mais la seigneurie n'est pas forcément un fief, ce peut être un alleu indépendant et l'époque de Hugues Capet est justement celle où les vassaux ont eu tendance à s'émanciper de leurs seigneurs, en exerçant pour leur propre compte les droits politiques inhérents à la seigneurie ; et tout le problème sera, pour la monarchie capétienne, de les faire entrer dans une hiérarchie féodale dont elle sera le sommet pour mieux les dominer et leur enlever finalement leurs prérogatives de puissance publique.

de son légat Léon, un concile général à Aix-la-Chapelle pour en débattre ; mais les évêques français refusèrent de s'y rendre, tout comme à Rome où ils furent convoqués avec les rois Hugues et Robert, probablement au début de 993. Et, en 993-994, un synode tenu à Chelles sous la présidence du roi Robert apparut comme un défi à la papauté, dans lequel d'ailleurs le débat ne se limita pas à l'affaire de Reims, mais au problème posé par l'autorité des évêques (soutenus par le roi) sur les monastères qui commençaient à revendiquer l'exemption monastique. La papauté échoua encore en convoquant sans succès les prélats francs à Mouzon en 995, tout comme à Reims la même année, où les évêques français refusèrent de condamner Gerbert, dont la rédaction des *Actes du concile de Saint-Basle* affirmant l'indépendance totale du clergé des Gaules – position qu'il reniera une fois devenu pape ! – avait indisposé la papauté.

Adalbéron de Reims (930?-988)
Rien ne montre mieux le rôle politique de l'Église à cette époque que l'exemple de cet archevêque de Reims (à ne pas confondre avec son homonyme de Laon). Bien qu'il ait lutté pour l'indépendance de l'Église à l'égard du pouvoir séculier, il n'en contribua pas moins, d'un autre côté, à favoriser l'accession au trône de Hugues Capet qu'il sacra, avec le projet de diriger sa politique par l'intermédiaire d'un conseil d'évêques.

■ Lutte contre Eudes de Blois

Vassal de Hugues Capet, Eudes Ier, comte de Blois, était l'un de ces grands féodaux qui pouvaient rivaliser avec lui en encerclant son domaine ; mais il choisit prudemment de s'attaquer aux alliés qui pouvaient le mieux défendre le roi, Bouchard, comte de Paris, et Foulques Nerra, duc d'Anjou, son gendre. Profitant du concile de Bâle, il s'empara de Melun, position clé tenue par un vassal de Bouchard. L'affaire de Melun échoua cependant, ce qui provoqua une guérilla de deux ans entre Eudes et son rival (allié du roi) Foulques Nerra que le roi finit par apaiser. Le duc d'Anjou en profita pour s'emparer de Nantes en juin 992, ce qui n'empêcha pas, en 994 ou 995, une reprise des hostilités entre lui et Eudes de Blois qui, entre-temps (993), avait fomenté avec Adalbéron de Laon un complot vite éventé contre le roi. Eudes finit par assiéger au cours de l'hiver 995-996 le château de Langeais où Foulques s'était enfermé ; mais le roi étant venu au secours de son allié, Eudes réclama une trêve avant de mourir en mars 996 en laissant une veuve, Berthe, qui imagina par la suite d'épouser Robert II pour conserver l'héritage de ses fils. C'est pourquoi les derniers mois du règne de Hugues Capet furent probablement ternis par une discorde entre lui et son fils à propos d'un mariage canoniquement impossible (Robert, son parent au troisième degré, avait été au surplus le parrain d'un des fils de Berthe) auquel Gerbert lui-même s'était opposé et qui se révéla funeste. Avant de mourir, entre le 22 et le 25 novembre 996, Hugues Capet avait peut-être eu le temps de faire un pèlerinage au monastère de Souvigny où reposait la dépouille mortelle de son ami saint Mayeul, abbé de Cluny.

■ La France de Hugues Capet

On ne saurait porter un jugement sur Hugues Capet sans évoquer au préalable la « France » qu'il eut à gouverner. Mais, à ce propos, il importe de faire une distinction entre les limites théoriques de son royaume – une France plus étendue au sud (comté de Barcelone) et plus limitée à l'est (par les royaumes de Lorraine et de Bourgogne) que la France actuelle – et celles d'un pouvoir réel qui n'excédait pas l'Ile-de-France et les régions voisines, l'hommage des grands féodaux qui auraient dû le soutenir étant resté on ne peut plus théorique.

Mais son règne était malheureusement contemporain d'un double phénomène, le relâchement des liens vassaliques entre les grands et le roi, l'hommage impliquant moins la défense active du roi que l'abstention de tout acte d'hostilité envers lui, et l'émiettement du pouvoir politique en de multiples seigneuries banales dans lesquelles le pouvoir n'était plus exercé au nom du roi ou même du comte, mais parce que son possesseur l'avait reçu en héritage, voire (le cas est plus rare qu'on l'a prétendu) usurpé. Il n'est pas sûr que la monarchie capétienne, en succédant aux Carolingiens, n'ait pas, en réalité, accentué la patrimonialisation, et donc le caractère privé, pour les détenteurs de l'ancien ban, bref des droits de puissance publique, des rois. Et l'on a même pu se demander si Hugues Capet n'avait pas accepté la couronne pour survivre lui-même au moins comme prince, dans le déclin irrémédiable des principautés elles-mêmes, face à une royauté carolingienne de plus en plus théorique que son destin était justement de restaurer. Mais c'est ce qui rend son action politique d'autant plus méritoire, bien que réduite en fait au nord de la France, ce qui explique que, pour le Sud, l'Église a dû prendre le relais pour imposer, grâce à la Paix de Dieu, des interdits aux nobles toujours tentés par la violence.

■ Un roi méconnu

Même s'il n'a jamais possédé «la stature que l'on est en droit d'attendre d'un fondateur de dynastie» (Y. Sassier), Hugues Capet est un roi dont l'action mérite d'être réhabilitée, ne serait-ce que parce que, sans qu'il soit possible de savoir s'il avait réellement un grand dessein, il a su jouer habilement de la faiblesse même de son pouvoir pour s'imposer de manière réaliste, en dépit d'incontestables erreurs de jugement. Mais le plus remarquable est peut-être que nous puissions, sans aucune exagération ni illusion rétrospective, discerner dès son règne certaines constantes de la monarchie capétienne, à commencer par le gouvernement avec un conseil de fidèles où dominaient les évêques. Pourtant cela n'empêcha pas le roi – précurseur en cela du gallicanisme – de marquer son indépendance et celle de l'Église franque à l'égard de la papauté, et finalement de l'Empire : prémices nécessaires d'une identité nationale encore à naître et que mettront parfois en péril ses successeurs immédiats.

Vers une nouvelle société

C'est à cette époque qu'à la suite de l'accentuation de la différence entre les combattants liés au pouvoir seigneurial et les « sans armes », s'esquissa, dans l'idéologie religieuse, une conception globale de la société. Élaborée plus tard par Adalbéron de Laon, elle distinguera, sous l'égide des « priants » (oratores),, les combattants (bellatores) et les travailleurs (laboratores) et, même après avoir perdu son fondement religieux dans le cadre d'une société harmonieuse et immuable voulue par Dieu, elle subsistera dans la distinction ultérieure des trois ordres (clergé, noblesse, tiers état) jusqu'à la fin de l'Ancien Régime.

996 - 1031
Robert II le Pieux *(970 - 1031)*

Épouse en 988 Rozala de Flandre
en 996 Berthe de Blois
en 1003 Constance de Provence →Hugues (†1025)
→**Henri Ier**
→Robert
→Eudes

Le roi clerc

Le trait le plus connu du roi de vingt-sept ans qui, après lui avoir été associé, succéda en 996 à Hugues Capet est, sans conteste, une piété digne de celle d'un moine. Au surplus, sa douceur et son amour des pauvres par lesquels il ne craignait pas d'être ouvertement volé, sinon sa vie privée, annoncent Saint Louis et l'on sait que, élève de Gerbert à l'école de Reims, il savait le latin, s'intéressait à la théologie et surtout à la musique : il chantait même au lutrin, revêtu des ornements royaux, des hymnes latins dont il avait peut-être composé la mélodie, comme le *Veni Sancte Spiritus*. Ce « moine », qui fonda de nombreuses abbayes, n'en était pas moins un excellent guerrier, vanté par ses biographes, mais auquel un tempérament pacifique et les circonstances troublées de l'époque n'ont pas permis de donner toute sa mesure.

Un roi séduisant
« Il avait la taille élevée, la chevelure lisse et bien arrangée, les yeux modestes, la bouche agréable et douce pour donner le saint baiser de paix ; la barbe assez fournie et les épaules hautes. La couronne placée sur sa tête indiquait qu'il sortait d'une race qui fut royale dans son aïeul et son bisaïeul. Lorsqu'il montait son cheval royal, chose admirable, les doigts de ses pieds rejoignaient presque le talon, ce qui fut regardé dans ce siècle comme un miracle par ceux qui le voyaient » (Helgaud de Fleury).

■ Une vie sentimentale agitée

L'incontestable piété de Robert II ne doit cependant pas tromper, car sa vie privée n'est pas sans reproche. On sait comment, après avoir répudié sa première femme Rozala de Flandre et conservé sa dot, il s'était épris de Berthe, la veuve d'Eudes de Blois, au grand dam de son père dont le comte de Blois avait été l'ennemi. Sitôt son père mort, il l'épousa, s'écartant par là même de l'alliance bénéfique avec l'Anjou de Foulques Nerra, et surtout des lois de l'Église, puisque ce mariage était prohibé par le droit canonique. Il eut beau trouver, à défaut de son maître Gerbert, l'évêque de Tours Archambaud pour le marier, le pape Grégoire V n'accepta pas cette union et, malgré les concessions que le roi lui fit – comme la libération d'Arnoul, l'ancien archevêque de Reims, que Gerbert (qui s'enfuit alors auprès de l'empereur Othon III) avait remplacé –, il l'excommunia en 998 ainsi que son épouse, en lui imposant une pénitence de sept ans. Craignant cependant la damnation, et son maître Gerbert étant entre-temps devenu pape, Robert II finit par céder et répudia Berthe dont l'enfant débile était mort. Mais ce fut pour épouser en 1003 une belle Provençale, Constance, fille du comte d'Arles Guillaume Ier et qui, après avoir peuplé la cour de Méridionaux et s'être révélée aussi avare qu'acariâtre, fit peut-être assassiner en 1008, avec la complicité de Foulques Nerra, son favori et comte du palais Hugues de Beauvais, qui avait pris le parti de Berthe. C'est pourquoi, las de son épouse, qui lui avait déjà donné deux fils, il ne craignit pas d'aller à Rome avec Berthe pour demander au pape la rupture de son mariage avec Constance et, par là même, la légitimation de son union avec Berthe ! Le pape ne pouvait que refuser, et le roi fut contraint de reprendre la vie commune avec Constance qui, fidèle à son caractère, fit tout pour affaiblir la dynastie naissante.

■ La règle de primogéniture

Comme son père l'avait fait pour lui, Robert II résolut de faire sacrer de son vivant son fils aîné Hugues en 1017. Mais la reine Constance s'opposa à ce qu'il ait le moindre pouvoir et le moindre domaine. D'où sa révolte par le pillage des biens paternels, suivie de sa soumission et d'une mort prématurée en 1025.

C'est alors que la reine Constance voulut faire sacrer son troisième fils Robert qu'elle préférait, au détriment du deuxième, Henri, qui fut finalement sacré en 1026, sa mère quittant provisoirement la cour par dépit. Ainsi, du fait de la mort de Hugues, se trouvait consacrée la règle de primogéniture attribuant la couronne à l'aîné, fût-il aîné des survivants. Toutefois, l'application de cette règle n'empêcha pas ultérieurement la reine Constance de pousser Henri et Robert à se révolter contre leur père à la veille même de sa mort, mettant ainsi en péril les faibles acquis de son règne.

■ La lutte contre les féodaux

Au-delà même d'une lutte contre les petits féodaux proches de son domaine que ses successeurs poursuivirent, Robert II fut tenté par de plus grandes entreprises, dont la conquête du duché de Bourgogne (différent du comté et du royaume de Bourgogne), que la mort de son oncle Henri en 1002 avait fait passer provisoirement entre les mains du comte de Bourgogne, attaché à l'Empire plus qu'à la France. Aidé de l'abbé de Cluny et de l'évêque d'Autun, il mit une douzaine d'années à conquérir le duché dont, par prudence, il ne confia (vers 1015) à son fils Henri que l'administration nominale. Mais, pour cette conquête, le roi avait eu aussi besoin des ducs de Normandie, et il se montra plus timoré face à ses ennemis Foulques Nerra et surtout Eudes II, de Blois auquel il n'osa même pas, en 1002, disputer la Champagne, d'où un encerclement du domaine royal qui aurait pu devenir dangereux.

■ Le roi et les évêques

On aurait pu penser que ce roi pieux ne serait qu'un jouet entre les mains des évêques. Mais, de même qu'il s'était opposé au pape, il n'hésita pas, à la grande fureur de Fulbert de Chartres, ardent défenseur des règles canoniques, à imposer ses propres candidats aux évêchés, sans éviter même le scandale de l'attribution de l'archevêché de Bourges à un fils naturel de Hugues Capet, Gauzlin, qu'après l'échec du siège de la ville il ne put imposer que sous une

Le pape français de l'an mille

Né en Auvergne, Gerbert dit d'Aurillac, d'extraction humble, était promis aux hautes destinées qu'impliquait son immense culture, acquise surtout au contact de la civilisation arabe au monastère de Ripoll, en Catalogne. Écolâtre de Reims, il fut à la fois le maître de Robert II et celui de l'empereur d'Allemagne Othon II. Il avait d'ailleurs pris le parti de l'Empire, favorisant ainsi, à l'encontre des derniers Carolingiens, les intérêts capétiens. Après son départ de Reims, dont il fut archevêque, l'empereur Othon III le fit nommer archevêque de Ravenne, avant de l'imposer comme pape en 999 sous le nom de Sylvestre II. C'est alors qu'il tenta de réformer l'Église et qu'il eut le premier l'idée d'une croisade pour délivrer Jérusalem, avant de mourir en 1003 en laissant, tant sa science était prodigieuse pour l'époque, une réputation de magicien.

Paix et Trêve de Dieu
Contre le fléau des guerres privées entre seigneurs, l'Église avait imaginé dès 989, au concile de Charroux, la *Paix de Dieu* qui protégeait les églises et les pauvres, et dont les règles furent ensuite étendues à tous ceux qui ne semblaient pas aptes au combat armé. L'Église imposa aussi des serments de paix, avant qu'en 1027, à l'instigation de l'évêque d'Elne, le concile de Toulouges en Roussillon imposât la *Trêve de Dieu*, qui interdisait le combat de la neuvième heure du samedi au lundi, et dont les dispositions furent aussi étendues aux Quatre-Temps religieux et, en semaine, du mercredi au lundi matin.

menace d'excommunication de ses habitants, fulminée par le pape Benoît VIII.

■ Lutte contre la Flandre et l'Empire

Désireux de limiter le pouvoir de ses voisins les plus puissants, Robert II ne put que combattre à deux reprises (1006 et 1019), en s'alliant tout d'abord avec l'empereur Henri II d'Allemagne, le comte de Flandre Baudoin IV, avant de lui donner sa fille Adèle en mariage. Mais, en fait, son principal ennemi demeura l'empereur, qu'il accepta cependant de rencontrer à Ivois (et au milieu de la Meuse pour bien marquer son égalité avec lui) en 1023. Rencontre surtout destinée à rétablir la paix dans l'Église, comme à soutenir la réforme du clergé, et qui, à la suite de la mort de l'empereur (1024), n'aboutit à aucune entente durable. On doit noter enfin que, malgré sa volonté de soutenir les Lombards dans leur lutte contre l'empereur Conrad II, le roi eut la sagesse de refuser en 1024 la couronne de Lombardie qu'on lui avait offerte : c'est qu'il mesurait très exactement son impuissance politique, qui ne put qu'être aggravée par les querelles domestiques qui, assombrissant la fin de son règne, le poussèrent à se réfugier de plus en plus dans la piété. Mais s'il mourut presque comme un saint et aimé de son peuple en 1031, il laissait, à cause de la rivalité sourde entre ses fils, le royaume en grand péril.

■ Un règne critiqué

Il n'est pas aisé d'établir le bilan, très contrasté, d'un tel règne. On doit cependant être reconnaissant à Robert II d'avoir consolidé, temporairement au moins, la jeune dynastie en conquérant le duché de Bourgogne (auquel son successeur renoncera!) et en imposant la règle de primogéniture. Mais il n'avait pas les moyens d'une grande politique : pour lui comme pour ses successeurs l'essentiel était de durer, et l'étude des diplômes royaux de l'époque le voit entouré plutôt des petits châtelains (non rebelles) de l'Ile-de-France que des grands qui auraient dû lui rendre hommage. Plus sérieux, en tout cas, est le reproche qu'on peut lui faire de n'avoir pas hésité, après avoir persécuté les juifs en 1010, à faire brûler en 1022 à Orléans, malgré les réserves du clergé, les premiers cathares, dont le propre confesseur de la reine Constance, qui lui creva elle-même un œil.

1031 - 1060

Henri Ier *(vers 1008 - 1060)*

Épouse en 1043 Mathilde de Frise
en 1051 Anne de Kiev → **Philippe Ier**

Le mainteneur

Nous ne connaissons pas le vrai visage de Henri Ier que seul un gisant de Saint-Denis datant du XIIIe siècle représente. Les chroniqueurs se contentent d'en faire un « soldat brave et actif ».

Il fallait en effet de la bravoure pour faire face à ce qui l'attendait au début de son règne : la révolte de son frère Robert soutenu par sa mère et le comte Eudes II de Blois qui s'empara de Sens, obligeant Henri à trouver refuge auprès de Robert le Diable, son allié avec l'empereur d'Allemagne Conrad II, le comte d'Anjou et le comte de Flandre. Après la mort de sa mère (1034), Henri vint cependant à bout de ses adversaires, non sans amputer son domaine, puisqu'il donna comme récompenses le Vexin français à Robert le Diable et – ce qui est plus contestable, bien que conforme aux coutumes de l'époque – le duché de Bourgogne en apanage à son frère pour le dédommager ; d'où, pendant trois siècles, une dynastie capétienne quelque peu rivale. Son principal adversaire, le comte de Blois, n'avait cependant pas désarmé. Pour riposter à l'alliance défensive que le roi avait conclue dès 1033 avec l'empereur d'Allemagne, il fomenta avec Eudes, un autre frère d'Henri Ier qui n'avait pas reçu d'apanage, une nouvelle coalition que sa mort (1037) n'arrêta pas. Elle se termina cependant à l'avantage du roi, avec la prise de Sens, la capture de son frère Eudes et la conquête de la Touraine par le comte Geoffroy-Martel qu'il aida, avec comme résultat l'abaissement de la maison de Blois.

■ Henri Ier et les Normands

Si Henri Ier avait en fait conservé son trône grâce à l'appui des Normands, son alliance avec ces derniers ne tarda pas à se rompre. Robert le Diable, partant en Terre sainte, lui avait certes confié son bâtard, le futur Guillaume le Conquérant, pour le protéger et, après la mort du duc en 1031, le roi aida Guillaume à vaincre les barons normands révoltés alliés à Guy de Brionne (parent des ducs de Bourgogne) à la bataille de Val-ès-Dunes en 1047. Mais la Normandie était trop puissante pour qu'un conflit n'éclate pas entre le roi et son vassal. Aux environs de 1052, Henri Ier changea en effet de cap. Après avoir soutenu en 1053 la rébellion du comte d'Arques Guillaume, il noua contre le duc Guillaume une vaste coalition (Anjou, Bourgogne, Auvergne, Champagne, Aquitaine), ce qui n'empêcha pas, pendant qu'il ravageait la campagne d'Evreux avec le comte d'Anjou, son frère Eudes d'être battu à Mortemer en 1054. D'où,

L'hommage lige
C'est à la fin du règne d'Henri Ier qu'apparut, dans les années 1040-1050, la pratique de l'hommage lige, ou prioritaire, pour remédier aux hommages multiples que prêtaient certains vassaux. Il obligeait à aider avant tout le seigneur auquel on l'avait prêté. Le défaut du système était cependant qu'en principe l'hommage lige était le premier prêté dans le temps, ce qui n'arrangeait pas toujours le roi. Il fit donc admettre qu'on ne pouvait lui prêter que des hommages liges, ce qui contribua à renforcer son emprise sur le système féodal.

La première alliance franco-russe

C'est peut-être pour échapper à ces mariages consanguins à problèmes qu'Henri Ier résolut de faire quérir une épouse dans un pays lointain, mais chrétien depuis peu. Cependant, en épousant la fille du « Charlemagne de la Russie », il inaugurait la politique des alliances lointaines que, pour neutraliser la puissance des pays voisins, les rois de France ont toujours recherchées. Peu importe alors qu'après la mort du roi, Anne eut une aventure avec un seigneur, au grand dam de son fils Philippe, car elle eut finalement le bon esprit de mourir, après la mort de son amant, dans un couvent proche de Senlis.

l'année suivante, une paix d'ailleurs précaire ; et, malgré une nouvelle alliance avec le duc d'Anjou, une nouvelle défaite à Varaville en 1058, qui marqua bien l'impuissance du roi et consolida la Normandie, dont la cohésion, qui permit très vite la conquête de l'Angleterre, préfigure en réalité celle du royaume capétien.

■ Henri Ier et l'Église

Bien que la foi et la vie religieuse du roi aient été, semble-t-il, irréprochables, il ne se heurta pas moins à une papauté désireuse de purger l'Église des pratiques simoniaques et de réformer les mœurs des clercs. Le pape Léon IX ayant convoqué en 1049 un concile à Reims, il empêcha les évêques et abbés de son domaine d'y assister par jalousie envers la puissance pontificale. Et l'on comprend que l'intransigeant cardinal Humbert de Moyenmoutier n'ait pas hésité à dénoncer en lui, dans son manifeste contre les simoniaques de 1058, « le fléau de la France occidentale qui se conduit en fils de perdition et en Antéchrist à l'égard du Christ », le comparant même à un « arbre nuisible, à Simon le Magicien, à Julien l'Apostat ». Mais, s'il nc fut rien moins qu'apostat, son rôle demeure trouble dans l'affaire de l'hérésiarque Bérenger de Tours, qu'il fit peut-être emprisonner pour lui éviter d'être condamné.

■ Henri Ier et l'Allemagne

Rappelons tout d'abord que l'hostilité du roi envers la papauté s'explique en fait par les liens privilégiés de cette dernière avec l'empereur d'Allemagne. L'empereur Conrad II ayant acquis en 1039 le royaume de Bourgogne pour son fils, le roi n'eut que la faible compensation de conserver, par l'intermédiaire de la nomination d'un archevêque favorable aux Capétiens au siège de Lyon en 1046, un pouvoir nominal sur ce dernier. Une entrevue entre le roi et l'empereur avait ainsi échoué à Ivois en 1043. Mais, même après l'échec en 1044 d'un vassal de l'empereur Henri III, le duc Godefroy, encouragé par le roi, ce dernier n'hésita pas à faire de grands préparatifs militaires en 1046, et même à déclarer qu'il réclamait, « en vertu de son droit héréditaire », le palais d'Aix-la-Chapelle et tout le royaume de Lorraine « détenu par la perfidie de l'empereur ». Menaces sans lendemain, faute de moyens réels et d'un soutien véritable de ses barons, mais qui témoignaient d'un désir d'être reconnu comme un grand, fût-ce à l'autre bout de l'Europe.

■ Le mariage russe

Le roi qui avait perdu sa femme, fille d'Henri III, au bout d'un an de mariage en 1044, résolut de chercher une « princesse lointaine ». Il envoya donc, en la personne de l'évêque de Châlons, Roger II, une ambassade à Kiev, d'où elle lui ramena Anne, la propre fille du grand-duc Iaroslav, qu'il épousa et fit sacrer à Reims en 1051. Elle lui donna l'année suivante un fils, le futur Philippe Ier, qui fut sacré à Reims en 1059.

■ Le sacre de Philippe Ier

Premier sacre dont le récit écrit nous ait été conservé, probablement par les soins de l'archevêque de Reims Gervais, le sacre de Philippe Ier apporte un précieux témoignage, non seulement sur la cérémonie liturgique du sacre, mais sur son arrière-plan politique. La mention des vassaux qui ont « élu » formellement l'héritier du trône, désigné en réalité par son père, montre les limites réelles de l'emprise de la monarchie capétienne. Car, parmi les grands vassaux, ducs et comtes, on cherche vainement le duc de Normandie ou le comte de Toulouse : preuve qu'elle avait perdu tout contact réel avec eux.

■ Un règne méconnu

On ne saurait sérieusement souscrire au jugement de Victor Duruy qui, s'appuyant sur un chroniqueur de l'époque qui parlait du « roitelet Henri, héritier de la paresse paternelle », considérait son règne comme « vide de faits », en ajoutant que « si la royauté ne faisait rien, c'est que les seigneurs faisaient beaucoup ». Le bilan territorial de son règne est certes plutôt négatif : perte du duché de Bourgogne et du Vexin français, ce que ne compense pas l'acquisition du comté de Sens à la mort du comte Rainard en 1055. Mais le roi n'en tenta pas moins de faire respecter son autorité lorsque, par exemple, il contraignit en 1056 son allié Geoffroy-Martel à restituer à Foulques l'Oison le Vendômois dont il l'avait injustement dépouillé. C'est par cette pratique des « petits pas », appliquée aussi à la justice royale, que la dynastie capétienne commença à s'affermir, en dépit d'une faiblesse intrinsèque que la ténacité des successeurs d'Henri Ier réussit à transformer en autorité incontestable. Il faut aussi rappeler que le règne d'Henri Ier, qui avait débuté par une mémorable famine (1032-1033), marqua un début d'organisation domestique et gouvernementale qui, bien qu'en retrait par rapport à la Normandie, était riche d'avenir.

Un roi gardien des coutumes

Un des moyens utilisés par Henri Ier pour étendre son autorité fut de prendre sous sa protection les bonnes coutumes en censurant les mauvaises. C'est ainsi qu'à la demande de l'évêque d'Orléans, il annula en 1067 une coutume injuste qui voulait qu'en temps de vendanges les portes de la ville soient fermées et autorisait ses propres agents à prélever du vin sur les habitants ; cela afin « qu'à tous il soit permis d'entrer et de sortir et qu'à chacun son bien soit gardé par le droit civil et l'équité ».

Promesse du roi Philippe Ier

« Moi, Philippe, au moment de devenir roi de France par la faveur divine, je promets devant Dieu et ses saints que je conserverai à chacun de vous et à chacune des églises qui vous sont confiées les privilèges conférés par les canons, la stricte application de la loi et la justice et que j'assurerai votre défense, dans toute la mesure de mes moyens, avec l'aide de Dieu, comme le roi doit l'assurer droitement à chaque évêque de son royaume... ; (je promets) aussi que j'emploierai mon autorité à assurer au peuple qui m'est confié l'administration des lois qui le maintiendra dans son droit ».

1060 - 1108
Philippe Ier *(vers 1053 - 1108)*

Épouse en 1072 Berthe de Hollandet → **Louis VI**
en 1092 Bertrade de Montfort

Le réveil de la royauté

Il n'est pas exclu que la mauvaise réputation de ce roi, gros, sensuel et cupide au point de vendre ses évêchés, soit surtout due à l'Église, au moment où seuls les clercs écrivaient l'histoire. Mais son règne de quarante-huit ans, après une régence sans histoire de son oncle Baudoin V, comte de Flandre, et le scandale causé par sa mère Anne de Kiev qui épousa, après enlèvement, Raoul de Crépy, débuta de manière fort raisonnable. Après avoir annexé dès 1068 au domaine royal le Gâtinais et le Valentinois, il soutint les droits de la comtesse Rachilde de Flandre contre son rival Robert Ier le Frison. Mais, battu de manière peu glorieuse par ce dernier près du mont Cassel en 1071, il eut l'habileté de s'allier à lui au point d'épouser sa nièce Berthe de Hollande, ce qui ne l'empêcha pas de lui ravir ensuite la ville de Corbie en 1074.

■ La lutte contre les Anglo-Normands

Si Philippe était trop jeune pour entraver en 1066 la conquête de l'Angleterre par le duc Guillaume auquel il refusa, paraît-il, la vassalité pour son nouveau royaume, il fit tout pour l'affaiblir sur le continent. Il l'obligea tout d'abord à lever le siège de Dol en 1076, ce qui rendait difficile l'annexion de la péninsule bretonne à la Normandie ; et, par la suite, il tenta de semer la zizanie, aussi bien entre Guillaume et ses barons continentaux, qu'entre lui et ses fils. C'est ainsi qu'il soutint la révolte de Robert Courteheuse (qui, en avance d'hoirie, réclamait la Normandie et le Maine) contre son père. Ce dernier fut battu à Gerberoy en 1079, ce qui permit à Philippe Ier d'obtenir à la fois Gisors du fils, comme récompense de ses services, et ultérieurement de l'argent du père pour lever le siège d'un château ! Et, dès la mort de Guillaume en 1087, Philippe continua sa politique de division en soutenant alors Robert Courteheuse, nouveau duc de Normandie, contre son frère Guillaume le Roux, devenu roi d'Angleterre. Guillaume revendiqua alors le Vexin français et, allié au duc d'Aquitaine, menaça même le royaume, qui ne fut sauvé que par l'action du prince héritier Louis (associé, mais non sacré, dès 1098) et par l'héroïsme des défenseurs de Pontois, puis de Chaumont en 1098. Toutefois, la principale faute d'un Philippe Ier vieillissant et trop peu concerné par les affaires publiques fut certainement d'avoir laissé agir son fils qui, mal conseillé, ne sut pas s'opposer, en 1106, à la réunion par Henri Ier Beauclerc (successeur de Guillaume le Roux) de l'Angleterre et du duché de Nor-

Un roi paresseux mais habile
Au portrait peu flatteur d'un Philippe Ier «paresseux et impropre à la guerre», alourdi par la masse de la chair et plus préoccupé de manger et de dormir que de combattre (Orderic Vidal), on opposera celui, plus nuancé, d'Anquetil : «Philippe n'était peut-être pas, comme on l'a cru, un indolent sur le trône, mais un roi modéré, prudent, qui n'a pas eu la manière de faire naître les événements, mais n'a pas fui les occasions d'en profiter. Il eut peut-être besoin d'un plus grand courage pour ne pas aller à la croisade que pour y participer.»

mandie, enlevé à son frère Guillaume Courteheuse : il faudra attendre 1202 pour que la France récupère la Normandie.

■ Philippe Ier et l'Église

Philippe Ier qui, comme on sait, pratiquait la simonie et comprenait que l'indispensable réforme de l'Église qui tendait à faire échapper les évêchés à son contrôle ne pouvait que nuire à son pouvoir politique, lui fut délibérément hostile.

Si, en effet, le régent Baudoin V avait encore pris conseil de l'archevêque Gervais qui était favorable à la réforme qui culmina avec le pape Grégoire VII (1073-1085), le roi continua ses pratiques simoniaques. Si bien que, de 1076 à 1082, deux légats pontificaux sillonèrent le royaume en déposant et en excommuniant les évêques royaux, suspendant même ceux qui refusaient de comparaître devant eux. Pourtant, les excès des légats amenèrent Grégoire VII lui-même à d'autant plus de modération que ses propres difficultés avec le Saint-Empire l'obligèrent, d'un autre côté, à ménager politiquement Philippe Ier.

La vie privée du roi devait cependant amener son successeur Urbain II à plus de fermeté. On sait que, répondant à une déclaration d'amour passionnée de Bertrade de Montfort, qui se croyait délaissée par son époux Foulques le Réchin, comte de Blois, Philippe Ier répudia en 1092 la reine Berthe, pour l'épouser (après un enlèvement qui, semble-t-il, ravit le comte), au mépris des lois de l'Église, mais avec le consentement de deux évêques. Urbain II excommunia alors le roi et sa nouvelle épouse, et Philippe, n'ayant pas tenu sa promesse de se séparer de Bertrade (il ne le fera d'ailleurs jamais !), son excommunication fut maintenue, en particulier au concile de Clermont (1095) où fut prêchée la première croisade, ce qui explique qu'il n'y ait pas participé. Cette excommunication, renouvelée à Tours en 1096, fut momentanément levée en 1097, quand le roi promit de s'amender. Mais, non sans avoir réussi à se réconcilier avec le premier mari de Bertrade, il persista ; d'où une nouvelle excommunication (1101), et une nouvelle promesse de s'amender (non tenue !) au concile de Paris en 1104. Mais cela n'empêcha pas la venue du nouveau pape Pascal II en France (1106-1107), et, pour les évêchés, un compromis acceptable : investiture spirituelle du pape et, pour les biens temporels, du roi.

■ Une habile politique d'annexions

On a parfois considéré Philippe Ier comme le premier de ces «grignoteurs» qui, peu à peu, conquirent sciemment sur leurs vassaux ou leurs adversaires le royaume de France. Nous avons déjà mentionné les annexions du Vermandois, du Gâtinais et du Vexin français. On doit y ajouter, outre Corbie et Gisors, l'achat en 1101 de Bourges et de la seigneurie de Dun au vicomte Arpin qui partait pour la croisade. Mais ces acquisitions risquaient d'être précaires, tant les abords du domaine royal étaient infestés de seigneurs pillards, comme le sire du Puiset qui, en 1081, infligea une si cuisante défaite à l'armée royale dans la plaine d'Yèvre-le-Châtel. Et l'on sait l'importance qu'eut, pour la sécurité

La première croisade

Prêchée au concile de Clermont en 1095 par le pape Urbain II pour délivrer les Lieux saints, alors occupés par les musulmans qui y persécutaient les chrétiens, la première croisade s'accomplit en deux temps. Après l'échec sanglant de la croisade populaire conduite par le moine Pierre l'Ermite en 1096, la croisade des barons conduits par Godefroi de Bouillon et d'une armée de 3 000 hommes (1097) dégénéra, après la prise de Jérusalem en 1099, en une guerre de conquête et aboutit à la création du royaume latin de Jérusalem qui dura jusqu'en 1187.

du domaine royal, la mainmise en 1105 sur le château de Montlhéry, encore disputé sous Louis VI. Cependant, l'habileté de la politique domaniale de Philippe Ier – qui continua à s'appuyer sur les châtelains fidèles de l'Ile-de-France parmi lesquels il choisit ses grands officiers, lors même que les évêques, même royaux, s'éloignaient de lui à cause de la réforme grégorienne – fut d'améliorer l'administration de son propre domaine en utilisant des prévôts.

■ Un règne déjà décisif

Alors que le progrès décisif de la monarchie capétienne était reporté traditionnellement au règne suivant, on tend maintenant à en déceler les prémices dès celui de Philippe Ier. La vie à la fin dissolue d'un roi de plus en plus impotent, qui, lorsqu'il mourut en 1108, avait en fait laissé son fils gouverner depuis 1101, ne doit pas masquer les acquis de son règne. Ayant eu une vue claire de la politique à suivre – lutte contre le souverain anglo-normand, pacification du domaine, rapprochement final avec la papauté –, il sut au moins, tout en en étant lui-même incapable, conseiller à son fils la politique à suivre. Si bien qu'il suffira à ce dernier « de continuer sa politique, au moins dans ses grandes lignes, pour être salué par les historiens comme le roi dont le règne marque " le réveil de la royauté " en France» (R. Fawtier). Sans compter que la solidité interne de son modeste domaine permettait une extension sans problèmes des pouvoirs royaux.

Les prévôts
Déjà apparus à la fin du règne précédent, gens de condition modeste, ils furent chargés d'administrer le domaine royal, en percevoir les revenus, y exercer la justice, y recevoir les amendes et veiller sur les droits du roi et le respect de ses ordres. Cependant, l'adjudication des prévôtés au plus offrant conduisit à des abus dont souffrirent les populations et contre lesquels il fallut trouver par la suite des remèdes.

La réforme grégorienne

A la suite du mouvement clunisien (début du xe siècle) qui tendait déjà à purifier l'Église de ses abus, la papauté entreprit au milieu du xie siècle une réforme du clergé séculier et condamna la simonie, le mariage des clercs majeurs et le concubinage de tous les clercs. Le point culminant de la réforme fut la condamnation par le pape Grégoire VII (1073-1085) de l'investiture purement laïque « par la crosse et l'anneau » conférée par l'empereur ou le roi aux évêques ou abbés qui étaient aussi seigneurs temporels, et qui aboutissait à la confusion entre le spirituel et le temporel. Mais, en revendiquant pour l'Église l'investiture spirituelle « par la crosse et l'anneau » distinguée alors du serment de fidélité – propre à l'investiture temporelle – dû à l'empereur ou au roi, le pape ne pouvait que s'opposer à eux. Et ce n'est, en ce qui concerne l'empereur, que par le Concordat de Worms (1122) que s'acheva la longue « Querelle des investitures »

1108 - 1137

Louis VI le Gros *(vers 1080 - 1137)*

Épouse en 1115 Adélaïde de Savoie → Philippe († 1131)
→ **Louis VII**

Le pacificateur du domaine royal

Dès la mort de Philippe Ier, qui s'était lui-même jugé indigne d'être enterré à Saint-Denis et le fut à Saint-Benoît-sur-Loire, Louis VI, que sa marâtre Bertrade avait peut-être tenté d'empoisonner, fut très vite sacré, le 3 août 1108 à Orléans, pour éviter que lui soit préféré Philippe de Mantes, le fils de Bertrade. Mais, gouvernant le pays depuis près de dix ans, il n'eut – malgré le choix fâcheux du sénéchal et chancelier Étienne de Garlande, dont il ne se sépara qu'en 1128 – aucun mal à s'imposer, et tout d'abord pour la pacification de son domaine.

■ Louis VI et les châtelains voisins

On sait que le roi avait commencé à purger le domaine royal des seigneurs pillards dès la fin du règne de son père. Mais c'était une immense tâche, si l'on songe à des hommes de la trempe de Hugues du Puiset et de Thomas de Marle. Le premier qui, au dire de Suger, « dévorait toutes les terres ecclésiastiques du pays », ne fut éliminé au combat qu'en 1118, après que son château eut été pris et brûlé trois fois ! Quant au second, non seulement seigneur rebelle mais brute sanguinaire, il fallut, après l'échec partiel d'une croisade organisée en 1114 par le légat du pape, attendre 1130 pour qu'il soit tué dans son château de Coucy qu'il avait fait reconstruire après une première destruction. Il est à cet égard heureux que, avant de devenir obèse, le roi ait aimé le combat jusqu'à la témérité. Et l'on ne saurait énumérer tous ceux qu'il eut à soutenir, au nord comme au sud de la Seine, pour venir à bout de seigneurs aussi récalcitrants et aussi retors que ce Hugues de Crécy qui essaya de s'emparer de Montlhéry (finalement récupéré par le roi) et qui, après avoir fait étrangler son cousin Milon de Montlhéry, fut forcé par le roi de se faire moine et d'abandonner ses terres pour avoir la vie sauve.

■ Louis VI et les grands féodaux

Il ne suffisait pas au roi d'assurer, de Paris à Orléans, ou d'Étampes à Melun, la sécurité des routes de son domaine. Il lui fallait au moins tenter de nuire à l'indépendance des grandes baronnies.

C'est ainsi que, dès 1109, il intervint en Bourbonnais pour mater la rébellion d'Aimon II, dit Vaire-Vache, qui, après avoir dépouillé son neveu Archambaud, refusait de comparaître devant la justice royale. Intervenant jusqu'en Auvergne à la demande de l'évêque de Clermont persécuté par Aimery, le comte d'Auvergne, il alla jusqu'à brûler Montferrand pour

Un roi cupide, mais courageux et bon

La cupidité bien connue de Louis VI ne doit pas masquer les qualités de ce roi « beau et bien fait » qui, dès douze ou treize ans, « accomplissait de tels progrès, à la fois quant à sa louable et belle activité morale et quant à la taille de son corps très élégant, qu'il promettait de ne pas tarder à procurer un honorable agrandissement à son royaume. Agréable, aimable et bienveillant, au point que certaines gens le tenaient pour simple d'esprit, illustre et courageux défenseur du domaine paternel, il pourvoyait aux intérêts des églises et [...] veillait au repos du clergé, des travailleurs et des pauvres » (Suger).

l'obliger en 1126 à se plier à sa justice.

Plus délicate, cependant, fut son intervention en Flandre, où le comte Charles le Bon venait d'être traîtreusement assassiné en 1127. Sous couleur de rechercher les assassins, le roi pénétra en Flandre et, après avoir fait écarter tous les successeurs possibles, imposa son propre candidat, Guillaume Cliton, le fils de Robert Courteheuse, qui tentait en outre de récupérer le duché de Normandie. Mais, malgré le soutien efficace du roi, qui châtia tous les meurtriers de Charles le Bon, Guillaume Cliton s'aliéna les villes et les barons, allant même jusqu'à s'allier avec un de ses ennemis qu'il avait dépossédé. Intervenant trop tard à cause de ses propres affaires (sa lutte contre Étienne de Garlande), le roi ne put, après la défaite et la mort de Guillaume Cliton, que reconnaître le nouveau comte de Flandre, Thierry d'Alsace, qui consentit à lui prêter hommage pour les fiefs qui relevaient de son royaume. Preuve que la suzeraineté royale avait quand même été reconnue, au moins partiellement, car il n'en était pas de même en ce qui concerne la Normandie.

Suger (1081-1151)
Abbé de Saint-Denis dont il fera construire la nouvelle basilique en 1144, Suger conseilla utilement à partir de 1127 Louis VI, dont il avait été le compagnon d'école. Sous son règne, son principal mérite fut de le pousser à obtenir l'hommage lige des grands féodaux. Mais, après avoir témérairement poussé au mariage d'Aliénor d'Aquitaine avec Louis VII, c'est sous le règne de ce dernier qu'il donna toute sa mesure. Régent du royaume pendant que Louis VII était en croisade, il reçut à son retour le titre mérité de « père de la patrie ».

■ Louis VI et la monarchie anglo-normande

Roi d'Angleterre et duc de Normandie depuis 1100, et admiré de Suger, Henri Ier Beauclerc, le plus jeune des fils du Conquérant, ne pouvait qu'être l'ennemi du roi. Dès 1109 les hostilités commencèrent, et auraient tourné au désastre si les barons normands ne s'étaient pas divisés, ce qui n'empêcha pas le roi de devoir signer en 1113 à Gisors un traité qui donnait à Henri Ier la suzeraineté sur le Maine et la Bretagne. On comprend alors que Louis VI ait toujours soutenu Guillaume Cliton, surtout après l'humiliante défaite de Brémule, le 20 août 1119, où il fut contraint à la fuite et son cheval tué sous lui. Il fit alors appel au pape Calixte II, qui présidait alors un concile à Reims, pour faire condamner son ennemi. Mais ce dernier ne proposa qu'une trêve que le roi dut signer. En fait, la victoire vint au roi de France aussi inopinément que momentanément, avec la catastrophe de la *Blanche Nef*, où périrent, le 25 décembre 1120, les héritiers directs deHenri Ier.Ce dernier réagit tout d'abord en entraînant, en 1124, son gendre l'empereur Henri V dans une alliance offensive contre Louis VI qui fit long feu. En effet, devant les contingents militaires du roi, massés à Reims et préfigurant, autour de l'étendard de Saint-Denis, une sorte de réflexe de défense nationale que l'on retrouvera à Bouvines, l'empereur se retira après Metz, sans avoir même combattu. Mais, après la mort de l'empereur, Henri Ier Beauclerc imagina en 1127 de marier sa veuve (qui était sa propre fille Mathilde, le seul enfant qui lui restât) à Geoffroi le Bel, dit Plantagenêt, l'héritier du fief angevin destiné à devenir l'empire des Plantagenêts. Et il est sûr que la mort de Guillaume Cliton en 1128 ne pouvait qu'affaiblir le poids de Louis VI face au souverain anglais, qui mourut en 1135.

■ Louis VI et l'Église

On pourrait penser que le fait pour le roi d'avoir choisi successivement deux clercs

Louis VI, le Gros
Gravure anonyme.
Bibliothèque nationale, Paris.
Ph. Jeanbor © Arch. Photeb.

(Étienne de Garlande et Suger) pour le conseiller fut un gage de paix avec l'Église. Mais, ne serait-ce que parce que le premier pratiquait tout autant le cumul des bénéfices et des fonctions que le népotisme, au point de provoquer l'ire de saint Bernard, il n'en est rien. Le roi s'appuya certes sur le clergé, qui avait aussi besoin de sa protection, pour dompter les châtelains, et il n'hésita pas à soutenir les nouvelles congrégations, comme Cîteaux. Mais il traita avec brutalité plusieurs évêques et n'hésita pas, dans un conflit avec l'évêque de Paris, à affirmer la supériorité de la justice royale sur la justice d'Église, tout comme son droit d'approuver les élections des prélats. Et c'est avec mollesse qu'il soutint les réformateurs, puisque, en 1133, il tenta de sauver ceux qui avaient assassiné deux prélats réformistes, dont le prieur de Saint-Victor de Paris, l'école théologique qu'il avait lui-même dotée.

En revanche, il ne manqua pas de s'allier à la papauté, quitte à conserver son indépendance, comme il le fit en 1113, quand le pape voulut doubler l'évêché de Noyon-Tournai, et surtout quand Calixte II voulut en 1121 accorder la primatie des Gaules à Lyon (alors dans le Saint-Empire) au détriment de Sens. Au demeurant, quatre papes vinrent en France sous son règne et, quand un schisme éclata en 1130, le roi soutint le pape légitime Innocent II contre l'antipape Anaclet II.

La commune de Laon

En l'absence de leur évêque, le sinistre Gaudry, les habitants de Laon avaient acheté le droit de former une « commune ». Ce droit fut remis en question à son retour, le roi et l'évêque s'étant plusieurs fois fait payer pour rétablir et supprimer la commune. Mais l'évêque, ayant prétendu prélever sur la commune l'argent donné au roi pour qu'il la rétablisse, fut assassiné. Les insurgés firent alors appel à Thomas de Marle, le pire ennemi de Louis VI, qui ne put que noyer l'insurrection dans le sang en 1115. Par la suite, le parti communaliste l'ayant emporté, le roi accorda en 1128 à la ville une « institution de paix », c'est-à-dire en fait une commune.

■ Le mouvement communal

Apparu à la fin du XIe siècle, aussi bien à cause du réveil économique des villes que des contraintes que le système seigneurial faisait peser sur leurs habitants, le mouvement communal, qui implique avant tout la reconnaissance (même sans charte) par le seigneur ou le roi d'un serment fondateur engendrant le plus souvent des libertés communales et surtout la paix, n'est pas dû, comme l'affirmait encore la charte de 1814, à Louis VI, qui aurait sans nuances accordé aux communes leur affranchissement. En réalité, sa politique fut modelée sur ses intérêts immédiats, et au départ il favorisa plutôt dans son domaine les villes de simple franchise (cf. la charte de Lorris-en-Gâtinais, qui ne contient que des franchises individuelles, la ville demeurant sous l'autorité d'un prévôt). Au demeurant, le cas tragique de la commune de Laon suffirait à montrer que, loin d'être un philanthrope, le roi était vénal, et qu'il n'a pas tout d'abord compris l'essence du mouvement communal, qui ne fut vraiment récupéré qu'à partir de Philippe Auguste.

■ La fin de Louis VI

Après l'annulation de son premier mariage avec Lucienne de Rochefort pour non-consommation, le roi avait épousé en 1115 Adélaïde de Savoie, qui lui donna huit enfants dont l'aîné, Philippe, après avoir été sacré en 1128, mourut prématurément en 1131 et fut remplacé la même année par son frère Louis, sacré à Reims par Innocent II. Conseillé par Suger, et répondant au dernier vœu de Guillaume X d'Aquitaine, Louis VI négocia avant sa mort (1er août 1137) le mariage du jeune Louis, alors âgé de seize ans, avec la fille du duc, cette Aliénor dont le destin personnel, si haut et si controversé, devait marquer à la fois la France et l'Angleterre.

■ Un grand roi

Les éloges probablement exagérés de Suger et la fausse légende d'un roi émancipateur du peuple ne doivent cependant pas faire oublier que, en dépit d'un activisme militaire parfois brouillon, Louis VI est le premier de nos grands rois. Ayant agrandi le domaine de plusieurs châtellenies de l'Ile-de-France et du comté de Corbeil, il eut, non seulement le mérite de pacifier le domaine royal, mais encore celui de l'administrer mieux, sans pouvoir mordre sur les grandes baronnies. D'où, probablement, le grand dessein représenté *in extremis* par le brillant mariage de son fils avec Aliénor qui apportait l'Aquitaine, mariage dont il ne pouvait évidemment pas prévoir l'issue. Enfin, son incontestable « alliance dans l'interdépendance » avec l'Église ne pouvait, à la longue, qu'être favorable à la royauté, dont le caractère « thaumaturgique », intrinsèque et non plus dépendant de la personnalité du monarque, semble bien être apparu avec lui : Louis VI est, au dire de Guibert de Nogent, le premier à avoir touché et guéri sans discontinuer les écrouelles (ganglions d'origine tuberculeuse, ou scrofules).

Le premier troubadour

On peut dater du règne de Louis VI la naissance de la poésie courtoise avec les poèmes de Guillaume IX (1071-1127), duc d'Aquitaine et comte de Poitiers, que sa vie aventureuse – il fut croisé, mais aussi plusieurs fois excommunié pour sa vie dissolue et ses empiètements sur les droits ecclésiastiques – n'empêcha pas d'être un poète raffiné dont l'œuvre nous touche encore.

Les grands officiers de la couronne

On distingue traditionnellement, émergeant des simples « palatins » et chargés de besognes tout d'abord domestiques, puis politiques : 1. Le *sénéchal*, qui passa du service de la table royale au commandement de l'armée avant de disparaître en 1191. 2. Le *bouteiller*, chargé de la cave du roi, dont la fonction devint honorifique. 3. Le *chambrier*, qui finit par garder (avant les templiers) le trésor royal. 4. Le *connétable* qui, après s'être occupé des écuries royales, remplaça le sénéchal quand il disparut. 5. Le *chancelier* (un clerc jusqu'à Philippe le Bel) qui, outre son service à la chapelle royale, fut chargé de préparer et de sceller les actes royaux en vérifiant leur conformité avec les actes antérieurs et qui, remplacé par un simple « garde des sceaux », subsista jusqu'à la fin de l'Ancien Régime.

1137 - 1180
Louis VII le Jeune *(vers 1120 - 1180)*

Épouse en 1137 Aliénor d'Aquitaine
en 1154 Constance de Castille
en 1160 Adèle de Champagne → **Philippe II**

La naissance du pouvoir royal

Un roi bon mais cruel
Le caractère de Louis VII est tout en contrastes. Élevé pour être clerc et fort cultivé, il demeura, à certains égards, timide, doux, « d'une candeur de colombe », facile à tromper et même « presque idiot » ; et l'on sait qu'à la fin de sa vie il tomba dans la bigoterie. Cependant actif et batailleur dès sa jeunesse, il resta toute sa vie capable de cruauté, n'hésitant pas à faire couper un bras du chambellan de la reine qui avait agressé un clerc.

Il est paradoxal que ce roi pieux et soumis à l'Église, au point de mériter l'appellation d'« évêque du dehors » ait commencé par s'opposer au Saint-Siège.

■ Lutte contre le pape

Après avoir déjà provoqué la colère de saint Bernard pour s'être montré hostile en 1141 à l'élection de l'évêque de Poitiers, il tenta, la même année, d'imposer Cadurc, son chancelier, à l'archevêché de Bourges, contre Pierre de la Châtre, candidat du pape, qui jeta l'interdit sur le diocèse. L'affaire se compliqua, lorsque Pierre de la Châtre se réfugia chez le comte Thibaud de Champagne dont, la nièce avait été répudiée par son mari Raoul de Vermandois, qui épousa la sœur d'Aliénor d'Aquitaine. Le pape Innocent II ayant déclaré que cette union était nulle, et Thibaud de Champagne ayant obtenu son interdit sur les terres de Raoul, le roi, en représailles, envahit en 1142 la Champagne et, après l'incendie de Vitry, se jugea responsable de la mort des trois mille personnes qui y furent brûlées vives dans l'église. Il fallut attendre le nouveau pape Célestin II pour que, en 1143, le roi soit obligé de s'incliner : Pierre de la Châtre réintégra son évêché, et Raoul de Vermandois reprit sa première femme.

Dès 1145 le roi annonça à Bourges même, le jour de Noël, son départ pour la croisade, probablement pour expier sa faute : les morts de Vitry.

■ Une croisade doublement fatale

Rendue indispensable par la chute d'Édesse en 1145, la deuxième croisade fut prêchée en 1146 par saint Bernard et conduite par l'empereur Conrad III et Louis VII qui, peut-être pour la surveiller, eut le tort d'y emmener la reine Aliénor. Le roi et la reine arrivèrent en 1147 à Constantinople. Mais il y eut tout d'abord mésentente entre le roi et l'empereur et, après avoir été battus le 8 janvier 1148 à Pisidie, les Français s'embarquèrent pour Antioche où la reine retrouva son oncle Raymond de Poitiers, avec lequel on l'accusa d'avoir des relations interdites. Si bien que, après l'échec militaire de la croisade devant Damas en 1148, et les doutes émis opportunément par Aliénor sur la validité de son mariage pour cause de consanguinité, les époux regagnèrent la France en 1149 sur deux bateaux différents. Pendant l'absence du roi, Suger, que la reine avait tout d'abord écarté, avait sagement administré le royaume, et il conseilla alors à Louis VII de ne pas répudier Aliénor. Mais il mourut en 1151 et, dès le 21 mars 1152, le concile de Beaugency reconnut la nullité du mariage royal. Moins de deux mois après, le 18 mai 1152, Aliénor épousait à Poitiers Henri Plantagenêt, comte d'Anjou, du Maine et de Touraine, duc de Normandie, et lui apportait donc en dot le duché d'Aquitaine. Et, un peu plus de deux ans après, le 19 décembre 1154, son nouvel époux devenait, sous le nom de Henri II, roi d'Angleterre, et finalement d'un empire qui, malgré la volonté d'Aliénor de rester maîtresse chez elle, allait des Pyrénées à l'Écosse, et contre lequel Louis VII ne pouvait pas ne pas lutter, inaugurant à partir de 1173 ce que l'on appelle parfois la première guerre de Cent Ans.

■ Première lutte contre les Plantagenêts

Dès 1152, Louis VII avait déchu son vassal Henri Plantagenêt de tous ses fiefs français, pour avoir contracté mariage sans sa permission ! Mais il n'avait aucun moyen réel de faire exécuter sa sentence, malgré l'alliance de quelques vassaux. Après avoir renoncé à l'Aquitaine en échange de deux mille marcs, Louis VII imposa à son royaume – c'est la première ordonnance capétienne renouant avec la période carolingienne – la « paix du roi » en 1155. L'année suivante, le roi d'Angleterre lui fit hommage pour ses fiefs français et, en 1158, un traité d'amitié fut signé entre les deux souverains, le jeune fils (cinq ans) de Henri fiancé à la fille de Louis (trois mois) apportant en dot le Vexin normand. La guerre entre les deux souverains reprit cependant quand Henri II prétendit obtenir l'hommage de Raymond V, comte de Toulouse. Il pénétra en juin 1159 en Languedoc, s'empara de Cahors, mais finalement, devant l'intervention de Louis VII pour défendre Toulouse, se retira. Pendant que le roi combattait à Toulouse, trois de ses châteaux proches de Paris avaient cependant été livrés à l'ennemi, et, après le mariage forcé de sa fille avec Henri le Jeune, il jura une trêve avec le roi d'Angleterre à Chinon en 1160. Mais, entre-temps, il avait eu à faire face à un autre ennemi.

■ Le roi et l'empereur

Empereur d'Allemagne depuis 1151, Frédéric Barberousse était devenu l'allié du roi d'Angleterre et tentait d'éloigner du roi de France certains de ses vassaux. C'est en réalité pour lui résister que, après la mort de sa deuxième femme, Constance de Castille (qui ne lui avait donné qu'une fille), en 1160, Louis VII épousa, la même année, Adèle de Champagne.

Mais le roi était aussi séparé de l'empereur par un schisme, puisqu'il reconnaissait, en accord cette fois avec Henri II, un autre pape que lui. Pourtant, après un rendez-vous manqué avec l'empereur en 1162, ils finirent par signer en 1165 le traité de Vaucouleurs, avec comme objectif l'extermination des Brabançons.

■ Nouvelle lutte contre l'Angleterre

Dès 1167 la guerre d'escarmouches reprit entre Louis VII et Henri II, le roi de France

Un précurseur des Droits de l'homme

Le début d'une charte d'affranchissement permet de voir que, dans la perspective chrétienne de l'époque, les futurs « Droits de l'homme » n'étaient pas étrangers à Louis VII : « Un décret de la divine bonté a voulu que tous les hommes, ayant la même origine, fussent doués dès leur apparition d'une sorte de liberté naturelle. Mais la Providence a permis aussi que certains d'entre eux aient perdu, par leur propre faute, leur première dignité et soient tombés dans la condition servile. C'est à notre majesté royale qu'il est donné de les élever de nouveau à la liberté. »

étant surtout préoccupé de réconcilier à son propre profit le roi d'Angleterre et son chancelier et archevêque de Cantorbéry, Thomas Becket, qui, depuis 1164, avait trouvé refuge en France. Le retour en Angleterre et l'assassinat du prélat le 29 décembre 1170 contribuèrent à rehausser le prestige de celui qui l'avait accueilli, si bien qu'évêques et abbés lui demandèrent protection. Mais le Plantagenêt demeurait menaçant et, continuant une politique traditionnelle, et à l'instigation même de son ancienne épouse Aliénor, Louis VII choisit de soutenir les fils du roi d'Angleterre, Henri le Jeune, Richard et Geoffroy, dans la lutte contre leur père. Mais la révolte échoua en 1174, Aliénor fut emprisonnée (jusqu'en 1189), et un nouvel accord décida du mariage d'Adélaïde, fille de Louis VII, avec Richard, fils de Henri II. Du fait de ce dernier, qui prétendit faire valoir ses droits sur l'Auvergne, la lutte reprit pourtant en 1177, et la situation devint même critique pour Louis VII, lequel ne fut sauvé que par l'intervention du légat pontifical qui menaça l'empire angevin d'interdit si la paix n'était pas signée. Elle le fut le 11 septembre 1177 à Nonancourt.

C'était trois ans avant la mort du roi qui, le 1er novembre 1179, fit sacrer roi – ce sera le dernier sacre du vivant du père – son fils Philippe à Reims. Mais on sait que ce dernier, s'étant égaré dans la forêt de Compiègne, était tombé si malade que son père alla prier pour sa guérison sur le tombeau de Thomas Becket ; pourtant, frappé d'hémiplégie à son retour, il ne put assister au sacre et mourut finalement le 18 septembre 1180 à l'abbaye de Saint-Port.

Saint Bernard (1090 - 1153)
Figure majeure de la chrétienté médiévale, saint Bernard fonda en 1115 l'abbaye cistercienne de Clairvaux et bientôt son autorité spirituelle en fit l'arbitre de la chrétienté, tant pour les affaires spirituelles que pour les affaires temporelles qu'il tenta de moraliser en défendant les droits de l'Église contre les rois. Ennemi des ennemis de l'Église ou de ceux qu'il considérait comme hérétiques (comme Abélard qu'il fit condamner en 1140), il fut aussi le défenseur de la féodalité contre le mouvement communal. Mais c'est surtout comme mystique de l'humilité absolue qu'il nous demeure présent.

■ Un règne contesté

On a surtout reproché à Louis VII d'avoir répudié Aliénor. Mais les historiens contemporains font remarquer qu'il n'aurait pas été facile au roi de dominer les territoires apportés en dot par la reine, son second mari n'y étant pas parvenu. Si bien qu'avec le recul du temps cette répudiation peut apparaître comme « providentielle » (R. Fawtier). Quoi qu'il en soit, et malgré l'insigne faiblesse du roi en matière militaire, son règne apparaît comme bénéfique, avec le développement des villes, qu'il favorisa plus que son prédécesseur, mais aussi la multiplication des églises : c'est en 1163 que débuta la construction de Notre-Dame de Paris. Nous ne possédons pas moins de 452 actes du roi en faveur des églises, et il fut même un parangon de la foi, puisqu'il assista dès 1140 au concile de Sens où fut condamné Abélard. De plus force est de reconnaître que, face à son principal ennemi, son relatif effacement eut, à la longue, plus d'effet que la fougue du Plantagenêt, que son successeur allait réussir à abattre.

1180 - 1223

Philippe II Auguste *(1165 - 1223)*

Épouse en 1180 Isabelle de Hainaut → **Louis VIII**
en 1193 Ingeburge (Isambour) de Danemark
en 1196 Agnès de Méran

L'« empereur en son royaume »

Dès avant la mort de son père, le jeune Philippe – que l'on appela « le Conquérant » avant que son biographe Ricord, sa naissance en août et son destin « impérial » le transforment en « Auguste » – manifesta une volonté politique d'autant plus nécessaire que, frappé probablement de cachexie paralytique, le vieux Louis VII n'était plus en état de prendre la moindre décision importante durant la dernière année de son règne.

▪ Un début magistral

Il épousa le 28 avril 1180 Isabelle de Hainaut, nièce de Philippe d'Alsace, comte de Flandre, qui lui apporta l'Artois en dot à venir. Les Champenois (du clan de sa mère), se sentant mis à l'écart, voulurent faire appel à Henri II Plantagenêt, avec lequel le roi signa cependant un traité d'alliance à Gisors en 1180. Ils s'allièrent alors aux Flamands, en attaquant, au début de 1181, le domaine royal ; mais le roi, fort de la neutralité d'Henri II, en profita pour revendiquer, à sa mort, les droits d'Isabelle de Vermandois, femme du comte de Flandre, que ce dernier finit par lui céder au traité de Boves (1185), qui lui permit de récupérer le Vermandois, la ville d'Amiens, et finalement l'Artois lui-même à la mort du comte de Flandre en 1191. Il ne lui restait plus qu'à se retourner contre le roi d'Angleterre.

▪ Dernière lutte contre Henri II

En 1183 et 1186 moururent respectivement Henri le Jeune et Geoffroy de Bretagne, les deux fils du roi d'Angleterre que Philippe Auguste soutenait dans leur révolte contre leur père. S'alliant avec les deux fils survivants (et rivaux entre eux) d'Henri II, Richard Cœur de Lion et Jean sans Terre, le roi l'attaqua en 1187. Après s'être emparé d'Issoudun, il lui imposa, la même année, la paix de Châteauroux. Cela n'empêcha pas la reprise d'une guerre qui, après que Richard se fut allié à Philippe Auguste, lequel obtint l'appui de l'empereur Frédéric Barberousse, aboutit à l'humiliante capitulation d'Azay-le-Rideau par laquelle, avant de mourir solitaire le 6 juillet 1189, Henri II désigna Richard comme nouveau roi, et abandonna à Philippe l'Auvergne, Issoudun et Châteauroux. Jean, demeuré « sans terre », reçut quelques fiefs de son frère Richard qui, au lieu de combattre immédiatement Philippe Auguste, l'accompagna à la troisième croisade.

Un roi beau, dur, mais sensible

Peu instruit et « mal peigné » dans sa jeunesse, Philippe Auguste, qui finit par devenir borgne et fut toujours mentalement fragile, n'en était pas moins « un bel homme, bien découplé, d'une figure agréable, chaude, avec un teint coloré et un tempérament très porté vers la bonne chère, le vin et les femmes ». Mais s'il était « craintif pour sa vie, facile à émouvoir et à apaiser, il était très dur pour les grands qui lui résistaient et se plaisait à nourrir entre eux la discorde. Jamais cependant il n'a fait mourir un adversaire en prison » (Gastinel).

■ Une croisade mouvementée

Nécessitée par la perte de Jérusalem en 1187, après que son roi Guy de Lusignan eut été vaincu par le magnanime Saladin (Sala ed-Din) qui le libéra, la troisième croisade fut conduite par les rois Richard Cœur de Lion et Philippe, ainsi que par l'empereur Frédéric Barberousse, qui mourut accidentellement avant leur arrivée en Terre sainte, après avoir remporté la victoire d'Iconium. Malgré la mésentente entre les deux rois, Richard ayant refusé d'épouser Alix, la sœur de Philippe Auguste, et grâce à la bravoure de ce dernier, Saint-Jean-d'Acre fut prise par les croisés, le 13 juillet 1191.

Cependant, prenant probablement le prétexte de la mort au cours du siège du comte de Flandre dont il devait recueillir la succession, mais également malade de la « suette » (sorte de fièvre typhoïde), Philippe rentra en France. Parti un peu plus tard, après avoir échoué devant Jérusalem, Richard fut capturé par le duc d'Autriche (qu'il avait insulté devant Acre) et livré à l'empereur Henri VI, qui exigea une énorme rançon (réunie par la vieille Aliénor, sa mère !) alors que Philippe et Jean sans Terre lui avaient offert une somme considérable pour qu'il fût maintenu en captivité. Finalement libéré en 1194 par l'empereur, dont il se reconnut le vassal, Richard, auquel, au mépris du droit ecclésiastique qui protégeait les biens des croisés, Philippe en « accord » avec Jean sans Terre avait déjà enlevé le Vexin et une partie de la Normandie, ne pouvait que se retourner contre ce dernier.

Une vie conjugale étrange

Après la mort en 1189 d'Isabelle de Hainaut, Philippe Auguste épousa Ingeburge (ou Isambour) de Danemark avec laquelle, semble-t-il, à la suite d'une répulsion physique, le mariage ne fut pas consommé. Il obtint alors une complaisante annulation de son mariage et, après avoir fait injustement cloîtrer Isambour, épousa Agnès de Méran. La papauté n'accepta pas l'annulation, et Innocent III finit par interdire le royaume en 1198. La sanction ne fut levée que lorsque le roi reprit en 1200 Isambour, mais sans pour autant cohabiter avec elle.

■ La lutte contre l'Angleterre reprend

Bien qu'il se soit entendu avec Philippe pour se partager avec lui les biens de son frère Richard, Jean sans Terre préféra se ranger aux côtés du « lion déchaîné », qui battit notre roi en 1194 à Fréteval, où ses archives furent saisies, puis en 1198 près de Gisors où il fuit sans gloire. Le légat du pape Innocent III s'étant interposé, une trêve fut signée en janvier 1199 à Vernon. Son avantage final fut, en 1200, le mariage de Blanche de Castille (fille d'Alphonse VIII et petite-fille d'Aliénor d'Aquitaine, qui alla la chercher en Espagne) avec le futur Louis VIII. Mais la mort de Richard devant Châlus le 6 avril 1199 remettait tout en question, puisque Jean sans Terre était devenu roi d'Angleterre en commettant la faute de frustrer son neveu (fils de Geoffroy) Arthur de Bretagne, que Philippe s'empressa de défendre en attaquant la Normandie. Toutefois, la coalition de féodaux qu'il avait fomentée échoua, et les deux rois se réconcilièrent momentanément par le traité du Goulet (22 mai 1200) qui permit à notre roi d'acquérir Évreux et le Berry, en échange de la reconnaissance de Jean comme roi en Angleterre et vassal en France. Pourtant, en 1202, ce dernier imagina d'enlever et d'épouser la fiancée de l'un de ses vassaux, Hugues X de Lusignan, comte de la Marche, qui en appela au roi de France, son suzerain. Reprenant alors la cause d'Arthur de Bretagne, Philippe fit citer son rival devant sa Cour royale qui, en l'absence prévisible de l'accusé, prononça la « commise », c'est-à-dire la confiscation, de

Philippe-Auguste expulsant les juifs en 1182.
Miniature, fin XVᵉ s. Bibliothèque nationale, Paris.
Ph. J.-L. Charmet © Arch. Photeb.

tous ses fiefs français, dont le roi céda une partie (sauf la Normandie) à Arthur, à charge d'hommage. Et l'admonestation pontificale de la décrétale *Novit* (1204), sollicitée par Jean, impressionna d'autant moins notre souverain que le roi d'Angleterre avait auparavant (1203) fait exécuter Arthur après capture. Philippe n'avait pu alors que conquérir la Normandie, qui tomba après le siège célèbre de Château-Gaillard (1203), qui aboutit en juin 1204 à la capitulation de Rouen, occasion pour le roi de confirmer les privilèges commerciaux des bourgeois de la ville. Finalement Philippe, après avoir occupé l'Anjou et le Poitou, réussit à s'emparer de l'Aquitaine et à affirmer son pouvoir sur la Bretagne (dont il maria l'héritière à son parent Pierre Mauclerc), ne laissant au Plantagenêt que la Guyenne, le Béarn et le Comminges. Dès 1208, la puissance anglaise était brisée en France, ce qui n'empêcha pas la guerre de prendre une dimension vraiment européenne.

Les cathares
Apparue en France dès le XIe siècle, ce que l'on nomme l'hérésie cathare, alors que son origine manichéenne en fait une religion autre que le christianisme, fut jugée aussi dangereuse sur le plan religieux, où son dualisme aboutissait à nier la toute-puissance de Dieu, que sur le plan social, par son refus du serment de la propriété et, pour ses « Parfaits », de la procréation. Il suffit donc que cette religion se répande dans un Languedoc plutôt tolérant pour que l'Église s'émeuve, et que la royauté prenne le prétexte de la croisade exigée par elle et annexe politiquement le Midi.

■ Vers Bouvines

Ce fut, en quelque sorte, la fragilité intérieure de l'Angleterre – qui, à la suite d'un conflit entre son roi et l'archevêque de Cantorbéry Étienne Langton, fut interdite par le pape Innocent III en 1212 – qui relança la guerre. Philippe Auguste songea un moment à débarquer en Angleterre où la couronne fut offerte à son fils ; mais finalement Jean sans Terre choisit de se soumettre au pape, dont il se proclama le vassal. Une alliance fut cependant conclue, avec la médiation de Renaud de Dammartin, comte de Bretagne, entre le roi d'Angleterre et le comte de Flandre Ferrand de Portugal, ainsi qu'avec l'empereur d'Allemagne Othon IV, que Philippe et le pape avaient contrarié en soutenant la candidature à l'empire de Frédéric II de Hohenstaufen.

Philippe essuya alors, en mai 1213, une défaite navale : les Anglais coulèrent sa flotte devant Damme et il préféra brûler ce qu'il en restait. Aussi les coalisés décidèrent de le prendre dans une tenaille, en l'attaquant à la fois au nord et au sud. Mais, en battant Jean sans Terre à La Roche-aux-Moines le 2 juillet 1214, le futur Louis VIII fit échouer la première partie de leur plan. Et l'épisode final et historique fut, le 27 juillet 1214, la bataille de Bouvines, où l'empereur faillit exécuter sa promesse de tuer le roi de France, mais qui tourna à l'avantage de ce dernier : l'empereur ayant fui, il réussit même à faire capturer le comte de Flandre et le comte de Boulogne. Cette bataille décisive, où le sentiment national français est peut-être né, marqua aussi le commencement de la fin pour Jean sans Terre. Il évacua le territoire français et fut contraint par le pape d'accepter, le 18 septembre 1214, le traité de Chinon et finalement, en juin 1215, sous les revendications de ses barons révoltés, la *Magna Carta* (Grande Charte), qui – ce qui devint traditionnel en Angleterre – limita ses pouvoirs. Cela n'empêcha d'ailleurs pas le pape de casser la charte, et Philippe Auguste de soutenir les révoltés. Ils firent alors appel à son fils, qui tenta de nouveau d'obtenir la couronne d'Angleterre, où il débarqua en mai 1216 et fut même couronné, avant que la mort de Jean sans Terre, le 19 octobre de la même année, ne remette tout en cause. Henri III, fils de Jean sans Terre, fort de l'appui du pape, réussit, lui aussi, à se faire couronner, et, battu à Lincoln en avril 1217, le futur Louis VIII revint en France et renonça à la couronne anglaise. En 1220 le traité de Chinon, qui marquait les pertes territoriales anglaises en France, fut confirmé.

■ Philippe Auguste et les cathares

On a parfois soutenu (et Louis VIII le premier) que Philippe Auguste ne s'était pas mêlé de la croisade contre les cathares (ou Albigeois) ; mais on ne saurait oublier les ordres qu'il donna à ses vassaux, dont Simon de Montfort, et aussi qu'il inspira, à n'en pas douter, l'intervention active de son fils.

On sait qu'après le relatif insuccès de la prédication de saint Dominique en Languedoc, et surtout l'assassinat en 1208 par des émissaires du comte Raymond VI de Toulouse – favorable aux cathares – du légat pontifical Pierre de Castelnau, qui venait lui transmettre une excommunication, la croisade se déchaîna. Et avec d'autant plus de violence qu'en contradiction avec les règles féodales le pape Innocent III avait commencé par offrir d'avance à celui qui les prendrait les biens du comte de Toulouse, qui fit d'ailleurs momentanément sa soumission. Les croisés commencèrent donc par attaquer son vassal, Roger Trencavel, vicomte de Carcassonne, et surtout se rendirent coupables, le 21 juillet 1309, de l'ignoble massacre de Béziers, où sept mille personnes périrent dans la seule église de la Madeleine. Les propos prêtés au légat Arnaud Amalric : « Tuez-les tous, Dieu reconnaîtra les siens !» ont traversé les siècles par leur fanatisme aveugle. Finalement, le cruel Simon de Montfort, le maître d'œuvre de la croisade avec le légat, battit l'armée du comte de Foix et du comte de Toulouse à Castelnaudary, ne laissant à ce dernier que Toulouse et Montauban. Il fit alors appel à son beau-frère Pierre II d'Aragon qui intervint en 1213, mais fut prématurément tué le 12 septembre à la bataille de Muret qui, après la fuite du comte de Toulouse en Angleterre, assura finalement à Simon de Montfort la conquête de presque tous les biens de Raymond VI. Malgré une nouvelle soumission de ce dernier, le concile de Latran les lui accorda, mais il dut en 1216 prêter hommage à Philippe Auguste. Raymond VII, le fils du comte de Toulouse, ne conserva finalement que Nîmes, Beaucaire et la Provence ; mais son père réussit à revenir à Toulouse en 1217, et c'est en assiégeant cette ville que Simon de Montfort fut tué, le 25 juin 1218. Son fils et successeur Amaury étant peu capable de conserver les terres conquises par son père, et compte tenu des succès des barons méridionaux, Philippe Auguste autorisa son fils Louis à entrer en lice. Mais, après avoir pris Marmande en 1219, non sans y avoir opéré un effroyable massacre, il échoua devant Toulouse et rentra dans le Nord. Amaury achevait de perdre ses conquêtes, et c'est après la mort de Philippe Auguste, le 14 juillet 1223, à ses successeurs, qu'il appartint de mettre fin à la rébellion méridionale.

Simon de Montfort (vers1150-1218)
C'est sur ce brillant guerrier, comte de Leicester par sa mère, que s'est concentrée la haine des Occitans contre l'envahisseur du Nord. Après avoir participé à la quatrième croisade, il se laissa entraîner à celle contre les Albigeois où, malgré d'éminentes qualités de courage et de hardiesse, il se distingua par sa cruauté lors du sac de Béziers. C'est ce qui explique que sa mort au siège de Toulouse soit apparue aux Méridionaux comme une vengeance divine.

■ Philippe Auguste et les villes

Il faut certainement dater de son règne l'essor véritable du mouvement urbain, que ses prédécesseurs n'avaient pas vraiment su canaliser. Attentif à ne concéder dans le domaine royal que des chartes de simple franchise, Philippe Auguste favorisa hors de son domaine le mouvement communal, en s'alliant en fait aux bourgeois contre leurs seigneurs dont les droits étaient justement limités par les communes. Il avait d'ailleurs tout intérêt à confirmer les privilèges communaux dans les pays conquis, et il comprit parfaitement, tout comme ses rivaux les Plantagenêts, l'intérêt militaire des communes qui, en tant que « seigneuries collectives », devaient le service d'ost à leur seigneur, si bien qu'il les força à avoir les mêmes intérêts que lui.

En ce qui concerne Paris, qui, comme on sait, ne fut jamais une « commune » puisque, en concurrence avec le prévôt des marchands, un prévôt royal y résidait, Philippe Auguste, qui eut le mérite d'y fixer définitivement son gouvernement, décida de l'embellir et de l'assainir. Et il veilla même à ce qu'elle fût, en dépit des turbulences des étudiants qui se heurtèrent à son prévôt en 1200, le siège d'une université de renommée européenne, dont les statuts furent rédigés en 1215 par le légat pontifical Robert de Courçon.

Le pariage
On conçoit que, pour étendre son influence politique, le roit ait eu, lui aussi, recours à la pratique du *pariage*, traité par lequel les seigneurs laïques s'entendaient avec les établissements ecclésiastiques (et même entre eux) pour créér de nouvelles villes (« bastides » dans le Midi), en leur accordant un statut privilégié, ou encore pour gérer à profits communs une seigneurie.

■ Le gouvernement de Philippe Auguste

L'extension du domaine royal, qui quadrupla sous son règne, ne pouvait pas ne pas entraîner des conséquences sur sa manière de gouverner et, en premier lieu, de concevoir ses rapports avec ses vassaux. On sait déjà comment, non sans exagération, il profita de l'inconduite de Jean sans Terre à l'égard de l'un de ses vassaux pour lui confisquer ses terres. Mais il fut forcé de les reconquérir, avant que la bataille de Bouvines ne lui donnât enfin une supériorité effective sur ses grands vassaux.

Au demeurant, il ne dédaigna pas de retourner contre la féodalité les règles qui l'avantageaient, en particulier lorsque, cédant à son cousin Robert de Courtenay des châteaux normands, il reprit à son compte l'usage normand de faire prêter à ceux qui, nobles ou roturiers, dépendaient d'un vassal du duc de Normandie, un serment direct à ce dernier. Remplaçant le duc, il obtint, non seulement l'hommage lige de Robert de Courtenay, mais encore la fidélité directe de ses vassaux et de leurs hommes au cas où Robert se retournerait contre lui. C'était un moyen de faire pénétrer sa souveraineté dans le monde féodal, tout comme les contrats de sauvegarde et surtout de *pariage*.

En ce qui concerne l'Église, Philippe Auguste intervint peu dans les élections, se contentant d'exiger des évêques le service d'ost, et surtout de limiter l'emprise de la justice ecclésiastique, quand il interdit par exemple en Normandie que l'Église se mêlât des conflits purement féodaux, lors même que les officiers royaux pouvaient arrêter les clercs coupables.

Quant au personnel gouvernemental utilisé par Philippe Auguste et fixé désormais dans la capitale, on en notera la spécialisation croissante, concomitante de la diminution des pouvoirs des grands officiers traditionnels de la couronne (chancelier, sénéchal, chambrier, connétable), dont certaines charges demeurèrent un moment vacantes, au moment même où les bourgeois parisiens voyaient leur rôle de défenseurs de la monarchie grandir. On a souvent remarqué que, dans le testament rédigé par le roi avant son départ pour la croisade, c'est à des bourgeois qu'il confia la garde du sceau royal et, en concurrence avec les templiers, les clés de son trésor.

En ce qui concerne l'indispensable administration d'un domaine dont il tirait l'essentiel de ses revenus, nous rappellerons simplement l'institution (imitée du domaine Plantagenêt) des baillis, nécessaires, non seulement pour réprimer les abus des prévôts et pour rendre la justice, dûment conseillés par des prud'hommes, mais encore pour faire parvenir à Paris les rentes exigibles.

Quant aux ressources financières, si nécessaires aux guerres que le roi ne cessa de mener, y compris avec des mercenaires, on peut dire que celui-ci les fit naître à la mesure de ses besoins, en tirant tous les revenus possibles aussi bien de l'Église (son droit de régale, c'est-à-dire de percevoir les revenus d'un évêché vacant, fut parfois exercé sans ménagement) que des villes, où il transforma en taxes les services dus. Sans compter les serfs, qui payèrent leur affranchissement et les juifs qui, expulsés, payèrent leur retour.

■ Une œuvre solide

Il est tentant d'établir un contraste entre la fragilité nerveuse, sinon mentale, de Philippe Auguste, qui s'angoissait parfois pour rien, et la ténacité retorse de sa politique de conquêtes, pas toujours avouée, mais d'autant plus efficace qu'il sut toujours conserver et consolider ses acquisitions. Les contemporains ne se sont d'ailleurs pas trompés sur la grandeur de ce monarque qui, en quadruplant son domaine, fit de la France un État comptant en Europe et devant la puissance duquel le pape dut s'incliner. Car, bien que plutôt critique relativement à l'attitude du roi à l'égard de Jean sans Terre, la décrétale *Novit* précise bien : « Que personne ne pense que nous voulons affaiblir ou diminuer la juridiction de l'illustre roi de France, puisqu'il ne veut ni ne doit empêcher la nôtre. » On comprend alors le couplet final de son éloge funèbre

> Ce roi ressemblait à Charlemaigne
> Pour bien garder tout son domaine,
> Jamais on ne lui fit la guerre
> Qu'il ne vainquît et mît en sierre (prison).
> Ce roi doit-on bien comparer
> A César-Auguste...

La « Quarantaine-le-Roi »
L'action déjà presque nationale du roi aurait été incomplète si, en ces temps troublés, il n'avait pas essayé de limiter les conflits féodaux par la « Quarantaine-le-Roi » que Beaumanoir lui attribue, et qui interdisait d'impliquer dans ces conflits le lignage (qui n'était pas toujours prévenu de la déclaration de guerre) avant quarante jours.

1223 - 1226

Louis VIII le Lion *(1187 - 1226)*

Épouse en 1200 Blanche de Castille → Philippe († 1218)
→ **Louis IX**

Un grand roi méconnu

Un époux modèle
« Enfant d'heureuse nature », puis homme de taille moyenne avec de beaux traits qu'il tenait de sa mère, de santé fragile, pieux, mais aimant la guerre au point de mériter son surnom, passablement cruel, ou du moins insensible, Louis VIII fut d'une fidélité exemplaire envers sa sévère épouse Blanche de Castille, qui lui donna douze enfants. Il n'approcha donc jamais que « la seule femme avec laquelle il était uni en légitime mariage », bien qu'à la veille de sa mort on lui eût offert, paraît-il, une femme pour toute médication.

Louis VIII, qui avait déjà trente-six ans à la mort de son père et avait eu sa part de responsabilités politiques, fut sacré quelques semaines après (c'était le premier dans ce cas), le 6 août 1223, avec la reine Blanche qu'il avait épousée vingt-trois ans auparavant. La cérémonie de Reims, célébrée par l'archevêque Guillaume de Joinville, fut aussi fastueuse que l'accueil des époux à Paris, où l'on festoya une semaine. Même le demi-frère du roi, Philippe Hurepel, comte de Boulogne et fils légitimé de Philippe Auguste et d'Agnès de Méran, était présent – il tenait l'épée du sacre – à la cérémonie rémoise, et nul ne se doutait de sa trahison future.

■ Lutte contre les Plantagenêts

Dès le début du règne, Henri III d'Angleterre, appuyé par le pape, osa demander au roi, en vertu d'une (fausse) promesse de Philippe Auguste, voire d'une clause secrète qu'il aurait signée lui-même avant de quitter l'Angleterre où il avait failli être roi, la restitution des biens des Plantagenêts injustement confisqués par son père. Au lieu de s'exécuter, Louis VIII s'allia avec Hugues de Lusignan, comte de la Marche (qui avait épousé la veuve de Jean sans Terre) et, en juin 1227, envahit le Poitou, avant de prendre Niort et La Rochelle le 3 août. Il s'avança même en Gascogne, mais, devant les protestations cependant modérées du pape Honorius III, renonça à prendre Bordeaux. Car le souverain pontife, qui nomma en France comme légat le cardinal Frangipani, espérait que le roi reprendrait la croisade contre les cathares.

■ Lutte contre les cathares

Le 30 novembre 1225, un concile réuni à Bourges par le légat, après avoir rejeté les offres de soumission de Raymond VII, comte de Toulouse, décida des conditions et du financement (par l'Église !) de la croisade. Louis VIII n'accepta d'y participer que parce que le roi d'Angleterre était neutralisé par le pape (qui lui interdit d'attaquer la France, sous peine d'excommunication), et sous la condition que les croisés bénéficient de l'indulgence plénière, jointe à la promesse de ne pas contester ses conquêtes futures. Il se croisa donc le 30 janvier 1226 et, assuré en outre que le roi d'Aragon n'interviendrait pas, convoqua son armée à Bourges pour le 17 mai 1226. Comme son père avant de partir en Orient, il avait eu la prudence, en juin 1225, de faire un testament, intéressant dans la mesure où il y reprit la coutume

Louis VIII le Lion
Gravure anonyme.
Bibliothèque nationale, Paris.
Ph. Jeanbor © Arch. Photeb.

dangereuse de constituer des apanages (cette fois plus importants) au profit des cadets royaux. C'est ainsi que, peut-être sous l'influence de la reine Blanche, il aliéna, sur les acquêts de son père il est vrai, un bon tiers de son domaine « pour que la discorde ne pût naître entre ses fils ». Robert eut l'Artois, Jean l'Anjou et le Maine, et Alphonse l'Auvergne et le Poitou. Malgré la clause qui prévoyait le retour de ces domaines à la couronne en l'absence d'héritier mâle direct, c'était une pratique dangereuse, que la pratique de ses successeurs et les hasards de la vie finirent par atténuer.

Quant au principal événement de la croisade, ce fut le terrible siège d'Avignon, qui dura deux mois et s'acheva en septembre 1226 avec la chute de la cité qui donna le signal du ralliement au roi des villes principales du Languedoc. Toulouse résistant encore, le roi créa deux sénéchaussées à Beaucaire et à Carcassonne pour administrer son nouveau domaine et, conformément à une ordonnance d'avril 1226 qui fut la première loi française à condamner au supplice du feu les hérétiques, les cathares pris et qui refusèrent d'abjurer périrent ; mais subsistèrent quelques foyers de résistance, en particulier à Montségur. Finalement, une assemblée réunie à Pamiers attribua au roi les fiefs confisqués et à confisquer aux hérétiques. Ayant cependant renoncé à prendre Toulouse, le roi voulut rentrer à Paris ; mais c'est sur le chemin du retour qu'il mourut le 8 novembre 1226 à Montpensier, en Auvergne, de dysenterie, et non pas empoisonné, comme on l'a dit, par l'« amoureux transi » de la reine, Thibaud de Champagne, ou encore pour ne pas faire mentir la prophétie de Merlin : « Au mont du ventre mourra le lion paisible. » Il avait été cependant plutôt un guerrier, qui laissait son royaume à un faible enfant (Saint Louis avait alors douze ans) et la régence (mais certains doutent qu'il l'ait accordée) à une forte femme : Blanche de Castille.

Thibaud IV de Champagne (1201-1253)
Ce comte de Champagne et de Brie, qui devint roi de Navarre, est tout aussi connu par son amour impossible pour Blanche de Castille, qui paraît l'avoir fait rentrer à plusieurs reprises dans l'obéissance royale, que pour sa brillante célébration en langue d'oïl de l'amour courtois qui lui valut le surnom de Thibaud le Chansonnier.

▪ Un roi méconnu

Du fait de la gloire de son père et de son fils, mais aussi de la brièveté de son règne, Louis VIII demeure peu connu. Mais il ne fait aucun doute que sa conduite sous le règne de son père, aussi bien que sa bravoure et sa politique (à la pratique des apanages près, sans compter la croisade) lui donnent la stature d'un grand roi, qui sut parfois résister à son entourage. Et l'on a aussi oublié que des Castillans rebelles lui offrirent le trône de Castille, si bien qu'avec un peu de chance il aurait pu être tout à la fois roi de France, d'Angleterre et de Castille !

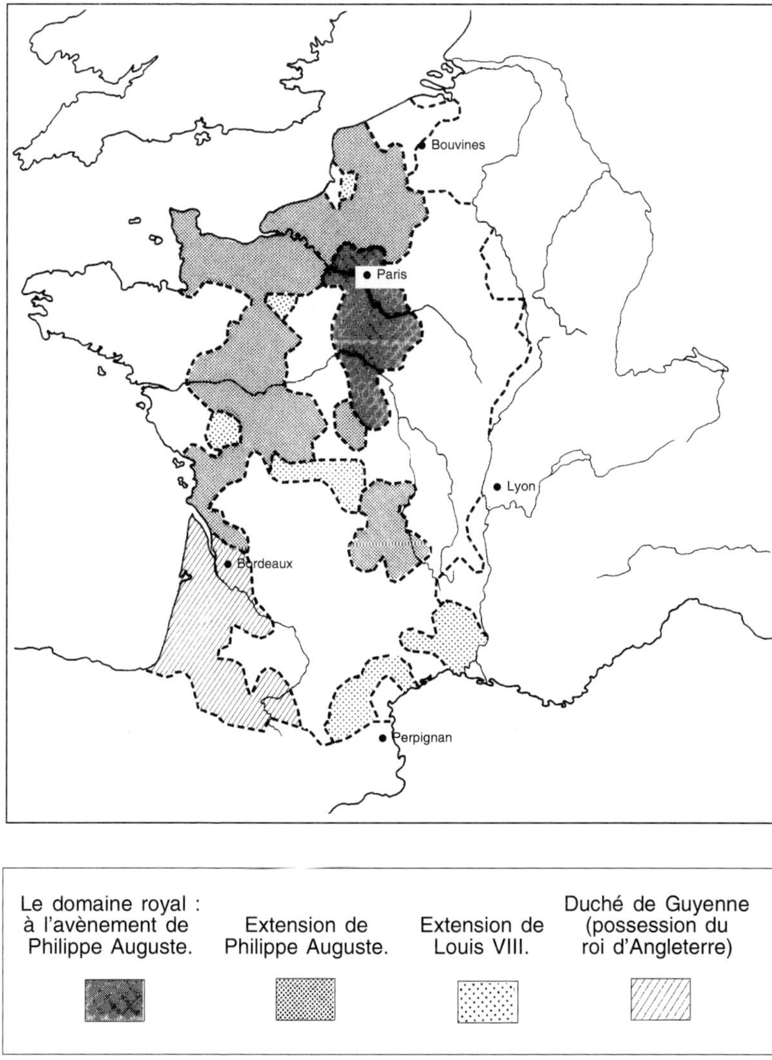

La France en 1226

On note l'accroissement du domaine royal sous les règnes de Philippe Auguste et de Louis VIII, le duché de Guyenne demeurant à la couronne britannique.

1226 - 1270

Louis IX (Saint Louis) *(1214 - 1270)*

Épouse en 1234 Marguerite de Provence → Louis († 1260)
→ **Philippe III**

La sainteté au pouvoir

Un roi de vitrail ?
Il n'est pas sûr que l'imagerie pieuse rende bien compte de la personnalité contrastée de Saint Louis. Bel enfant blond au regard angélique, il avait un tempérament emporté et coléreux que son éducation dut mater. Jaloux de son autorité, il ne cédait parfois que devant l'intelligence supérieure de sa mère. Et ses qualités humaines de dévouement pour les malades et les pauvres ne l'empêchèrent pas d'être impitoyable pour les hérétiques. Elles n'en ont pas moins fait, dans la mentalité de l'époque, un saint et un modèle dont le rayonnement spirituel n'est pas prêt de s'éteindre.

Après la mort de Louis VIII la régente (bien qu'elle n'ait jamais porté officiellement ce titre) Blanche de Castille s'empressa de faire sacrer le jeune Louis IX, à peine armé chevalier, à Reims le 29 novembre 1226. Mais l'absence de certains grands à la cérémonie était déjà une indication sur les luttes qu'elle aurait à soutenir.

■ Une régente ferme

Dès la fin de l'année se reforma une coalition comprenant le comte Thibaud IV de Champagne, le comte de la Marche Hugues de Lusignan et le comte de Bretagne Pierre Mauclerc, soutenus par Henri III d'Angleterre. On n'y trouvait cependant ni Raymond VII de Toulouse ni Ferrand de Flandre récemment libéré par la régente. Heureusement, le comte de Champagne, en se retirant de la coalition (peut-être par amour pour la régente !), la fit échouer, et Blanche de Castille obtint très chèrement l'hommage des autres conjurés à Vendôme au printemps de 1227. Mais d'autres grands n'avaient pas désarmé et tentèrent sans succès d'enlever le roi, qui fut défendu par les Parisiens, à Montlhéry en 1227. Finalement, à l'instigation de Philippe Hurepel (demi-frère de Louis VIII) qui aurait voulu la régence, les conjurés se retournèrent contre Thibaud de Champagne, ce qui était un retour aux guerres purement féodales. De son côté, Pierre Mauclerc prêta hommage au roi d'Angleterre en octobre 1229 ; mais la régente, après avoir fait prononcer sa déchéance, convoqua contre lui une armée et réussit à apaiser temporairement en 1230 - 1231 toutes les querelles entre grands féodaux. En même temps, elle avait réussi à mater, non sans dégâts la révolte des étudiants parisiens, dont la grève dura de 1229 à 1231, mais aussi à conclure une paix décisive avec le comte de Toulouse.

■ L'affaire cathare

Il était prévisible qu'après la mort de Louis VIII les barons méridionaux restés en place ou dépossédés eussent songé à prendre leur revanche, et la guerre reprit. Mais, à l'initiative de la papauté, une trêve fut conclue en novembre 1228, suivie, le 11 avril 1229, d'un accord conclu à Meaux et sanctionné à Paris. Cet accord maintenait Raymond VII dans ses possessions toulousaines, décidait que sa fille épouserait un des frères du roi, et lui imposait à la fois de financer une université à Toulouse, d'extirper l'hérésie et de séjourner pendant cinq ans en Terre sainte. De son côté, le comte de Foix se soumit en septembre 1229 par le traité de Melun. Cependant, l'institution

Louis IX (Saint Louis)
Bois du XIIIe s.
Musée de Cluny, Paris.
Ph. © Bulloz - Arch. Photeb.

de l'Inquisition en Languedoc en 1233 n'arrangea pas les choses et, à la fin de 1235, les inquisiteurs furent chassés de Toulouse. Lorsque le vicomte de Béziers Raymond Trencavel tenta de reprendre Carcassonne qui avait appartenu à son père, la guerre recommença.

Ce fut pourtant le massacre d'Avignonet, où périrent, de la main de cathares de Montségur, le 29 mai 1242, deux inquisiteurs et l'archidiacre de Toulouse, qui fut l'événement décisif. De peur de paraître compromis avec les cathares, le comte de Toulouse, qui avait certes pris Narbonne et Albi, mais ne pouvait oublier la récente défaite du roi d'Angleterre à Saintes, préféra se soumettre et signa avec le roi (majeur depuis 1234) le traité de Lorris (renouvelant celui de Paris) en janvier 1243. Il y renonça à Narbonne et à Albi, jura encore une fois qu'il pourchasserait l'hérésie, et, excommunié par les inquisiteurs, alla se faire pardonner à Rome.

Dans ces conditions, l'épisode du siège de Montségur, d'avril 1243 à mars 1244, si douloureux dans la mémoire méridionale, mais aussi si symbolique de la cruauté de l'Inquisition, n'apparaît que comme une opération à la fois policière (il s'agissait de s'emparer d'un seigneur qui continuait le combat) et religieuse (extirper l'hérésie), ce que marque bien le sort final des assiégés : la liberté pour les rebelles, le bûcher pour les hérétiques. Et, bien que l'affaire cathare ne se soit terminée militairement qu'avec la prise du château de Quéribus en mai 1255, on est forcé de mettre en doute la volonté qu'aurait eue Saint Louis de nier une Occitanie qui, pour symboliser une culture admirable et raffinée, n'en relève pas moins politiquement d'un mythe. On a d'ailleurs remarqué que la régente et le roi ont été plutôt magnanimes à l'égard de l'insaisissable et versatile Raymond VII.

■ Lutte contre les Plantagenêts

Tout comme les barons méridionaux, Henri III d'Angleterre, encouragé par les papes Honorius III et Grégoire IX, avait une revanche à prendre sur le roi de France. On comprend donc qu'il ait cherché à profiter de la révolte des premiers. Après un premier échec sur le continent en avril-octobre 1230, et affaibli par la trêve conclue pour trois ans entre son allié Pierre Mauclerc et le roi, il chercha, outre l'appui de l'empereur Frédéric II et du comte de Toulouse, un nouvel allié, qu'il trouva en la personne de Hugues de Lusignan, qui avait épousé sa mère Isabelle (une fois veuve de Jean sans Terre). Le 20 mai 1242, il débarqua à Royan, mais fut battu à Taillebourg et à Saintes les 21 et 22 juillet et, son allié de Toulouse ne venant pas à son secours, il conclut le 12 mars 1243 une trêve de cinq ans avec Saint Louis. Il fallut cependant attendre le retour du roi de sa première croisade pour que le traité de Paris mette fin, le 28 mai 1258, à la première guerre de Cent Ans. Le plus surprenant dans ce traité est que, si le roi d'Angleterre y conservait la Guyenne, Saint Louis lui rendait (ce que, jusqu'à nos jours, on n'a cessé de lui reprocher) le Quercy, le Périgord, le Limousin et la Saintonge. Mais si l'on considère que Saint Louis exi-

Blanche de Castille (1188 - 1252)

Préférée à sa sœur Urraca (dont le nom était imprononçable !) pour devenir reine de France, elle a, malgré son extrême beauté, laissé plutôt l'image d'une femme de caractère, qui n'hésita pas à menacer son beau-père Philippe Auguste de mettre ses enfants en gage pour lui soutirer l'argent dont elle avait besoin pour son mari, alors en Angleterre. Et l'on sait qu'elle éleva son fils dans la crainte de mourir en état de péché mortel. Mais sa fermeté de caractère fit merveille au cours de ses deux régences et, si elle ne cessa jusqu'à sa mort de dominer la politique française, ce fut pour le bien de celle-ci.

geait son hommage pour le tout, on voit que, dans le contexte féodal de l'époque, c'était une chose considérable d'avoir fait rentrer la Guyenne, c'est-à-dire l'Aquitaine, dans la mouvance du royaume de France.

■ La septième croisade

Bien qu'il ait, pour le moins, prêté la main à l'extermination des cathares, ce n'est nullement pour expier une faute, ou même pour parfaire la croisade menée depuis 1229 par Pierre Mauclerc et Thibaud de Champagne et qui avait abouti à la reprise (1241), puis à la chute (1244) de Jérusalem, que Saint Louis décida de se croiser en 1244. C'est pour accomplir, après une maladie qui lui avait fait frôler la mort, un vœu que son entourage lui-même le poussa à abandonner. Son projet se concrétisa après le concile de Lyon (1245), où le pape Innocent IV excommunia l'empereur Frédéric II en prêchant même la croisade contre lui, si bien que notre roi se retrouva seul à partir en Orient. Il confia la régence à Blanche de Castille, qu'il ne devait plus revoir (elle mourut en novembre 1252) et partit d'Aigues-Mortes le 25 août 1248 en emmenant sa femme Marguerite de Provence, qu'il avait épousée en 1234.

Après un long séjour à Chypre, il débarqua en Égypte et prit Damiette le 6 juin 1249. Mais en passant par l'Égypte – ce qui impliquait une campagne courte – il avait commis une faute de stratégie. Il s'y enlisa, et échoua les 8 et 9 février 1250 devant Mansourah où son frère Robert d'Artois fut tué. Lui-même fut fait prisonnier le 6 avril, son armée décimée par la peste, et il dut abandonner Damiette et verser une énorme rançon pour sa libération et celle de ses barons. Une fois libéré, il se rendit avec les rescapés en Syrie où il aida les barons francs à fortifier leurs positions (Césarée et Saint-Jean-d'Acre) ; mais la mort de sa mère et l'échec de ses contacts avec les infidèles tout autant qu'avec les Turcs et les Mongols convertis au christianisme le décidèrent à rentrer en France où il arriva, après six ans d'absence, en juillet 1254.

■ Le gouvernement de Saint Louis

On a souvent remarqué un changement de comportement chez Saint Louis après sa première croisade, et aussi que les désordres survenus en son absence – cf. la « croisade des Pastoureaux » (mai-juin 1251) dont le but louable (aider le roi) abusa la régente elle-même – l'avaient poussé à mettre de l'ordre dans son royaume. Mais, en réalité, sa réforme avait débuté avant un départ en croisade qui l'avait poussé à réparer les injustices commises, mais dont il avait certainement aussi mesuré les dangers. Dès 1247 il avait en effet envoyé dans tout le royaume, à l'imitation des *missi dominici* carolingiens, des enquêteurs royaux chargés de tenir des assises dans chaque prévôté, pour recueillir les plaintes émises à l'encontre des agents royaux et prendre des sanctions immédiates, à charge d'appel devant lui pour les manquements les plus graves. Ainsi érigées en moyen de gouvernement, les enquêtes furent renouvelées à son retour de croisade.

D'autre part, son séjour dans le Midi après ce retour appela son attention sur les abus des

Enseignements de Saint Louis

« Cher fils, s'il advient que tu deviennes roi, prends soin d'avoir des qualités qui appartiennent aux rois, c'est-à-dire que, quoi qu'il arrive, tu ne t'écartes pas de la justice. Et s'il advient qu'il y ait une querelle entre un pauvre et un riche, soutiens de préférence le pauvre contre le riche jusqu'à ce que tu saches la vérité, et, quand tu la connaîtras, fais justice. Et, s'il advient que tu aies querelle contre quelqu'un d'autre, soutiens la querelle de l'adversaire devant ton conseil, et ne donne pas l'impression de trop aimer ta querelle jusqu'à ce que tu connaisses la vérité, car les membres de ton conseil pourraient craindre de parler contre toi, ce que tu ne dois pas vouloir. »

sénéchaux (semblables aux baillis du Nord) et aux bayles (semblables aux prévôts), et il rendit, en 1254, la plus ancienne ordonnance de réformation qui nous soit parvenue. Influencée par le droit romain, mais aussi par le sentiment que le roi avait d'exercer un devoir sacré autant qu'impérial de justice, qu'il pouvait déléguer à ses officiers de justice, elle imposa à ces derniers, tout d'abord dans les sénéchaussées de Beaucaire et de Carcassonne, des devoirs d'équité et d'intégrité (pas de cadeaux reçus ni de népotisme) autant que de dignité de vie (ni jeux de hasard ni fornication). Et cette ordonnance fut étendue en 1256 à l'ensemble du domaine royal.

L'image traditionnelle, transmise par Joinville, le compagnon et le biographe tardif de Saint Louis, du roi rendant la justice sous un chêne à Vincennes prouve qu'il ne dédaignait pas, avec toute la dureté de l'époque parfois, d'intervenir personnellement dans des affaires mineures.

Mais faire régner la justice n'allait pas tout d'abord sans une amélioration de ses modes de preuve. Aussi, à l'encontre de toute idée d'ordalie, de jugement de Dieu, le roi interdit en 1261 (au moins dans son domaine) le recours au duel judiciaire, qui permettait à un accusé de combattre son adversaire ou un témoin, voire ses juges, pour prouver la véracité de ses affirmations : on le remplaça par la preuve testimoniale et la procédure d'enquête.

C'est aussi à l'idée de justice qu'il faut rattacher la réforme monétaire de Saint Louis, d'autant plus nécessaire que les monnaies étaient souvent altérées à l'époque. En 1262, une ordonnance imposa une monnaie de bon aloi à tout le royaume, sans pouvoir d'ailleurs établir le monopole royal de la frappe, mais interdisant aux seigneurs d'imiter la monnaie royale, la leur ne valant que pour leur seigneurie. Et en 1266 reprit brièvement, après quatre siècles d'interruption, la frappe exclusive de l'or, avec l'écu portant la devise *Christus Vincit* et concurrençant le gros tournois d'argent.

On peut joindre enfin à la justice entendue au sens quasi théologique de l'époque, comme conformité à l'ordre divin, la parfois contestable moralisation du royaume qu'opéra Saint Louis. Au-delà même de la moralisation de la vie publique (mise des villes de commune sous tutelle en 1262 et limitation les oligarchies qui nuisaient au petit peuple), il fut amené à sévir contre les jeux de hasard, la prostitution, les blasphèmes et l'ivrognerie tout autant que contre les usuriers juifs, qu'il chassa en 1258, et chrétiens, qu'il fit punir par les évêques, avant d'expulser en 1269, conforment au droit canonique, les banquiers lombards et les usuriers méridionaux (Cahorsins).

La naissance du parlement

C'est sous le règne de Louis IX que la cour du roi commença à se tenir, dans les années 1250 et peut-être même avant, « en parlement», pour y juger, parfois en sa présence et avec un personnel de plus en plus qualifié de juristes doublant les grands vassaux, les affaires les plus diverses. Et nous possédons même depuis 1254 les registres dits *Olim* du parlement.

■ Un arbitre international

Il ne fait aucun doute que, malgré son échec, la première croisade de Saint Louis lui donna une dimension internationale qui, jointe à son sens inné de la justice et de la paix, en fit le conciliateur rêvé. On comprend donc qu'il ait au moins tenté de contribuer à la paix (même interne aux États) en Europe. C'est ainsi qu'à l'époque du traité précité de 1258 avec l'Angleterre, il conclut le 11 mai 1258 avec l'Aragon le traité de Corbeil, dans lequel il renonçait aux droits du royaume sur le Roussillon et le comté de Barcelone, revendiqués depuis Charlemagne, cela en échange de l'abandon par Jacques Ier d'Aragon de ses prétentions à intervenir en Languedoc et en Provence. Au surplus, le mariage de son fils aîné, le futur Philippe le Hardi, avec Isabelle d'Aragon, célébré le 22 mai 1262, devait consolider ce traité.

■ La dernière croisade

Nous avons vu qu'à la fin de la septième croisade Saint Louis aida les barons francs de Terre sainte à se fortifier. Mais, dans les années 1260 leur situation se détériora, et le sultan mamelouk Baïbars, qui avait pris le pouvoir en Égypte, réussit à s'emparer de Césarée en 1265, ainsi que de Jaffa et d'Antioche en 1268. Doublant les autres projets européens, Saint Louis avait décidé de se croiser de nouveau dès mars 1267, malgré les réticences de ses fidèles : Joinville refusa. Au demeurant, ses raisons sont difficiles à démêler. La plus plausible semble être, non pas la recherche d'un succès après l'échec précédent, mais l'accomplissement d'un sacrifice capable de fléchir la miséricorde divine devant les malheurs survenus en Orient.

La préparation de la croisade fut longue, et l'on s'étonna qu'avant son départ le roi n'eût pas confié la régence à la reine Marguerite. Il est vrai qu'il avait choisi pour gouverner en son absence les conseillers les plus sûrs, dont Mathieu de Vendôme, abbé de Saint-Denis. Et c'est peut-être avant son départ qu'il écrivit, à l'intention du futur Philippe III, ses admirables *Enseignements.*

La croisade partit le 2 juillet 1270, toujours d'Aigues-Mortes, mais ce n'est qu'à l'arrivée en Sardaigne que le roi en précisa le premier objectif : la Tunisie. On a soutenu que cette destination s'expliquait par sa volonté de soutenir son frère le roi de Sicile dans sa lutte contre l'émir Muhammad. Mais, en réalité, Charles d'Anjou était en train de négocier avec ce dernier ; et le but le plus plausible du détour tunisien n'était rien moins que l'espérance que l'émir, séduit par la religion chrétienne, se convertirait et aiderait le roi à combattre en Égypte, puis en Syrie. Il n'en fut rien. Aussitôt débarquée, l'armée des croisés, devant l'hostilité des Sarrasins, réussit bien à prendre Carthage, mais, loin de se convertir, l'émir fit harceler les troupes royales par des Arabes nomades. Saint Louis avait préféré demeurer sous la tente en dehors de Carthage ; et, après qu'une épidémie de dysenterie ou de typhus eut déjà emporté le légat pontifical et son deuxième fils, Jean-Tristan, c'est là qu'il mourut comme un saint, étendu sur un lit de cendres, le 25 août 1270. C'est seulement après sa mort que Charles d'Anjou arriva. Il ne put que négocier avec l'émir de Tunis le départ des croisés, que ce dernier paya en accordant seulement la liberté de commerce aux marchands chrétiens et le droit de prêcher le christianisme dans les églises. Dès le 25 août, les barons avaient prêté serment au nouveau roi, et c'est à lui qu'il appartint de ramener les ossements de son père à Notre-Dame

Joinville (vers 1224-1317)
Ce sénéchal de Champagne, qui accompagna Saint Louis dans sa première croisade, est connu pour son amitié avec le roi. Mais, si elle n'alla pas jusqu'à l'accompagner dans la périlleuse croisade de 1270, elle lui permit de rédiger tardivement, à la demande de la reine Jeanne (femme de Philippe le Bel), sa célèbre *Histoire de Saint Louis* (1309), où il apparaît comme un chroniqueur idéal dont les images pittoresques marquent encore notre vision du saint roi.

de Paris, puis à Saint-Denis, pour l'inhumation de celui dont, dès 1297, l'Église fit un saint.

■ Le saint roi

Dans la mesure où la sainteté est loin d'être en soi un gage de réussite politique, il n'est pas facile de juger un règne dans lequel, pour demeurer sur le plan humain, ombres et lumières ont coexisté, même si les ombres n'ont fait que rendre la lumière plus éclatante. On a coutume de ranger parmi les ombres du règne de Saint Louis, au-delà même des affaires cathares, ses échecs politiques, non seulement dans des croisades, déjà périmées à l'époque, mais sur le plan européen, où il ne put pas plus rétablir la concorde entre les barons anglais que réconcilier Frédéric II avec la papauté. De même, son intervention dans les affaires de l'université de Paris, qui atteignit cependant des sommets sous son règne avec l'enseignement de saint Thomas d'Aquin, ne fut pas totalement couronnée de succès.

Pourtant, avec la politique intérieure du saint roi, apparaissent les réussites, puisque, mieux que ses prédécesseurs, il sut dominer, non sans rudesse parfois, aussi bien la féodalité que l'Église, qui lui fournit le personnel rêvé pour les enquêtes réformatrices.

C'est toutefois, dans les limites mêmes de son époque, comme justicier ou, mieux, comme pacificateur tentant de faire régner par tous les moyens, de la mansuétude à la force, l'ordre voulu par Dieu, que Saint Louis a incontestablement dominé son temps.

Il est cependant juste d'ajouter que c'est seulement après sa mort, et en réaction contre la politique bien plus rude de Philippe le Bel, que son époque est apparue comme une époque bénie.

Mais, dès son vivant, sa sainteté, toute de sincérité et d'austérité, avait frappé ses contemporains, tout autant que sa charité profonde qui l'avait poussé à créer de nombreuses institutions d'assistance. Rectitude de la conduite morale tout autant que du jugement, telles furent les qualités d'un monarque qui n'a cependant été canonisé que pour ses qualités évangéliques, lors même que ses qualités de justicier ne furent même pas évoquées. Il est vrai qu'à elles seules ces qualités auraient pu lui valoir la canonisation ; mais on ne peut qu'admirer ici le fait qu'instinctivement le peuple ait, à sa manière, canonisé lui aussi celui que Chateaubriand osa appeler « pour la patrie, une espèce de roi éternel ».

Saint Thomas d'Aquin (1224 ?-1274)

On ne saurait dissocier le règne temporel de Saint Louis du rayonnement spirituel de son ami Thomas d'Aquin. De même que le roi avait combattu les infidèles, il s'opposa aux théories du philosophe arabe Averroès (1126-1198), le remarquable « commentateur » d'Aristote, jugées dangereuses par l'Église. Et son propre commentaire de la « Politique » d'Aristote, tout comme sa théorie du tyrannicide, ouvrit à la pensée politique des voies nouvelles.

1270 - 1285

Philippe III le Hardi *(1245 - 1285)*

Épouse
en 1262 Isabelle d'Aragon → Louis († 1276)
→ **Philippe IV**
→ Charles de Valois
en 1274 Marie de Brabant → Louis, roi de Navarre
Marguerite, reine d'Angleterre

Un règne de transition

Si l'on songe aux deuils multiples qui marquèrent l'avènement de Philippe III, dont l'épouse Isabelle d'Aragon mourut accidentellement en Calabre le 28 janvier 1271 pendant le désastreux retour de la huitième croisade, le début de son règne fut plutôt prometteur. Dès le 15 août 1271, le nouveau roi fut sacré à Reims, et il eut le bon goût de garder les conseillers de son père. Et, en octobre de la même année, la mort sans postérité de son oncle Alphonse de Poitiers et de son épouse lui apporta en héritage le Poitou, la Saintonge, le Toulousain, l'Agenais, le Quercy, le Rouergue, la Provence et l'Auvergne. Parmi les barons du Midi, seul le comte de Foix Roger-Bernard se rebella et prêta serment au roi d'Aragon. Il s'enferma dans son inexpugnable château, que le roi réussit toutefois à prendre, et fut fait prisonnier. Mais, après l'avoir maintenu captif un an à Carcassonne, le roi, qui avait voulu faire une exemple, lui pardonna et lui rendit toutes ses terres.

Cependant, le second mariage du monarque en 1274 avec Marie de Brabant entraîna une rivalité entre cette dernière et la reine mère Marguerite, en même temps que le mécontentement du favori du roi, trop vite parvenu, Pierre de La Brosse, qui avait réussi à supplanter les autres conseillers. Le fils aîné du roi et d'Isabelle d'Aragon étant mort subitement en 1276, ce dernier accusa la reine Marie de l'avoir fait empoisonner. Mais, malgré les hésitations du roi, la situation se retourna quand le favori fut convaincu d'espionnage au profit d'Alphonse X de Castille. Jugé par les grands seigneurs, La Brosse fut pendu au gibet de Montfaucon le 30 juin 1178. Le roi eut alors la sagesse de reprendre comme conseiller Mathieu de Vendôme.

■ Les affaires européennes

Dès le début de son règne Philippe III manifesta, mais timidement, des ambitions européennes, en posant sans espoir, à la demande de Charles d'Anjou, sa candidature à l'Empire germanique en 1273. Mais Rodolphe de Habsbourg fut élu, à la condition de renoncer à ses droits sur l'Italie. Toutefois, à la suite du concile de Lyon de 1274, où fut prêchée une nouvelle croisade européenne qui

Un roi influençable

Philippe III avait dû, dans sa jeunesse, jurer secrètement à sa mère de n'écouter qu'elle seule au sein du Conseil, si son père mourait. Bien qu'à la demande du saint roi le pape l'ait délié de ce serment en 1263, il montre à quel degré le monarque, dépourvu des vertus de ses prédécesseurs (sauf la courtoisie et les mœurs honnêtes), manquait, sans être à proprement parler illettré, de personnalité et de clairvoyance : rançon presque inévitable d'un père trop illustre. Quant à son surnom, on ne sait s'il se rapporte à sa vaillance au combat ou au caractère parfois irréfléchi de ses entreprises.

n'aboutit pas, ce fut Philippe III qui accepta de céder une part du Comtat Venaissin (territoire alors italien, que la France détenait arbitrairement) au Saint-Siège.

La mort de Henri III de Navarre, comte de Champagne, en juillet 1274 fournit en revanche au roi une occasion inespérée d'agrandir son royaume. La régente du royaume de Navarre Blanche d'Artois, nièce de Saint Louis, s'étant réfugiée en France avec sa fille Jeanne de Navarre (née en 1273), le roi s'arrangea pour la fiancer avec le futur Philippe le Bel dont, par la suite, le mariage (1284) augmenta le domaine à la fois de la Champagne et de la Navarre. En attendant, le roi, qui s'était fait proclamer en 1275 régent de Navarre, se heurta à une révolte des Navarrais qu'il fit écraser en 1276 par son cousin Robert d'Artois.

Entre-temps, le fils d'Alphonse X de Castille, Ferdinand de la Cerda, était mort en laissant deux enfants, qui par leur mère, étaient neveux de Philippe III, et que leur oncle Don Sanche prétendit écarter à l'avance de la couronne. Le roi prit parti pour eux, mais échoua en 1276 dans une expédition contre la Castille dont le résultat final fut la captivité des malheureux enfants chez le roi Pierre III d'Aragon (son beau-frère par la défunte reine Isabelle). Il s'opposa alors d'autant plus à ce dernier qu'il émit des prétentions sur la Sicile dont Charles d'Anjou (oncle de Philippe III) était encore roi. Mais la politique de Charles d'Anjou, qui s'était paré du titre acheté de « roi de Jérusalem », était des plus hasardeuses, bien qu'il ait réussi à faire élire, en 1281, un pape à sa dévotion, Martin IV. Il ne réussit même pas à se concilier les Siciliens qui, après un appel vain au pape, et soutenus par le roi d'Aragon, se révoltèrent. Ce furent, du 30 mars à la fin avril, les fameuses *Vêpres siciliennes*, immortalisées par un opéra de Verdi, et qui virent, sous un prétexte futile, le massacre, commencé à Palerme, des Français de toute l'île. Le roi d'Aragon, débarquant en Sicile, en fit la conquête et s'en fit proclamer roi. Le pape Martin IV l'excommunia alors en proposant son royaume d'Aragon à un prince capétien. Après deux réunions de barons et de prélats à Bourges puis, en février 1284, à Paris, Philippe III eut la faiblesse d'accepter cette offre empoisonnée, en réservant le titre de roi d'Aragon à son fils Charles de Valois après conquête. Et, malgré la mort de Charles d'Anjou et du pape au début de 1285, il persista à vouloir conduire, au nom du pape qui l'avait décidée, la croisade d'Aragon.

Philippe de Beaumanoir (1226 - 1296)
Bailli du comte de Clermont (fils de Saint Louis et ancêtre d'Henri IV), sénéchal du Poitou puis bailli du Vermandois, ce « prince des coutumiers », qui siéga aussi au parlement, rédigea en 1283 ses célèbres *Coutumes de Beauvaisis*. Il y mêle, de manière fort judicieuse, le droit romain, le droit canonique et le droit coutumier dont la valeur est ainsi rehaussée. Et l'auteur, qui fut aussi un poète courtois, y apparaît comme un véritable théoricien du droit privé tout autant que des rapports entre le temporel et le spirituel, sans cesser de se référer à un droit naturel commun quelque peu idéalisé.

■ La croisade d'Aragon

Cette croisade, à laquelle participa le jeune Philippe le Bel, jeune marié (le 16 août 1284) et tout juste armé chevalier, débuta en mars 1285. Elle se dirigea vers le Roussillon, alors tenu par Jacques II de Majorque (frère, mais ennemi de Pierre III d'Aragon, après le partage de Jacques Ier le Conquérant de son royaume en Aragon et Majorque). Vassal de Philippe III pour Montpellier, Jacques II s'arrangea pour le favoriser et les Français réussirent, non sans peine, à pénétrer dans Perpignan ; et, avant de franchir les Pyrénées, ils massacrèrent honteusement, comme jadis Simon de Montfort

Philippe III le Hardi
Tête d'une statue de pierre de l'Abbaye de Saint-Denis, XIVe s.
Ph. © Giraudon - Arch. Photeb.

à Béziers, tous les habitants d'Elne (alors tenue par les Aragonais). En Espagne, le jeune prince Philippe réussit à prendre Figueras, et Gérone tomba le 7 septembre 1285. Mais la flotte royale avait été détruite au large de Rosas et, le 13 septembre, laissant un contingent à Gérone, le roi ordonna la retraite sans avoir pris Barcelone, car, entretemps, des partisans avaient décimé ses troupes atteintes par une épidémie de typhus. Finalement atteint lui-même, le roi mourut sur le chemin du retour, le 5 octobre 1385, au palais des rois de Majorque de Perpignan ; et, huit jours après, Gérone était reprise par les Aragonais. Ainsi s'achevait dans le drame le premier essai de conquête européen (sous le couvert d'une croisade) d'un souverain capétien. Mais, désormais, plus aucun roi de France n'obéira aveuglément au pape.

Une anticipation du Code civil
La justice de Saint Louis frappa tellement ses contemporains qu'un auteur anonyme constitua vers 1272, sous l'égide de deux de ses ordonnances *(Établissements)*, un coutumier se référant aux coutumes d'Anjou et de Touraine et aux usages d'Orléans. En y mêlant du droit romain et du droit canonique, il tenta déjà maladroitement une harmonisation de notre droit dont l'aboutissement final sera notre Code civil.

▪ Un règne de transition

Ce n'est évidemment pas en politique extérieure que le règne de Philippe III est remarquable. Surtout si l'on songe qu'après même que le roi d'Angleterre Edouard Ier lui eut, en 1272, prêté hommage pour les terres qu'il tenait de la couronne de France, le roi lui rétrocéda sans aucune compensation l'Agenais par le traité d'Amiens (1279). On doit cependant remarquer que c'est sous son règne que le domaine royal s'est le plus agrandi.

Sur le plan intérieur, on mettra aussi au crédit de Philippe III l'ordonnance de 1275 sur les francs-fiefs, qui n'autorisait l'achat d'un fief par un roturier qu'à la condition qu'il paie au roi un droit de franc-fief, qui n'en faisait pas pour autant un noble. Si bien que le parallélisme, si essentiel au Moyen Age, entre la condition des terres et celle des personnes, était battu en brèche. Et, dans le domaine si dangereux des apanages, on ne peut qu'approuver le jugement du parlement qui, en 1284, refusa à Charles d'Anjou tout droit sur le Poitou et l'Auvergne (qui étaient l'apanage d'Alphonse de Poitiers mort sans héritiers, mais dont il était le plus proche parent) pour les attribuer au roi. Il est vrai que, juge et partie dans un procès où la raison d'État semble l'avoir emporté sur le droit familial qui lui donnait tort, le roi avait déjà occupé les terres contestées.

On voit dès lors que, bien qu'il ait été le type même du règne de transition, le règne de Philippe III n'a pas été totalement négatif. Car on y vit la royauté échapper à l'emprise des coutumes familiales qui risquaient de mettre en échec la « coutume de France » qui voulait que, en l'absence d'héritier du donataire, tout apanage revienne au roi. Il est des transitions qui ne sont pas sans utilité.

1285 - 1314

Philippe IV le Bel *(1268 - 1314)*

Épouse
en 1284 Jeanne de Navarre → **Louis X**
→ Isabelle, reine d'Angleterre
→ **Philippe V**
→ **Charles IV**

Le fondateur de l'État moderne

Bien que Philippe le Bel n'ait eu que dix-sept ans à la mort de son père, il sut immédiatement s'imposer, réglant même une macabre controverse entre les dominicains de Paris et les moines de Saint-Denis qui revendiquaient le cœur du feu roi ! Dès le 6 janvier 1286, il fut sacré à Reims avec la reine Jeanne. Mais, si Edouard Ier d'Angleterre lui prêta hommage dès 1286 pour les fiefs qu'il détenait en France, les autres questions internationales n'allaient pas tarder à le préoccuper. Il eut cependant la sagesse de ne pas intervenir directement dans les affaires espagnoles, laissant au roi d'Angleterre l'initiative des négociations. Elles aboutirent en 1291 au traité de Tarascon, qui marqua la renonciation de Charles de Valois à son titre de roi d'Aragon, moyennant l'acquisition du Maine et de l'Anjou, et, aussi, la séparation entre la Sicile (attribuée à Alphonse IV d'Aragon) et le royaume de Naples (attribué à Charles II d'Anjou).

■ L'Angleterre et la Flandre

L'inévitable conflit avec l'Angleterre s'alluma à la suite d'un de ces fréquents (jusqu'à nos jours !) conflits de pêche, à l'époque entre Normands et Bayonnais, dont Philippe le Bel profita pour citer, le 27 octobre 1293, le duc de Guyenne (c'est-à-dire le roi d'Angleterre) devant sa cour. Ce dernier reconnut les droits de son suzerain qui, voulant en réalité la guerre, prononça le 19 mai 1294 la confiscation du duché de Guyenne qu'il fit occuper par deux fois, en 1295 et en 1296. Fin 1295, Mathieu de Montmorency était même allé saccager Douvres. Mais, en 1297, la situation parut se retourner, lorsque Guy de Dampierre, comte de Flandre, que le roi avait joué en favorisant les villes flamandes, abandonna son suzerain pour s'allier au roi d'Angleterre. Les Français envahirent alors la Flandre et, vainqueurs à Furnes le 20 août 1297, prirent Lille et Bruges. Finalement, grâce à la médiation du pape Boniface VIII et du roi d'Angleterre, qui n'avait guère soutenu le comte de Flandre, une trêve fut conclue le 9 octobre 1297 à Vyve-Saint-Bavon pour trois ans. Elle aboutit en juin 1299 au traité de Montreuil-sur-Mer qui rendit la Guyenne (sauf Bordeaux) au roi d'Angleterre et décida son mariage avec

Un roi énigmatique

Si la beauté de Philippe le Bel était évidente, il y avait dans son visage quelque chose d'énigmatique, bien noté par son ennemi Bernard Saisset : «Notre roi ressemble au grand duc, le plus beau des oiseaux, mais qui ne vaut rien. Il ne sait que regarder fixement les gens, sans parler. Ce n'est ni un homme ni une bête, c'est une statue.» C'est qu'il y avait un contraste entre l'homme, dont on sait qu'il était bon et pieux, humble et doux, et le roi, orgueilleux de sa dynastie et de sa foi, qu'il défendit durement, au nom d'une implacable raison d'État.

Marguerite, la sœur de Philippe le Bel, dont la fille Isabelle devait épouser le futur Edouard II d'Angleterre.

Pourtant, Philippe commit la maladresse de faire occuper en 1300 la Flandre par Charles de Valois, d'assigner à résidence le comte Guy de Dampierre, et surtout de faire administrer la province par Jacques de Châtillon, qui s'aliéna les habitants des villes, déjà hostiles aux *leliaerts* (Flamands ayant opté pour les lys, c'est-à-dire le roi de France). Le résultat, ce furent, au petit matin du 18 mai 1302 (et par analogie avec les Vêpres siciliennes), les *Matines brugeoises*, qui virent le massacre de la garnison française.

Ce massacre fut suivi de celui de Courtrai où, le 11 juillet 1302, la chevalerie française, enlisée dans les marais des environs de la ville fut – prélude aux batailles de Crécy et de Poitiers – taillée en pièces par les milices flamandes qui n'eurent plus qu'à ramasser ses « éperons d'or ». Après cette cuisante défaite, Philippe le Bel prépara une revanche qu'il obtint personnellement en écrasant les Flamands à Mons-en-Pévèle, le 17 août 1304.

Le traité d'Athis-sur-Orge du 24 juin 1305 régla cependant les contentieux avec la Flandre d'une manière tellement dure pour cette dernière qu'il ne fallut pas moins de dix ans de négociations pour que le roi obtînt, en juillet 1312, le « transport de Flandre », qui lui permit de conserver Lille, Douai et Béthune. Rien n'était cependant réglé, et, dès l'été 1313, une nouvelle guerre se préparait, à peine retardée par la convention de Marquette (3 septembre 1314).

Les légistes

Apparus timidement sous le règne de Saint Louis, ces gradués en droit romain, qui n'ignoraient pas tous le droit canonique, se retrouvèrent, sous le règne de Philippe le Bel, dans tous les rouages de l'administration, pour défendre non seulement ses droits, mais son droit même de légiférer («Ce qui plaît au prince a force de loi»), comme de s'opposer à l'empereur («Le roi est empereur en son royaume»), et même au pape. L'idée selon laquelle ils auraient contré la noblesse est fausse, car certains d'entre eux étaient nobles et les plus éminents furent anoblis.

■ La question financière

En réalité, le grand problème du règne, accru par les nécessités de la guerre, fut celui des finances. Pour le résoudre, le roi se heurta à deux obstacles qu'il ne put jamais tout à fait franchir : l'insuffisance de ses ressources domaniales et féodales, et le manque de numéraire. Étendant tout d'abord les possibilités de l'aide féodale (limitée à quatre cas très précis), il tenta d'imposer le rachat du service armé dû, à tout le royaume, c'est-à-dire au-delà de son domaine. Et, outre ses manipulations monétaires, il s'efforça de lutter contre les exportations de métal précieux, aussi bien pour empêcher la spéculation que dans sa lutte contre le pape. Mais l'impôt était la seule solution possible, au moins pour le temps de guerre, où, dès 1292, un impôt indirect de 0,4 pour cent sur les transactions et contrats, vite nommé *maltôte* (taxe mal perçue !) fut institué. Des villes le rachetèrent, mais un impôt direct sur le capital lui succéda. Pour le temps de paix, le roi eut recours au procédé plus contestable des confiscations, tout d'abord contre les juifs (1306) et les marchands lombards, la saisie des biens du Temple apparaissant plutôt comme une sorte d'emprunt forcé, puisqu'ils furent restitués à l'ordre qui les remplaça.

■ Le gouvernement de Philippe le Bel

Au-delà même de l'hôtel du roi, chargé principalement de sa vie quotidienne, le centre de son gouvernement demeura son Conseil, où il appelait qui il voulait, y compris les légistes, et sans lequel il ne pouvait gouverner, bien que la décision fi-

Philippe IV le Bel
Gisant.
Abbaye de Saint-Denis.

Un roi faux-monnayeur ?
C'est à tort que l'on a considéré Philippe le Bel comme un faux-monnayeur, car il avait parfaitement le droit de battre monnaie. En revanche, on peut lui reprocher d'avoir dévalué et donc altéré la monnaie en diminuant en elle la quantité de métal fin tout en lui conservant sa valeur nominale, ce qui la transformait en partie en monnaie fiduciaire. Et l'alternance qu'il pratiqua entre monnaie faible (altérée) et monnaie forte, était dangereuse car, à la suite d'un renforcement de la monnaie en 1306, des émeutes éclatèrent et le roi fut assiégé deux jours dans le donjon du Temple !

nale lui ait toujours appartenu. La grande nouveauté du règne fut cependant de consulter, dans des circonstances importantes (1302, 1308, 1314), une assemblée composée de représentants des trois ordres du royaume – clergé, noblesse, bourgeois des villes (on ne parle pas encore de tiers état) – pour obtenir un consensus plus large que celui du Conseil, assemblée dans laquelle on a voulu voir, non sans exagération, une préfiguration des États généraux, même si elle en amorçait le processus.

En ce qui concerne l'administration locale, le roi ne put que tenter de corriger les abus, dans sa grande ordonnance de réformation du 18 mars 1303 qui, dans la ligne des dispositions de celle de 1254, interdit aux baillis d'exercer dans leur pays natal, d'employer leurs parents, de recevoir des cadeaux, et les força à rendre leurs comptes avant leur départ. Au surplus, des enquêteurs-réformateurs devaient informer le roi tout en redressant les abus et, au besoin, faire rentrer les impôts, le tout avec parfois un peu d'arbitraire.

Mais c'est dans le domaine de la justice que les réformes de Philippe le Bel furent peut-être les plus profondes. Laissant subsister, pour des raisons politiques, deux parlements provinciaux, l'Échiquier de Normandie et les Grands-Jours de Troyes, qu'il garnit de parlementaires parisiens, il perfectionna surtout son parlement, jugeant depuis 1278 en appel, et qu'une ordonnance de 1303 fixa à Paris. En son sein, on distingua, plus nettement encore que sous le règne précédent, la Chambre des plaids (future « Grand-Chambre »), la Chambre des enquêtes (y compris en langue d'oc) et la Chambre des requêtes, chaque Chambre comportant déjà un personnel fixe de laïcs et de clercs (où les juristes dominèrent vite) et tenant, à partir de 1308, une seule et longue session à partir de la Toussaint.

Une autre innovation de Philippe le Bel fut, au sein même de la Cour du roi dans les années 1300, la Chambre des comptes, chargée non seulement de vérifier les actes concernant le domaine royal, mais les comptes de la gestion financière des officiers royaux. Et, dans son sein, les maîtres des comptes s'opposeront parfois, par la suite, et dans son propre intérêt, aux libéralités excessives du roi.

Mentionnons pour finir, en dehors du gouvernement proprement dit, l'apparition vers 1300 de la chancellerie, chargée de rédiger, de sceller, d'enregistrer et d'expédier les principaux actes royaux, et souvent confiée à un simple garde du Sceau royal, au rôle politique parfois éminent, comme Pierre Flote ou Guillaume de Nogaret.

■ La lutte contre le Saint-Siège

L'histoire politique que nous avons retracée plus haut doit évidemment être complétée par celle de la lutte, parfois dramatique, de Philippe le Bel contre le Saint-Siège. Elle débuta après l'abdication, en décembre 1294, du pape Célestin V, un pieux ermite, étranger aux affaires politiques, et que l'Église finit par canoniser. Lui succéda, le même mois, sous le nom de Boniface VIII, Benedetto Caetani, un grand canoniste orgueilleux, intransigeant sur les principes, et qui n'avait pas été étranger à l'abdication insolite de son prédécesseur.

Le premier prétexte du conflit naquit lorsque Philippe le Bel prétendit exiger en 1296, pour financer sa guerre avec l'Angleterre, une décime de son clergé sans le consentement requis des conciles provinciaux. Le pape répliqua par la bulle *Clerici laicos* du 24 février 1296, dans laquelle il rappela que son consentement était nécessaire pour toute contribution prélevée sur le clergé, et excommunia à l'avance ceux qui la paieraient. Mais, avant même la publication de la bulle en France, le roi interdit en revanche, pour gêner la papauté, toute exportation d'or et d'argent hors du royaume. Le pape répliqua le 20 septembre 1296 par la bulle *Ineffabilis amor*, véritable déclaration de guerre menaçant le roi de jugement, ce qui était la négation même de la prétention de Philippe le Bel de ne tenir sa couronne que de Dieu, sans la médiation du pape. Ce dernier n'en recula pas moins, par pure politique, puisque deux bulles de 1297 reconnurent au roi la possibilité de lever sur le clergé des décimes en jugeant lui-même de leur opportunité et sans le consentement pontifical. Et le pape alla même jusqu'à canoniser (mais pas seulement pour des raisons politiques) Saint Louis, le 10 août 1297.

Le conflit, dont le fond n'était nullement réglé, n'en rebondit pas moins, à la suite de l'affaire de Bernard Saisset, l'évêque de Pamiers. Ce dernier, ami du pape, n'avait pas hésité à critiquer le roi, en rappelant qu'après tout celui-ci ne descendait pas en ligne directe de Charlemagne. Le roi le fit arrêter et juger à Senlis, en octobre 1303, par sa propre cour et, pour tourner les règles ordinaires qui interdisaient qu'un évêque soit jugé hors de sa province par une cour laïque, fit même céder à l'évêque de Narbonne l'hôtel de Senlis où était détenu Saisset ! Au demeurant, la présente affaire s'était doublée de celle de Bernard Délicieux, un jeune franciscain dont la prédication en Languedoc mettait en cause à la fois les dominicains, le pape et le roi. Le pape cessa alors de temporiser et, par la bulle *Ausculta, fili* du 5 décembre 1301, affirma la supériorité du Saint-Siège sur les royaumes temporels, non sans rappeler ses griefs contre le roi. Ce dernier ne pouvait que réagir, et l'on sait qu'il imagina alors de présenter un résumé quelque peu tendancieux (mais non mensonger comme on l'a dit) du texte pontifical, rédigé par les légistes de Pierre Flote, devant une assemblée de prélats, de barons et de bourgeois tenue à Notre-Dame de Paris le 10 avril 1302. L'assemblée ne pouvait – dans ses trois ordres séparément d'ailleurs – qu'approuver le roi, et interdire aux évêques de se rendre au concile français que le pape avait prévu à la Toussaint 1302 pour juger sa politique.

Mais le conflit était trop grave pour s'apaiser, même après la mort à Courtrai de Pierre Flote. Le 18 novembre 1302, le pape publia sa célèbre bulle *Unam sanctam,* dans laquelle, sur la base de la théorie des deux glaives (spirituel et temporel, dont le premier domine le second), il affirmait le principe de la théocratie et son corollaire, c'est-à-dire que, pour autant que le « pouvoir spirituel doit [...] établir le pouvoir terrestre », « s'il sort du droit che-

Les templiers
Fondé en 1119 à Jérusalem, l'ordre des Chevaliers du Temple, ou Pauvres Chevaliers du Christ et du Temple de Salomon, établi par le roi Baudoin II dans le Temple du roi Salomon, et chargé au départ de protéger et d'escorter les pèlerins, se mêla, de manière parfois contestable, à l'histoire mouvementée du royaume de Jérusalem. Mais la chute de Saint-Jean-d'Acre (1291) entraîna le repli en France d'environ 2 000 templiers, ce qui révéla la richesse d'un ordre qui s'était fait aussi banquier, et qui apparut alors comme un «État dans l'État» que Philippe le Bel ne pouvait que détruire.

min, le pouvoir temporel sera jugé par le pouvoir spirituel ». L'excommunication était pendante, et c'est certainement pour l'éviter que Guillaume de Nogaret réclama devant le Conseil du roi, le 12 mars 1303, que le pape fût jugé lui-même par un concile universel. Il alla en personne porter l'assignation à comparaître au pape, avant que ce dernier n'excommunie le roi. Mais c'est alors qu'eut lieu, le 7 septembre 1303, ce que l'on a appelé à tort, du moins en ce qui concerne Nogaret, « l'attentat d'Anagni » contre Boniface VIII. La vérité est que, ayant rencontré en chemin Sciarra Colonna, un adversaire du pape appartenant à une faction rivale qui voulait le forcer à abdiquer, Guillaume de Nogaret en profita pour approcher le souverain pontife à qui il évita peut-être d'être massacré par les hommes de Colonna. Boniface VIII, cruellement humilié, n'en mourut pas moins un mois plus tard, et son successeur Benoît XI alla jusqu'à absoudre Philippe le Bel et ses barons (sauf Nogaret !) de leurs fautes. Aussi, ce ne fut qu'avec le pape suivant, l'archevêque de Bordeaux Bertrand de Got, élu le 5 juin 1305 sous le nom de Clément V et qui séjourna en Avignon à partir de 1309, que la lutte reprit, sous une forme atténuée, avec l'affaire des templiers.

■ La fin des templiers

L'affaire débuta lorsque parvinrent à la cour du roi des dénonciations plus ou moins mensongères et exagérées, fondées en tout cas sur des exceptions, contre l'ensemble de l'ordre du Temple accusé d'hérésie, d'idolâtrie et même de sodomie. Elles coïncidaient, non seulement avec la nécessité de la réforme des ordres militaires voulue par le pape, et qui aurait abouti à la fusion de l'ordre avec celui des Hospitaliers de Saint-Jean de Jérusalem, mais encore avec la volonté royale de nuire à un ordre dont le but primitif avait disparu et dont la richesse scandalisait. Le 13 octobre 1303, le roi, par une extraordinaire opération policière, puisque son secret avait été gardé, fit arrêter tous les templiers de France ; et après avoir obtenu, souvent par la torture, les aveux désirés, il fit approuver sa conduite par une assemblée de prélats, de nobles et de bourgeois réunie à Tours en mai 1308. Le pape décida pourtant que le jugement personnel des templiers appartiendrait à l'Église et qu'une commission pontificale enquêterait sur l'ordre. Mais le roi eut peur d'être désavoué et – anticipant sur la procédure qui devait être fatale à Jeanne d'Arc – ses légistes firent condamner comme « relaps », pour être revenus sur des aveux faits sous serment, les frères qui voulurent défendre le Temple en 1310. Ce premier groupe monta sur le bûcher.

Finalement, le pape, qui avait besoin de Philippe le Bel, sans attendre même la décision incertaine du concile réuni à Vienne en 1312, supprima l'ordre du Temple par la bulle *Vox in excelso* du 22 mars 1312. Ses biens furent dévolus à l'ordre précité de l'Hôpital, non sans que le roi se soit fait régler les frais de sa garde temporaire des domaines du Temple ! Mais il restait à juger ses dignitaires et, en particulier, son grand maître, l'intègre Jacques de Molay qui, en refusant la fusion de son ordre avec les hospitaliers, l'a-

Guillaume de Nogaret (mort en 1313)
Cet éminent professeur de droit, membre du parlement en 1298 et anobli l'année suivante, fut le véritable inspirateur de la politique de Philippe le Bel contre le pape, envers lequel son animosité s'explique peut-être par le fait que son grand-père avait été brûlé comme cathare. Mais, après que le pape ait refusé de lui pardonner après l'affaire d'Anagni, il ne s'en attaqua pas moins durement et injustement aux templiers qui, après qu'il ait menacé le pape Clément V lui-même, périrent finalement sur le bûcher.

vait condamné ; proclamant son innocence et celle de son ordre, il fut finalement brûlé avec les autres dignitaires comme relaps, le 19 mars 1314, non sans avoir, dit la légende, assigné à comparaître devant Dieu le roi et le pape, qui moururent tous deux la même année.

■ Une triste fin

Même si la prédiction de Jacques de Molay relève de la légende, la fin du règne de Philippe le Bel fut marquée par un drame familial que la légende sut aussi exploiter : l'adultère prouvé de deux de ses brus, Marguerite de Bourgogne, qui avait épousé en 1305 le futur Louis X le Hutin, et Blanche d'Artois, qui avait épousé en 1308 le futur Charles le Bel. La troisième, Jeanne d'Artois, sœur de Blanche et fille d'Othon de Bourgogne, qui avait épousé en 1307 le futur Philippe V le Long, n'était que complice. Après les avoir fait arrêter toutes les trois et fait avouer les amants des deux premières, les frères d'Aunay (qu'il fit écorcher vifs, décapiter et pendre), le roi condamna à la prison Marguerite (qui mourut de froid à Château-Gaillard), et Blanche (qui mourut finalement au couvent). Quand à Jeanne, elle réussit, après la mort du roi, à se faire pardonner par son mari.

Le roi, qui n'avait pu terminer la guerre de Flandre, malgré les efforts d'Enguerrand de Marigny, et qui vit se constituer contre lui plusieurs ligues, dont le but avoué était de contrôler son pouvoir, mourut à la suite d'un accident de chasse le 29 novembre 1314 à Fontainebleau et fut inhumé à Saint-Denis. Avant sa mort, il avait eu le temps de dire à son faible successeur : « Pesez, Louis, pesez ce que c'est d'être roi de France. »

■ Le fondateur de l'État laïque

On a parfois prétendu que Philippe le Bel, personnage inconsistant, se serait effacé devant ses conseillers. Mais c'est oublier que, comme le dira Machiavel dont il est le précurseur, les bons conseils naissent de la sagesse du Prince, non l'inverse. Le plus marquant en tout cas dans son règne, c'est la distance qu'il a su prendre, tout en demeurant chrétien, à l'égard de l'Église dont, après lui, aucun roi n'acceptera plus, en matière politique, la loi. Avec lui c'est également l'État moderne, aussi indépendant de la morale courante que de la morale chrétienne, qui apparaît avec ses qualités – l'ordre et l'efficacité – et ses défauts, le non-respect de la justice dès lors qu'il se crée (cf. les templiers), un « État dans l'État ». Mais il fallait un grand roi pour assurer la transformation nécessaire d'un État féodal en un État de plus en plus centralisé et totalitaire.

Jacques de Molay (vers 1243-1314)

On ne peut qu'admirer l'obstination quelque peu maladroite et surtout le courage du dernier grand maître de l'ordre du Temple. Mais, si l'on songe qu'après avoir avoué (peut-être sous la torture) ses fautes et celles de son ordre – ce qui lui valut tout d'abord la prison à vie –, il se rétracta – ce qui le conduisit au bûcher – son acceptation finale de la mort « pour l'honneur », jette au moins un doute sur la réalité des crimes du Temple.

1314 - 1316
Louis X Le Hutin *(1289 - 1316)*

Épouse en 1305 Marguerite de Bourgogne → Jeanne de Navarre
en 1315 Clémence de Hongrie → **Jean Ier**

Le vainqueur des ligues

Un roi habile et intéressé
De ce roi, dont le surnom même (le Querelleur) demeure mystérieux, on ne connaît ni l'apparence physique ni vraiment le caractère qui paraît avoir lassé sa première épouse. Mais on ne peut lui dénier une certaine habileté politique, et cela dès le règne de son père, quand il réussit à imposer son autorité à Lyon sans coup férir. Mais il était aussi intéressé que lui et, en 1315, il se fit payer aussi bien l'affranchissement des serfs du domaine royal que le retour (temporaire) des juifs.

Commencé en plein scandale familial, puisque l'épouse même du roi, Marguerite de Bourgogne, était emprisonnée pour adultère, le règne de Louis X, qui avait vingt-cinq ans à la mort de son père, fut plutôt réussi. Il répudia son épouse, qui ne tarda pas à mourir en prison fin mars 1315 (mais non étranglée sur son ordre comme on l'a dit !) et il put alors épouser Clémence de Hongrie qu'il attendit même pour se faire sacrer le 24 août 1315. Il était en fait déjà roi de Navarre depuis la mort de sa mère en 1305 et il fut donc notre premier roi à s'intituler sans réserve roi de France et de Navarre.

Dès la mort de son père, dont le règne pesant avait provoqué le mécontentement des féodaux et des communes, le roi dut s'attaquer à leurs ligues. Mais, au lieu de les briser par la force, il choisit de négocier selon chaque circonstance. Il eut même l'habileté de faire rechercher les cas d'empiétement du pouvoir royal sur les coutumes en confirmant cependant les concessions précédemment accordées « si ce n'est en cas qu'il nous appartienne pour cause de souveraineté » ce qui consistait finalement à se réserver les « cas qui, de droit ou d'ancienne coutume, peuvent et doivent appartenir au souverain prince et à nul autre », bref les « cas royaux ». Au demeurant, en rendant aux nobles leur droit de guerre privée, que Saint Louis leur avait ôté sans succès, il leur donna une satisfaction non négligeable.

■ Un procès inique
La grandeur quelque peu contraignante du règne de Philippe le Bel ne pouvait pas ne pas provoquer, en retour, de la rancune contre ceux qui l'avaient trop bien servi. Le garde des Sceaux Pierre de Lantilly, évêque de Châlons, accusé faussement d'avoir empoisonné, non seulement son prédécesseur, mais le feu roi, réussit à sauver sa tête, tout comme son « complice » Raoul de Presles, procureur au parlement. Mais il n'en alla pas de même pour Enguerrand de Marigny, le favori du roi à la fin de son règne, qui avait eu le tort de l'encourager dans ses manipulations monétaires et surtout de mécontenter ses fils comme de s'opposer à son frère Charles de Valois à propos des affaires de Flandre. Une commission eut beau lui donner quitus pour sa gestion financière, Louis X eut la faiblesse de céder à la volonté vengeresse de Charles de Valois. Emprisonné au Temple, accusé de sorcellerie, jugé par une commission de nobles en présence même du roi et torturé sans avoir rien avoué, Marigny n'en fut pas moins pendu au

gibet de Montfaucon (qu'il avait lui-même fait édifier !) le 30 avril 1315. Pourtant, avant sa propre mort, le roi, qui n'avait pas l'impassibilité de son père, eut quelques remords de ce procès inique et légua, pour se faire pardonner, une forte somme à la femme et aux enfants du supplicié dont la mémoire fut réhabilitée.

■ Échec en Flandre

Les limites du talent politique de Louis X sont très exactement tracées par sa conduite dans les affaires de Flandre. Le comte de Flandre Robert de Béthune ayant remis en cause la convention de Marquette (3 septembre 1314), finalement approuvée par Philippe le Bel, et refusé de prêter hommage à Louis X, ce dernier décida d'entrer en campagne contre lui. Mais il engagea le combat trop tard à la fin de 1315 et la saison des pluies l'obligea à rentrer à Paris. La disette populaire l'aurait d'ailleurs empêché de reprendre le combat l'année suivante, lorsqu'il mourut à Vincennes, le 4 juin 1316, après avoir eu l'imprudence de boire du vin glacé après une partie de jeu de paume qui l'avait mis en nage. La reine Clémence étant enceinte de son premier enfant, le destin du royaume se trouva, pour la première fois chez les Capétiens, dépendre non seulement du sexe mais de la survie de l'enfant à naître.

■ Un roi éphémère

Il est évident que le règne de Louis X fut trop bref (seize mois) pour qu'il eût pu donner toute sa mesure. On doit cependant lui reconnaître le mérite de ne pas avoir trop dévié de la politique de son père, dont, il est vrai, la fermeté excessive n'était plus de mise.

Les chartes de Louis X

On sait que la politique novatrice de Philippe le Bel entraîna dès la fin de son règne, à l'instigation de la noblesse, des ligues provinciales entre les gents des trois états, demandant au roi la garantie de leurs libertés et privilèges comme de ceux de leurs pays. Louis X ne put que céder. Mais il le fit dans une série de chartes plutôt restrictives, conclues dans son propre intérêt, et dont la plus connue est celle des Normands (1315). Ajoutons que, jusqu'à la Fronde, la formation de ligues diverses demeurera un trait de la monarchie d'Ancien Régime.

Enguerrand de Marigny (vers 1260-1315)

Le destin de ce petit noble, tout d'abord panetier de la reine Jeanne avant de devenir chambellan de Philippe le Bel et finalement son principal conseiller à partir de 1313, illustre bien le risque encouru par les favoris à la mort de leur maître. En effet, au début du règne de Louis X, ses incontestables talents de négociateur et de financier ne purent le sauver – à cause de la jalousie entraînée par les faveurs dont il avait bénéficié et de la vindicte populaire – de la plus inique des condamnations à laquelle le roi, s'il ne la provoqua pas, n'eut pas le courage de s'opposer.

1316

Jean Ier le Posthume

(15 nov. - 19 nov. 1316)

Le roi éphémère

Mort quelques jours après sa naissance, mais non tué par sa tante Mahaut d'Artois (la mère de Jeanne de Bourgogne épouse de Philippe V), Jean I er n'aurait laissé aucune trace dans l'histoire si, quarante ans après, un imposteur du nom de Giannino, encouragé par Rienzi (celui de l'opéra de Wagner !), n'avait été « reconnu » par son oncle de Louis Ier de Hongrie, neveu de la reine Clémence. Il voulut alors se faire aussi reconnaître par le pape Innocent VI qui fit écraser ses troupes par celles de Jean II le Bon. Capturé en Provence, il mourut au cours de son emprisonnement à Naples en 1363.

1316 - 1322

Philippe V le Long *(1293 - 1322)*

Épouse en 1307 Jeanne de Bourgogne → 4 filles

Un habile réformateur

Un digne successeur
Aussi bel homme que son père, grand et mince (d'où son surnom), Philippe V fut le seul des fils de Philippe le Bel à être vraiment digne de son père, ne serait-ce que par l'imprévu de ses actes et une aussi grande cruauté.

A sa mort, Louis X ne laissait qu'une fille, Jeanne (à la filiation contestée), de sa première femme, la malheureuse Marguerite de Bourgogne, et un enfant à naître de la reine Clémence de Hongrie.

■ Un avènement discuté

Son frère puîné Philippe de Poitiers prit alors, devant ces circonstances inhabituelles, une décision insolite. Il se fit proclamer le 16 juillet 1316, par une assemblée de barons (et au grand dam de son oncle Charles de Valois), régent du royaume jusqu'à la naissance prévue, en annonçant à l'avance qu'il prendrait la couronne s'il naissait une fille. Ce fut un garçon qui naquit (Jean Ier), mais il ne vécut que quelques jours. Philippe n'hésita pas alors à se faire sacrer, le 6 janvier 1317, avec sa femme Jeanne de Bourgogne (qui avait réussi à se faire pardonner sa non-dénonciation d'adultère !). Il marquait ainsi une rupture entre le droit féodal, qui admettait que les femmes puissent succéder aux fiefs, et le droit royal tel qu'il devait dorénavant s'imposer en excluant les femmes de la couronne. On peut cependant penser que, si Jeanne n'avait pas été une enfant, et si sa naissance avait été incontestable, elle aurait pu s'affirmer comme héritière. Elle avait d'ailleurs, par sa grand-mère Jeanne de Navarre (épouse de Philippe le Bel), d'incontestables droits sur la Champagne, pour laquelle elle obtint une compensation territoriale, et la Navarre qu'elle obtint de garder. Par la suite son fils (de Charles d'Évreux) Charles le Mauvais, né en 1332, ne manquera pas de revendiquer son héritage.

Il convient ici d'ajouter que la règle de l'exclusion des femmes de la couronne n'avait rien d'évident, puisque, pour la faire approuver et se prémunir contre toutes les contestations futures, Philippe V réunit, dès février 1317, une assemblée de prélats, de barons, de docteurs et de bourgeois qui se rallia à sa thèse, approuvée au surplus par l'université de Paris. On notera qu'à aucun moment n'avait été évoquée la loi salique qui, en droit franc, excluait les femmes de la *Terra salica,* et qui, dès le milieu du XIVe siècle, grâce au religieux Richard Le Scot, symbolisera – à tort puisque en aucun cas elle ne concernait au départ la royauté – les règles de succession de la couronne de France. Quoi qu'il en soit, les partisans de Jeanne, appâtés par des mariages ou des avantages, ne tardèrent pas à désarmer, et dès la fin mars 1318, l'oncle de Jeanne, Eudes de Bourgogne, renonça au nom de sa nièce à tout droit sur la couronne.

■ Toujours la Flandre

Au-delà même de l'éternelle sédition des ligues, que Philippe V réussit à apaiser en s'appuyant sur les milices urbaines contre les nobles, et les problèmes de l'Artois, que Robert III prétendit reconquérir, la question de la Flandre demeurait sans solution. Mais, au lieu d'intervenir militairement, et se souvenant de l'échec de son frère, le roi préféra négocier. Après avoir renouvelé la trêve accordée en mai 1315, il fit appel à la médiation du pape Jean XXII. Le 5 mai 1320, un traité fut finalement signé à Paris par lequel le comte de Flandre, Robert de Béthune, renonçait définitivement aux villes sur lesquelles Philippe le Bel avait déjà obtenu des droits. Et, pour écarter toute éventualité de guerre, Marguerite, une des filles du roi (de Jeanne de Bourgogne) épousa le comte de Flandre.

■ Le gouvernement de Philippe V

Le plus brillant des fils de Philippe le Bel ne pouvait que perfectionner les institutions royales en les rendant à la fois plus efficaces et plus soumises à la volonté royale.

C'est dans cet esprit qu'il prit l'habitude de soumettre les affaires les plus importantes à un Grand Conseil (distinct du Parlement, de la Cour des comptes et même de l'Hôtel du roi) inséparable de sa personne, sans autre autorité que d'éclairer son jugement, et au sein duquel il eut bien soin d'éviter, dès 1318, la prépondérance absolue de la noblesse.

C'est aussi sous son règne que deux ordonnances de décembre 1319 et 1320 parachevèrent l'organisation du parlement de Paris, non seulement en instituant la prédominance définitive de l'élément professionnel sur les clercs et les nobles, mais en codifiant sa division en plusieurs Chambres. On y distingua dès lors : une *Grand-Chambre,* devant la-

Un roi gardien de l'ordre public

Dans sa volonté de maintenir l'ordre dans son royaume, le roi ne pouvait que favoriser la pratique apparue au XIIIe siècle de l'asseurement, promesse réciproque de non-agression faite devant le juge dans le but d'éviter les guerres privées. C'est pourquoi il n'hésita pas à sanctionner en 1317 un bris d'asseurement survenu à Compiègne, en puinissant le coupable et en prenant sous sa protection la victime. Le bris d'asseurement était devenu l'un de ces « cas royaux » permettant de limiter le pouvoir de la justice seigneuriale.

quelle les procès étaient plaidés et jugés au civil comme au criminel (la Tournelle criminelle n'apparut qu'au XVIe siècle) et qui faisait fonction, le cas échéant, de Cour des pairs ; une *Chambre des enquêtes,* pour instruire les affaires ; une *Chambre des requêtes,* pour juger de la recevabilité des causes, soit directement, soit en appel.

On notera que c'est à cette époque qu'apparut le droit de remontrance du parlement, issu de son droit (et devoir) de conseil et que, dès 1312, le chancelier avait lui aussi exercé.

Tout aussi importante fut, en janvier 1320, l'apparition du statut définitif de la Chambre des comptes, déjà distincte de la Cour du roi depuis le règne de Philippe le Bel. Elle fut alors pourvue d'un personnel permanent pour juger de la gestion financière des baillis, mais aussi chargée d'enregistrer – quitte à présenter des remontrances – les lettres patentes portant modification du domaine royal.

■ Troubles sociaux

Malgré la remise en ordre du royaume, et peut-être à cause d'elle, le phénomène des pastoureaux – pauvres gens voulant repartir en croisade, manipulés par des clercs dévoyés et bientôt rejoints par des gens sans aveu – réapparut, comme au moment de la régence de Blanche de Castille, en 1320. Devant leurs ravages et leurs massacres de juifs, le pape Jean XXII lui-même s'émut. Finalement, le roi chargea les sénéchaux de Beaucaire et de Carcassonne de les réduire, et ce fut ce dernier qui réussit à les cerner dans les marais d'Aigues-Mortes. Toutefois l'ire royale ne se limita pas aux pastoureaux. Il s'en prit, pour des raisons financières, aux Lombards, et surtout aux juifs, dont les privilèges étaient enviés, et que l'on accusait de pactiser avec les musulmans. Quant aux malheureux lépreux, accusés d'empoisonner les fontaines, ils furent, soit torturés et brûlés en cas d'aveux, soit emprisonnés. Juste vengeance du ciel pour ces crimes ? Le roi tomba malade de dysenterie en 1321 et, après quelques mois de maladie, mourut le 3 janvier 1322, ne laissant que quatre filles qui ne purent qu'être écartées de sa succession.

■ Un bon politique

Si l'on compare Philippe V à ses frères, dont l'un, Charles, comte de la Marche, devait maintenant lui succéder, on ne peut que louer son habileté, non seulement au moment de sa prise de pouvoir (qui réunit au royaume son apanage de Poitiers), mais encore dans sa politique étrangère, puisque c'est par la négociation, et non par la guerre, qu'il régla le problème de Flandre. Sur le plan intérieur, la manière forte qu'il employa contre les pastoureaux, les juifs, les lépreux et même le prévôt de Paris, qu'il fit pendre en 1320 pour négligence, ne doit pas faire oublier les progrès accomplis sous son gouvernement. Il est vrai qu'il ne put, car c'était prématuré, ni uniformiser les poids et mesures (l'Ancien Régime n'y parvint jamais), ni obtenir un impôt permanent. Du moins ce roi appliqué avait-il réussi, encore mieux que son prédécesseur et dans une situation dynastique nouvelle, à préserver, tout en le consolidant, l'héritage de Philippe le Bel.

Le second pape d'Avignon

On sait que, pour hâter la fin du conclave de Lyon qui durait depuis deux ans, le futur Philippe V fit murer l'église dans laquelle il avait invité les cardinaux à une messe à la mémoire de son frère ! Ils élirent alors le Français Jacques Duèze qui, deuxième pape d'Avignon, prit le nom de Jean XXII, et que sa grande culture n'empêcha pas de faire condamner en 1329 l'œuvre d'un illustre maître de l'université de Paris : le grand mystique allemand Maître Eckhart.

1322 - 1328
Charles IV le Bel *(1294-1328)*

Épouse en 1308 Blanche de Bourgogne
en 1323 Marie de Luxembourg
en 1325 Jeanne d'Évreux → 3 filles

Un roi lettré

Philippe V le Long n'ayant laissé que des filles, il était normal que son frère cadet Charles, comte de la Marche, devînt roi en vertu de la règle déjà posée (et à laquelle il s'était opposé au départ) de l'exclusion des femmes de la couronne. Sa femme Blanche de Bourgogne, compromise dans l'affaire de la tour de Nesle, ayant été emprisonnée pour adultère en 1315, c'est donc seul qu'il se fit sacrer à Reims le 11 février 1322 sous le nom de Charles IV. Mais, sitôt devenu roi, il songea à sa succession et obtint du pape Jean XXII que son mariage fût cassé pour parenté à un degré prohibé. Sa première femme devait d'ailleurs mourir assez vite en 1326 à l'abbaye de Maubuisson ; mais c'est évidemment sans avoir eu à attendre sa mort qu'il avait épousé en 1323 Marie de Luxembourg, fille de feu l'empereur Henri VII d'Allemagne, qui lui donna en 1324 un fils qui ne vécut pas, et mourut elle-même en couches. Le roi épousa alors en 1325 Jeanne d'Évreux qui ne lui donna que des filles, ce qui, après sa mort, engendra de nouveau un problème successoral.

■ Un roi ferme

On mesurera la fermeté de Charles IV à la seule évocation du sort de Jourdain de L'Isle, un neveu par alliance du pape Jean XXII, qui s'imagina que sa parenté le rendait intouchable. Après lui avoir pardonné diverses exactions sans réussir à l'amender, le roi le convoqua devant le parlement de Paris, où un comportement ostentatoire ne l'empêcha pas d'être pendu à Montfaucon après avoir vu ses biens confisqués. Mais Charles IV sut aussi s'imposer comme arbitre dans un conflit survenu entre le comte de Savoie et le dauphin de Viennois Guigues VIII. Il imposa la paix aux belligérants, préparant la future annexion du Dauphiné.

■ L'Angleterre et la Flandre

En 1324, le roi profita d'un incident survenu avec le roi d'Angleterre à propos de la bastide de Saint-Sardos, en Agenais, pour faire prononcer par sa Cour, le 1er juillet, la confiscation du duché de Guyenne, aussitôt occupé par Charles de Valois. Mais ce fut aussi le temps où sa sœur Isabelle, aidée par son amant Mortimer, fit probablement assassiner son mari, le roi Edouard II d'Angleterre, après l'avoir fait évincer du pouvoir. Elle s'arrangea alors pour faire restituer en 1327 la Guyenne (sans l'Agenais conquis en 1324 par Charles de Valois) au jeune Edouard III,

Des qualités certaines

On ne sait pratiquement rien de l'apparence physique du dernier Capétien direct, sinon qu'il était beau. Son intelligence était moyenne, au point d'avoir poussé les historiens à réduire son règne à un intermède sans éclat. Mais, en ces temps troublés, l'essentiel était de durer, et l'on ne peut alors dénier au roi une ténacité et même une force de caractère qui furent efficaces, en particulier contre les nobles rebelles.

moyennant finance et hommage. Quant à la Flandre, elle fut menacée d'invasion, quand le petit-fils de Robert de Béthune, après un honteux traité avec les communes qu'il avait lui-même humiliées, demanda l'appui du roi : les communes préférèrent annuler le traité.

Au demeurant, l'exposé de la politique de Charles IV serait incomplet sans la mention de ses velléités d'intervention en Orient pour y sauver les chrétiens et aider les rois d'Arménie et de Chypre. Mais l'échec de la mission qu'il y envoya auprès du sultan d'Égypte, qui parut même accepter de lui rendre Jérusalem, lui montra très probablement les limites réelles de son influence : son envoyé Guillaume de Bonnes-Mains se fit gruger par son associé.

Son règne fut d'ailleurs trop court pour lui permettre de réussir une grande entreprise. Il mourut à l'âge de trente-quatre ans, le 1er février 1328, en laissant, comme son frère aîné Louis X, la reine enceinte, mais en ayant eu la prudence de désigner lui-même, en la personne de Philippe de Valois (fils de son oncle Charles de Valois, mort en 1325), un régent, dont il n'imagina certainement pas qu'il pût un jour devenir son successeur.

■ Un roi acceptable

Étant bien entendu qu'on ne saurait reprocher à Charles IV la brièveté de son règne, force est de constater qu'il ne lui permit pas plus qu'à ses frères la réalisation d'un grand dessein. Du moins ce roi, probablement lettré – il fut peut-être en 1324 le créateur du collège des Sept-Troubadours qui magnifia la civilisation occitane et fut, semble-t-il, à l'origine de l'Académie des Jeux floraux, la plus ancienne d'Europe – avait-il maintenu, comme ses frères prédécédés, un royaume en état d'affronter les prétentions du roi d'Angleterre et finalement la guerre qui allait fortement l'ébranler.

La loi salique

Ce n'est qu'à la mort de Charles IV que l'exclusion des femmes de la couronne de France, déjà admise lors de l'avènement de son prédécesseur comme du sien, devint par sa répétition même, une incontestable coutume constitutionnelle. Ce n'est que plus tard (et abusivement) qu'on la rattachera à une vieille loi des Francs Saliens publiée sous Clovis en 508 dont un titre exclut les femmes du gouvernement de la *Terra salica*, c'est-à-dire du domaine des ancêtres, après qu'elle eut été complétée, pour des raisons de fait, non de principe, par l'exclusion des parents par les femmes.

Des Capétiens directs aux Valois

Le changement de branche dynastique des Capétiens aux Valois relève d'un cas de figure que l'on retrouvera curieusement deux fois par la suite dans notre Histoire, lors du passage des Valois aux Bourbons et de ces derniers aux Orléans : les règnes successifs de trois frères sans postérité mâle, ou, du moins, dont le seul héritier mâle meurt trop jeune pour régner (cas de Jean Ier et de Louis XVII). Ce changement de branche est la conséquence de l'application de ce qu'on appellera la loi salique. Dans ce cas précis, Charles IV ne laissant que des filles, c'est au neveu de Philippe le Bel, que revint la couronne. Cette règle d'exclusion très récente n'était que coutumière, si bien que l'on peut imaginer que la règle contraire, qui avait tout autant de chances d'être adoptée, aurait donné une tout autre configuration à notre lignée royale.

De Saint Louis à Henri III

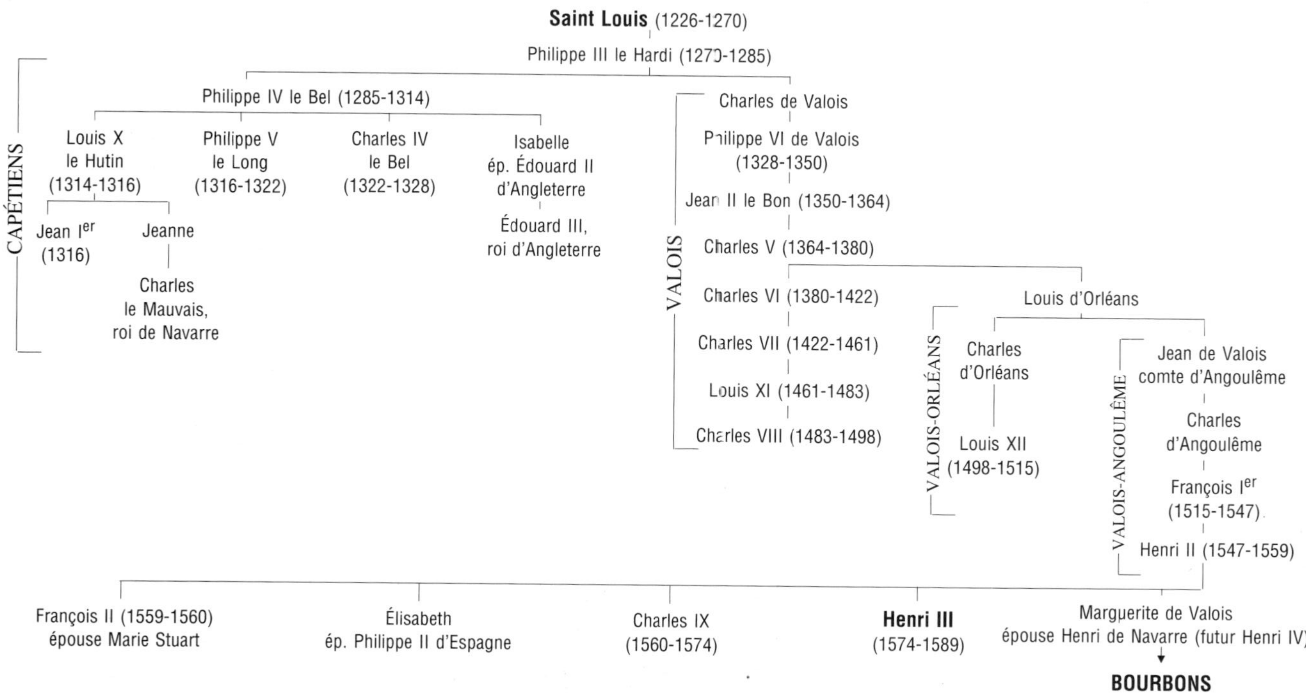

Les Bourbons et les Orléans

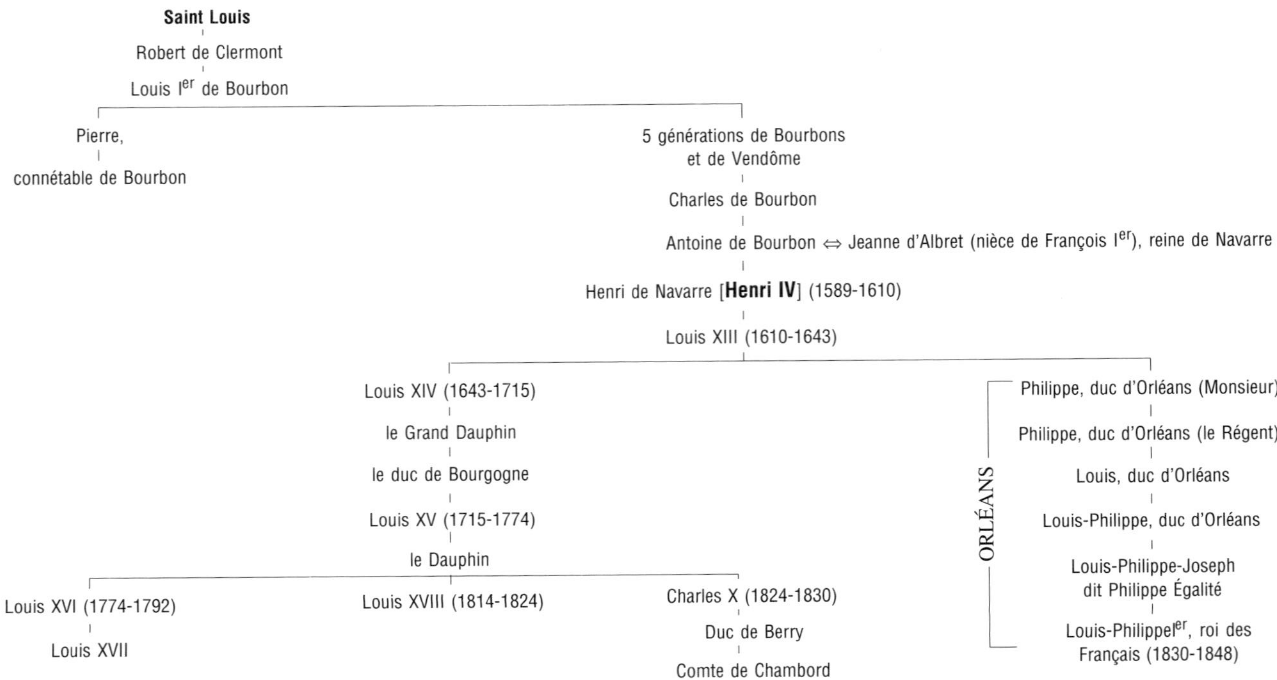

La branche des Valois

1328 - 1350

Philippe VI de Valois *(1293 - 1350)*

Épouse en 1313 Jeanne de Bourgogne → **Jean II**
en 1350 Blanche de Navarre

Un roi inconstant

A la mort de Charles IV le Bel, la situation était la même qu'à la mort de Louis X le Hutin : le roi n'avait pas d'héritier mâle et la reine était enceinte.

■ Une succession contestée

Philippe de Valois, fils de Charles de Valois (frère de Philippe le Bel), et donc cousin germain des trois derniers rois, s'empressa de se faire confier, selon le vœu de Charles IV lui-même, la régence, le 1er février 1328, par une assemblée de barons qui lui confia également celle de la Navarre, sur laquelle il n'avait aucun droit. Mais le problème dynastique ne se posa vraiment que lorsque la reine Jeanne d'Évreux accoucha d'une fille, le 1er avril 1328. Cette dernière ne pouvait qu'être écartée de la couronne, comme ses cousines les filles de Louis X et de Philippe V, puisque la règle de l'exclusion des femmes était déjà devenue au moins une coutume. Outre Philippe de Valois, deux autres candidats au trône (comme à la régence) étaient envisageables : Philippe d'Évreux, fils d'un cadet consanguin de Philippe le Bel (et donc cousin des trois derniers rois, comme Philippe de Valois), qui avait au surplus épousé Jeanne, la fille de Louis X le Hutin précédemment écartée du trône ; et le jeune Edouard III d'Angleterre, le plus proche parent du défunt roi (et de ses frères), mais par les femmes, puisqu'il était le fils de leur sœur Isabelle, fille de Philippe le Bel.

Réunie le 8 avril 1328 à Vincennes, une assemblée de barons choisit pour roi Philippe de Valois, non tant, probablement, pour des raisons juridiques – comme l'adage selon lequel « les lys ne filent point en France », ou encore le fait qu'Isabelle, en tant que femme, ne pouvait transmettre plus de droits qu'elle n'en possédait, bien que son fils eût été plus proche parent (troisième degré) que Philippe de Valois (quatrième degré) de Charles IV – que pour des considérations d'opportunité.

Il semble même que, malgré la force de l'adage qui affirme : « Il n'a jamais été vu ni su que le royaume de France ait été soumis au gouvernement du roi d'Angleterre », Edouard III n'a pas été écarté du trône de France comme étranger (il était de culture française et pair de France) mais en tant que vassal indocile du roi de France. En outre, sa mère vivait alors en concubinage avec son amant Mortimer et Charles IV avait chassé de sa cour ce couple illégitime. C'est pourquoi il convient de rappeler ici que la véritable cause de la guerre de Cent Ans ne

Un roi chevalier
Ignorant, au dire de Pétrarque, qui ment peut-être, puisque Philippe VI s'intéressait à la théologie, notre roi était surtout pieux, mais pas au point de vivre comme un moine, puisqu'il se remaria vite après la mort de la reine Jeanne. Mais c'était surtout un chevalier, admirateur de la Table ronde, que son esprit aussi aventureux qu'irréfléchi perdit, surtout lorsque les combats singuliers et courtois changèrent de nature.

fut nullement, comme on le répète à l'envi, l'exclusion d'Edouard III de la couronne de France, mais bien les problèmes posés par le fief anglais de Guyenne.

■ Un bon début de règne

Après avoir été désigné par les barons, Philippe VI, qui avait épousé en 1313 Jeanne de Bourgogne fille de Robert II, duc de Bourgogne), et que ses adversaires flamands nommeront injustement le « roi trouvé », se fit sacrer fastueusement le 29 mai 1328 à Reims, non sans avoir dû céder, en compensation, à Philippe d'Évreux et à son épouse Jeanne, la Navarre, sur laquelle il n'avait aucun droit, tout en gardant la Champagne.

Poussé par sa mère Isabelle, Edouard III d'Angleterre refusa tout d'abord de lui prêter hommage pour la Guyenne et le Ponthieu. La mainmise sur une partie de ses revenus et la menace d'une confiscation pure et simple de ses terres le firent cependant réfléchir. Il finit par prêter hommage au roi le 6 juin 1329 dans la cathédrale d'Amiens, uniquement pour les terres qu'il détenait, et sans que la qualité de l'hommage (simple ou lige) soit précisée. Ce n'est que le 9 mars 1331 qu'une déclaration envoyée à Paris par Edouard III reconnut, sans autre cérémonie, la ligeance de l'hommage de 1329, avant qu'une entrevue secrète entre les deux rois ne marque leur volonté (précaire) de régler les problèmes aquitains.

Mais, entre-temps, le roi avait remporté une victoire importante, mais non décisive, sur les Flamands. Dès juin 1328, Louis de Nevers, comte de Flandre, lui avait en effet demandé de l'aider à mater la révolte des bourgeois flamands (au risque de mécontenter l'Angleterre qui commerçait avec eux). Sans trop réfléchir à la portée de ses actes, le roi accepta ; et son armée écrasa, le 23 août 1328 sur le mont Cassel, celle, inorganisée, des bourgeois flamands : c'était la revanche de l'humiliation de Courtrai en 1302 et le rétablissement de l'influence française en Flandre.

Au demeurant, un grand projet, il est vrai chimérique, ne manqua même pas au début du règne de Philippe VI : dès le 25 juillet 1332, répondant aussi bien à une sollicitation pontificale qu'à une invitation d'Édouard III, le roi décida de se croiser, et même de prendre, moyennant une décime accordée par le pape, la tête d'une croisade ; mais, après la mort de Jean XXII (1334), son successeur lui-même Benoît XII lui conseilla en 1336 de ne pas partir. Entre-temps, le roi d'Angleterre s'était retiré de l'affaire, pris par d'autres questions d'où allait naître la guerre de Cent Ans.

■ Vers la guerre

En ce qui concerne les causes immédiates de la guerre de Cent Ans, on accorde traditionnellement la première place aux intrigues de Robert d'Artois qui après avoir été déclaré criminel et ennemi du royaume de France en mars 1337, poussa le roi d'Angleterre à la guerre.

Pourtant, les raisons économiques ne sont pas non plus étrangères au déclenchement de la guerre de Cent Ans, la Flandre, maintenant soumise à l'influence française, ayant besoin

La peste noire
Presque oubliée depuis les Mérovingiens, cette peste bubonique, apportée d'Asie centrale par des marins italiens, fut, à l'époque, un fléau pire que la guerre. Elle dura en France de 1347 à 1349 (avec une résurgence en 1361) et, outre les massacres irrationnels qu'elle engendra, elle provoqua le renchérissement des prix, des migrations de main-d'œuvre et une hausse de salaires que le pouvoir royal ne parvint pas à enrayer.

(et ce besoin était réciproque) de l'Angleterre pour vivre. Il suffit donc que le roi d'Angleterre interdise, le 12 août 1336, aux laines anglaises de sortir du royaume pour que la Flandre, mise en difficulté économique, soit tentée de se rapprocher de lui.

Cependant, outre le soutien de Philippe VI aux rebelles d'Écosse et le transfert de la flotte en Normandie, qui laissait prévoir une intervention, ce sont les affaires de Guyenne qui servirent probablement de détonateur. Le 27 mai 1337, suivant l'exemple de Philippe le Bel et de Charles IV, Philippe VI prononça la confiscation du duché de Guyenne. Il ne restait plus au roi d'Angleterre, après l'échec d'une médiation du pape, qu'à faire porter au roi de France par l'évêque de Lincoln à la Toussaint de 1336 un défi, injurieusement adressé à « Philippe de Valois, qui *se dit* roi de France ».

Robert d'Artois (1287-1342)
Comte d'Artois, mais dépossédé légitimement selon la coutume par sa tante Mahaut, il commença par soutenir la cause de Philippe VI. Cependant, dans son procès en restitution devant le parlement, il produisit de faux documents forgés par la Divion, son âme damnée, qui périt sur le bûcher en 1331 avec ses complices. S'obstinant dans son erreur, il fut banni du royaume et vit ses biens confisqués en 1332, ce qui explique que, dans son inimitié pour le roi, il ait pris le parti de l'Angleterre.

■ Les débuts de la guerre

Le paradoxe de la guerre de Cent Ans est que, loin d'être une « guerre totale », elle ne débuta et ne se poursuivit que par des escarmouches, ponctuées, il est vrai, de quelques grandes batailles.

Dès 1338, poussés par un riche drapier de Gand, Jacques Van Artevelde, qui s'était fait proclamer capitaine de la ville, et manipulés par des agents anglais, les Flamands se révoltèrent, et le comte de Flandre Louis de Nevers dut s'enfuir en France en février 1339. De son côté, Edouard III, après avoir obtenu, outre la neutralité des Flamands, l'appui de l'empereur d'Allemagne Louis IV de Bavière, débarqua en France à la fin de septembre 1339 ; mais il ne réussit pas à prendre Cambrai et se retira sans avoir combattu. Il réussit cependant à se faire reconnaître comme roi de France par les Flamands, moyennant de grands avantages commerciaux et, dès juin 1340, appareilla vers la France, car Philippe VI, qui avait réuni une puissante flotte, voulait une bataille navale.

Mais ses amiraux de rencontre commirent la lourde faute d'ancrer leurs navires dans le port de l'Écluse (près de Bruges), et même de les attacher entre eux au lieu d'accepter le combat au large. Prise à l'abordage par les redoutables archers anglais, la flotte française fut presque détruite le 24 juin 1340 et, après l'échec du roi d'Angleterre devant Tournai, une trêve fut signée, le 25 septembre, à Esplechin.

Mais la guerre devait reprendre, à la suite des affaires de Bretagne où la succession du duc Jean III était disputée entre sa nièce Jeanne de Penthièvre, mariée au neveu du roi, Charles de Blois, et son demi-frère puîné, Jean de Montfort, qui avait pour lui les « vrais » Bretons et se rallia nécessairement au roi d'Angleterre.Reconnu par les pairs de France comme duc de Bretagne en septembre 1341, Charles de Blois réussit (avec le futur Jean le Bon) à capturer son rival à Nantes, ce qui provoqua en 1342 une intervention anglaise qui s'acheva, à l'instigation du pape, par une trêve de trois ans, signée à Malestroit le 19 janvier 1343.

Mais, à la suite de l'assassinat d'Artevelde (juillet 1345), qui avait imaginé de donner le comté de Flandre au prince de

Galles (le futur Prince Noir), la guerre devait reprendre.

■ Crécy et Calais

Parmi les causes de la reprise de la guerre, il faut certainement mettre au premier rang l'inconscience de Philippe VI, dont la trop brutale justice frappa deux nobles bretons, qui furent exécutés. Ensuite, et surtout, Godefroi d'Harcourt dit le Boiteux, qui avait mené une guerre privée, fut chassé de ses terres, et il alla tout naturellement porter hommage au roi d'Angleterre, finissant par favoriser ses entreprises.

Dès la fin de 1345, le comte de Derby avait conquis une partie de la Guyenne et, au printemps de 1346, une armée, commandée par le duc de Normandie (le futur Jean le Bon) l'assiégea sans succès dans Aiguillon et se retira à la nouvelle du débarquement d'Edouard III en Normandie. C'est évidemment Godefroi d'Harcourt qui, par ses conseils, avait facilité, dès le 11 juillet 1346, ce débarquement à Saint-Vaast-la-Hougue, à la suite duquel le roi d'Angleterre approcha de Paris avant de se replier vers le nord, où eut lieu l'épreuve décisive. Ayant réussi à rattraper le roi d'Angleterre qui allait embarquer, Philippe VI, dont l'armée était bien supérieure, se fit honteusement battre le 26 août 1346 à Crécy.

C'est là que la chevalerie française paya son indiscipline, l'insuffisance de son commandement et, finalement, son impuissance face aux archers anglais et à l'artillerie, employée pour la première fois en dehors d'un siège. Et l'on sait que, ayant perdu la fine fleur de sa chevalerie, et en tout près de quatre mille hommes, le roi ne dut son salut qu'à la fuite, avant d'être contraint de demander l'hospitalité à un pauvre châtelain.

Cependant, Edouard III n'était pas en mesure d'exploiter vraiment son succès. Avant de se rembarquer, il s'attaqua à Calais – que le roi de France ne parvint même pas à dégager et qui ne se rendit que le 4 août 1347 – après un long siège de onze mois ; d'où la colère du vainqueur, qu'illustre l'épisode bien connu des six bourgeois exigés en otages, et qui ne durent la vie qu'à l'intervention de la reine d'Angleterre Philippa de Hainaut. Calais, dont les habitants furent tous remplacés par des Anglais, ne redevint française qu'en 1558 !

■ Le gouvernement de Philippe VI

La guerre n'a évidemment pas été sans conséquences sur les institutions de l'époque et, en premier lieu, sur l'hôtel du roi, qui vit son personnel se réduire, tout comme la chancellerie royale et, à la fin du règne, le parlement lui-même. Le grand problème fut évidemment la question financière, qui obligea le roi à user de tous les moyens pour subvenir aux frais entraînés par la guerre. Après avoir tenté de diminuer les privilèges traditionnels de la Normandie, et généralisé en 1341 la gabelle du sel, apparue dès 1315, il réunit en 1346 à Paris, les états généraux de la langue d'oïl, qui lièrent d'éventuels subsides à l'assainissement des finances, tout comme, pratiquement, ceux de la langue d'oc, réunis la même année à Toulouse par le futur Jean le Bon. Quant aux états généraux de la langue d'oïl réunis à Paris le 30 novembre

Jacques Van Artevelde (1290-1345)

L'exemple de ce riche marchand drapier de Gand montre le rôle politique croissant de la bourgeoisie marchande. Mais sa tentative d'opérer, avec l'aide d'Edouard III d'Angleterre, dont il avait besoin économiquement, l'union des communes flamandes contre le comte de Flandre (allié de Philippe VI), ne pouvait que se heurter aux particularismes locaux, d'où son échec final.

1347 après les désastres de Crécy et de Calais, ils ne promirent des subsides qu'après de sévères remontrances sur l'incapacité royale ; et le roi dut encore envoyer en province des commissaires pour obtenir quelque argent. Il est vrai qu'en d'autres temps il avait gardé la décime levée pour la croisade qui avait été annulée ! Mais la détresse financière était telle que, dès 1337, le roi n'avait pas hésité à « remuer » les monnaies en jouant, le cas échéant, sur leur titre, c'est-à-dire la quantité de métal fin nécessaire aux pièces d'or ou d'argent. On doit cependant reconnaître que la guerre n'empêcha pas le progrès des institutions royales, symbolisé par de grandes ordonnances, en particulier celle de 1344, qui reconnut au parlement le droit de présenter, au nom de son droit de conseil, des remontrances, et celle de 1345, qui stabilisa son personnel et organisa son travail.

Un roi écologiste
Philippe VI fut l'un de nos premiers rois à se préoccuper vraiment de la forêt. Par l'ordonnance de Brunoy (29 mai 1346), il décida en effet de « ne plus accorder de nouveaux droits d'usage », et de même que « des agents des eaux et forêts soient tenus de temps en temps de visiter tous les espaces boisés, d'y enquêter et de les faire exploiter, afin qu'ils se puissent perpétuellement soustraire en bon état ».

■ Une tragique fin de règne

Il était écrit que les défaites précitées ne seraient pas le pire du règne de Philippe VI. Dans le courant de 1348, la peste noire, en réalité peste bubonique, atteignit un royaume déjà éprouvé par la famine, et l'on a calculé qu'il perdit probablement un habitant sur trois. Il s'y joignit, outre les accusations traditionnelles contre les juifs d'avoir empoisonné les sources et les puits (ce qui obligea le pape à les défendre), l'épidémie de folie mystique des « flagellants » venus d'Allemagne, qui prétendaient expier les péchés de l'humanité. Le tout s'acheva dans un débordement de vie et de plaisirs, qui n'empêcha pas le roi de mourir, le 22 août 1350, après avoir vu disparaître sa belle-fille, Bonne de Luxembourg, la reine Jeanne de Navarre, et son épouse Jeanne de Bourgogne. Du moins avait-il eu le temps de se remarier avec sa cousine Blanche de Navarre et de faire venir ses fils à son lit de mort en leur conseillant de poursuivre la guerre contre l'Angleterre et de bien administrer le royaume.

■ Un roi discrédité

Peu de rois ont été aussi sévèrement jugés que Philippe VI, dont le règne, fort bien commencé, s'acheva en catastrophe. Et l'on est en droit de lui reprocher un manque de continuité dans des projets irréfléchis qui fit le jeu de son adversaire Edouard III. Pourtant, tout n'est pas négatif dans son règne, puisque, sans cesser de diminuer son domaine propre en donnant des apanages (mais aussi de révoquer les donations excessives consenties par ses prédécesseurs), il sut acheter en 1349 la seigneurie de Montpellier au roi Jaime III de Majorque.

Mais on lui doit surtout d'avoir acquis de Humbert II, dauphin de Viennois, qui était endetté et avait perdu son fils unique, le Dauphiné. Sous la réserve (qui ne cessa qu'en 1457) des droits de l'empire, le Dauphiné revint finalement en 1349 au petit-fils du roi, le futur Charles V, qui, avant de régner, fut donc le premier à porter le titre de dauphin.

1350 - 1364

Jean II le Bon *(1319 - 1364)*

Épouse en 1312 Bonne de Luxembourg → **Charles V**
en 1350 Jeanne de Boulogne

Le roi captif

A son avènement, Jean le Bon, duc de Normandie depuis 1332 et déjà veuf de Bonne de Luxembourg, n'avait guère montré que son âpreté au gain et une bravoure inefficace, puisqu'il avait assiégé inutilement Aiguillon en 1346.

■ Un triste début

Le 26 septembre 1350, il alla se faire sacrer à Reims avec sa seconde épouse Jeanne de Boulogne, puis, en pleine période de famine, donna à Paris des fêtes inopportunes. Deux mois après, il n'hésita pas, pour d'obscures raisons, et probablement par jalousie, à faire exécuter sans jugement le connétable Raoul de Brienne, qu'il remplaça par son favori Charles d'Espagne-La Cerda, ce qui mécontenta le roi Charles de Navarre (le Mauvais). Cause aggravante : c'est le favori qui hérita du comté d'Angoulême, qu'on lui avait promis pour le dédommager de la succession de Champagne, et que sa mère Jeanne de Navarre avait possédé jusqu'en 1349. Même le mariage de Charles le Mauvais avec la fille du roi en 1353 n'arrangea pas les choses, puisque ni la dot ni les terres promises ne furent livrées, si bien que Charles fit assassiner le favori à Laigle le 8 janvier 1354 et alla revendiquer son crime devant les plus hautes autorités du royaume, et même le pape.

Jean le Bon, craignant le « Mauvais », feignit de pardonner, et conclut même avec lui, le 22 février 1354, le traité de Mantes qui donna à Charles quelques seigneuries normandes en échange de ses droits sur la Champagne. Il fut suivi, le 10 septembre 1355, de l'humiliant traité de Valognes qui, pour mieux dissuader le Navarrais de toute alliance avec l'Angleterre, lui accorda une amnistie complète. Mais l'amitié dangereuse née entre Charles le Mauvais et le dauphin Charles, récemment devenu duc de Normandie, finit par inquiéter le roi. Le 5 avril 1356, il fit massacrer à Rouen les Navarrais hôtes du Dauphin, à l'exception de Charles, qu'il fit incarcérer.

■ Vers la guerre

Entre-temps, à l'expiration des trêves conclues entre Philippe VI et Édouard III, la guerre contre l'Angleterre avait repris de manière sporadique. Elle avait été déjà marquée, fin 1355, par les ravages du prince de Galles – que l'on appellera bien plus tard le Prince Noir à cause de la couleur de son armure – qui s'aventura jusqu'aux portes de Béziers et de Narbonne. C'est dans la perspective d'une guerre plus sérieuse que le roi avait réuni, en novembre 1355 à Paris, les états gé-

Un roi impulsif
Peu flatté par un portrait qui lui donne l'air d'un « homme des cavernes » (Lévis - Mirepois), Jean le Bon n'en était pas moins fin et cultivé, et fort capable de percevoir la trahison qui l'entourait. Mais sa cruauté, son orgueil, son obstination dans l'erreur et son impulsivité gâchèrent tout. Et ses maladresses dans le maniement des hommes et des troupes en firent un roi finalement médiocre.

néraux de langue d'oïl où se distingua déjà, comme orateur des bonnes villes, un drapier parisien, Étienne Marcel, prévôt des marchands. Ils posèrent alors de strictes conditions à l'octroi de subsides : le contrôle de leur affectation (à la guerre) et aussi de leur répartition et de leur perception par des « élus » (le terme d'élection subsistera pour désigner une circonscription financière), ce qui fut entériné par une ordonnance du 28 décembre 1355. En mars 1356, fut même établi un impôt sur la fortune, épargnant cependant les plus riches.

Mais, après l'arrestation de Charles le Mauvais, la guerre reprit en juin 1356, lorsque les troupes du duc de Lancastre (frère du Prince Noir) furent rejointes au cœur du Cotentin par celles de Robert Knolles, et s'avancèrent jusqu'à Rouen, avant de se retirer vers l'ouest. En juillet, Jean le Bon crut même vaincre devant Laigle les Anglais qui, en réalité, s'éclipsèrent, et il repartit vers le sud dès qu'il apprit que le Prince Noir remontait de Bordeaux.

■ Poitiers

L'inévitable choc entre les deux armées se produisit à Maupertuis, à l'ouest de Poitiers, après l'échec de la médiation de deux cardinaux envoyés par le pape Innocent VI qui obtinrent seulement une trêve de vingt-quatre heures que les Anglais, inférieurs en nombre, mirent à profit pour renforcer leurs positions. Et c'est, comme à Crécy, pour cause d'indiscipline et de méconnaissance de la tactique anglaise que les Français, impuissants à rompre les lignes ennemies, perdirent, le 19 septembre 1356, une bataille que leur supériorité numérique et une bravoure mieux employée leur auraient peut-être permis de remporter. On n'a pas oublié le (peut-être apocryphe) : « Père, gardez-vous à droite ! Père, gardez-vous à gauche ! » du jeune prince Philippe au roi Jean, qui acquit là son surnom de « Bon ». Mais, à la suite d'une manœuvre tournante de Jean de Grailly, captal de Buch, et d'un ultime assaut de Jean Chandos, le roi fut fait prisonnier. Il fut fort bien traité et, après avoir signé en avril 1357 une trêve de deux ans avec le Prince Noir, il fut emmené en Angleterre pour une captivité qui devait durer un peu plus de trois ans.

■ Les états généraux

Aussitôt après le désastre de Poitiers, le dauphin Charles, âgé de dix-huit ans, et que son père avait judicieusement fait sortir du champ de bataille, prit le titre de lieutenant du royaume. Mais il dut, dès le 17 octobre 1356, convoquer les états généraux de langue d'oïl dominés par la bourgeoisie et surtout par deux personnages dangereux : le tortueux Robert le Coq, évêque de Laon – en réalité un agent de Charles le Mauvais (encore prisonnier) –, et Étienne Marcel, qui représentait plus la fronde perpétuelle de la haute bourgeoisie parisienne que les intérêts du peuple.

Les députés exigèrent, outre la libération de Charles le Mauvais, la constitution d'un conseil de gouvernement élu par eux, exigence quelque peu atténuée dans la Grande Ordonnance que le dauphin fut contraint de prendre le 3 mars 1357 et qui (avant d'être abrogée en mai 1359) introduisit un

Étienne Marcel (vers 1316-1358)

Issu de la haute bourgeoisie parisienne, et révolté contre la monarchie à cause d'une affaire d'héritage dans laquelle il s'estima lésé, il rêva de la dominer politiquement. Il fut cependant moins soucieux des droits du peuple que de ceux de sa propre classe, ce qui ne l'empêcha pas d'avoir une attitude démagogique et de finir par collaborer avec les pires ennemis du roi, ce qui explique finalement qu'il ait pu être assassiné sans gloire.

Jean II le Bon
Peinture anonyme, milieu du XIVe s.
Musée du Louvre, Paris.
Ph. H. Josse © Arch. Photeb.

régime d'assemblée avec sessions périodiques, une sérieuse réforme de l'administration, un contrôle de l'aide apportée par les états et la protection des pauvres gens contre les abus des officiers royaux. Mais cette ordonnance, qui, si elle avait duré, aurait sans nul doute modifié profondément la nature de la monarchie française, put d'autant moins être appliquée que, après une intervention du roi défendant le paiement du subside accordé par les états et une tentative du dauphin de ressaisir son pouvoir, Charles le Mauvais fut libéré. Il arriva le 29 novembre 1357 à Paris, où il prononça au Pré-aux-Clercs un discours démagogique auquel le dauphin répliqua aux Halles le 11 janvier 1358.

■ L'échec d'Étienne Marcel

On allait en fait vers une guerre civile dont le premier acte fut, le 22 juin 1358, le massacre, à l'instigation d'Étienne Marcel et sous les yeux mêmes du dauphin, de ses conseillers les maréchaux de Champagne et de Normandie. Le dauphin fut contraint (comme plus tard Louis XVI !) de revêtir un chaperon, cette fois aux couleurs de Paris. Il quitta alors la ville, non sans avoir pris, pour mieux affirmer son pouvoir, le titre de régent, et il s'appuya sur les états réunis (sans les Parisiens) à Compiègne le 4 mai 1358.

Il ne restait plus à Étienne Marcel qu'à se rebeller, après avoir sommé le régent de rentrer à Paris. Et c'est alors qu'à la fin mai la révolte paysanne des *Jacques* (surnom des vilains à l'époque, mais il s'agissait de paysans riches) commandés par un certain Guillaume Carle, contre les nobles et les propriétaires (mais non contre le roi), lui fournit de dangereux alliés, que Charles le Mauvais eut l'intelligence de combattre et de tailler en pièces le 9 juin 1358. Mais, après avoir fait entrer à Paris les troupes anglo-navarraises le 22 juin 1358, et offert à Charles le Mauvais le poste de capitaine de la ville, Étienne Marcel, qui ne réussit même pas à obtenir le secours des villes flamandes, en arriva à exaspérer les bourgeois parisiens eux-mêmes. Certains avaient en effet été malmenés par les Anglais, et ils forcèrent le prévôt à les expulser de la ville ; puis ils finirent par se méfier de Charles le Mauvais qui, en réalité, négociait avec les Anglais réticents son accession au trône de France. Et c'est au moment où il prétendit faire entrer de nouveau les Anglais dans Paris qu'Étienne Marcel fut assassiné, le 31 juillet 1358. Il ne restait plus au dauphin qu'à pardonner et à rentrer le 2 août 1358. Paradoxe : l'épopée d'Étienne Marcel profita surtout aux états généraux de la langue d'oc (réunis en 1356) qui y gagnèrent l'organisation d'une fiscalité particulière, alors que rien ne subsista de l'œuvre des états de langue d'oïl.

■ Les traités de paix

Il va de soi que tous ces événement n'avaient pas empêché la recherche d'une paix durable. Prisonnier à Londres, Jean le Bon y signa tout d'abord, après l'échec en janvier 1358 d'un projet de traité déjà dur pour la France, le second traité de Londres (14 mars 1359), beaucoup plus rigoureux, mais heureusement atténué par le traité de Brétigny (8 mai 1360), qui

Charles le Mauvais (1322-1387)
Nommé *el malo* par ses sujets eux-mêmes, ce roi de Navarre, petit-fils en ligne maternelle de Louis X le Hutin, ne surmonta jamais le destin qui l'éloigna de la couronne de France à laquelle il ne chercha qu'à nuire. Il attisa la guerre civile à l'époque d'Étienne Marcel, et même la victoire de Cocherel, remportée sur lui en 1364 par Du Guesclin, ne mit pas un terme à son éternelle conspiration contre la France.

abaissait la rançon royale à 3 millions d'écus gagés à Londres par des otages, et quelques places fortes, – un premier versement de 600 000 écus libérant le roi –, et donnait au roi d'Angleterre, qui renonçait à ses prétentions sur la couronne de France, l'Aquitaine, l'Anjou et la Normandie. Dès le 8 juillet 1360, le roi arriva à Calais où le traité fut ratifié le 24 octobre 1360, moyennant quelques modifications relatives à la remise des territoires, sans que le problème de la souveraineté eût été vraiment tranché.

■ Liberté et captivité volontaires

Après son retour à Paris, le 13 décembre 1360, le roi imagina de marier sa fille Isabelle au fils du seigneur de Milan, Jean Galéas Visconti, pour s'octroyer une partie de l'argent de sa rançon, déjà financée en principe par la triple contribution sur les marchandises, le sel et le vin, fixée par l'ordonnance du 6 décembre 1360. Et, après la mort sans descendant de Philippe du Rouvre, duc de Bourgogne (21 novembre 1361), il réunit (en tant que plus proche héritier) au domaine royal le duché de Bourgogne, où il établit par la suite comme lieutenant (1363), avec l'accord de l'empereur d'Allemagne, son troisième fils, Philippe le Hardi.

D'autre part, après l'écrasement à Brignais d'une armée royale par les compagnies de routiers le 6 avril 1362, il prépara, sous l'égide du pape Urbain V, en mars 1363 en Avignon, un chimérique projet de croisade avec le roi de Chypre Pierre de Lusignan. Mais, entre-temps, les otages de Londres avaient conclu, avec son assentiment, en novembre 1362, un accord prévoyant leur libération en échange du Berry, ce que les états généraux d'Amiens refusèrent en octobre 1363. Et l'un des otages transférés à Calais, Louis d'Anjou, le deuxième fils du roi, étant parti retrouver sa jeune femme, le roi décida, pour sauver son honneur, de revenir en Angleterre se constituer prisonnier le 2 janvier 1364, non sans avoir obtenu, au préalable, un dernier impôt pour mettre le trésor à flot. C'est là qu'il mourut, à l'âge de quarante-cinq ans, le 8 avril 1364. Et c'est en grande pompe que sa dépouille mortelle fut ramenée à Paris, puis à Saint-Denis.

■ Un roi difficile à juger

Même si on ne se laisse pas égarer par son surnom qui, plus qu'à une bonté dont il fut dépourvu, se rapporte à sa bravoure et à son côté « bon vivant », la personnalité de Jean le Bon est difficile à saisir. Peut-être eut-il le tort d'être un roi, non pas incapable, mais plutôt médiocre au regard d'Edouard III qui, cependant, l'estima.

Il n'en demeure pas moins que, au-delà même des actes brutaux qu'on peut lui reprocher, et de son incapacité à trouver de bons conseillers, sa conduite à Poitiers et sa captivité volontaire à Londres ne manquent pas d'allure.

L'inaliénabilité du domaine de la couronne

Les clauses extrêmement dures du second traité de Londres (1359) dans lequel, outre une rançon de 4 millions d'écus pour sa libération, Jean le Bon cédait aux Anglais une bonne moitié du royaume, portaient une telle atteinte au domaine de la couronne que, manifestant la nécessité d'un consentement national pour cette aliénation, les états généraux, réunis par le régent en mai 1359, décidèrent que ce traité n'était « ni passable, ni faisable ». D'où, après une reprise des hostilités, le traité plus avantageux signé l'année suivante à Brétigny par le régent avec le Prince Noir.

1364 - 1380

Charles V le Sage *(1338 - 1380)*

Épouse en 1350 Jeanne de Bourbon → **Charles VI**

L'artisan du renouveau

Un roi chétif
« De buste il était haut et bien pris, droit et large par les épaules, étroit par les flancs. Gros bras et beaux membres il avait, aussi proportionnés au corps qu'il convenait ; le visage d'un bel ovale, un peu longuet, un grand et large front, les sourcils bien arqués, les yeux de belle forme et bien placés, de couleur châtain, un regard assuré, le nez assez fort, la bouche non petite et les lèvres minces. Il était assez barbu ; il avait les pommettes saillantes, le poil ni blond, ni noir, la chair brun clair, mais le visage très pâle... » (Christine de Pisan).

Après le triste règne de Jean le Bon, c'est par un coup d'éclat que commença celui de son successeur.

■ Un glorieux début

Charles le Mauvais s'étant rebellé à propos de la succession de Bourgogne, sur laquelle il pensait légitimement avoir des droits, fut vaincu le 16 mai 1364 à Cocherel, où les troupes du captal de Buch furent taillées en pièces par un chevalier breton promis aux plus hautes destinées : Du Guesclin. Le roi eut même le temps d'apprendre cette victoire, qui le débarrassait enfin d'un ennemi dangereux, avant d'être sacré à Reims avec la reine Jeanne le 19 mai 1364. C'est au cours de ce sacre, où fut probablement exécutée une messe de Guillaume de Machaut, qu'il prononça le serment de ne pas aliéner « les droits et noblesses de la couronne de France ». Mais, après avoir traité avec Charles le Mauvais, avec lequel il conclut en mars 1365 ce qu'il nomma plaisamment la « paix renard », par laquelle il lui donna la lointaine seigneurie de Montpellier, il intervint avec moins de succès dans les affaires de Bretagne. Là, en effet, Jean IV de Montfort, après sa victoire d'Auray (29 septembre 1364) sur Charles de Blois (qui fut tué), et Du Guesclin (qui fut fait prisonnier), se vit reconnaître par le traité de Guérande (12 avril 1365) le titre de duc de Bretagne sous la suzeraineté, finalement sans hommage lige, du roi de France.

■ Lutte contre les Grandes Compagnies

Une des conséquences des combats entre Français et Anglais avait été la multiplication, après les traités de Brétigny et de Calais, des méfaits de mercenaires bientôt rejoints par des gens sans aveu et groupés en Grandes Compagnies dont le but était le pillage systématique du pays. Après un projet de croisade en Hongrie, l'expédient pour s'en débarrasser fut une expédition en Espagne sous la conduite de Du Guesclin (libéré entre-temps), et dont le but était la lutte contre Pierre le Cruel qui disputait à son frère Henri de Trastamare le royaume de Castille. Du Guesclin réussit à conquérir la Castille, où Henri fut proclamé roi en 1366 ; mais Pierre fit appel au Prince Noir qui s'empara de Du Guesclin, vaincu le 3 avril 1367 entre Najera et Navarette. Le roi de France paya alors la rançon que Du Guesclin avait superbement fixée comme prix de sa liberté, et ce dernier réussit finalement à battre Pierre le Cruel (que le Prince Noir avait abandonné), le 14 mars 1369, à Montiel. Si bien que le trône de Castille resta finalement à Henri de

Charles V
Sculpture pour le portail de la chapelle de l'hospice des Quinze-Vingts, vers 1390.
Musée du Louvre, Paris.
Ph. © Alinari-Viollet - Arch. Photeb.

Trastamare qui devint l'allié du roi de France sans pouvoir retenir à son service Du Guesclin qu'il avait fait roi de Grenade. Quant aux Grandes Compagnies, elles ne purent qu'entrer en décadence.

■ Le gouvernement de Charles V

Après les règnes plutôt brouillons de ses prédécesseurs, c'est un fait que le gouvernement du roi fut inspiré par de grands principes politiques dégagés par ses conseillers, comme le maître des requêtes de l'Hôtel Raoul de Presles ou l'évêque Nicolas Oresme, qui dégagèrent l'idée selon laquelle il n'est de gouvernement que de « bonne policie », c'est-à-dire bien agencé, en sorte de « le roi doit " seigneurier " au commun profit du peuple ». Pour cela, il gouverna « en conseil », si bien que les vues de ses conseillers dominèrent longtemps.

Mais il n'en fut pas moins soucieux de l'équité, dans les mutations monétaires, qu'il évita, sinon dans le recours à l'impôt pour lequel il transgressa quelque peu ses principes en se passant d'un consentement véritable des états généraux qu'il réunit deux fois en 1369, sans tenir compte ultérieurement de leurs avis.

En décembre 1369 fut fixé le régime des ressources extraordinaires, c'est-à-dire opposées à celles, ordinaires, du domaine royal : les fouages, impôts directs par foyer, les aides sur les boissons et la gabelle du sel, impôts indirects.De 1372 à 1379 fut même promulgué un véritable Code de législation financière, déterminant les rôles respectifs des généraux conseillers des aides, présidant à l'assiette du fouage et à l'affermage des impôts indirects, et des élus, chargés de déterminer l'assiette des aides et d'en suivre la perception.

Ces impôts contribuèrent, non seulement à améliorer le recrutement de l'armée, qui fut mieux équipée (artillerie) et contrôlée, mais encore à embellir la capitale (Louvre, Vincennes, construction de la Bastille).

Quant à la fonction royale elle-même, elle fut prémunie contre les aléas par les ordonnances d'août et d'octobre 1374, qui fixèrent la majorité du roi à treize ans accomplis, organisèrent sa tutelle (confiée à la reine mère), la régence (confiée aux oncles du futur Charles VI) et entérinèrent le principe de masculinité.

■ Le retour de la guerre

La guerre reprit avec l'Angleterre à la suite de l'appel de deux seigneurs de Guyenne (dont la souveraineté n'avait pas encore été transférée aux Anglais) au roi de France, pour protester contre un fouage qu'à la suite des états d'Angoulême de 1368 le Prince Noir prétendait percevoir. Un vote unanime du Conseil du roi du 30 juin 1368 déclara les appels recevables. Ils se multiplièrent, et – nonobstant une chevauchée du duc de Lancastre fin 1369 – afin de parer à la reconquête des positions anglaises en France, le roi fit prononcer, le 30 novembre 1369, la confiscation de la Guyenne, le Prince Noir ne s'étant pas présenté devant le Parlement. Quant aux chevauchées anglaises, elles échouèrent toutes, grâce à la tactique de dérobade mise au

Du Guesclin (1315 ? - 1380)
« Médiocre capitaine, incapable de gagner une bataille ou de mener à bien un siège de quelque envergure, tout juste bon à galvaniser les bandes de routiers pillards » (E. Perroy), ou brillant chevalier, aussi courageux que fidèle, libérateur du territoire et digne d'être enterré à Saint-Denis ? Les avis divergent sur ce Breton, aussi disgracieux qu'illettré, méfiant et peu généreux, mais qui, à une époque de trahisons, fut d'une fidélité à toute épreuve envers un roi qui ne commanda jamais ses armées.

point par le duc d'Anjou, aidé, le cas échéant, par Du Guesclin, nommé connétable le 2 octobre 1370, juste après l'immonde sac de Limoges (19 septembre 1370) par le Prince Noir. Finalement, après une victoire navale des alliés castillans sur les Anglais et la reddition de La Rochelle (8 septembre 1372), les Français recouvrèrent pratiquement tous leurs territoires, de 1372 à 1375 ; et une trêve signée à Bruges à l'instigation du pape Grégoire XI, et qui dura du 1er juillet 1375 au 24 juin 1377, permit aux deux adversaires de souffler.

Ce fut alors la mort du Prince Noir, suivie de celle d'Edouard III (21 juin 1377), auquel succéda son petit-fils Richard II, âgé de dix ans. Aussitôt la guerre reprit, aggravée par le complot de Charles le Mauvais contre le roi, qu'il tenta peut-être de faire empoisonner en 1378. Mais il y perdit Montpellier, et surtout Évreux et le Cotentin, occupés par Du Guesclin, Cherbourg ayant été vendu aux Anglais.

Le roi fut moins heureux en Bretagne, où le duc Jean IV de Montfort avait renié en 1372 la vassalité française. La confiscation de son duché (18 décembre 1378) fit l'unanimité des Bretons contre le roi, et même l'ennemie du duc, Jeanne de Penthièvre (veuve de Charles de Blois) se réconcilia avec lui. Ce ne fut qu'après la mort du roi que le second traité de Guérande (4 avril 1381) fit rentrer la Bretagne dans la mouvance française.

▪ Le grand schisme et la fin du roi

Parmi les côtés négatifs de la politique de Charles V, on peut ranger son soutien à Clément VII (l'un des papes issus du grand schisme d'Occident qui divisa l'Église de 1378 à 1417) qui, à partir de 1379, résida à Avignon. Il est vrai que la faute du roi ne fut pas tant religieuse, puisque chacun des deux papes trouva des saints pour le défendre, que politique, dans la mesure où son choix d'un pape contre un autre aboutissait à nier la médiation traditionnelle de la papauté dans les conflits entre les peuples européens.

Quoi qu'il en soit, après avoir vu, en 1379, la rébellion de quelques villes, et aussi la mort de Du Guesclin le 30 juillet 1380, Charles V mourut à son tour, le 16 septembre 1380.

▪ Un grand roi

Il ne fait aucun doute que Charles V fut le roi, plus politique que guerrier, dont la France avait besoin pour se relever après les fautes souvent impardonnables de ses deux prédécesseurs. Son immense culture (on lui doit une « librairie » qui fut le départ des collections royales) ne l'empêcha pas d'être un chef à la fois magnifique (d'où la lourdeur des taxes qu'il imposa), habile et retors, ce qui lui permit finalement de l'emporter sur un roi d'Angleterre vieillissant qui, non sans mépris, le traita un jour d'« avocat » ! Au demeurant, la solidité de son œuvre était nécessaire, pour que le pays aborde sans sombrer les épreuves à venir.

Jean IV de Montfort (1341-1399)

La politique de ce duc de Bretagne, d'éducation anglaise, incarne parfaitement le problème posé à l'époque par le particularisme breton. En effet, son alliance avec Edouard III d'Angleterre ne plut pas plus aux Bretons, qui firent appel au roi de France, que la confiscation de ses fiefs par ce dernier. Si bien, qu'après un nouvel appel aux Anglais, il ne put, quitte à déplaire encore à ses sujets, que se réconcilier finalement avec Charles VI.

1380 - 1422

Charles VI le Fou *(1368 - 1422)*

Épouse en 1385 Isabeau de Bavière → **Charles VII**

L'ombre de la folie

Un roi avenant
« Il était d'une taille si bien proportionnée que, s'il n'était aussi haut que les plus grands, il était au-dessus des médiocres. Son nez n'était ni trop long ni trop court, ses yeux vifs et sa chevelure blonde. Dans un corps si bien fait logeait un cœur grand et généreux [...]. Il était si bénin et si accueillant qu'il s'arrêtait devant qui que ce fût qui l'abordât : il ne refusait audience à personne » (Moine de Saint-Denis).

Agé de moins de douze ans à la mort de son père, le futur Charles VI fut soumis à la tutelle (qui dura plus longtemps que prévu par l'ordonnance de son père) de ses oncles paternels (les duc d'Anjou, de Berry et de Bourgogne), et maternel (le duc de Bourbon).

■ Le gouvernement des princes

Après une courte régence du duc d'Anjou, qui en profita pour s'enrichir, le jeune roi fut sacré à Reims le 4 novembre 1380, sans posséder pour autant le pouvoir, partagé entre le duc d'Anjou, président d'un conseil nommé par les princes, et les ducs de Bourbon et de Bourgogne (Philippe le Hardi), le duc de Berry s'étant effacé pour aller gouverner le Languedoc et la Guyenne. La politique des princes étant trop dispendieuse, ils prétendirent – alors qu'ils avaient consenti le 16 novembre 1380 à l'abolition générale des impôts – rétablir en 1382 au moins l'impôt indirect. Mais, dans le contexte agité de l'époque (révoltes à Gand et en Angleterre), ils ne réussirent qu'à provoquer des révoltes, la « Harelle » à Rouen, le 24 février 1382, et, à Paris, celle des maillotins (armés de maillets de fer dérobés à l'Hôtel de Ville), en mars 1382. Ces soulèvements, qui furent durement réprimés à l'initiative de la bourgeoisie, s'étaient aussi étendues au Midi (Béziers) ou les tuchins (tue chiens ?) firent quelques ravages.

Mais le point fort de la rébellion fut la Flandre, où Philippe Van Artevelde (le fils de Jacques), qui avait pris la tête de l'insurrection en espérant un appui des Anglais, fut tué dans la bataille que Philippe le Hardi (accompagné du jeune roi) gagna le 27 novembre 1382 contre les Flamands à Rozebeke. Et, à la suite de cette victoire du futur comte de Flandre (en 1384, à la mort de son beau-père Louis de Male), la répression s'abattit aussi bien sur Paris, qui perdit quelque temps sa municipalité, que sur Rouen, qui fut durement taxée. Continuant leur politique dispendieuse, les princes, sans même tenter le débarquement en Angleterre prévu, ne réussirent qu'à entraîner le jeune roi dans des expéditions hasardées en Brabant et en Gueldre. Mais ils commirent surtout la faute de le marier, le 17 juillet 1385, à Isabeau (Isabelle ou Élisabeth ?) de Bavière, la fille du duc Étienne II, dans le but, tout à fait louable, d'obtenir un appui allemand contre les prétentions anglaises.

■ Un bref règne personnel

Probablement sous la pression de son frère Louis d'Orléans, et peut-être aussi de la reine Isa-

Charles VI le Fou
Cette miniature montre le moment où se déclencha, dans la forêt du Mans, la première crise de folie de Charles VI qui s'attaqua à ses gens d'armes.
Miniature des *Chroniques* de Jean Froissart, XVe s.
Bilbiothèque nationale, Paris.
Ph. © Bibl. nat. - Arch. Photeb

beau, Charles VI décida, après la trêve conclue le 18 août avec l'Angleterre, d'écarter ses oncles du pouvoir, le 3 novembre 1388. Ils furent remplacés par des légistes, anciens conseillers de son père que, par dérision, les grands seigneurs nommèrent les « marmousets » (figurines grotesques), mais qui gouvernèrent sagement en reprenant, de février à mai 1389, dans des ordonnances réformatrices concernant le gouvernement, la justice, la fiscalité et le domaine, les meilleures dispositions antérieures. Une commission fut créée pour rechercher les abus, ainsi que la Cour des aides pour juger du contentieux des finances extraordinaires ; et un voyage du roi dans le Midi aboutit au remplacement du duc de Berry par le comte de Foix, Gaston Phoebus. Pourtant, Louis d'Orléans avait pris une part de plus en plus grande dans le gouvernement, en entraînant le roi dans une vie de plaisirs qui allait lui être fatale.

■ La folie du roi

C'est en allant châtier le duc Jean IV de Montfort, accusé d'avoir trempé dans l'attentat de Pierre de Craon contre le connétable Olivier de Clisson, que le roi eut une crise de folie furieuse dans la forêt du Mans le 5 août 1392 et, avant d'être désarmé, faillit même tuer ses compagnons. Ses oncles profitèrent de son état mental – probablement aggravé par le célèbre bal des Ardents (ou bal des Sauvages) de janvier 1393 où certains de ses compagnons furent brûlés vifs à la suite d'un geste malencontreux de Louis d'Orléans et où lui-même faillit périr – pour revenir au pouvoir en se heurtant inévitablement à ce dernier. Ils poursuivirent une politique de rapprochement avec l'Angleterre qui aboutit, le 4 novembre 1396, au mariage d'Isabelle, la jeune fille du roi, avec Richard II. Mais après la déchéance de ce dernier (30 septembre 1399), auquel succéda sous le nom de Henri IV son cousin Lancastre, duc de Derby, la méfiance s'installa peu à peu entre les deux pays, nonobstant les menaces de guerre civile en France.

■ La guerre civile

Attisée par la rivalité sourde qui opposait Louis d'Orléans, frère du roi, à Philippe le Hardi, son oncle, elle se limita tout d'abord au plan juridique, le duc de Bourgogne profitant d'une absence de son neveu pour faire adopter, le 26 avril 1403, une ordonnance supprimant une éventuelle régence – ce qui n'empêcha pas que l'on admette par la suite (26 décembre 1407) que les actes du régent seraient passés au nom du roi. Mais la mort de Philippe le Hardi (27 avril 1407) changea les données du problème, ne serait-ce que par la personnalité trouble de son successeur Jean sans Peur qui, incapable d'obtenir la majorité au Conseil du roi et après un simulacre de réconciliation (communion de la même hostie), n'hésita pas à faire assassiner, le 23 novembre 1407, son rival Louis Ier, duc d'Orléans.

Ce fut le début de la rivalité entre ses partisans, les Bourguignons, et ceux que l'on nomma par la suite les Armagnacs, du nom de Bernard VII, comte d'Armagnac, dont la fille Bonne épousa le fils du duc assassiné, le futur poète Charles d'Orléans. Coupée par d'inutiles

Isabeau de Bavière (1371-1435)

Probablement la plus honnie des reines de France, ce parfait « contre-type » de Blanche de Castille ne mérite guère d'être réhabilitée. Ce ne sont pas tant ses mœurs qui sont à blâmer que son irresponsabilité après la folie d'un mari qu'elle aimait pourtant. Mais sa faute, que l'on retrouvera à un moindre degré chez Marie-Antoinette, fut de ne jamais se sentir française, au point de se tourner vers les Anglais, et donc, finalement, contre son propre fils qu'elle n'hésita pas à renier au moment où son aide lui aurait été la plus précieuse.

trêves, la lutte entre les princes et entre leurs factions ne pouvait que favoriser les émeutes populaires.

■ Les Cabochiens

Ces émeutes furent une conséquence de la réunion le 30 janvier 1413 des états de langue d'oïl qui lièrent l'octroi de subsides à la mise en place de vraies réformes. Jean sans Peur, alors maître de Paris, tenta de négocier et nomma, le 24 février 1413, une commission d'enquête réformatrice où siégea Pierre Cauchon. Mais, devant le regroupement des partisans du roi, Jean sans Peur manipula lui-même des émeutiers, conduits par l'écorcheur Simon Caboche, qui se firent livrer, le 27 avril 1413, de présumés coupables et demeurèrent pendant quelques semaines maîtres de la rue.

Les 26 et 27 mai fut promulguée une ordonnance injustement nommée « cabochienne » qui, dans ses 259 articles, contenait de très sages réformes administratives, économiques et budgétaires. Surtout hostile aux abus des officiers royaux, elle aboutissait paradoxalement à un effacement des états au profit du Parlement et de la Chambre des comptes. Les émeutes continuant, la bourgeoisie prit peur, et ce fut, du 2 au 4 août 1413, la déroute des Cabochiens, le départ de Jean sans Peur et finalement, le 5 septembre 1413, l'abrogation de l'ordonnance réformatrice. Elle fut suivie d'une contre-terreur fomentée par les Armagnacs qui aboutit, le 23 février 1415, à une éphémère paix signée à Arras entre Armagnacs et Bourguignons dont la haine réciproque demeura.

■ Azincourt

Entre-temps, Henri IV d'Angleterre était mort le 20 mars 1413 et son successeur Henri V, qui ne rêvait que de reconquérir les territoires perdus, se vit offrir, au traité de Leicester du 23 mai 1414, l'alliance de Jean sans Peur contre les Armagnacs, celui-ci demeurant cependant neutre à l'égard de Charles VI. Après l'échec des négociations entre le roi d'Angleterre et les Armagnacs en juillet 1415, l'invasion anglaise devint inévitable. Commencée en août 1415, elle aboutit à la bataille d'Azincourt (25 octobre 1415) où les troupes des Armagnacs, et même bourguignonnes (mais sans leur duc !), renouvelèrent l'erreur de Crécy en restant figées et embourbées. Elles furent massacrées, les captifs eux-mêmes étant égorgés, à l'exception cependant de ceux qui pouvaient payer une forte rançon. Mais cette victoire était si peu décisive que les Anglais ne tardèrent pas à se rembarquer le 16 novembre 1416 à Calais. Dès octobre 1416, Jean sans Peur s'allia de nouveau avec eux et, après une victoire navale devant La Hougue (29 juin 1417), les Anglais débarquèrent et réussirent à conquérir la Normandie, y compris Rouen, mal défendue par le duc de Bourgogne et qui capitula le 19 janvier 1419. Mais la guerre civile n'avait pas cessé pour autant.

■ Le meurtre de Jean sans Peur

Il ne fait aucun doute que l'une des clés de la victoire des Armagnacs ou des Bourguignons était la possession de Paris. Fin mai 1418, les Bourguignons réussirent à entrer dans la ville où ils s'emparèrent du roi, le

Gerson (1363-1429)
Ce théologien, chancelier de l'université de Paris, consacra tous ses efforts à faire cesser le schisme de l'Église, dans lequel la monarchie française avait malencontreusement pris parti. Après l'échec du concile de Pise en 1409, il fut l'âme du concile de Constance (1414), qui aboutit à la proclamation de la supériorité des décisions conciliaires sur celles du pape, qui devint un des éléments primordiaux de la doctrine gallicane.

dauphin Charles se réfugiant à Melun. Mais, comme en 1413, et malgré le retour de Jean sans Peur (avec la reine) le 14 juillet 1418, l'émeute se déchaîna sous la direction cette fois du bourreau Capeluche, que le duc de Bourgogne dut faire exécuter. Après avoir négocié sans succès avec le roi d'Angleterre (après la chute de Rouen) en mai 1419, Jean sans Peur, qui jouait, on s'en doute, sur les deux tableaux, accepta de rencontrer le dauphin deux fois en juillet, sans succès. Mais leur dernière entrevue à Montereau, le 10 septembre, tourna au drame. On sait qu'il fut tué par les hommes du dauphin qui, s'ils n'avaient peut-être pas prémédité le coup, crurent protéger leur maître d'un vraisemblable assassinat. En tout cas, le meurtre du duc de Bourgogne ne pouvait que rejeter son fils Philippe le Bon dans le camp anglais et contre les Armagnacs, mais non contre Charles VI, dont il avait épousé la fille Michèle.

Jean de Terre-Vermeille († 1430)
Dès que les clauses du traité de Troyes furent connues (à l'avance), le juriste Jean de Terre Vermeille avait dégagé, dans un traité écrit en 1419 pour la défense du dauphin, le principe de l'indisponibilité de la couronne, qui la faisait dépendre d'un statut intangible de droit public conforme à la coutume du royaume et interdisait au roi de la léguer comme un bien privé.

■ Le traité de Troyes

C'est donc à l'instigation de Philippe le Bon que fut signé, le 21 mai 1420, ce que l'on a coutume d'appeler le « honteux traité de Troyes », par lequel l'irresponsable Charles VI, poussé aussi par la reine Isabeau, donnait en mariage sa fille Catherine au roi d'Angleterre Henri V, qu'il reconnaissait comme héritier, en excluant de la couronne le « soi-disant dauphin » (accusé au surplus par sa mère d'être adultérin !), pour ses « horribles crimes et délits ».

La vérité oblige à dire que ce traité, qui nous paraît inique, alors que les contemporains y virent surtout un gage de paix, fut approuvé à la fois par l'université de Paris et, après l'entrée d'Henri V à Paris, le 1er décembre 1420, par les états généraux le 10 décembre. C'était vouloir priver de fondement juridique l'action ultérieure de Charles VII qui, après la mort d'Henri V (31 août 1422), puis de son propre père (21 octobre 1422), n'hésita cependant pas à se proclamer roi dès le 30 octobre 1422.

■ Un triste bilan

Bien qu'on ne puisse évidemment pas imputer au roi fou, qui, dans ses intervalles de lucidité, ne pouvait prendre que des décisions forcément incoordonnées, la responsabilité de ses actes, le bilan de son règne de quarante-deux ans apparaît de prime abord comme singulièrement négatif.

A la discorde entre deux factions rivales, au demeurant aussi peu sympathiques l'une que l'autre, s'ajoutèrent les désastres militaires et leur triste résultat : une France coupée en deux, et même en trois, si l'on distingue les possessions des Anglais et celles de leur allié bourguignon, de celles du dauphin, cantonné dans son « royaume de Bourges », comprenant, outre les pays de la Loire et du Centre, le Languedoc et le Dauphiné.

Toutefois, tout n'était pas absolument négatif – et en particulier la faible emprise du roi d'Angleterre hors de la Normandie et de la région parisienne – pour le futur roi, qui, après de maigres débuts, saura opérer un redressement spectaculaire du pays.

1422 - 1461

Charles VII le Victorieux *(1403 - 1461)*

Épouse en 1422 Marie d'Anjou → **Louis XI**

Un roi en progrès

Lorsque Charles VII, qui était en réalité le cinquième fils de Charles VI et d'Isabeau de Bavière, dauphin depuis 1416 et régent depuis 1418, arriva au pouvoir, son droit de régner demeurait encore théorique : en vertu du traité de Troyes, c'est en effet le roi d'Angleterre qui devait lui succéder. Cependant, Henri V étant mort et son fils Henri VI étant mineur, la régence fut attribuée – Jean le Bon s'était récusé – à l'habile duc de Bedford, frère d'Henri V. Mais, en réalité, le problème, qui se posait aussi bien au roi d'Angleterre qu'au faible Charles VII, était celui de la conquête du royaume hors des limites de leurs domaines respectifs – avec au surplus l'obstacle de la Bourgogne.

■ Un début difficile

Charles VII, au départ plutôt aboulique, commença par être dominé par d'indignes favoris, comme La Trémoille. Il avait aussi tenté d'installer en Province un embryon de pouvoir, avec la chancellerie et la Chambre des comptes à Bourges, un parlement à Poitiers (dès 1418), à Toulouse (dès 1420), et la Cour des aides à Poitiers (1425). Mais, n'ayant pas assez de ressources financières pour posséder une armée véritable, le roi qui, lorsqu'il était régent, avait cependant remporté la victoire de Baugé (1421), fut battu à Cravant (30 juillet 1423) et à Verneuil (17 août 1424). Le ridicule fut même atteint quand, après le début du siège d'Orléans par Salisbury (12 octobre 1428), ses troupes ne purent même pas intercepter un convoi de ravitaillement anglais lors de ce que l'on nomma par dérision la « journée des harengs » (12 février 1429). Il fallut donc un événement exceptionnel pour qu'un redressement fût au moins amorcé.

■ Jeanne d'Arc

De l'étonnante épopée de Jeanne d'Arc il faut retenir l'essentiel et, en premier lieu, la certitude d'une mission divine (certains diront diabolique, d'où sa condamnation) qui poussa une jeune paysanne de Domrémy à franchir tous les obstacles pour en informer directement le premier intéressé : son roi qui, après l'avoir reçue à Chinon le 6 mars 1429 et pris des garanties (elle fut examinée par des théologiens et déclarée de bonnes mœurs), finit par lui accorder un semblant de commandement militaire. Viendra ensuite, au-delà même des naïves lettres envoyées par Jeanne aux Anglais pour les prier de déguerpir, son succès à Orléans, où elle prit deux bastides et dont le siège fut levé huit jours après son arrivée, le 8 mai 1429. Jeanne aura aussi, après la vic-

Un roi surprenant

On a peine à imaginer que, de ce fils d'un fou et d'une dévergondée, auquel une taille chétive, un corps grêle et un visage inexpressif et sournois donnaient l'apparence physique d'un dégénéré, l'un de ses ennemis ait fini par écrire qu'« il avait merveilleuse industrie, vive et fraîche mémoire, était historien grand, beau raconteur et bien sage en conseil » et, finalement, « en devint si plaisant que de toutes les qualités en quoi homme pouvait servir, il tira à lui les plus excellentes. Et ainsi mit ordre et règle en son royaume ».

toire de Patay (18 juin 1429), assez de volonté pour décider Charles VII à aller se faire sacrer le 17 juillet à Reims (alors en zone bourguignonne). Événement décisif qui, en fortifiant la légitimité encore théorique du roi, rendra son pouvoir si indiscutable que son adversaire devra se faire sacrer à son tour, mais à Paris, le 16 décembre 1431.

Il faut reconnaître toutefois que, après le triomphe du sacre, Jeanne redevint un simple pion sur l'échiquier politique qui impliquait des négociations avec les Bourguignons. C'est ce qui explique qu'après son échec devant Paris, où elle fut blessée le 8 septembre 1429, et sa capture à Compiègne (23 mai 1430), elle ait pu être vendue aux Anglais par le Bourguignon Jean de Luxembourg sans que l'« ingrat » Charles VII songeât même à la racheter.

Quant à son procès, mené par un conseiller du roi d'Angleterre, Pierre Cauchon, évêque de Beauvais (sur le territoire duquel Jeanne avait été capturée, mais qui était en réalité exilé de son diocèse !), il semble qu'il ait été moins entaché d'irrégularités qu'on l'a dit. Ces dernières furent plutôt le fait des Anglais que de l'évêque, auquel on peut cependant reprocher de ne pas avoir assez tenu compte des témoignages lorrains favorables à l'accusée. Jeanne, contre laquelle était portée l'accusation (facile à retourner) de sorcellerie, fut tout d'abord condamnée, après consultation de l'université de Paris, qui la jugea suspecte d'hérésie, idolâtre, invocatrice de démons, schismatique et apostate, mais aussi, après avoir reconnu dans un moment de panique au cimetière Saint-Ouen de Rouen ses erreurs (24 mai 1431), à la prison à vie. Après avoir repris ses habits d'homme, elle se rétracta cependant, si bien que c'est comme relapse, c'est-à-dire retombée dans le péché, que, livrée à l'autorité séculière qui n'avait d'ailleurs pas cessé d'influer sur le cours de son procès, elle fut brûlée vive à l'âge de dix-neuf ans, le 30 mai 1431, sur la place du Vieux-Marché de Rouen. Il fallut attendre 1450 pour que le roi se décidât à réclamer la révision du procès de Jeanne. Réhabilitée dès le 7 juillet 1456, elle sera canonisée en 1920 et finalement proclamée patronne de la France en 1922, à égalité avec sainte Thérèse de l'Enfant-Jésus (canonisée en 1925).

Jeanne d'Arc (1412-1431)
Cette fille de laboureurs aisés, aussi analphabète que pieuse, n'est pas seulement la figure la plus pure de notre histoire. Elle est surtout, tout comme Antigone, mais avec une naïveté et une fraîcheur qui n'appartiennent qu'à elle, le symbole universel de la pureté de l'intention et des actes dans un monde où le droit, qui est celui du plus fort, ne coïncide pas avec la justice. Et sa fin signifie surtout que l'échec immédiat des actions les plus nobles est aussi inévitable que le triomphe final des valeurs de foi et d'espérance qui les ont inspirées.

■ La réconciliation avec la Bourgogne

Aussi extraordinaire qu'elle pût paraître à ses contemporains eux-mêmes, l'aventure de Jeanne d'Arc n'était, dans un pays épuisé, que le faible début d'un combat de longue haleine pour l'unité entre Français et contre l'Angleterre, et qui passait donc nécessairement par une réconciliation avec la Bourgogne. Rendue possible par l'éloignement de La Trémoille en juin 1433, elle s'accomplit – sur la base même de la mise en place de l'État bourguignon, lorsque Philippe le Bon devint comte de Hainaut le 12 avril 1433 – par le traité d'Arras (21 septembre 1435). La France et la Bourgogne y concluaient une paix séparée, plutôt humiliante pour Charles VII qui perdait quelques territoires, promettait de châtier (ce qu'il se garda de faire) les auteurs du crime de Montereau, et renonçait à recevoir l'hom-

Charles VII
Peinture de Jean Fouquet, vers 1444
Musée du Louvre, Paris.
Ph. S. Guiley-Lagache © Arch. Photeb

mage à vie de Philippe le Bon. Mais le roi se trouvait quand même légitimé. Il ne songea plus alors qu'à reconquérir Paris où ses troupes entrèrent sans coup férir le 13 avril 1436 et lui-même solennellement le 12 novembre 1437.

■ Vers la paix

Il va de soi que la réconciliation avec la Bourgogne n'était qu'une étape dans une route semée d'embûches. En proie au fléau des écorcheurs – des successeurs des Grandes Compagnies de Du Guesclin – qui sévit surtout de 1435 à 1444, Charles VII n'en parvint pas moins à prendre Montereau (10 octobre 1437), puis Pontoise (19 septembre 1441), ce qui libéra la région parisienne. Et, après l'échec de la révolte de la haute noblesse – la Praguerie, à laquelle le dauphin lui-même (le futur Louis XI) participa avec les ducs de Bretagne, de Bourbon et d'Anjou (le roi René) – en 1442, il obtint des Anglais (après même le début de la reconquête de la Normandie et de la Guyenne, et quelques jours après sa décision de fiancer sa nièce Marguerite d'Anjou avec Henri VI) une trêve de dix mois. Signée à Tours le 28 mai 1444, elle fut finalement prolongée pour cinq ans. Elle lui permit surtout de créer, sur la base de l'ordonnance du 2 novembre 1439 admettant le principe de l'armée permanente, quinze compagnies dites « de l'ordonnance » en 1445, qui deviendront les compagnies d'ordonnance. C'était un moyen de disperser mais aussi, le cas échéant, d'intégrer les écorcheurs dans une armée régulière au service exclusif du roi, tout comme la décevante milice des francs archers, créée le 28 avril 1448. Mais il suffit d'une maladresse anglaise, le sac de Fougères (24 mars 1449), pour que la trêve soit rompue et que, face à un commandement anglais défaillant, le roi achève la reconquête de la Normandie. Après la chute de Rouen (29 novembre 1449), son moment décisif fut la bataille de Formigny (15 avril 1450), où l'arrivée du duc de Bretagne et du connétable de Richemont sauva la situation ; et, après Caen (6 juillet), Cherbourg fut reconquise à son tour (12 août).

Plus difficile fut la reconquête de la Guyenne où le roi d'Angleterre était implanté depuis trois siècles, avec comme principal point d'attache Bordeaux. Elle s'accomplit en deux temps. Dès le 30 juin 1451 Dunois – bâtard de Louis d'Orléans et célèbre compagnon de Jeanne d'Arc – réussit à s'emparer de Bordeaux, puis, après la reddition de nombreuses places, de Bayonne (20 août 1451). Toutefois, la nouvelle administration française se montra si maladroite que le vieux Talbot, ancien lieutenant du duc de Bedford, put revenir à Bordeaux (23 octobre 1452). Mais la supériorité de l'armée française, maintenant dotée, grâce à Jean Bureau, d'une excellente artillerie, était manifeste. Et, le 17 juillet 1453, ce fut la victoire française de Castillon sur Talbot, qui y fut tué, et la dernière grande bataille de la guerre. Le 19 octobre c'était enfin la capitulation de Bordeaux et, sans aucun traité de paix, pour ainsi dire la fin d'une guerre qui, ayant débuté en 1337, avait duré cent seize ans et ne laissait en France aux Anglais que Calais et le comté de Guînes.

Jacques Cœur (v. 1395 - 1456)
Ce fils d'un paysan devenu pelletier à Bourges et qui, avant de devenir lui-même argentier du roi, fut faux-monnayeur à ses débuts, incarne parfaitement le destin hasardeux d'un grand commerce qui n'était encore qu'un capitalisme embryonnaire. Mais, conseiller et même ambassadeur du roi et protégé par la belle Agnès Sorel, il ne pouvait pas ne pas confondre ses propres affaires avec celle de l'État, ce qui, la jalousie s'en mêlant, causa sa perte.

La Pragmatique sanction

Parmi les réformes de Charles VII, il faut faire une place à part à la législation religieuse qu'il promulgua à la suite de l'échec du concile de Bâle (1431-1438). Après avoir réuni en mai 1438 à Bourges une assemblée de prélats, il promulgua pour son propre compte, sous le nom de Pragmatique sanction, le décret du concile affirmant la supériorité du concile général sur le pape, ainsi que les décrets supprimant l'emprise pontificale sur la collation des bénéfices, en ayant cependant bien soin de se réserver un « droit de recommandation » dans l'intérêt de l'Église. C'était à la fois affirmer les libertés de l'Église gallicane, en s'arrogeant même le droit de légiférer directement en matière ecclésiastique, et créer, en conséquence, des sources de conflit avec une papauté que Charles VII sauva pourtant en mettant fin en 1449 à un nouveau schisme, puisqu'il obtint l'abdication de l'antipape Félix V. Au demeurant la Pragmatique sanction, que son successeur devait abroger dès 1661, ne fut ni bien appliquée en France, ni acceptée par la papauté.

Le gouvernement de Charles VII

Autrement plus importante que l'énumération des maîtresses du roi – de la « Dame de Beauté » Agnès Sorel, dont la mort en 1450 le laissa inconsolable, à Antoinette de Maignelais – est l'apparition au Conseil du roi, à côté des grands traditionnels, de simples bourgeois (finalement anoblis) comme Jean Bureau, ou l'argentier Jacques Cœur, dont la chute, le 29 mai 1453, marqua le triomphe éphémère de la noblesse de cour.

La guerre ne pouvait qu'obliger le monarque à trouver des ressources permanentes ; mais, s'il est inexact d'affirmer que les états de langue d'oïl réunis à Orléans en octobre 1439 établirent la taille permanente, puisqu'ils n'accordèrent qu'un subside annuel pour la conduite de la guerre, elle n'en devint pas moins permanente, car le roi, désormais seul habilité à lever la taille, se passa peu à peu de leur consentement pour la lever. Et, finalement, les états de langue d'oc furent seulement autorisés à demander la réduction éventuelle d'un impôt devenu définitif.

Parmi les reprises en main qui marquèrent le règne de Charles VII, il convient de mentionner celle de l'université toujours turbulente de Paris. Le roi prit, en 1446, le prétexte d'une grève, pour enlever à son recteur toute compétence judiciaire ; et il se servit d'un cardinal-légat, le Français Guillaume d'Estouteville, pour la réformer complètement avec l'approbation finale du pape.

Mais c'est en matière de justice que les réformes furent les plus importantes. Pour assurer une meilleure justice en matière de droit privé, et surtout faciliter aux justiciables la preuve de droit en écartant aussi les contradictions des coutumes, le roi en prescrivit la rédaction officielle par l'ordonnance de Montils-lès-Tours d'avril 1454. Une fois rédigée, après consultation d'hommes compétents des trois états, chaque coutume devait être sanctionnée par le Conseil du roi ou le parlement. C'était,

Agnès Sorel (v. 1422-1450)
Première maîtresse officielle d'un roi de France, la « Dame de Beauté » (du nom de son château) passe pour avoir influencé la politique de Charles VII. Mais il est avéré que son rôle fut plutôt psychologique : elle calma les angoisses du souverain dont elle eut l'intelligence de soutenir les bons conseillers. Quant à sa mort subite, elle n'incombe nullement au futur Louis XI que l'on accusa à tort.

pour le roi, se reconnaître un embryon de droit de légiférer en matière privée, mais, faute d'une procédure adéquate, seulement un peu plus de 250 coutumes (sur des milliers) furent alors rédigées.

En ce qui concerne le parlement, le roi y intégra, dès le retour de la cour à Paris en 1438, les anciens du parlement de Poitiers. Et, après avoir supprimé le parlement établi à Toulouse dès 1420, il dut le rétablir en 1443. Preuve de la nécessité d'une justice royale en province, il ratifia en 1455 la création par le dauphin d'un parlement à Grenoble (dès 1453), de même qu'il créa à Bordeaux des Grands Jours qui devinrent un parlement en 1462.

Philippe le Bon (1396-1467)
Fils aîné de Jean sans Peur et gendre de Charles VI, ce duc de Bourgogne commença par s'allier aux Anglais contre le dauphin, mais il ne leur apporta qu'un appui médiocre dans leur lutte contre Charles VII avec lequel il finit par s'entendre sans en devenir le vassal. Il parvint alors à constituer un véritable empire bourguignon qu'il administra sagement, et devint le remarquable mécène de peintres comme Memling ou Van Eyck. Mais sa fin fut attristée par l'ingratitude de Louis XI, qu'il avait cependant recueilli quand il s'était brouillé avec son père.

■ La fin du règne

Au-delà même des rébellions de Jean IV et surtout de Jean V d'Armagnac, banni en 1460 pour complicité avec les Anglais, ou de celle du duc d'Alençon qui fut, pour la même raison, condamné à mort (mais non exécuté) en 1458, la fin du règne de Charles VII fut attristée par la révolte de son propre fils, le futur Louis XI. Après l'échec de la Praguerie, ce dernier tenta en 1446 de soulever l'Agenais, puis, après avoir comploté contre le favori Pierre de Brézé, qu'il voulut faire assassiner, il se retira tout d'abord dans le Dauphiné qu'il gouverna sagement, tout en menant une politique extérieure qui déplut à son père, lequel ne put empêcher son mariage avec Charlotte de Savoie (9 mars 1451). Le roi attaqua alors le Dauphiné (finalement incorporé au royaume en 1457) et, après quelques péripéties, le dauphin finit par s'enfuir le 30 août 1456 chez son oncle Philippe le Bon qui l'installa en Brabant dans la terre de Genappe. C'est là qu'il apprit – non sans joie – la mort de son père, survenue après une longue maladie le 22 juillet 1461, et lors même qu'il était persuadé que son fils l'avait fait empoisonner.

■ Un roi discuté

Le contraste entre le chétif dauphin que fut Charles VII et le redressement qu'il opéra – parvenant même à avoir une dimension européenne – est tel qu'on a peine à imaginer qu'il se soit agi du même homme. Mais, pour qu'il ait pu apparaître à ses contemporains comme le « bien servi », il a fallu qu'il en soit digne.

Ses ennemis lui ont certes reproché sa passivité lors du procès de Jeanne d'Arc et son ingratitude envers Jacques Cœur. Il semble cependant que Charles VII ait été la parfaite incarnation de ce que peut – sur un homme non dénué de caractère, mais aussi d'un minimum de chance – la possession du pouvoir, dont son successeur allait jouer avec plus de maestria encore.

1461 - 1483

Louis XI *(1423 - 1483)*

Épouse en 1436 Marguerite d'Écosse
en 1451 Charlotte de Savoie → **Charles VIII**

L'inventeur de la guerre froide

Dès la mort de son père Charles VII, avec lequel il avait rompu, Louis XI, alors âgé de trente-huit ans, et marié depuis 1451 à sa seconde épouse Charlotte de Savoie, vit se rallier à lui nombre de ses sujets. Il s'empressa donc d'aller se faire sacrer à Reims le 15 août 1461, accompagné de son hôte Philippe le Bon qui, sans avoir encore mesuré l'ingratitude de son protégé, dirigea et paya la cérémonie. Après un séjour à Paris, en compagnie du duc de Bourgogne qui voulut éblouir les Parisiens par son faste, le roi se retira dès le 24 septembre en Touraine, d'où il commença à gouverner.

■ Un rude début

Au-delà même de l'abolition de la Pragmatique sanction de Bourges (27 novembre 1461), ses premières mesures furent la destitution de la plupart des officiers de son père et la réhabilitation de ceux qu'il avait condamnés. Il prit ses serviteurs dans la classe moyenne, plus selon leur malléabilité que selon leur honnêteté. Malgré une tentative avortée de réforme fiscale, il réussit à mécontenter à la fois les officiers, le clergé, l'Université (pour laquelle il ne voulut pas intervenir auprès du pape) et surtout la noblesse. C'est pourquoi, après un semblant de succès en politique extérieure, puisqu'il réussit, par le traité de Bayonne (9 mai 1462), à se faire céder en gage le Roussillon et la Cerdagne (qu'il dut conquérir une première fois en 1462-1463), et aussi à racheter quelques villes de la Somme à Philippe le Bon en septembre 1453, les nobles se révoltèrent contre lui.

■ La guerre du bien public

Bien plus grave que la Praguerie qu'il avait animée lui-même, une nouvelle ligue féodale prit l'éternel prétexte du « bien public » pour tenter d'abaisser le pouvoir royal, en lui imposant des limites, en particulier en matière financière. Elle fut dirigée par le propre frère du roi, Charles de France, duc de Berry, alors âgé de dix-huit ans, auquel se joignirent la plupart des grands vassaux du roi (à l'exception notable de René d'Anjou et de Gaston IV de Foix), la petite noblesse demeurant réticente. Après l'échec du duc Jean II de Bourbon, qui dut demander une trêve, et celui du fils de Philippe le Bon, Charles le Téméraire, devant Paris, une bataille plutôt indécise eut lieu entre Louis XI et ce dernier devant Montlhéry (15 juillet 1465). Devant la multiplication des défections, le roi céda en apparence, et, par les traités de Conflans et de Saint-Maur-des-

L'universelle aragne

Plutôt que le portrait physique peu flatteur et traditionnel d'un Louis XI laid, au nez trop long, aux jambes tordues et à l'air inquiétant, il vaut mieux retenir celui de Commynes, qui explique parfaitement que ses contemporains aient pu voir, dans ce roi doué pour la communication, mais aussi retors, l'« universelle aragne » : « Entre tous ceux que j'ai jamais connus, le plus sage pour se tirer d'un mauvais pas, en tant d'adversité, c'était le roi Louis XI [...]. Il était naturellement ami des gens de moyen état, et ennemi de tous grands qui se pouvaient passer de lui. Nul homme ne prêta jamais tant d'oreille aux gens, ni ne s'enquit de tant de choses, comme il faisait. »

Fossés (5 et 29 octobre 1465), il accorda à ses adversaires de redoutables avantages territoriaux, en particulier la Normandie (à son frère) et une grande partie de la Picardie (à Charles le Téméraire). Mais, inaugurant le style politique qui allait être le sien – reprendre après avoir apparemment lâché –, il reconquit la Normandie en donnant le Roussillon en compensation à son frère, et s'arrangea pour convoquer en avril 1468 les états généraux de Tours (les seuls de son règne) qui décidèrent que la Normandie était inaliénable et que son frère devrait au surplus se contenter d'un apanage en argent. Il est vrai que entre-temps, après la mort de Philippe le Bon (15 juin 1467) auquel succéda Charles le Téméraire, une nouvelle ligue s'était formée autour du duc de Berry. Ce dernier avait signé, le 16 août 1467, un traité d'amitié avec François II de Bretagne qui avait attaqué la Normandie, de même que Charles le Téméraire avait marché sur Liège. Mais le roi signa une trêve avec François II (25 janvier 1468), ce qui ne l'empêcha pas, après avoir profité du mariage de la sœur d'Edouard IV d'Angleterre avec Charles le Téméraire pour obtenir de ce dernier une trêve, d'envahir la Bretagne et de signer avec François II la paix d'Amiens (10 décembre 1468) qui mit en fureur le duc de Bourgogne.

François II de Bretagne (1435-1488)
Successeur de son oncle Arthur III de Richemont au duché de Bretagne, il fut l'ennemi acharné de Louis XI, et au moins aussi retors que lui, n'hésitant pas à le trahir en s'alliant à la Bourgogne et à l'Angleterre. Après la mort du roi, il participa à la Guerre folle contre les Beaujeu, et l'on sait qu'après avoir promis sa fille Anne à l'archiduc Maximilien d'Autriche, il fit en définitive dépendre le mariage de ses deux filles du consentement du roi de France.

■ L'humiliation de Péronne

La guerre avec Charles le Téméraire devenant imminente, Louis XI décida de payer le prix (6 000 écus) pour pouvoir le rencontrer. L'entrevue eut lieu en octobre 1468 à Péronne ; mais, le roi ayant eu la malencontreuse idée de soutenir une révolte des Liégeois avant sa venue, le duc de Bourgogne le garda prisonnier trois jours et lui extorqua, le 14 octobre 1468, l'humiliant traité de Péronne. Il s'y engageait à appliquer les traités d'Arras et de Conflans, à exempter du ressort du parlement de Paris quatre villes de Flandre, et à aller avec le duc châtier Liège. Vraiment libéré le 2 novembre 1468, le roi, qui s'était engagé verbalement à donner à son frère Charles la Champagne et la Brie, se garda de tenir sa promesse ; et, quelques jours après l'arrestation de deux prélats intrigants, Haraucourt et le cardinal Balue, qui se préparaient à le trahir en soutenant son frère (mais qui ne furent pas enfermés dans une cage de fer, comme on l'a longtemps cru !), il contraignit ce dernier à accepter le duché de Guyenne (29 avril 1469) et, finalement, à renoncer à ses prétentions sur la Normandie et le Berry. Mais la lutte contre la maison de Bourgogne n'était pas plus terminée que les coalitions féodales.

En novembre 1470 le roi réunit à Tours une assemblée de seigneurs, de prélats et d'officiers de la couronne qui constata la nullité pour violence des traités de 1465 et 1468 (Péronne), ce qui l'autorisa à réoccuper la Picardie en janvier 1471. Pourtant, aucun de ses adversaires n'avait désarmé, et le roi fut momentanément sauvé par la mort de son frère Charles (24 mai 1472) et l'échec de Charles le Téméraire devant Beauvais (22 juillet 1472), marqué par l'épisode bien connu de Jeanne Laisné, dite Jeanne Hachette. Pourtant, avec l'accepta-

Louis XI
Le roi porte le collier de l'ordre de saint Michel (alors patron de la France), fondé par lui en1469. Le collier est de coquilles d'or, auquel est suspendue une médaille représentant le saint.
Peinture anonyme
Coll. particulière.

tion d'une nouvelle trêve par François II de Bretagne (15 octobre 1472), l'arrestation du duc d'Alençon, condamné et gracié, et finalement la mort de Jean V d'Armagnac, dont le comté fut démembré (6 mars 1473), l'ère des coalitions féodales cessa, pour mieux laisser face à face le roi et Charles le Téméraire.

■ La fin du Téméraire

En réalité, le grand projet de Charles le Téméraire, dont les terres, groupées autour de la Bourgogne et de la Flandre, demeuraient séparées, était de profiter de l'anarchie de l'Empire pour reconstituer l'ancienne Lotharingie. Intéressé donc par les terres intermédiaires, il avait acheté, dès 1469, la haute Alsace, provoquant, en retour, la Basse Union conclue le 14 mars 1473 entre quelques villes pour le combattre. Il réussit cependant à obtenir de René II (petit-fils du roi René), devenu duc de Lorraine, le droit de passage pour ses troupes ; mais son entrevue avec l'empereur d'Allemagne Frédéric III à Trèves (30 septembre-25 novembre 1473) échoua, quand il lui demanda, après lui avoir offert la main de sa fille Marie pour son fils Maximilien, la succession à l'Empire et, finalement, la constitution d'un royaume de Bourgogne.

Au surplus, la Basse Union de 1473 s'élargit pour former contre lui, le 4 avril 1474, la ligue de Constance, comprenant, outre le duc d'Autriche, les cantons suisses, les villes rhénanes et René II. Et, au moment même où sa domination en Alsace s'effondrait, sa participation au siège de Neuss sur le Rhin l'empêcha de joindre ses troupes à celles de son beau-frère Edouard IV d'Angleterre qui débarqua le 6 juillet 1475 à Calais pour reconquérir son royaume. Ce ne fut qu'un jeu pour Louis XI d'acheter fort cher au roi d'Angleterre son retrait, par la trêve du 29 août 1475 à Picquigny, et qui termina tout à fait la guerre de Cent Ans : en septembre les Anglais avaient repassé la Manche.

Charles le Téméraire se vit alors contraint de signer à Solœuvre, le 13 septembre 1475, une trêve de neuf ans avec Louis XI qui, non sans avoir neutralisé certains de ses propres ennemis, comme le comte de Saint-Pol ou le duc François II de Bretagne par la paix de Senlis (29 septembre 1475), n'eut plus qu'à laisser faire ceux de son adversaire. Charles le Téméraire réussit cependant à reconquérir la Lorraine, en prenant Nancy le 30 novembre 1475 ; mais les Suisses, soutenus de loin par Louis XI, mirent son armée en déroute à Grandson (dont il avait auparavant odieusement exterminé les défenseurs) le 2 mars 1476. Finalement, les états généraux de Gand refusèrent au Téméraire, dont la domination était rude, le moindre subside pour la guerre ; et ses troupes furent, une fois de plus, battues par les Suisses et les Lorrains le 21 juin 1476 à Morat. Pour le duc de Bourgogne, c'était la fin ; et il fut tué le 5 janvier 1477 au cours du siège de Nancy que René II (allié aux Suisses grâce à Louis XI) avait réussi à reprendre. On sait que le cadavre du « grand-duc d'Occident » ne fut trouvé que deux jours après, horriblement mutilé, au milieu d'un étang gelé.

Charles le Téméraire (1433-1477)
Sorte de double de Louis XI, avec lequel il avait certaines ressemblances (rébellion contre le père, vie austère et piété), il n'en fut pas moins son ennemi implacable. Pour cela, il ne craignit pas de faire appel au roi d'Angleterre, ne s'étant jamais senti Français et vassal du roi. Il fut mis en situation d'échec, non seulement du fait de la ténacité de ce dernier, mais à cause de sa témérité au combat et dans des entreprises où son manque de discernement fit le jeu d'un adversaire bien plus subtil que lui.

La succession de Bourgogne

Dès la mort du Téméraire, Louis XI s'empara du duché et du comté de Bourgogne, de la Picardie et du Boulonnais, non sans avoir acheté la neutralité des voisins et s'être assuré de celle de l'Angleterre, liée par le traité de Picquigny. Mais il eut plus de mal, avec la Franche-Comté, où il lui fallut détruire Dole, et en Artois, où les habitants d'Arras furent expulsés (2 juin 1479) et la ville rebaptisée « Franchise ». Quant à l'héritière du Téméraire, Marie, duchesse de Bourgogne, dont le roi était le parrain et qui avait au départ vainement fait appel à lui, elle finit par épouser, le 17 août 1477, Maximilien de Habsbourg, le fils de l'empereur, qui envoya des troupes pour défendre contre le roi la Flandre et le Hainaut ; si bien que, après une trêve et quelques campagnes indécises en 1478 et 1479, les Français furent battus le 7 août 1479 à Guinegatte. La mort prématurée de Marie de Bourgogne, le 27 mars 1482, changea cependant le cours des choses, car elle obligea Maximilien, au demeurant peu aimé des Flamands, à traiter, d'autant plus que l'héritage de sa femme appartenait désormais à ses enfants, Philippe le Beau et Marguerite d'Autriche. Par le traité d'Arras (23 décembre 1482), Louis XI conserva la Bourgogne et la Picardie, l'Artois et la France-Comté (rétrocédés plus tard) devant constituer la dot de Marguerite, fiancée au dauphin Charles. Mais si la puissance de la maison de Bourgogne était bien démantelée, Maximilien conservait néanmoins pour son fils Philippe le Beau (le père de Charles Quint) les Pays-Bas et la Flandre, source de nouvelles difficultés pour la monarchie française.

Une politique surestimée

On voit donc que la politique si vantée de Louis XI ne fut pas, malgré sa diabolique habileté, sans erreurs sur le plan international, comme le prouvent aussi bien son acquisition du Roussillon qu'il dut, devant l'opiniâtreté catalane, encore reconquérir après une campagne de deux ans, en 1475, que ses interventions, finalement sans effet, en Castille, où son soutien à un prétendant portugais échoua : et il en fut de même en Navarre, où sa sœur était régente pour son fils François Phœbus, mais où il ne put faire vraiment prédominer la présence française dans une province qui, un siècle plus tard, nous donnera Henri IV. Pourtant, les interventions de Louis XI en Italie furent, sinon plus décisives, du moins plus prudentes ; car malgré la trahison de sa sœur Yolande, qui prit le parti du Téméraire, il établit son protectorat sur la Savoie, qu'il convoitait cependant, et joua le rôle d'arbitre entre Naples et Florence, en sauvant, au surplus, la famille des Médicis. Attitude sage, qu'il est de coutume d'opposer aux chimères italiennes de ses successeurs.

Le gouvernement de Louis XI

On conçoit que, pour mener sa délicate politique extérieure, Louis XI ait dû se montrer autoritaire. Sans abandonner la finalité de son pouvoir, le « commun profit », ni même le gouvernement à grand conseil, il pré-

Marie de Bourgogne (1457-1482)
Fille de Charles le Téméraire auquel elle succéda en 1477, elle n'échappa aux intrigues de Louis XI, qui lui proposa d'épouser le dauphin et s'empara de la plupart de ses domaines, qu'en épousant l'archiduc Maximilien. Elle en eut deux enfants, Philippe le Beau (père de Charles Quint) et Marguerite d'Autriche, avant de mourir accidentellement d'une chute de cheval.

tendit exercer seul le pouvoir suprême. Cependant, la quantité et la qualité de ses informateurs lui permirent de gouverner à bon escient, en ne réunissant qu'une fois, en 1468, les états généraux, non pour leur demander de l'argent – ce qui était d'ailleurs devenu superflu – mais pour leur demander de déclarer la Normandie inaliénable. En ce qui concerne les parlements, il eut beau en créer de nouveaux en pays conquis, à Bordeaux (1462), Perpignan (1463) et Dijon (1477), il ne cessa, en dépit de l'inamovibilité de la magistrature qu'il institua en 1467 à la suite de nombreuses protestations contre son propre arbitraire, de s'opposer à celui de Paris, préférant faire trancher les procès « politiques » par la section judiciaire de son Conseil (le futur Grand Conseil).

Mais la guerre permanente avait abouti à de nouvelles charges militaires, ne serait-ce que par l'accroissement des compagnies d'ordonnance et le doublement des francs archers. Comptant peu sur les accroissements de son domaine, qu'il compensa par de nouvelles aliénations, il en arriva presque à quadrupler la taille, et usa de tous les artifices possibles pour se procurer de l'argent. Même les villes dont la bourgeoisie (mais non le peuple) ne cessa de le soutenir furent durement taxées, et tout autant soumises à l'arbitraire royal. Du moins, la poursuite d'une politique déjà mercantiliste (création de foires à Lyon, pour concurrencer Genève, et à Rouen, pour concurrencer Bruges et Anvers), mais non totalement hostile au libre-échange (avec l'Angleterre), apporta-t-elle un peu de bien-être aux villes.

Et le projet final (1481) d'une grande compagnie de commerce maritime pour commercer avec l'Orient, et surtout celui de l'abolition des entraves intérieures au commerce, montrèrent que le roi avait compris l'importance de la prospérité économique dans un pays agrandi, sinon rénové.

■ Louis XI et la papauté

Si l'une des premières décisions du roi fut d'abolir, dès novembre 1461, la Pragmatique sanction, son règne se passa à la rétablir et à la supprimer au gré de ses relations avec le Saint-Siège. La vérité est que son abolition, qui pouvait mener à un régime concordataire lui permettant de contrôler les nominations du clergé, offrait autant d'avantages que son maintien, qui préservait le clergé des empiétements romains.

Pourtant, après avoir rétabli, puis supprimé de nouveau en 1467 la Pragmatique sanction, il négocia en 1472 avec le pape Sixte IVun concordat qui ne fut jamais appliqué. Et, pour mieux combattre les prétentions pontificales, il menaça plusieurs fois la papauté, qui refusait de nommer les évêques qu'il désirait, d'un concile général qu'il prétendit même convoquer à Lyon en 1476.

La réponse du pape Sixte IV fut la nomination de son neveu Julien de la Rovere (le futur Jules II) comme légat. Mais ce dernier devint l'ami du roi, qui n'en convoqua pas moins à Orléans, le 15 septembre 1478, un concile de l'Église gallicane, lequel, après avoir protesté contre les abus romains, demanda la convocation d'un concile géné-

Les francs archers

Créés en 1448 par Charles VII comme une sorte de garde nationale et choisis parmi les non nobles, les francs archers (à cause de leur exemption de certains impôts) devaient s'entraîner régulièrement et servir en temps de guerre. Louis XI les doubla, mais leur corps n'ayant pas l'esprit militaire, il dut faire appel à des mercenaires, et l'institution disparut finalement sous François Ier.

ral qui, évidemment, n'eut jamais lieu.

Le résultat de tout cela fut une entière soumission de l'Église de France à la royauté, le roi s'arrangeant pour réserver les bénéfices à ses seuls protégés. Du moins l'indépendance du monarque à l'égard de la papauté protégea-t-elle le royaume de l'Inquisition. Et finalement, la crainte de la mort amena le roi à se réconcilier avec le pape, qui obtint même la libération des deux prélats rebelles Haraucourt et Balue, et finit par envoyer au roi les reliques censées guérir ses maladies, ainsi que l'ermite calabrais saint François de Paule qui l'assista dans sa dernière maladie.

■ La mort du roi

C'est dans l'isolement volontaire du château de Plessis-lez-Tours que Louis XI, devenu méfiant, et surtout effrayé par l'idée que l'on pourrait profiter de sa maladie pour le mettre en tutelle, attendit la mort, en faisant preuve jusqu'à la fin de fermeté, sans cesser pour autant de recevoir des diplomates. Hydropique et frappé par deux fois de paralysie, il s'imagina avoir la lèpre et, pour se sauver de la mort, usa de tous les artifices de la piété, en interdisant à son entourage de prononcer le mot même de mort. Et jusqu'à sa fin, survenue le 30 août 1483, il parla comme s'il n'avait jamais été malade. Il demanda à être enterré, non à Saint-Denis, comme ses prédécesseurs, mais à Notre-Dame-de-Cléry (près d'Orléans), son lieu de pèlerinage favori.

■ Un roi contesté

Il paraît difficile de séparer Louis XI d'une légende noire qui, paradoxalement, a conduit à surestimer les acquis de son règne. Ils sont incontestables sur le plan territorial et, aux provinces citées plus haut, il faut ajouter les possessions de la maison d'Anjou, le Maine et la Provence. Mais on sait qu'il laissa échapper les Pays-Bas. Il est cependant vrai que la fermeté de son gouvernement et ses intuitions dans le domaine économique permirent à notre pays d'échapper définitivement, dans une période de renouveau, symbolisée par l'invention de l'imprimerie qu'il encouragea, au Moyen Âge, que, par certains côtés de sa personnalité, il incarnait encore. C'est cependant par son extraordinaire personnalité que Louis XI a dominé son époque, inventant, pendant une période de combats inutiles, la « guerre froide », et se montrant surtout capable d'utiliser ses propres échecs pour se dépasser lui-même ; si bien que l'aventurier François Sforza a pu écrire de lui : « Jamais il n'était mieux que lorsqu'il avait de l'eau jusqu'au cou. »

Commynes (1447-1511)
Dévoué tout d'abord aux ducs de Bourgogne, Philippe de Commynes se rallia à Louis XI qui le nomma sénéchal de Poitou. Malgré une brève disgrâce, il devint son conseiller le plus écouté, mais après la mort du roi, il s'opposa aux Beaujeu. Il fut alors exilé pendant dix ans, mais reprit du service sous Charles VIII et Louis XII. Il est surtout connu par l'impartialité de ses *Mémoires* (écrits de 1489 à 1498), et qui concernent les règnes de Charles VII, Louis XI et Charles VIII.

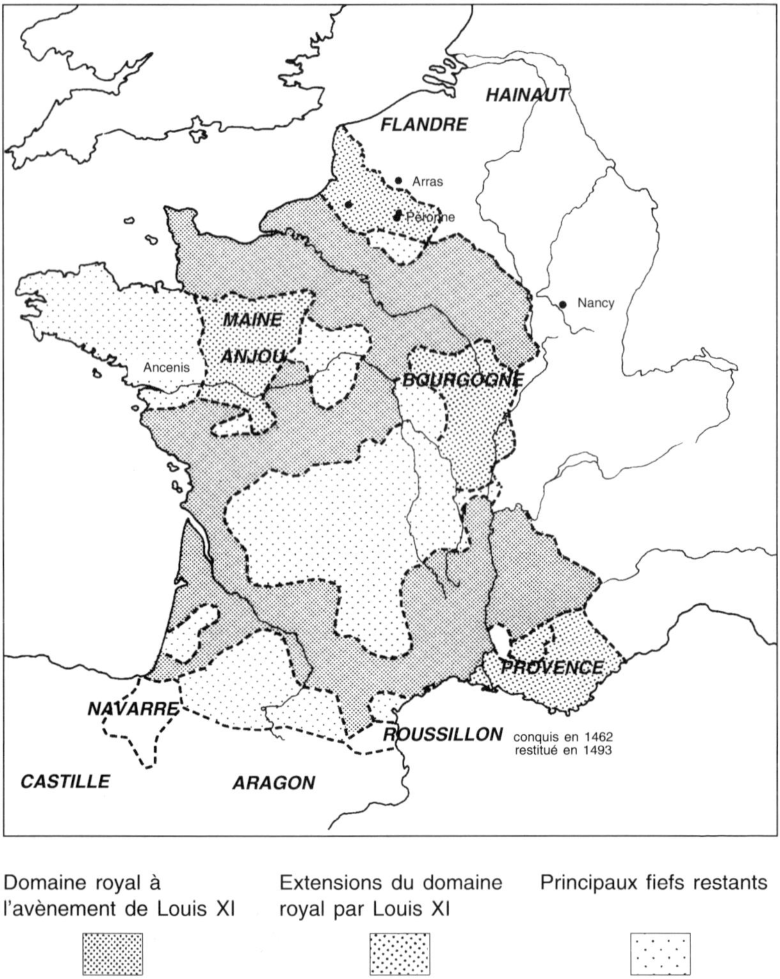

La France à la mort de Louis XI (1483)
Cette carte fait apparaître les grandes acquisitions du règne de Louis XI : villes de la Somme, duché de Bourgogne, Maine et Anjou, et Provence.

1483 - 1498

Charles VIII *(1470 - 1498)*

Épouse en 1491 Anne de Bretagne → 3 fils morts en bas âge

Le goût de l'aventure

C'est à sa fille préférée Anne de Beaujeu, « la moins folle femme de France, car de sage il n'en était point », âgée de vingt-trois ans seulement, que Louis XI avait confié une sorte de régence qui se mua en un gouvernement de fait qui dura jusqu'au moment où le roi – sacré dès le 14 mai 1484 – sortit d'une adolescence prolongée.

■ Les Beaujeu

Aidée de son mari, la « régente » commença par faire quelques concessions, en accordant des faveurs aux exclus du règne précédent, en réintégrant, en particulier, certains membres du Parlement de Paris. Seul un conseiller du feu roi, Olivier Le Daim, fut pendu au gibet de Montfaucon. Mais les Beaujeu ne tardèrent pas à se heurter au problème capital de la composition du Conseil royal au sein duquel les princes, et surtout le duc Louis d'Orléans (le futur Louis XII), prétendirent avoir une place prépondérante. Et c'est pour régler ce problème que furent réunis, d'un commun accord, le 15 janvier 1484, les états généraux de Tours, les premiers à mériter tout à fait ce nom puisque, sauf la Bretagne, toutes les provinces y furent représentées, les députés de trois ordres (c'est alors qu'apparut la notion de « tiers état ») ayant été élus parfois par des assemblées communes, et ayant même réussi à présenter au roi (qui présida les séances) un cahier commun de doléances.

Cependant, bien plus préoccupés par la réforme des abus que par la question posée, les députés, après avoir entendu successivement le chancelier Guillaume de Rochefort dénoncer le despotisme du dernier roi, et Philippe Pot, sénéchal de Bourgogne (en réalité un agent des Beaujeu), vanter l'origine élective de la monarchie et la possibilité de la tutelle et de l'administration temporaires du royaume par le peuple ou ses élus, refusèrent de trancher au fond la question de la composition du Conseil royal. Et ils échouèrent finalement, aussi bien dans leur tentative d'obtenir la périodicité que dans celle de faire admettre la nécessité de leur consentement à l'impôt, que les Beaujeu finirent par éluder. Tout au plus obtinrent-ils que l'on hâte la rédaction des coutumes.

Se voyant en fait écarté du pouvoir, le duc d'Orléans s'aboucha avec le vieux duc François II de Bretagne, ou, du moins, avec son trésorier Landais, qui le poussa à épouser (alors qu'il était encore marié à Jeanne de France !) Anne de Bretagne : projet sans suite immédiate, mais qui se réalisera plus tard. Et ce fut, dès janvier 1485, la « Guerre folle » des

Un roi disgracié

Il ne fait aucun doute que la disgrâce physique de ce roi petit et laid, au grand nez et aux yeux globuleux, jointe à son peu d'agilité intellectuelle, a influé sur le jugement sévère que l'on a porté sur lui. Ce fut pourtant un roi cultivé pour son époque, amateur d'art, mais surtout, hélas !, de romans de chevalerie qui frappèrent peut-être trop une imagination qui se développa sans être toujours équilibrée par le sérieux et l'application qui font les grands monarques.

princes contre les Beaujeu qui s'acheva, après la mort de Landais, par une paix provisoire conclue avec la noblesse bretonne (9 août 1485) et la soumission tout aussi provisoire du duc d'Orléans. Mais, devant l'imminence de la mort du duc François II et d'une annexion possible de la Bretagne, une nouvelle coalition se forma autour du duc d'Orléans, en décembre 1486, contre les Beaujeu. Mais ses troupes furent finalement mises en déroute par une armée commandée par Louis de La Trémoille à Saint-Aubin-du-Cormier (27 juillet 1488), avec comme principal bénéfice la capture du duc. Et c'est Charles VIII qui signa en personne le traité du Verger (ou du Sablé), le 20 août 1488, avec François II qui mourut peu après. La Bretagne devenant dès lors un enjeu international, la jeune duchesse Anne épousa tout d'abord, par procuration, le futur empereur Maximilien (19 décembre 1490) ; mais, comme il ne put la secourir, elle préféra finalement se marier, le 6 décembre 1491, avec son suzerain Charles VIII (dont le consentement aurait été nécessaire pour la validité du mariage précédent !) en s'engageant, s'il mourait sans enfants, à épouser son successeur ou son plus proche héritier, les deux époux se cédant au surplus mutuellement leurs droits sur la Bretagne. Ajoutons qu'en fin de compte Charles VIII, qui n'hésita pas à libérer de son propre chef le duc d'Orléans le 28 juin 1491, s'émancipa dès 1492 de la tutelle des Beaujeu pour se lancer dans l'aventure italienne.

Anne de Beaujeu (1461-1522)
Fille de Louis XI qui la maria avec un Bourbon de la branche cadette, Pierre de Beaujeu, « Madame la Grande » fut une sorte de double féminin de son père dans la tutelle de son frère, quelque peu retardé mentalement. Très bien secondée par son mari, elle affronta à la fois les états généraux et la féodalité, qu'elle brisa. Et, avant que ne commence le règne de son frère, auquel elle déconseilla l'aventure italienne, elle eut l'intelligence d'organiser son mariage avec Anne de Bretagne, qui prépara le rattachement de la péninsule à la France.

■ La conquête de Naples

On a beaucoup critiqué l'aventure italienne de Charles VIII qui, poussé aussi bien par ses conseillers (de Vesc, et surtout le futur cardinal Briçonnet) que par son désir inassouvi de croisade, décida de faire valoir ses droits – en réalité très contestables – de la maison d'Anjou, dont il était le successeur, sur le royaume de Naples. Mais on doit ajouter à sa décharge qu'il répondait aussi à une invitation italienne à intervenir, émanant surtout du duc de Milan Ludovic Sforza, dit le More, désireux surtout de conserver son duché, usurpé à son neveu, gendre du roi de Naples. Le roi eut cependant le tort, après avoir acheté Henri VII (qui avait envahi la France) par le traité d'Étaples (3 novembre 1492), de vouloir neutraliser le roi Ferdinand Ier d'Aragon en lui rétrocédant, par le traité de Barcelone (14 janvier 1493), le Roussillon et la Cerdagne. Et il en fut de même, quand il restitua à l'empereur Maximilien Ier, par le traité de Senlis (23 mai 1493), l'Artois et la Franche-Comté (qui avaient constitué la dot de la jeune Marguerite d'Autriche, qu'il n'avait pas épousée). C'était, comme on l'a dit souvent, « lâcher la proie pour l'ombre », bien que le roi eût expressément réservé ses droits sur les provinces rétrocédées, mais qu'il fallut bien reconquérir un jour.

C'est la mort du roi de Naples Ferdinand Ier (25 janvier 1494) qui décida le roi à partir, fin juillet 1494, pour l'Italie, où, après avoir libéré Pise et consolidé Savonarole à Florence, il entra, le 31 décembre 1494 à

Charles VIII
Peinture anonyme, fin XVe s.
Musée Condé, Chantilly.
Ph. H. Josse, © Arch. Photeb.

Rome, où le pape Alexandre VI (Borgia) fut forcé de traiter avec lui. Dès le 22 février 1495 il arriva à Naples, où il tenta de mettre un peu d'ordre. Et, après que son armée eut pas mal pillé et, pour certains, contracté le « mal napolitain », il imagina d'y entrer de nouveau le 12 mai, déguisé en empereur byzantin. Mais, entre-temps, s'était formée contre lui, le 25 mars 1495, la ligue de Venise, comprenant le pape, Venise, le duc de Milan ainsi que Fernand et Isabelle d'Espagne.Le roi n'avait plus qu'à regagner la France, en laissant son cousin Gilbert de Montpensier, qui fut éliminé en février 1496, et il dut même forcer le passage des Apennins où ses ennemis prirent la mesure de la *furia francese* lors de la bataille de Fornoue (5 juillet 1495). Après avoir traité avec Florence (26 août 1495) et avec le duc de Milan Ludovic Sforza (9 octobre 1495) moyennant la restitution de Novare, le roi arriva en France le 15 octobre. Il y trouva de prévisibles difficultés financières, et fut même obligé de lever, le 6 mars 1496, un emprunt forcé sur les villes.

Non guéri de ses chimères, il songea alors à signer avec l'Espagne, le 25 novembre 1497, à Alcalá de Henares, un traité d'alliance, accompagné d'un projet de partage de l'Italie où, dès le 25 juin 1497, le royaume de Naples avait été définitivement perdu pour lui. Et c'est alors qu'il mourut des suites d'un accident – il avait heurté de front un linteau de porte basse au château d'Amboise – le 7 avril 1488. Il convient d'ajouter que ce fut lors de ses obsèques à Saint-Denis que l'adage « Le roi est mort, vive le roi ! » fut pour la première fois proclamé, marquant en réalité la primauté de la permanence de l'État sur l'existence éphémère de la personne même du roi.

■ Un roi calomnié

Les historiens ont beau n'avoir cessé de reprocher à Charles VIII cette merveilleuse aventure italienne qui ouvrit notre pays aux sortilèges de la Renaissance et marqua la cour royale elle-même, devenue plus féminine, son règne fut loin d'être médiocre. Il a marqué tout d'abord en effet un moment de réconciliation, puisque le roi réussit à emmener en Italie son ennemi d'hier (et successeur) Louis d'Orléans, qui pour sa part, acquit, pour des fautes identiques, sinon plus graves, une bien meilleure réputation.

Commença également une politique de grandeur, aussi noble que désintéressée, mais qui, pour être valable, aurait exigé des moyens intellectuels que le roi, aussi juste qu'équitable, ne possédait certainement pas. Ajoutons que, sous son règne, fut trouvée la bonne procédure pour la rédaction des coutumes (ordonnance du 15 mars 1497) et que le Grand Conseil, cour souveraine de justice retenue, se détacha tout à fait du Conseil du roi (ordonnance du 2 août 1497). Preuve que, sous ce règne, qui passe pour aventureux et frivole, après une régence efficace et consciencieuse, l'État monarchique continuait de se perfectionner.

Anne de Bretagne (1477-1514)

Sans beauté réelle et légèrement boiteuse, cette fille du duc François II et de sa seconde femme Marguerite de Foix ne manqua jamais de prétendants. Mais elle songea surtout à défendre son duché, et eut de son second mari Louis XII une fille, Claude de France, qu'elle vit sans plaisir devoir épouser un jour François Ier, après que son père l'eut promise tout d'abord au futur Charles Quint.

1498 - 1515

Louis XII le Père du peuple

(1462 - 1515)

Épouse en 1476 Jeanne de France
en 1499 Anne de Bretagne → 3 fils (morts en bas âge)
en 1514 Marie d'Angleterre

Un règne hasardé

▪ Un changement de branche

Charles VIII étant mort sans successeur, c'est à son cousin au septième degré, Louis, duc d'Orléans – arrière-petit-fils de Charles V, petit-fils du duc Louis d'Orléans assassiné par Jean sans Peur et fils tardif du poète Charles d'Orléans et de sa troisième épouse Marie de Clèves –, que revint la couronne, traditionnellement attribuée au parent mâle le plus proche. Il fut sacré le 27 mai 1498 à Reims, mais son mariage avec Jeanne de France (la fille difforme de Louis XI que le roi l'avait contraint à épouser pour mieux éteindre la lignée des Orléans et qui deviendra sainte) n'ayant même pas été consommé, il se préoccupa de le faire annuler. On sait que c'est à César Borgia lui-même qu'il appartint d'apporter au roi, fin 1498, la décision d'annulation prise par son père le pape Alexandre VI, en même temps que le chapeau de cardinal pour l'évêque de Rouen Georges d'Amboise, le principal conseiller du roi au début de son règne.

Quant au but final du roi, il n'était autre que d'épouser Anne de Bretagne, dont il avait toujours été amoureux et qu'au surplus les clauses du contrat de mariage de celle-ci avec Charles VIII l'obligeaient à épouser son successeur. Le mariage eut lieu le 8 janvier 1499, la duchesse, « excellente Bretonne mais mauvaise Française », ayant bien pris soin de préserver l'autonomie de son duché en en conservant l'administration.

▪ Toujours le mirage italien

Pas plus que son prédécesseur, le roi qui, dès son avènement, avait pris le titre de duc de Milan, qu'il prétendait détenir à cause de sa grand-mère Valentine Visconti, ne mesura les périls de l'aventure italienne. Après s'être assuré de la neutralité de l'empereur et du pape Alexandre VI par le don du duché de Valentinois à César Borgia, ainsi que de l'alliance des Vénitiens, il réussit à occuper temporairement (août-octobre 1499) le Milanais, bientôt perdu à cause des maladresses du condottiere Trivulce qu'il avait nommé gouverneur de Milan. Mais La Trémoille réussit à battre à Novare (10 avril 1500) les troupes de l'« autre » duc de Milan, Ludovic le More, qui finit ses jours en France, et le roi put alors organiser à sa guise le Milanais.

Un roi chétif

« La tête est petite, pointue, le front étroit, les yeux gros et saillants, la figure maigre, les narines larges et relevées, les lèvres épaisses, le menton aigu, le cou mince et court, les épaules étroites, les mains et les bras menus et longs, la glotte saillante, la taille resserrée, la poitrine sans développement. Le roi est plutôt petit que grand. » Ce portrait en charge d'un contemporain n'a pas empêché Louis XII d'avoir, sauf à la guerre où il fut cruel, de sérieuses qualités humaines, résumées par son mot (peut-être apocryphe) : « Le roi de France ne venge pas les injures faites au duc d'Orléans. »

Après une brève tentative de croisade (1499-1501) en compagnie des Vénitiens, le roi imagina de faire valoir ses droits sur Naples, en s'alliant avec Ferdinand d'Aragon avec lequel il signa à Grenade (11 novembre 1500) un traité prévoyant le partage du royaume de Naples, et qui ne fut en réalité qu'un marché de dupes. En effet, la campagne franco-espagnole de 1501-1504 n'aboutit à rien d'autre, en dépit du célèbre combat de Bayard au pont du Garigliano, qu'à la perte de Gaète en janvier 1504, et à la renonciation du roi au royaume de Naples, assortie d'une trêve de trois ans, signée en mars 1504 avec l'Espagne. Il est vrai qu'entre-temps le pape Alexandre VI, ami de la France comme son fils César, était mort (12 août 1503), et que, après le bref pontificat (vingt-cinq jours) de Pie III, le nouveau pape Jules II s'était montré plus circonspect.

Sainte Jeanne de France (1464-1505)
Seule sainte (les autres sont bienheureuses ou vénérables) de la lignée capétienne, Jeanne de France est la plus touchante. Elle accepta que l'humiliant mariage imposé par son père fût annulé, et se retira dans son duché de Berry où elle fonda l'ordre de l'Annonciade. Elle mena, non sans sévérité, ses moniales à la perfection, mais sa sainteté fut si manifeste que, après l'avoir injustement répudiée, Louis XII lui-même vint prier sur sa tombe.

■ Une politique hasardeuse

Elle s'amorça avec la première maladie du roi (1504) dont la reine Anne, sans enfant mâle et jalouse du futur François Ier, auquel elle refusait de donner sa fille Claude, profita pour pousser le roi à signer, le 22 septembre 1504 à Blois, trois traités avec l'empereur Maximilien Ier. Ceux-ci prévoyaient, outre une alliance contre Venise et l'investiture du Milanais pour Louis XII, le mariage du petit-fils de Maximilien (le futur Charles Quint) avec Claude de France qui, en l'absence d'héritiers mâles du roi, apporterait en dot la Bretagne, la Bourgogne, les comtés de Blois et d'Asti, et les duchés de Milan et de Gênes. Traités désastreux, que le roi eut cependant la présence d'esprit de réduire à néant en rédigeant, au cours d'une seconde maladie, le 31 mai 1405, un testament prévoyant le mariage prochain de Claude de France avec le duc d'Angoulême, le futur François Ier, son cousin. Et, pour donner plus de poids à sa décision, qui mécontenta la reine Anne au point de l'amener à se retirer en Bretagne, il la fit approuver en mai 1506, par une assemblée de notables plus que par de vrais états généraux.

Quant à la politique française en Italie, elle fut relancée par la révolte de Gênes, durement matée en avril 1507, et, après l'entrevue de Savone entre le roi et Ferdinand Ier (juin 1507), par la participation de la France à la ligue de Cambrai imaginée contre Venise par le pape Jules II et comprenant, outre le roi, Maximilien d'Autriche, Ferdinand d'Aragon et Henri VII d'Angleterre. Elle mena le roi à la victoire d'Agnadel (14 mai 1509), remportée sur ses anciens ennemis les Vénitiens. Dangereuse victoire qu'après la mort du cardinal d'Amboise (25 mai 1510) la France paya ; car, par un retournement d'alliances, Jules II, réconcilié avec Venise, imagina contre elle et contre Maximilien, le 4 octobre 1511, la Sainte Ligue, unissant Venise, l'Aragon et l'Angleterre.

La réaction immédiate de Louis XII fut la réunion à Pise, le 1er novembre 1511, d'un concile (bientôt transféré à Milan), mais qui échoua dans sa prétention de suspendre le pape. Le roi résolut alors d'envoyer en Italie une nouvelle armée, commandée par un génial stratège, son neveu le jeune roi de

Louis XII
Statue équestre
Château de Blois, (aile Louis XII).
Ph. © ND - Giraudon - Arch. Photeb.

Navarre Gaston de Foix – précurseur de Turenne, voire de Napoléon – qui réussit à délivrer Bologne et à prendre Brescia. Mais il périt le 11 avril 1512 au cours de la bataille de Ravenne qu'il avait gagnée contre l'armée de la Sainte Ligue ; et les Français furent finalement chassés du Milanais, au moment même où Jules II réunit, le 3 mars 1512 au Latran, un contre-concile (qui dura jusqu'en 1517) au cours duquel les décisions du concile de Pise furent annulées, la Pragmatique sanction condamnée, tout comme la théorie de la supériorité du concile sur le pape, sans que le problème de l'indispensable réforme de l'Église eût été résolu.

Au demeurant, la mort de Jules II (20 février 1513), remplacé le 11 mars par Léon X (Médicis), ne changea pas le sort des Français qui, vaincus à Novare (6 juin 1513), durent quitter l'Italie. Mais ils n'étaient pas au bout de leurs malheurs ; car, dès novembre 1513, Maximilien avait adhéré à la Sainte Ligue, imité par Henri VIII d'Angleterre qui, après avoir débarqué à Calais le 1er juillet, joignit ses troupes à celles de l'empereur pour vaincre les Français à Guinegatte (16 août 1513).

De leur côté, les Suisses menacèrent la Bourgogne en septembre 1513, vite neutralisés par un traité bâclé par La Trémoille et que le roi n'accepta jamais, alors qu'il réussit à s'entendre avec Ferdinand d'Aragon et avec Henri VIII d'Angleterre. Ce dernier, après la mort de la reine Anne (9 janvier 1514) et la conclusion du traité de Londres (7 août 1514), lui donna en effet en mariage sa sœur Marie Tudor. Ainsi s'acheva temporairement, avant la mort du roi, survenue le 1er janvier 1515, une politique étrangère qui avait bien inutilement mis le royaume en péril.

■ Le gouvernement de Louis XII

Il convient certainement d'établir un contraste entre l'aventurisme de la politique extérieure de Louis XII et la sagesse de sa politique intérieure. Dûment conseillé par le cardinal d'Amboise et par le trésorier Florimond Robertet, il se garda de réunir les états généraux, sans perdre pour autant le contact avec ses sujets, en consultant les assemblées de baillage. Et s'il a laissé une trace dans la mémoire collective, c'est évidemment pour avoir un moment diminué les tailles, ce qui lui valut le titre peut-être exagéré de « Père du peuple », décerné par l'assemblée de notables de 1506.

■ Un roi surestimé

Aussi sage qu'eût été la politique intérieure de Louis XII, qui, à la fin de son règne dut cependant recourir au procédé détestable (mais riche d'avenir) de la vente d'offices pour renflouer ses finances, elle ne saurait faire oublier l'inutilité des campagnes d'Italie. Elles furent certes un exutoire pour la vitalité d'une nation prospère, et une source certaine d'enrichissement intellectuel ; mais, faute d'un génie politique supérieur chez le roi, qui fut finalement dupe des grands souverains d'Europe, y compris le pape Jules II, elles faillirent aboutir à un désastre national.

Bayard (1476-1524)
Ce petit seigneur du Dauphiné, dominé par un mystérieux amour, est vite devenu, pour son époque, l'archétype du « chevalier sans peur et sans reproche », désintéressé et charitable, qualités qu'équilibrent parfaitement ses exploits personnels (défense du pont du Garigliano, Agnadel, Marignan...), qui furent ceux d'un homme d'honneur, et surtout d'un combattant sans haine.

1515-1547

François Ier *(1494 - 1547)*

Épouse en 1514 Claude de France → François († 1536)
→ **Henri II**
en 1530 Éléonore d'Autriche

Le mirage de la Renaissance

Louis XII étant mort sans descendant mâle, comme son prédécesseur, c'est tout naturellement que la couronne revint à François d'Orléans, comte d'Angoulême, son cousin au cinquième degré, fils de Louise de Savoie (qui sera un moment régente) et de Charles d'Angoulême, lui-même petit-fils (comme Louis XII) du duc assassiné Louis d'Orléans. Agé d'un peu plus de vingt ans, il avait récemment épousé, après la mort de la reine Anne qui s'opposait au mariage, le 8 mai 1514, Claude de France, la fille de son prédécesseur.

■ Un début éclatant

Son sacre eut lieu (sans la reine, qui attendait un enfant et qui sera couronnée en mai 1517) le 25 janvier 1515 à Reims, suivi de son entrée triomphale à Paris (15 février). Son premier acte politique avait été de nommer le duc Charles de Bourbon (qui le trahira) connétable et, sous l'impulsion de sa mère, le futur cardinal Antoine Duprat chancelier. Mais son objectif politique n'était autre que la reconquête du Milanais, alors tenu par le fils de Ludovic le More, Maximilien Sforza.

Après s'être prudemment assuré de la neutralité de l'Angleterre, contre indemnité, s'être allié à Venise, et avoir conclu, par le traité de Paris (24 mars 1515), une alliance avec le futur Charles Quint, symbolisée par un projet de mariage entre ce dernier et la seconde fille de Louis XII, le roi, qui n'avait cependant pas pu neutraliser les Suisses, entra en campagne par un exploit digne de celui d'Hannibal : il réussit au début d'août 1515 à traverser les Alpes par un endroit à peine praticable. Il s'empara alors de Turin et de Novare et ce fut, les 13 et 14 septembre, la bataille de Marignan (Melegnano), remportée après deux jours de combats acharnés, sur les Suisses, avec l'intervention des Vénitiens. Bataille historique s'il en fut, à la suite de laquelle le roi demanda curieusement, dit-on, à Bayard de l'armer chevalier, et dont la gloire rejaillira sur tout son règne au point de faire oublier ses revers futurs.

Le résultat politique le plus immédiat de cette victoire fut le traité de Noyon, conclu avec le futur Charles Quint (13 août 1516), qui s'engagea à restituer la Navarre à Henri II, et n'insista pas sur ses prétentions sur la Bourgogne, le roi conservant le Milanais et renonçant, de son côté, à ses prétentions sur le royaume de Naples, dont une partie était donnée en dot à sa

Le roi chevalier
De stature géante (plus de deux mètres), mais avec un visage ingrat, François Ier était moins beau qu'il ne « portait beau », au point qu'à la fin de son règne un ámbassadeur vénitien a pu écrire de lui que, « sans avoir jamais vu sa figure ni son portrait, à le regarder seulement, on dirait aussitôt, c'est le roi ». Pourtant, son élégance et sa bravoure chevaleresque cachaient une intelligence tout à fait moyenne, qui ne lui permirent pas toujours de percevoir, en particulier dans sa lutte contre Charles Quint, toutes les subtilités du jeu politique.

fille à peine née, Louise (qui mourut bientôt), promise à Charles. Mais le plus surprenant est que le roi signa avec les Suisses à Fribourg (29 novembre 1516) une Paix perpétuelle, toujours en vigueur, et qui assura à la monarchie, ce jusqu'en 1792, le précieux secours, largement rétribué, il est vrai, des gardes suisses. Quant au couronnement politique de Marignan, il ne fut autre – preuve de la légèreté politique de François Ier – que l'éphémère traité de Cambrai par lequel il jura, le 11 mars 1517, une alliance défensive avec l'empereur Maximilien et son petit-fils Charles, assortie d'un chimérique projet de croisade. Mais il est évident que le traité le plus important pour notre histoire future, puisqu'il ne fut rompu (unilatéralement) qu'en 1790, avait été le concordat signé le 18 août à Bologne entre le roi et le pape Léon X, et approuvé le 12 décembre par le concile de Latran.

Charles Quint (1500-1558)
Arrière-petit-fils du Téméraire, fils de Philippe le Beau et de Jeanne la Folle, Charles Quint était à la fois l'héritier des maisons de Bourgogne, d'Autriche, d'Aragon et de Castille, et ainsi l'antagoniste-né de François Ier. Son élection à l'Empire, qui lui parut être le choix de Dieu pour combattre l'Islam et conquérir le Nouveau Monde, renforça son sens d'une mission universelle, face à laquelle les ambitions nationales du roi paraissaient de peu de poids. Mais c'est, d'un autre côté, la difficulté même pour l'empereur de réaliser cette mission qui fit peur et sauva finalement notre État national.

■ Le concordat de Bologne

Il ne fait aucun doute que les difficultés d'application de la Pragmatique sanction et la récente politique antifrançaise de Jules II avaient créé entre le roi et la papauté un contentieux que la victoire de Marignan permit de résoudre à la satisfaction relative des deux parties. En effet, le concordat de Bologne, qui annulait la Pragmatique sanction, pouvait satisfaire relativement le pape qui y gagnait l'abandon de la thèse de la supériorité du concile et, par le biais, au demeurant inopérant, d'une institution canonique qu'il pouvait théoriquement refuser dans certains cas, un droit de regard sur les élections canoniques majeures. Pourtant, c'est le roi qui en était le principal bénéficiaire, puisqu'il échappait (sauf exceptions) aux élections traditionnelles aux bénéfices majeurs en nommant lui-même les candidats, ce qui lui permit jusqu'à la fin de l'Ancien Régime de contrôler le haut clergé et de mieux combattre au départ l'hérésie protestante. Quant à la question des annates (payées à Rome à chaque mutation de bénéfice consistorial), elle n'était pas directement abordée dans le concordat, mais le roi finit par abandonner l'article de la Pragmatique sanction qui les supprimait. Il convient d'ajouter que le parlement de Paris, très attaché aux libertés gallicanes, refusa tout d'abord d'enregistrer le concordat, qu'il n'accepta que le 22 mars 1518 sans pour autant l'appliquer, ce qui poussa le roi à transférer le 24 juillet 1527 au Grand Conseil les litiges nés de son application.

■ Lutte contre Charles Quint

La rivalité entre François Ier et Charles Quint commença vraiment lorsque ce dernier l'emportant sur ses rivaux, dont le roi, fut élu empereur d'Allemagne (28 juin 1519) grâce à l'argent (versé après l'élection) de la banque Fugger, alors que le roi avait eu l'imprudence de payer d'avance les électeurs ! Avant de se combattre, le roi et l'empereur recherchèrent l'alliance de Henri VIII d'Angleterre. François Ier qui avait déjà conclu avec lui, fin 1518, un traité d'alliance, reçut fastueusement ce dernier, du 7 au 24 juin au célèbre Camp du Drap d'or dont le luxe l'éblouit d'autant moins qu'il se préparait

François Ier
Peinture anonyme, École française, XVIe s.
Musée du Louvre, Paris.
Ph. © ND - Viollet - Arch. Photeb.

à rencontrer l'empereur ; si bien que notre roi ne put obtenir de lui une véritable alliance.

La guerre débuta en mars 1521 avec un double échec militaire et diplomatique (échec de la médiation d'Henri VIII) des Français qui, grâce à Bayard, défendirent héroïquement Mézières en septembre 1521, mais furent battus à La Bicoque (29 avril 1522), ce qui entraîna la perte du Milanais et de Gênes. Au demeurant, la situation des Français ne put que s'aggraver avec la trahison du connétable de Bourbon qui rejoignit le parti de l'empereur et du roi d'Angleterre, et auquel Bayard eut, dit-on, le temps de rappeler sa félonie, avant de mourir en avril 1525 à la bataille de La Sesia. Le connétable ne tarda pas alors à envahir la Provence et à assiéger Marseille qui tint bon en septembre 1524, ce qui le força à se retirer en Italie et permit au roi de reconquérir le Milanais en octobre 1524.

Mais l'épreuve décisive eut lieu le 24 février 1525 lors du siège de Pavie, où le roi, renouvelant l'erreur de Poitiers, commit l'imprudence de mener une charge de cavalerie qui interdit à son artillerie d'emporter la décision. Ses meilleurs capitaines tués (La Trémoille, La Palice, Bonnivet), blessé, il fut fait prisonnier, ne conservant, comme il l'écrivit à sa mère (qui devint alors régente), « que l'honneur, et la vie qui est sauve », et emmené en captivité à Madrid. C'est là qu'après avoir songé à abdiquer en novembre 1525 – ce que le parlement de Paris refusa comme contraire au principe d'indisponibilité de la couronne –, le roi conclut (14 janvier 1526) un traité par lequel il s'engageait à restituer la Bourgogne et Tournai à Charles Quint dont il devait (la reine Claude était morte en 1524) épouser la sœur Éléonore, et aussi renoncer à tous ses droits sur l'Italie, la Flandre et l'Artois. Quant au gage du traité que, comme Louis XI après Péronne, le roi n'avait pas la moindre intention de respecter, il consistait en la livraison de ses deux fils (dont le dauphin) comme otages, ce qui permit sa propre libération le 17 mars 1526.

Toutefois, le résultat de ce traité, que le parlement de Paris, en accord avec les états particuliers de Bourgogne, devait déclarer nul (10 décembre 1527), en ce qui concerne l'aliénation de la Bourgogne (contraire aux lois fondamentales du royaume), ce fut la reprise de la guerre. Dès le 22 mai 1526, la France, le pape, Venise et diverses villes italiennes avaient formé contre l'empereur la ligne de Cognac. Ce dernier envahit l'Italie, où le connétable de Bourbon saccagea Rome (où il mourut) le 5 mai 1527, au grand scandale de la chrétienté ; et la guerre reprit entre le roi et l'empereur, conclue, après l'échec de l'armée de Lautrec en Italie (août 1528), par la paix des Dames (parce que négociée par Marguerite d'Autriche et Louise de Savoie) signée le 3 août 1529 à Cambrai. Elle permit au roi de garder la Bourgogne, sans cesser de renoncer à l'Artois, à la Flandre et à l'Italie, et surtout de récupérer (contre une forte rançon) ses fils, le 1er juillet 1530. C'est donc sur d'autres bases que la guerre reprit.

Soucieux de l'équilibre européen, toujours menacé par l'empereur, le roi se préoccupa de

Jean Calvin (1509-1564)
Ce Picard de santé fragile, aussi bon juriste qu'humaniste, adhéra à la Réforme quand il collabora en 1533 au discours « scandaleux » du recteur de l'université de Paris Nicolas Cop, qui reprenait des thèses luthériennes. Réfugié à Bâle, il ne craignit pas de dédier la version latine de son *Institution de la religion chrétienne* au roi, en 1536. Il y prônait la réconciliation de la religion et de la vie civile, sa théorie de la prédestination étant plus tardive. Plus contestable est son action à Genève, qu'il tenta de « moraliser », et où il commit le crime d'envoyer au bûcher Michel Servet, non sans avoir collaboré avec l'Inquisition pour mieux le confondre.

rechercher de nouvelles alliances. Il s'allia tout d'abord, en mai 1532, avec les princes luthériens qui venaient de former en 1531 la ligue de Smalkalde contre l'empereur ; et il conclut, de même, un traité d'alliance avec Henri VIII à Boulogne (20 octobre 1532). Mais son alliance la plus surprenante (quoique destinée à devenir traditionnelle) fut celle qu'il conclut, après des négociations secrètes, avec le sultan turc Soliman le Magnifique, dont les troupes avaient menacé Vienne en 1529. Dès les capitulations de février 1536, il s'assura, sous le couvert d'un traité de commerce, d'une coopération militaire et maritime de l'Empire ottoman, qui se révéla d'un grand secours.

Pourtant, dès le début de 1536, la guerre avait repris, et François Ier avait réussi à occuper la Bresse, le Bugey, et le Piémont. Quant à Charles Quint, il fut contraint par le duc de Montmorency (inspirateur de 1530 à 1540 de la politique royale) à abandonner la Provence. La guerre fut suspendue, le 17 juin 1538, par une trêve de dix ans conclue à Nice, suivie d'une pseudo-réconciliation entre le roi et l'empereur le mois suivant à Aigues-Mortes. Mais, en février 1543, Henri VIII et l'empereur s'allièrent de nouveau contre la France. Peu de temps après la bataille de Cerisoles, remportée par le comte d'Enghien (et Blaise de Monluc) sur les Impériaux (14 avril 1544), Charles Quint envahit la Champagne, arrivant même jusqu'à Château-Thierry, et Henri VIII la Picardie. Finalement, un rapprochement intervint entre le roi et l'empereur qui, signèrent le traité de Crépy-en-Laonnais (18 septembre 1544) par lequel le roi renonçait de nouveau à ses droits sur la Flandre, l'Artois, le Piémont et la Savoie, tandis que l'empereur lui reconnaissait ses droits sur la Bourgogne, les deux s'engageant à combattre les Turcs. Et après un essai manqué d'invasion de l'Angleterre, le roi signa, le 7 juin 1546, le traité d'Ardres avec Henri VIII qui accepta de lui vendre Boulogne que les Français n'avaient pu prendre. Ainsi s'acheva momentanément la lutte contre Charles Quint et son allié occasionnel, qui se poursuivra au cours du règne suivant.

■ François Ier et les protestants

Le moins que l'on puisse dire, c'est que François Ier, probablement sceptique, et donc peu impliqué en profondeur par les problèmes religieux qu'il n'envisagea jamais que sous l'angle de la politique, eut une attitude hésitante face au protestantisme.

Ce n'est que vers 1518 que les idées de Luther (condamnées par la Sorbonne dès avril 1528) avaient pénétré en France.

Dès les années 1523-1525, des protestants furent brûlés et, en mai 1525, une bulle du pape Clément VII confia la recherche des hérétiques à trois membres du parlement et à un curé de Paris. Pourtant, de sa captivité, le roi se montra plus modéré ; mais il ne put sauver en 1529 du bûcher (comme il l'avait fait en 1523 et 1526) le zélateur du luthéranisme Louis Berquin.

Toutefois, sa sympathie pour une réforme proche de l'humanisme ne résista pas à la maladroite provocation des protestants qui, dans la nuit du 17 au 18 octobre 1534, affichèrent

Marguerite de Navarre (1492-1549)
Sœur de François Ier et reine de Navarre après son mariage avec Henri d'Albret, qui en fit donc la grand-mère d'Henri IV, Marguerite d'Angoulême joua un rôle à la fois politique, religieux et culturel. Elle aida à la libération de son frère prisonnier à Madrid, et protégea les protestants sans pour autant se convertir. Animatrice de la cour de Nérac, elle fut la dédicataire du *Tiers Livre* de Rabelais et se fit remarquer par son merveilleux *Heptaméron*, recueil de nouvelles parfois paillardes.

à Paris, en province, et jusqu'à la porte de la chambre du roi à Amboise, des « placards » contre la messe, probablement rédigés par un certain Antoine Marcourt, réfugié à Neuchâtel. La répression fut atroce, suivie d'une procession expiatoire, le 21 janvier 1535. Ce qui n'empêcha pas le roi, qui était politiquement allié aux protestants allemands, de promulguer l'édit d'amnistie de Coucy (16 juillet 1535). Mais, conséquence de la trêve de Nice de juin 1538, il fut suivi de nouveaux édits contre les luthériens, dont celui de 1540, qui laïcisait en quelque sorte l'Inquisition, en la confiant à des juges royaux, d'où une protestation du clergé qui aboutit, le 23 juillet 1543, à un partage, en la matière, entre tribunaux ecclésiastiques et tribunaux laïques. Si bien que le règne de François Ier s'acheva par des persécutions accrues, en 1546, par exemple, contre les réformés de Meaux. Le germe des futures guerres de Religion était ainsi semé.

Guillaume Briçonnet (1470-1534)
Tout d'abord évêque de Lodève (1504), ce brillant humaniste devint évêque de Meaux en 1516. Il y attira des humanistes et des théologiens, à commencer par Lefèvre d'Étaples (v. 1450-1537) dont il fit son vicaire général. Bien que tous deux soient restés fidèles au catholicisme, ce cercle d'amis devint un foyer spirituel attiré par le luthéranisme, ce qui lui valut d'être dispersé malgré la protection de Marguerite de Navarre, sœur du roi, mais aussi de préparer le terrain de la Réforme en France.

■ Le gouvernement de François Ier

S'il ne faut pas surestimer l'absolutisme de François Ier, force est de reconnaître que, bien qu'encore empirique, l'organisation gouvernementale se perfectionna sous son règne, avec l'apparition d'un Conseil des affaires, composé du chancelier et de quelques conseillers intimes, qui doubla, à la fin du règne, son Conseil privé. D'autre part, le roi ne cessa d'étendre la compétence du Grand Conseil, chargé, comme nous l'avons vu, de régler le contentieux né du concordat. S'étant bien gardé de réunir les états généraux, le roi n'hésita pas, le cas échéant, à se servir du parlement de Paris, avec lequel il entra souvent en conflit, pour l'aider dans sa politique ; et, sous son règne, fut officialisé le parlement de Normandie et créé celui des Dombes à Lyon en 1523.

Quant aux finances, moralisées par le procès et la pendaison à Montfaucon du « superintendant » Semblançay, qui confondait sa fortune avec celle de la reine mère qu'il gérait (11 août 1527), elles furent réformées par la création, le 23 décembre 1523, du trésor de l'Épargne, fixé au Louvre et centralisant toutes les recettes. Mais les prodigalités du roi, jointes aux frais de guerre, ne manquèrent pas d'entraîner une augmentation des impôts et un appel au crédit public qui permit au roi d'emprunter, le remboursement consistant en rentes constituées par lui sur l'Hôtel de Ville de Paris (mieux administré que l'État), créées le 2 septembre 1522.

Et c'est aussi pour se procurer de l'argent que, tout en l'interdisant en théorie, le roi encouragea la vénalité des offices. En 1522 fut créé un Bureau des parties casuelles, organe du Trésor, destiné à gérer les profits provenant de la vente des offices, y compris la taxe royale d'un quart de la valeur de l'office prévue à chaque revente, ce qui équivalait à en généraliser la pratique. Le résultat de cette création fut une multiplication des officiers qui deviendra une des plaies (un officier pour quatre cents Français en 1664) de l'Ancien Régime.

■ La fin

Troublée jusqu'au dernier traité de paix de juin 1546 sur le plan extérieur, la fin du règne de François Ier connut aussi des révoltes intérieures, en particulier à La Rochelle où le roi pardonna magnanimement aux rebelles en janvier 1543. C'est cependant un crime difficilement pardonnable (mais à moitié volontaire) qui hâta probablement sa mort, survenue peu de temps après celle d'Henri VIII, le 31 mars 1547. De plus en plus partisan de la répression, il avait eu la faiblesse d'approuver, en 1545, l'exécution d'un arrêt du parlement d'Aix contre les hérétiques vaudois (qui n'avaient rien de protestant), sans se douter que ses ordres seraient dépassés et que, peut-être, trois mille personnes seraient finalement massacrées.

■ Un règne brillant

A condition de rappeler que « tout ce qui brille n'est pas or », le règne de François Ier fut assurément le règne brillant d'un monarque que Brantôme peint comme « gaillard, affable et de bonne grâce ; bon à son peuple, familier et privé avec les siens [...] courtois et galant enfin ; car n'est-ce pas lui qui, considérant qu'une cour sans dames est un jardin sans aucunes belles fleurs, a introduit en la cour les grandes assemblées ordinaires d'icelles qui en sont toute la décoration ? ».

Mais ce roi, aux brillantes et officielles maîtresses – comme la comtesse de Chateaubriant, la duchesse d'Étampes Anne de Pisseleu ou la Belle Ferronnière – et à la haute culture, peut-être plus raffinée que vraiment profonde, qui le poussa à protéger Léonard de Vinci comme à créer en 1530 le Collège des lecteurs royaux (futur Collège de France), n'a peut-être pas été, faute d'un caractère plus ferme, à la hauteur de tous les enjeux de son époque.

On peut tout d'abord déplorer que la France ait été, sinon absente, du moins en retrait dans la conquête du Nouveau Monde, malgré les voyages de Jacques Cartier et de Roberval. Et il est sûr qu'un certain manque de perspicacité politique a nui à la politique extérieure du roi, dont le bilan fut en fin de compte à peine positif.

Mais c'est probablement en matière religieuse que son action fut la plus contestable. Car son manque de fermeté, joint au paradoxe d'une politique d'alliance extérieure avec les protestants qui, à l'intérieur, étaient alternativement acceptés et persécutés, aboutit finalement à renforcer une hérésie qui, faute d'être vraiment tolérée, mais contenue dès le départ dans de justes limites par un roi qui avait en main l'Église catholique, finit par mettre en péril l'équilibre même de la nation.

Un réformateur de la justice

Le tableau du gouvernement de François Ier ne serait pas complet sans la mention de l'ordonnance de Villers-Cotterêts (août 1539), œuvre du chancelier Poyer, réformant la justice. On n'en retient généralement que l'obligation d'employer le français et celle faite à l'Église d'établir les actes de l'état civil en tenant les registres de baptême et de décès. Mais on y trouve aussi une réforme de la procédure pénale, ainsi qu'une restriction de la compétence des juridictions ecclésiastiques leur interdisant de connaître des actions personnelles concernant les laïcs.

1547 - 1559

Henri II *(1519 - 1559)*

Épouse en 1533 Catherine de Médicis → **François II**
→ **Charles IX**
→ **Henri III**

Le vainqueur de Charles Quint

Un sombre roi
Henri II, dont le portrait par Clouet ne laisse pas d'inquiéter, et que sa captivité à Madrid rendit peut-être hypocondriaque, ne fut pas seulement le « chevalier à la triste figure » dont parle Michelet. Mais, dominé par sa maîtresse Diane de Poitiers et certains clans de sa cour, il n'en mena pas moins une politique rigoureuse, à laquelle on peut moins reprocher sa maxime : « Il est bien facile d'entreprendre. C'est le tout de bien exécuter », qu'une cruauté parfois rancunière, qui fit de son règne, y compris dans la vie de cour, un sombre règne.

Il n'est pas indifférent de noter que, second fils de François Ier, Henri II, que son père et surtout le pape Clément VII avaient marié dès 1533 à la jeune Catherine de Médicis (nièce du pape), ne régna que parce que son frère, le dauphin François, était mort en 1536. Mais il est tout aussi important de rappeler que, lors de son sacre (25 juillet 1547), le cardinal de Lorraine (frère de François II de Guise, le premier « Balafré »), qui officiait comme archevêque de Reims, l'engagea à combattre l'hérésie.

▪ Un nouveau style

Aussitôt venu au pouvoir, le roi s'empressa de disgracier ceux qui avaient servi son père, et de rappeler le connétable de Montmorency qu'il envoya, d'août à octobre 1547, mater une révolte contre les agents du fisc dans le Sud-Ouest, où il se montra impitoyable à Bordeaux, alors que son rival François de Guise avait été plus modéré en Saintonge.

Déjà s'esquissait la rivalité entre les Montmorency (encore alliés aux Coligny) et les Guise, rivalité qui, en présence d'une reine encore effacée et de la puissante Diane de Poitiers (maîtresse du roi), marqua tout le règne.

▪ La fin de Charles Quint

A dire vrai, ce n'est pas l'empereur que le roi combattit en premier lieu, mais les Anglais, auxquels il finit par arracher, non seulement la jeune reine d'Écosse Marie Stuart (nièce des Guise) qu'ils voulaient marier à Edouard VI (fils de Henri VIII), et qui arriva en France le 20 août 1548 pour être fiancée au futur François II, mais encore Boulogne, qui fut cédée définitivement le 24 mars 1550, pour un prix inférieur à celui fixé en 1546.

Toutefois, la victoire remportée par Charles Quint sur les confédérés de Smalkalde (29 avril 1547) risquait de rendre sa position par trop prépondérante en Europe. Aussi, après que l'empereur eut promulgué le 15 mai 1548 le célèbre *Interim* d'Augsbourg, tentant d'imposer le *statu quo* en matière de dogme, en attendant les décisions du concile de Trente (1545-1563) alors interrompu, le roi signa-t-il avec Maurice de Saxe et les réformés un traité, confirmé à Chambord le 15 janvier 1552, et qui, moyennant des subsides, lui confia le « vicariat » des fameux Trois-Évêchés, Metz, Toul et Verdun. Ce fut alors le « voyage d'Austrasie », qui permit au roi en

Henri II
Peinture, atelier de François Clouet, fin XVIe s.
Musée du Louvre, Paris.
Ph. S. Guiley-Lagache © Arch. Photeb.

mars-avril 1552 de s'emparer des évêchés, mais non de Strasbourg. Cependant, par la convention de Passau (2 août 1552), l'empereur accorda la liberté de conscience aux luthériens pour mieux se retourner contre la France. Il assiégea alors Metz, où le duc François de Guise s'était enfermé ; mais, en dépit de son armée de 60 000 hommes opposée aux 10 000 hommes de Guise, il dut lever piteusement le siège, le 1er janvier 1553, en attendant d'être plus heureux à Thérouanne, où le fils de Montmorency capitula le 20 juin 1553.

Mais les Français reprirent l'avantage à Renty où ils remportèrent (13 août) un succès d'ailleurs sans lendemain et qui ne se renouvela pas à Sienne où Monluc dut capituler (17 avril 1555).

La vérité est cependant que Charles Quint était malade et épuisé. Si bien qu'après avoir signé la paix d'Augsbourg (3 octobre 1555) accordant la liberté de culte aux protestants, et la trêve de Vaucelles (15 février 1556), nous permettant de conserver principalement les Trois-Évêchés en ne renonçant à aucune de nos alliances, il abdiqua le 25 octobre 1555 en faveur de son fils Philippe II le gouvernement des Pays-Bas, avant de lui céder (16 janvier 1556) les royaumes d'Aragon, de Castille, de Sicile et de Naples, ainsi que l'Amérique.

Son empire avait vécu puisque, avant de se retirer au monastère de San Yuste, il transmit à son frère Ferdinand, déjà roi de Hongrie et de Bohême, les possessions des Habsbourg en Allemagne, et finalement, en septembre 1556, la couronne impériale.

■ La lutte contre Philippe II

Henri II ne sut pas profiter de l'abdication de Charles Quint, et prit le risque inconsidéré de rallumer la guerre contre Philippe II, lors même que son récent mariage avec la reine Marie Tudor (1554) faisait de ce dernier l'allié de l'Angleterre. Répondant tout d'abord à un appel du pape Paul IV que le duc d'Albe avait attaqué, il envoya le duc François de Guise en Italie avec l'espoir secret qu'il investirait finalement le royaume de Naples. Mais, ce dernier n'ayant pas pu dépasser Civitella, le pape préféra traiter le 8 septembre 1557 avec le duc d'Albe. Dès le début de 1557 la guerre avait repris au nord de la France, et Marie Tudor elle-même nous avait déclaré la guerre (7 juin 1557). Une armée, commandée par Emmanuel-Philibert de Savoie (dont François Ier avait confisqué les États), investit Saint-Quentin, mal défendue par Montmorency (qui fut fait prisonnier) et finalement prise le 27 août 1557, malgré une héroïque défense de l'amiral Gaspard de Coligny. Mais, revenant d'Italie, le duc de Guise fut alors nommé lieutenant général du royaume, et ce fut le roi lui-même qui le força à aller prendre Calais, qui se rendit le 6 janvier 1558 ; en mai il prit également Thionville, victoire à peine ternie par l'échec du duc de Termes à Gravelines (13 juillet 1558).

Au demeurant, ce fut la lassitude de la guerre qui conduisit les antagonistes à la paix, conclue avec l'Espagne et l'Angleterre, après plus de cinq mois de négociations, le 3 avril 1559 au Cateau-Cambrésis. Dans ce traité, l'un des plus controversés

Diane de Poitiers (1499-1566)

On a peine à imaginer que cette beauté se soit intéressée à l'austère Henri II (son cadet de dix-neuf ans !), qui eut pour elle une passion telle qu'il combattait encore en portant ses couleurs dans le tournoi qui lui fut fatal. Mais elle fut fascinée par le pouvoir au point d'éclipser la reine Catherine de Médicis (qui prit sa revanche !). Et l'on ne peut oublier que cette femme, qui poussa à la persécution des protestants, a néanmoins laissé dans l'histoire une image mythique qui se confond avec la beauté de ses nombreux portraits.

de l'époque, dans la mesure où la France était contrainte de reculer, le roi perdait certes, entre autres, la Savoie, le Piémont, le Milanais et Thionville ; mais elle recouvrait Saint-Quentin et surtout, moyennant finance, Calais, le problème des Trois-Évêchés n'étant même pas abordé, puisque l'empire n'était pas partie au traité. La vérité est que ce traité – dont le complément était le double mariage d'Elisabeth, fille d'Henri II, avec Philippe II (cf. le *Don Carlos* de Verdi), et de Marguerite, fille de François Ier, avec Emmanuel-Philibert de Savoie – ne gelait pour l'instant les conflits internationaux que pour permettre aux antagonistes de combattre l'hérésie.

Henri II et les protestants

Dès le début de son règne, Henri II se révéla l'ennemi implacable des réformés, puisque, dès le 5 avril 1547, un édit aggrava les peines contre les blasphémateurs. Et ce fut, le 8 octobre 1547, la création, au sein du Parlement, de la célèbre « Chambre ardente » qui en peu de temps prononça cinq cents arrêts (dont soixante de mort) contre les hérétiques. Cette création provoqua les plaintes du clergé, si bien qu'un édit du 19 novembre 1549 retira aux baillis, sénéchaux et juges présidiaux, le droit d'information et de prise de corps, les tribunaux ecclésiastiques étant juges dans tous les cas simples, les cas privilégiés relevant des deux juridictions, laïque et ecclésiastique.

La répression contre l'hérésie fut finalement organisée par l'édit de Châteaubriant (27 juin 1551), qui coordonna les mesures prises contre elle, en y joignant la défense d'imprimer des livres concernant la religion sans le visa des facultés de théologie, et la surveillance de la répression obligatoire de l'hérésie, déclarée incompatible avec toute charge publique ou d'enseignement. Le roi échoua cependant à établir en France l'Inquisition ; mais il renforça les pouvoirs de la juridiction laïque par les édits de Compiègne (1557) qui, en cas de scandale public, ne prévoyait que la mort, et surtout d'Écouen (2 juin 1559), qui ordonna d'abattre sans jugement tout protestant révolté, et contre lequel s'éleva, le 10 juin, le conseiller Anne du Bourg, ce qui lui valut d'être , en un premier temps, arrêté en plein Parlement.

La vérité oblige à dire cependant que les protestants n'étaient pas plus tolérants (cf. les écrits de Calvin et de Théodore de Bèze). D'ailleurs, les persécutions n'empêchèrent ni la tenue à Paris (fin mai 1559) d'un synode secret inspiré des doctrines de Calvin, et qui aboutit à une confession de foi et à des règles de discipline et d'organisation, ni le ralliement à l'hérésie d'une partie de la noblesse que le récent traité de paix laissait inemployée et qui se lança dans les guerres de Religion.

Le gouvernement de Henri II

Étant bien précisé qu'en dépit de l'influence (parfois pernicieuse) de certains de ses conseillers Henri II gouverna autoritairement, on doit tout d'abord noter, sous son règne, la séparation entre le Conseil des affaires (ou Conseil étroit) et le Conseil privé, juge d'appel ou de cassation des arrêts rendus

Théodore de Bèze (1519-1605)
Ce sévère théologien et humaniste protestant, admirable traducteur (avec Clément Marot) des Psaumes, joua un rôle essentiel lors du colloque de Poissy (1561) avec les catholiques. Il y nia la transsubstantation, ce qui poussa le jésuite Lainez à traiter les protestants de loups et d'assassins. En 1564 il succéda à Calvin à Genève et, après la Saint-Barthélemy, prit la défense des réformes en élaborant une intéressante théorie du tyrannicide.

par les cours souveraines, y compris le Grand Conseil.

Et, pour maintenir son autorité, le roi confia en 1553 à quatre « secrétaires d'État des Commandements et Finances » (futurs ministres), chargés chacun d'un secteur géographique, les affaires intérieures et extérieures ; de même qu'il chargea dès 1553 six maîtres des requêtes de son conseil, « commissaires départis » (futurs intendants), de tournées d'inspection dans les provinces.

Il refondit aussi l'administration des Finances en créant en 1551 les trésoriers généraux de France, envoyés bientôt dans les généralités, et en établissant en 1554, au niveau gouvernemental, un contrôleur général des Finances, pour enregistrer les mouvements de fonds du Trésor. Ajoutons que, pour alléger la tâche des parlements, il promut enfin en 1552 au titre de présidiaux certains bailliages, ou certaines sénéchaussées, pour juger en appel les petites causes civiles ou criminelles.

Montgomery (v. 1530-1574)
Capitaine de la garde écossaise, il se convertit au protestantisme après son meurtre accidentel de Henri II et défendit sans succès Rouen contre les troupes royales en 1563. Devenu chef de bandes au service de Jeanne III d'Albret, il émigra en Angleterre, puis rentra en France, où, après la prise de Domfront qu'il défendait il fut, malgré une promesse de vie sauve, condamné à mort pour trahison par le parlement de Paris sur ordre de la régente.

■ La fin du roi

On sait que c'est au cours des fêtes organisées à l'occasion du double mariage (par procuration pour Philippe II) décidé au Cateau-Cambrésis que Henri II fut blessé accidentellement, le 30 juin 1559, dans le tournoi qui l'opposait au comte de Montgomery. Il mourut le 10 juillet, après avoir, paraît-il, émis un vœu qui donne toute la mesure des difficultés qui attendaient ses successeurs : « Que mon peuple persiste et demeure ferme en la foi en laquelle je meurs. »

■ Un roi ferme

L'image sombre que l'histoire a retenu de Henri II ne doit pas faire oublier la fermeté de sa politique qui, pour avoir été hasardeuse (comme celle de ses prédécesseurs) sur le plan extérieur, n'en a pas été au moins cohérente, sinon exemplaire, sur le plan intérieur. On peut alors se demander si sa mort accidentelle – Il n'avait que quarante ans et régné douze ans – ne l'a pas empêché de poursuivre une politique qui nous aurait peut-être épargné (mais à quel prix ?) les détestables guerres de Religion que l'indécision de ses successeurs ne pouvait qu'engendrer.

1559 - 1560

François II *(1544 - 1560)*

Épouse en 1558 Marie Stuart

Un roi en sursis

A la mort de Henri II, c'est normalement son fils aîné François, alors âgé de quinze ans, et marié depuis 1558 à Marie Stuart, reine d'Écosse, qui lui succéda et fut sacré à Reims, le 18 septembre 1559. Il était légalement majeur, mais, en réalité, incapable de gouverner.

■ Les Guise

Ne pouvant être en droit régente, sa mère Catherine de Médicis eut l'habileté de confier le gouvernement au duc François de Guise et à son frère le cardinal de Lorraine, oncles par alliance (Marie Stuart était leur nièce) du nouveau roi. Cela revenait à écarter du gouvernement Antoine de Bourbon, roi de Navarre, et son frère Louis de Condé qui, en tant que princes du sang, auraient pu y prétendre, mais qui étaient protestants.

Un des premiers actes de Catherine de Médicis, qui avait été mise à l'écart pendant le règne de Henri II, fut évidemment d'éloigner sa rivale Diane de Poitiers, qui fut même forcée de rendre les bijoux de la couronne. Le duc de Guise se chargea de l'armée, les finances et la politique générale étant confiées au cardinal de Lorraine ; mais ils ne surent pas faire abstraction de leur fanatisme catholique, puisqu'ils poussèrent probablement le roi à ordonner l'exécution publique du courageux Anne du Bourg qui blâmait les persécutions, le 23 décembre 1559.

On comprend dès lors que soit apparu, fondé au surplus sur les contestables prétentions politiques des Bourbons, un complot protestant, non tant contre le roi, qui avait justement dit « ce n'est pas à moi qu'ils en veulent », que contre les Guise.

■ La conjuration d'Amboise

Étant bien précisé qu'Amboise est le lieu de son échec, non celui de sa formation, cette conjuration, blâmée au départ par Calvin et dont, devant les réticences d'Antoine de Bourbon, son frère Louis de Condé n'osa pas prendre ouvertement la tête, fut organisée par un gentilhomme, aventurier de bas étage et financé par Élisabeth d'Angleterre, Jean du Barry, seigneur de La Renaudie. Le plan des conjurés consistait à délivrer le roi, alors à Blois, de l'emprise des Guise.

Mais la cour se déplaça à Amboise, il y eut des fuites, et, après quelques hésitations, ce ne fut qu'un jeu, pour François de Guise, de faire échouer la prise d'Amboise (17 mars 1560). Il fut nommé, le même jour, lieutenant général du royaume, les plus notables des conjurés furent pendus après un jugement sommaire, en pré-

Un adolescent roi

Il suffit de regarder les différents portraits qui nous sont parvenus de François II pour percevoir le drame de ce roi au visage inexpressif qui, plutôt inappliqué que mentalement débile, régna à peine plus de dix-huit mois. Il fut sincèrement amoureux de sa jeune femme Marie Stuart ; mais, en dehors de cet attachement, eut-il une volonté propre, ou fut-il seulement le jouet de sa mère et des Guise, qui profitèrent de ses moments de brusque colère pour lui arracher de fâcheuses décisions ?

sence de la cour, dit-on, et les autres noyés dans la Loire.

■ Michel de L'Hospital

L'échec de la conjuration d'Amboise ayant assuré la dangereuse suprématie de Guise et les dénégations de Louis de Condé devant la cour (2 avril 1560) l'ayant momentanément neutralisé, Catherine de Médicis imagina, pour calmer le jeu, de remplacer le chancelier Olivier, peut-être mort de chagrin pour avoir jugé les conjurés d'Amboise, par un magistrat catholique modéré, Michel de L'Hospital, dont le premier acte important fut de sceller, en mai 1560, l'édit de Romorantin (qui n'était pas son œuvre) accordant aux protestants la liberté de conscience tout en leur refusant la liberté du culte.

Mais le problème protestant restait entier, et finalement une assemblée de grands, réunie le 21 août à Fontainebleau, mit en question, par la bouche de l'amiral de Coligny, aussi bien les abus de l'Église catholique que la liberté du culte, mais elle n'aboutit à rien. La politique des Guise ne fut même pas évoquée et, à l'instigation du cardinal de Lorraine, le roi décida que les états généraux se réuniraient le 10 décembre à Meaux, sans se douter qu'à cette date il serait déjà mort.

Michel de L'Hospital (1505-1573)
Bien différent de l'image convenue qu'on se fait de lui, Michel de L'Hospital fut moins un sage méconnu, qui aurait pu tout arranger, qu'un brillant humaniste, trop attaché à la religion catholique et trop timide pour assumer jusqu'au bout les risques d'une médiation efficace. Mais sa tolérance à base de scepticisme ne saurait faire oublier la noblesse de sa haine des partis et des factions au-dessus desquelles il eut, malgré tout, le courage de se situer.

■ La mort du roi

Avant la réunion prévue, le roi, non convaincu de l'innocence de Louis de Condé, le somma de comparaître.

Arrivé à Orléans où résidait la cour, le 31 octobre 1560 avec son frère Antoine de Bourbon, il fut arrêté à l'issue d'une audience avec le roi et finalement condamné à mort le 26 novembre. Toutefois, le monarque étant malade depuis le 17, le chancelier en profita pour retarder l'exécution, que la mort du roi après de grandes souffrances, le 5 décembre à Orléans, suspendit définitivement. Il est vrai qu'entre-temps la « machiavélique » Catherine de Médicis, devançant malgré sa douleur l'événement, avait en quelque sorte monnayé la grâce du condamné en écartant son frère Antoine, roi de Navarre d'une éventuelle régence, échangée contre le titre de lieutenant général du royaume.

■ Un règne trop bref

Il est évident que la maladie du roi et la brièveté de son règne interdisent que l'on adhère sans réserve aux jugements sévères des historiens.

La vérité est que l'effacement, de toute façon relatif, du roi, permit aux individus et aux factions qui n'allaient pas tarder à se déchirer de mesurer respectivement leurs forces, sans que la politique d'apaisement déjà mise en place, sous l'influence de Catherine de Médicis, par Michel de L'Hospital, puisse finalement empêcher leur combat.

1560 - 1574

Charles IX *(1550 - 1574)*

Épouse en 1570 Élisabeth d'Autriche

Un roi sanguinaire

A la mort de son frère François II, Charles IX n'avait que dix ans et déjà une santé physique et mentale chancelante.

■ La régente

C'est donc tout naturellement que sa mère Catherine de Médicis, qui avait circonvenu Antoine de Bourbon, le régent possible, se fit attribuer la régence par le Conseil privé (21 décembre 1560) en ne laissant au roi de Navarre que les affaires militaires. C'est d'ailleurs elle qui, n'hésitant pas à se doter d'un sceau royal la qualifiant de « Reine de France, Mère du roi », exerça pratiquement le pouvoir durant le règne de son faible fils.

Dès avant le sacre du roi (15 mai 1561) à Reims, les états généraux se réunirent à Orléans le 13 décembre 1560, mais le vœu d'une réconciliation nationale émis dès la séance d'ouverture par le chancelier Michel de L'Hospital se révéla chimérique, et les trois ordres ne voulurent même pas accorder de subsides au jeune roi. Et il en fut de même, après le triumvirat formé par le connétable de Montmorency, François de Guise et le Maréchal de Saint-André pour sauver le catholicisme (6 avril 1561), à l'issue des états généraux de Pontoise en août 1561.

Pourtant le clergé, réuni à part et fortement critiqué par les autres ordres, accepta, par le célèbre contrat de Poissy (21 septembre 1561), le principe nouveau d'une contribution annuelle (prévue au départ pour seize ans) et affectée au rachat du domaine royal engagé et au paiement des arrérages des rentes constituées par le roi sur l'Hôtel de Ville de Paris. Mais l'événement essentiel survenu à Poissy fut, dans l'attente de la réouverture du concile de Trente, le colloque de septembre-octobre 1561 au cours duquel catholiques et protestants s'affrontèrent et ne purent arriver à un accord. Désirant malgré tout la paix religieuse, la régente fit publier, le 17 janvier 1562, l'édit de Saint-Germain tolérant le culte protestant dans les maisons privées et hors des villes closes.

■ Les premières guerres de Religion

Étant bien entendu que les guerres de Religion (qui durèrent de 1562 à 1598) furent moins des guerres classiques que des troubles permanents coupés de trêves, on en distingue assez arbitrairement huit, dont la première résulta d'une violation protestante de l'édit précité qui, après quelques émeutes dans le Midi, aboutit, le 1er mars 1562, au massacre de Vassy, peut-être ordonné par François de Guise qui avait surpris un culte réformé dans une grange proche de l'église du lieu et qui fut lui-même blessé. Il s'ensuivit

Un roi débile

« Il est vrai qu'il est de bel et noble esprit, qu'il montre en ses actions gravité et modestie, en ses paroles douceur et humanité, en son visage grâce et bonne humeur ; et l'on peut avoir bonne espérance, s'il vit et ne change pas, et s'il se trouve assez de temps pour n'avoir pas ses affaires troublées et ruinées au point qu'il soit forcé de s'accommoder à ce qui aurait été mis en usage par la négligence ou la maladresse d'autrui. » Dû à Soriano, un ambassadeur vénitien qui comptait sur un règne court du roi, ce jugement est prémonitoire, en ce qu'il réserve la possibilité du pire, que la débilité du roi fut bien incapable d'éviter.

des massacres de protestants et des rébellions protestantes qui aboutirent à la prise de Rouen (où mourut Antoine de Bourbon) par les catholiques (26 octobre 1562), suivie de leur victoire à Dreux (16 décembre). Mais, le 24 février 1563, François de Guise, qui assiégeait Orléans, mourut à la suite des blessures reçues d'un fanatique protestant, Poltrot de Méré, qui finit écartelé. Débarrassée en fait d'un tuteur dangereux, la régente fit publier l'édit de pacification d'Amboise (19 mars 1563) accordant aux protestants la liberté de conscience et de célébration du culte dans les demeures. Et elle réussit même à unir les deux factions pour chasser les Anglais (auxquels les protestants avaient fait appel, de même que les catholiques s'appuyaient sur les Espagnols) du Havre (30 juillet 1563), avant de proclamer le roi majeur (17 août), ce qui ne changea rien à sa domination sur lui. Elle entreprit ensuite, de janvier 1564 à mai 1566, un grand voyage en France (renouvelé en 1578-1579) pour présenter son fils au royaume et en assurer l'autorité.

Mais cela n'empêcha pas la guerre de reprendre à la suite d'une tentative des protestants pour s'emparer du roi à Meaux (26-28 septembre 1567). C'était la fin de la politique de tolérance et, après l'échec des protestants devant Saint-Denis (10 novembre 1567), et la fragile paix de Longjumeau, renouvelant celle d'Amboise (23 mars 1568), la reine mère disgracia le 29 mai 1568 le chancelier Michel de L'Hospital. La guerre ne pouvait alors que reprendre, localisée en Anjou et dans le Midi où les protestants dominaient. Le duc d'Anjou (futur Henri III) battit ces derniers à Jarnac (13 mars 1569) – où Louis de Condé et son armée furent massacrés – et, malgré des renforts allemands venus les aider, à Moncontour (3 octobre 1569). Mais il y eut une contre-offensive protestante, et Catherine de Médicis, brouillée avec les Espagnols – à la suite du refus de Philippe II, veuf d'une fille de Catherine, Élisabeth, d'épouser son autre fille Marguerite, qui se mariera finalement avec le futur Henri IV –, revint à une politique d'apaisement. Elle accorda aux protestants, par l'édit de Saint-Germain-en-Laye ou paix de la Reine (8 août 1570), en plus des libertés de l'édit d'Amboise, quatre places fortes de sûreté, La Rochelle, Cognac, Montauban et La Charité-sur-Loire. Dangereuse concession dont le principe, générateur de troubles civils, subsistera jusqu'à la paix d'Alès de 1629.

Catherine de Médicis (1519-1589)

« Il suffira de dire qu'elle est femme, mais en ajoutant après qu'elle est étrangère et, je dirai plus encore, qu'elle est Florentine [...]. On ne peut nier qu'elle soit femme de grande valeur et de grand esprit ; si elle avait plus grande expérience des affaires d'État, et qu'elle fût plus sûre qu'elle ne l'est, elle serait apte à faire de grandes choses. » Ce jugement de l'ambassadeur précité (p. 141) montre à quel point, malgré un abaissement initial, les qualités politiques de la reine mère étaient visibles ; et si efficaces que son gendre Henri IV ajoutera plus tard : « Je m'étonne qu'elle n'ait pas encore fait pire. »

■ La Saint-Barthélemy

Après son mariage avec Élisabeth d'Autriche (fille de l'empereur Maximilien II), célébré le 26 novembre 1570, Charles IX devint l'ami de l'amiral protestant Gaspard de Coligny qui le persuada de la nécessité d'une guerre pour libérer les Pays-Bas de la tutelle espagnole ce qui, après la victoire des Espagnols, des Vénitiens et du pape sur les Turcs à Lépante (7 octobre 1571), parut hasardeux – les historiens modernes sont d'un autre avis – à Catherine de Médicis qui songea dès lors à éliminer l'amiral. Elle se tourna alors vers ses ennemis les Guise, et prit le prétexte du mariage de sa fille Marguerite avec Henri de Navarre (18 août 1572) pour passer à l'action. Coligny fut tout d'abord blessé le 22 août

Charles IX
Peinture de François Clouet vers 1570.
Musée du Louvre, Paris.
Ph. © Bulloz - Arch. Photeb.

par un tueur à gages d'Henri de Guise, et la reine mère réussit, non seulement à calmer la fureur du roi, mais encore à l'entraîner, en prétextant un complot protestant, à ordonner un massacre tout d'abord limité, mais qui, une fois le peuple parisien déchaîné, devint général, le 24 août 1572, jour de la Saint-Barthélemy. On dénombra de 6 000 à 7 000 victimes, dont des catholiques, qui payèrent aussi de leur vie ce moment de folie qui est une tache indélébile dans notre histoire. Henri de Navarre, prince du sang, ne s'en tira qu'en abjurant, et le massacre s'étendit en province, où peut-être 10 000 protestants furent tués, mais où quelques gouverneurs refusèrent aussi d'obéir.

Une fois le parti huguenot décapité, le duc d'Anjou assiégea en vain La Rochelle en février-juin 1573, mais – conséquence de son élection au trône de Pologne (contre Ivan le Terrible) le 15 mai 1573 – il traita avec les assiégés ; et finalement l'édit de Boulogne (juillet 1573) accorda la liberté de conscience et de culte aux réformés de La Rochelle et de Montauban, et seule la première clause à toutes les autres villes.

Gaspard II de Coligny (1519-1572)
Ce grand soldat, amiral de France dès 1552, devint le chef des protestants avec Condé. Ses défaites ne l'empêchèrent pas d'obtenir en 1570 des avantages pour ses coreligionnaires avant que son influence sur Charles IX n'en fît pour sa mère l'homme à abattre et le prétexte autant que la victime de la Saint-Barthélemy.

■ Le gouvernement de Charles IX

Il est clair que les guerres de Religion marquèrent moins le progrès du pouvoir royal que son maintien, au demeurant précaire. Le règne de Charles IX n'en fut pas moins marqué, après la Grande Ordonnance d'Orléans (janvier 1561), aussi bien par l'ordonnance de Moulins sur la réformation de la justice, prise en février 1566 à l'instigation de Michel de L'Hospital et limitant le droit de remontrances des cours souveraines et les pouvoirs des gouverneurs, que par l'édit contemporain imposant l'inaliénabilité et l'imprescriptibilité du domaine royal.

■ La fin du roi

La dernière année du roi fut marquée par le complot des « malcontents » soutenus par son frère le duc François d'Alençon, et qui, après l'élection du duc d'Anjou au trône de Pologne, devint celui des politiques (le « Tiers parti »), bientôt allié aux protestants. Les maréchaux de Montmorency et de Cossé furent arrêtés, et deux familiers du duc d'Alençon ainsi que Montgomery furent même exécutés. Mais ce n'est qu'après la mort du roi, ravagé par la tuberculose et hanté de remords (30 mai 1574), que l'Assemblée de Millau (août 1574) réussit à unir huguenots et politiques, avec comme but la réforme de l'État et la réconciliation avec les catholiques justes et honnêtes.

■ Un roi sans volonté

C'est un paradoxe de notre histoire que Charles IX, ce roi sans volonté, ne se soit illustré, poussé il est vrai par sa mère, qu'en ordonnant le honteux massacre de la Saint-Barthélemy, triste illustration des exigences d'une détestable raison d'État.

1574 - 1589

Henri III *(1551 - 1589)*

Épouse en 1575 Louise de Lorraine

Un roi ambigu mais habile

Charles IX n'ayant eu qu'une fille de la reine Élisabeth et un garçon, mais de sa maîtresse Marie Touchet (le futur duc d'Angoulême), son frère Alexandre Édouard, devenu Henri à sa confirmation, et fils préféré de Catherine de Médicis, lui succéda.

■ Un heureux début

On sait que ses incontestables dons – c'était le plus intelligent des quatre fils de la reine mère – lui avaient valu d'être élu roi de Pologne (1573-1574). Mais, dès qu'il apprit la mort de son frère Charles, il s'enfuit de Cracovie, en réalité pour couper court à toute ingérence de son frère le duc d'Alençon, et, après une marche de six mois, entrecoupée de fêtes, il rejoignit sa mère à Lyon où il réorganisa le Conseil. Il y fit entrer déjà certains de ses « mignons » (d'Épernon, d'Arques, le futur Joyeuse) qui n'étaient en réalité que de solides compagnons d'armes aimant comme leur maître la provocation. Le 13 février 1575, il fut sacré à Reims, juste avant d'épouser, le lendemain, Louise de Lorraine dont, en dépit d'un pèlerinage à Chartres, il n'aura pas d'enfants.

Mais, dès le printemps 1575, les protestants du Midi lui présentèrent leurs exigences, appuyés par le parti du duc d'Alençon, qui s'enfuit pour négocier avec Henri de Condé (cousin du futur Henri IV), devenu le protecteur des réformés. Ce dernier fit appel à des reîtres protestants d'Allemagne, que le duc Henri de Guise battit à Dormans (10 octobre 1575). Le 3 février 1576, c'est Henri de Navarre qui s'enfuit de la cour (avec d'Aubigné) pour rejoindre son royaume, abjurer le catholicisme et prendre la tête de l'armée. Le roi fut alors forcé (par sa mère) de négocier et, le 6 mai 1576, la paix de Monsieur (le duc d'Alençon) fut conclue, et l'édit de Beaulieu-lès-Loches accorda aux protestants des avantages considérables, puisqu'ils obtinrent, outre la condamnation de la Saint-Barthélemy, l'entière liberté de culte (sauf Paris et les lieux de séjour de la cour), huit places de sûreté et des chambres « mi-partie », c'est-à-dire composées pour moitié de magistrats protestants et de magistrats catholiques, pour les affaires concernant les protestants.

■ La première ligue

Constituée le 8 juin 1576 à la suite du refus de voir s'installer en Picardie un gouverneur protestant, le prince de Condé, la Sainte Ligue, dirigée tout d'abord par le duc Henri de Guise, fut un parti à la fois religieux et politique, voué non seulement à combattre les protestants, mais à limiter le pouvoir royal en s'appuyant sur les provinces, ce qui conduisit le roi à en prendre

Un roi compétent

« Par l'habitude et la patience qu'il a eues dans les affaires d'État, le roi a la réputation de s'être fait sur elles très solide et bon jugement ; et celles aussi de la guerre, pour avoir été longuement aux armées et avoir gagné trois grands faits d'armes, expugné ou s'être trouvé aux sièges de beaucoup de villes, il les possède très complètement. Mais, en vérité, sa nature n'est pas jugée très belliqueuse. La chasse, le chevaucher ne lui plaisent pas beaucoup ; mais il a grand goût pour les dames et autres passetemps dans le palais et dans la chambre, et il prend très grand plaisir à se vêtir pompeusement avec joyaux et parfums » (Cavalli ; ambassadeur vénitien).

Jean Bodin (1530-1596)
Admiré de Montaigne et de Henri III, ce brillant humaniste, juriste et économiste, eut le mérite insigne de dégager, dans ses *Six livres de la République* (1576), la notion de souveraineté, qui permit de dissocier la monarchie des factions politiques et religieuses qui la menaçaient, mais aussi de la limiter, non seulement par le respect des lois naturelles et divines, mais encore par les lois fondamentales du royaume, dont l'hérédité et la consultation nécessaire des états généraux.

habilement (mais aussi dangereusement) la tête au début de 1577. A cette date les états généraux (dominés par la Ligue) étaient déjà réunis, depuis le 6 décembre 1576 à Blois. Le roi jugea bon d'abolir l'édit de Beaulieu, ce qui n'empêcha pas Jean Bodin, député du tiers du Vermandois, de s'opposer à lui en prônant l'unité religieuse autour du catholicisme par la seule paix et, finalement, les états de refuser tout subside au roi.

Ce dernier n'en fut pas moins contraint de reprendre la guerre contre les protestants, et les victoires catholiques de La Charité (1er mai 1577), et d'Issoire (12 juin) aboutirent, le 17 septembre, à la paix de Bergerac, ou paix du Roi, sanctionnée par l'édit de Poitiers qui, tout en proclamant la liberté de conscience, n'autorisait le culte que dans une ville par bailliage et supprimait la moitié des chambres « mi-partie ». Au surplus, une déclaration royale du 1er janvier 1578 défendit, sous peine de châtiment, mais sans succès, toutes ligues et confréries.

En effet, malgré la création en décembre 1578 de l'ordre de chevalerie du Saint-Esprit, milice destinée à unir les chevaliers des deux partis autour du roi, et le traité de Nérac (28 février 1579) signé entre Henri de Navarre et sa belle-mère, la guerre – dite « des amoureux » parce que provoquée par les intrigues amoureuses de la cour de Nérac, dont Henri III s'était moqué – reprit. Après la prise de Cahors (31 mai 1580) par Henri de Navarre, où s'illustra son ami Rosny (le futur Sully), elle s'acheva par la paix de Fleix (26 novembre 1580), confirmant celle de Bergerac.

Mais cette relative accalmie n'empêcha pas quelques aventures extérieures au cours desquelles la flotte française, combattant Philippe II qui prétendait s'imposer au Portugal, fut battue aux Açores (26 février 1582). En outre, le duc d'Anjou (ex-d'Alençon) échoua en janvier 1586 à établir un gouvernement à Anvers et fut contraint de se retirer aux Pays-Bas. Et sa mort (de phtisie) le 10 juin 1584 ouvrit une crise dynastique, puisque le roi son frère n'avait pas d'enfants.

■ La deuxième ligue

L'origine de cette nouvelle ligue n'est autre que l'application des règles de succession à la couronne qui, en l'absence d'héritier mâle, obligeaient à la confier, en l'occurrence, à un cousin éloigné du roi, Henri de Navarre, à la fois hérétique et relaps et, de plus, protecteur officiel depuis 1581 des Églises réformées de France. Les catholiques ne pouvaient que s'émouvoir et, en particulier, les Guise qui, du fait de leur ascendance lorraine, se prétendaient au surplus héritiers des Carolingiens évincés par les Capétiens. Henri de Guise (le Balafré) et ses frères, Charles, duc de Mayenne, et le cardinal de Guise, archevêque de Reims, avec quelques parents et amis, reconstituèrent la Ligue, reconnurent le vieux cardinal Charles de Bourbon (soixante-quatre ans), oncle d'Henri de Navarre, comme seul héritier possible ; et, par le traité de Joinville (31 décembre 1584), Philippe II d'Espagne leur promit des subsides, moyennant l'extirpation de l'hérésie, la publication des canons du concile de Trente, la restitution de Cam-

Henri III
Peinture anonyme, fin XVIe s.
Musée Condé, Chantilly.
Ph. H. Josse © Arch. Photeb.

brai à l'Espagne et l'attribution de la couronne au vieux cardinal.

Devant un acte aussi grave, le roi, de son côté, ne pouvait que capituler. Par l'édit de Nemours (7 juillet 1585), il abolit le culte réformé, nia tous les droits de Henri de Navarre à la couronne et accorda aux ligueurs des places de sûreté. Et le nouveau pape Sixte Quint n'hésita pas à déchoir Henri de Navarre de tous ses droits et à délier ses sujets de leur serment de fidélité par sa « bulle privatoire » (9 septembre 1585). C'est alors que débuta ce qu'on a nommé la guerre des « Trois Henri » (de Valois, de Navarre et de Guise) dont, après quelques escarmouches, le premier épisode fut la victoire du Béarnais sur l'amiral de Joyeuse, favori du roi, à Coutras (20 octobre 1587). Mais, pour sa part, le duc de Guise réussit à culbuter les « reîtres » protestants de Fabien von Dohna (envoyés par l'Électeur palatin Jean Casimir), à Vimory (26 octobre 1587) et à Auneau (24 novembre). Le roi eut alors la faiblesse de négocier leur sortie de France, ce qui ne réussit qu'à accroître la popularité du duc de Guise.

Henri de Guise (1549-1588)

Ce remarquable soldat est l'exemple même du brave dévoyé par un fanatisme religieux qui en fit l'instigateur de la Saint-Barthélemy et le poussa, devant le problème dynastique posé au départ par le protestant Henri de Navarre, à revendiquer pour lui-même le trône. Mais sa tentative d'usurpation ne pouvait qu'échouer, n'étant l'œuvre que d'une faction, alors que Henri de Navarre, qui fut contraint d'accepter le principe qui veut que le roi de France soit catholique, avait le droit pour lui.

■ Les barricades

Étant donné la puissance de la Ligue à Paris où, dès 1585, s'était constitué un parti ligueur qui deviendra celui des « Seize », le duc de Guise songea à s'en emparer et le roi y fit venir 6 000 Suisses. Mais, le 8 mai 1585, le duc de Guise n'hésita pas, malgré l'interdiction du roi, à venir dans la capitale où il fut acclamé ; et, après l'échec de son entrevue avec le roi, la ville se couvrit de barricades (12 mai 1588). Le roi fut alors contraint de s'enfuir à Chartres le lendemain et, le 18 mai, une municipalité vraiment « révolutionnaire », dirigée par La Chapelle-Marteau, fut élue. L'université et le Châtelet (symbole du pouvoir royal) furent épurés et le roi, une fois de plus, fut contraint d'accepter les exigences de la Ligue. Il signa à Rouen l'édit d'Union (enregistré le 21 juillet à Paris), confirmant celui de Nemours, convoquant les états généraux, et surtout affirmant le principe de catholicité, renforcé sur-le-champ par son engagement de publier les canons du concile de Trente. Toutefois, pendant que le roi, qui avait nommé le duc de Guise lieutenant général du royaume (4 août), préparait sa revanche, les ligueurs ne tardèrent pas à être désappointés par l'échec, en août 1588, de l'Invicible Armada que Philippe II d'Espagne avait envoyée contre l'Angleterre, ce qui ne les empêcha pas de dominer au départ les seconds états généraux de Blois.

■ Les états sanglants

Réunis dès le 16 octobre 1588, les seconds états généraux de Blois, dominés par les ennemis du roi, débutèrent par une attaque de ce dernier contre les ligueurs qui, dès le 18 octobre, ne le forcèrent pas moins à jurer de nouveau l'édit d'Union qu'il les pria en retour de jurer avec lui. Ils lui présentèrent, au surplus, des revendications exorbitantes, comme celle de donner force de loi à leurs décisions unanimes, sans même un enregistrement au Parlement, ce qui ne les empêcha pas de lui refuser tout subside en lui demandant quand même de continuer la guerre contre les protestants. On comprend que le roi, sentant le pouvoir lui échapper, ait pris peur et qu'il se soit résolu, cette fois sans consulter sa mère, à faire assassiner par ses gardes, au matin du 23 décembre 1588, l'inquiétant duc de Guise que son frère le cardinal suivit dans la mort le lendemain. Quelques jours après, sa mère mourait (5 janvier 1589) et, le 12 février, le duc de Mayenne, frère des martyrs, et élu par les ligueurs « lieutenant général de l'État et Couronne de France », entra triomphalement dans un Paris soumis en réalité à la « dictature des Seize », et triomphant pour l'instant d'un roi dont il nous faut étudier maintenant le gouvernement.

■ Le gouvernement de Henri III

La guerre civile n'a nullement empêché Henri III, que l'on a appelé le « roi de la basoche », de beaucoup légiférer dans tous les domaines, lors même qu'en dépit d'un renouvellement notable de ses conseillers à la veille de l'assassinat du duc de Guise, l'organisation du Conseil royal n'a guère été modifiée. Le texte essentiel de son règne est l'ordonnance prise à Blois, à la suite des états généraux de 1576, en 1579. On relèvera, parmi ses 363 articles, la réforme des collèges et des universités, de l'état ecclésiastique, des métiers, la promesse toujours non tenue de supprimer des offices, la réduction du nombre et des pouvoirs des dangereux gouverneurs de province, et surtout les dispositions (atténuées par rapport aux règles posées par le concile de Trente que le roi se refusait à publier) concernant la publicité (publication et célébration publique) des mariages, la présence du prêtre n'étant d'ailleurs pas exigée. En 1597 parut enfin un recueil de toutes les ordonnances royales, nommé ambitieusement Code Henri III, et dans lequel Richelieu et Colbert puisèrent par la suite.

En ce qui concerne les inévitables difficultés financières du roi, on doit noter tout d'abord que, ayant mal utilisé l'argent provenant du contrat de Poissy, il eut encore recours à l'Église. Il réunit deux nouvelles assemblées du clergé (1579-1580) à Melun et à Paris qui finirent par lui consentir pour dix ans une rente annuelle de 130 000 livres affectée au paiement des arréages des rentes sur l'Hôtel de Ville, et réussirent à obtenir d'en discuter à l'avenir le montant, nommé « don gratuit », dans le cadre de réunions décennales d'une Assemblée du clergé, devenue ainsi (au contraire des états généraux) périodique, et même représentée par deux « agents généraux » élus pour cinq ans et ayant, le cas échéant, entrée au Conseil du roi pour la défense de l'ordre. Il faut rappeler aussi que, pour remédier surtout à la pauvreté du royaume, le roi réunit en novembre 1583 à Saint-Germain une assemblée de notables qui, sans beaucoup de succès, lui conseilla de reprendre les parties du domaine aliénées et de revoir – sans aucune surcharge pour ses sujets, ce qui était inopérant – les aides et gabelles sur lesquelles, au demeurant, les adjudicataires faisaient de gros bénéfices.

■ L'assassinat du roi

Aussi dangereux pour le roi (que le pape excommunia le 26 mai 1589 après le meurtre du cardi-

Le concile de Trente (1545-1563)
Prévu dès 1522, convoqué en retard et interrompu par deux fois, le concile qui siégea à Trente tenta de contrer, en leur absence, les positions dogmatiques des protestants, en maintenant les sept sacrements et en réaffirmant la présence réelle du Christ dans l'Eucharistie. Mais il édicta également des canons disciplinaires tendant à mettre fin aux abus les plus visibles de l'Église (cumul des bénéfices, non résidence des évêques). Mais ces derniers canons ne furent reçus que partiellement en France, et l'ordonnance de Blois (1579) en fit un choix, en imposant, en particulier, les règles de la célébration du mariage *in face Ecclesiae*, pour éviter les mariages clandestins.

Jacques Clément (1567-1589)
Moine jacobin et influencé par les discours des ligueurs, Jacques Clément, convaincu de la divinité de sa mission, ne fut pas dissuadé par ses supérieurs d'assassiner le roi. Mais le fait qu'il ait été tué immédiatement par les gardes, laisse pressentir un complot dont il ne fut probablement que le docile instrument.

nal de Guise) que pour Henri de Navarre (déjà déclaré hérétique et relaps), le fanatisme de la Ligue parisienne ne pouvait que les amener à se rapprocher. Après un appel du Béarnais à la nation (4 mars 1589), ils se réconcilièrent, le 30 avril, à Plessis-lez-Tours et résolurent de lutter en commun contre la Ligue ; après un brillant succès à Bonneval (18 mai 1589) et la prise de Pontoise (26 juillet), ils commencèrent à assiéger Paris. Mais c'était compter sans la fatalité qui poussa un jeune moine dominicain, Jacques Clément, probablement fanatisé par la duchesse de Montpensier (sœur de Henri de Guise) à porter, au matin du 1er août 1589, un coup de poignard au roi qui en mourut le lendemain – son assassin ayant été inexplicablement tué juste après son crime. Pourtant, avant de succomber, Henri III, dont il faut admirer ici le sens de l'État, avait eu le temps de recevoir Henri de Navarre et de le désigner comme son successeur, ce qui était légitimer par avance, et conformément aux règles de dévolution de la couronne, sa difficile reconquête du royaume.

■ Un vrai roi

Il n'est même pas besoin de se référer au jugement de Pierre de L'Estoile selon lequel « c'était un très bon prince, s'il eût rencontré une bonne époque », pour faire de Henri III un bon roi, puisque c'est précisément son époque, qui, sans certes lui faciliter la tâche, lui permit de montrer ses incontestables qualités de gouvernant. A condition en effet de dépasser les apparences (élégance douteuse et dévotion outrée, oscillation entre la débauche et les pénitences ostentatoires), on s'aperçoit que ce roi, un peu déséquilibré certes, mais cultivé (il fut l'élève d'Amyot), aussi beau parleur qu'excellent épistolier, sans compter ses talents militaires, réussit – à travers les pièges tendus par ses ennemis et en dépit de l'influence souvent malheureuse de sa mère – à maintenir l'intégrité même de ce que son ami Jean Bodin venait d'évoquer abstraitement : la souveraineté absolue de l'État, dont il s'autorisa finalement, à ses risques et périls, pour éliminer le rebelle que fut le duc de Guise.

la maison de Bourbon

la branche d'Orléans

les intermèdes républicains

les Bonaparte

1589 - 1610

Henri IV *(1553 - 1610)*

Épouse en 1572 Marguerite de Valois
en 1600 Marie de Médicis → **Louis XIII**

Notre premier roi absolu

Quand Henri de Navarre, devenu Henri IV, succéda à Henri III (mort sans postérité), son cousin au 21e degré, puisque le nouveau roi descendait de Robert de Clermont, frère de Saint Louis, c'était, dans une France déchirée, un roi pour ainsi dire sans royaume, et surtout d'une religion différente de celle de la plupart de ses sujets.

■ Un début difficile

Aussi sa religion réformée – que par fierté il ne voulut pas tout d'abord abjurer comme il l'avait fait sous la menace en 1572 – interdisant dans l'immédiat un sacre traditionnel, son premier acte politique fut de promettre, sans beaucoup de succès d'ailleurs, par la déclaration de Saint-Ouen (4 août 1589) de conserver la reli- gion catholique dans un royaume qu'il lui restait à conquérir par les armes. En effet, le duc de Mayenne, frère d'Henri de Guise et lieutenant général du royaume (peut-être dans l'attente de son propre règne) proclama roi, sous le nom de Charles X, le cardinal de Bourbon, oncle (et captif) d'Henri IV, ce qui ne résolvait rien.

Henri IV remporta cependant sur le duc la victoire d'Arques (21 septembre 1589) ; mais, après un premier échec contre Paris, il transféra son gouvernement à Tours et battit de nouveau le duc de Mayenne le 14 mars 1590 à Ivry, où fut prononcée la célèbre phrase : « Ralliez-vous à mon panache blanc, vous le trouverez au chemin de la victoire et de l'honneur. » L'essentiel demeurait cependant la prise de Paris que le roi ne put réussir, malgré des épisodes burlesques, comme cette journée des Farines (20 janvier 1591) où les assaillants se déguisèrent en meuniers, d'autant plus que les troupes du gouverneur des Pays-Bas, Alexandre Farnèse vinrent au secours de Mayenne. Pourtant, la mort du cardinal de Bourbon (8 mai 1590) avait abouti à l'éclatement de la Ligue en plusieurs tendances, dont celle, plus conciliante, des politiques ; et, de son côté, Henri IV s'était efforcé de rassurer ses coreligionnaires par l'édit de Mantes (juillet 1591) reprenant les garanties accordées par celui de Poitiers (1577), sans réussir cependant à remporter une victoire décisive, puisqu'il échoua à prendre Rouen dont il dut lever le siège en mai 1592.

■ Vers l'abjuration

Voulant, malgré tout, forcer le destin, le duc de Mayenne convoqua, en fait illégalement, les états généraux de la Ligue le 26 janvier 1593 pour élire un nouveau roi, dont Philippe II d'Espagne demanda maladroitement qu'il soit catholique. Il y eut alors des entretiens acceptés

Un roi robuste et actif

« Le roi est si chenu que, bien qu'il n'ait que quarante-huit ans, il en paraît soixante, signe des travaux et fatigues qu'il a soufferts ; et pourtant il est robuste de corps et avec une grande vigueur d'esprit : il fait grand exercice et souffre s'il se tient tranquille. Il fatigue tout le monde, et avec médecine dans le corps il va à la chasse ; il prend nourriture gaillardement deux fois par jour ; il fait des désordres dans les plaisirs de Vénus ; il dort peu et a le sommeil prompt ; il souffre d'indispositions ; il est d'esprit rapide et très " accort " ; il sait tout et parle de tout » (ambassadeur vénitien Vendramin).

Henri IV
Le souverain porte le grand collier de l'Ordre du Saint Esprit fondé en 1578 par Henri III : une croix à huit pointes, au centre de laquelle est représentée la Colombe, y est suspendue.
Peinture anonyme, fin XVIe s.
Musée national du château de Versailles.
Ph. © Bulloz - Arch. Photeb.

par les états généraux à Suresnes en mai 1593 entre les délégués du roi et les ligueurs ; et, le 17 mai 1593, Henri IV fit annoncer par l'archevêque de Bourges sa nouvelle conversion au catholicisme. Mais cela n'arrêta pas les projets de Philippe II qui décida – contrairement à la « loi salique » qui excluait aussi bien les femmes que les descendants par les femmes de la couronne – de poser la candidature de sa fille l'infante Claire-Isabelle (petite-fille de Henri II et de Catherine de Médicis) et issue de son mariage avec Élisabeth de Valois, au trône de France, en prétendant la marier à l'archiduc Ernest d'Autriche, qu'il suffirait dès lors d'élire pour éviter l'application de la loi salique. Mais dans ce débat, où le fond des choses était, en réalité, le combat entre l'hérédité et l'élection à la couronne, les députés, après avoir justement reconnu que « nos lois et nos mœurs nous empêchent de reconnaître sur nous et d'appeler pour roi un prince qui ne soit pas de notre nation », demandèrent dangereusement qu'au moins l'époux de l'infante soit Français, ce qui les aurait obligés à élire un roi agréé par le roi d'Espagne qui, de son côté, fit maladroitement savoir qu'il s'inclinerait devant la décision des députés de faire de la couronne de France une propriété solidaire entre l'infante et le candidat qu'il choisirait.

La lumière vint heureusement du Parlement de Paris qui, sans même avoir été régulièrement convoqué par Mayenne, rendit, le 28 juin 1593, le célèbre arrêt Lemaistre (du nom de son président). Cet arrêt, dit « de la loi salique », décida, non sans avoir rappelé le principe de catholicité, que l'on ne pouvait aller, sous prétexte de religion, à l'encontre de ladite loi et, en l'occurrence, transférer la couronne de France en des mains étrangères. La catholicité de la monarchie française, que la possibilité d'un roi protestant avait conduite à affirmer solennellement par l'édit d'Union de 1588, devait donc s'accorder à la loi salique, dont le corollaire de l'exclusion des parents par les femmes avait déjà permis d'écarter un souverain étranger au moment de l'avènement de Philippe de Valois. Cette fois il s'agissait d'une femme, l'infante Claire-Isabelle, et le légat pontifical Cajetan eut beau faire savoir que son mari pourrait être le jeune duc de Guise, Charles de Lorraine, il était trop tard. Et l'abjuration solennelle de Henri IV, le 25 juillet 1593 à Saint-Denis, devant une foule enthousiaste, eut un effet foudroyant. Cet acte, l'Église de France s'étant pratiquement ralliée à lui, permit son sacre à Chartres (Reims était encore tenu par les ligueurs) le 27 février 1594. Le roi n'était pas cependant au bout de ses peines.

■ Vers la paix

Le roi eut beau entrer triomphalement dans Paris – qu'il paya en réalité bien plus cher qu'une messe, puisqu'il en avait acheté le gouverneur – le 22 mars 1594, et obtenir le ralliement de onze provinces, il lui restait à se faire pardonner par le pape. Cela fut retardé par l'attentat de Jean Châtel, un élève des jésuites qui blessa le roi à la lèvre le 27 décembre 1594, ce qui entraîna l'expulsion immédiate de l'ordre ; mais le futur cardinal Du Perron obtint le pardon du

Gabrielle d'Estrées (1571-1599)
Des nombreuses conquêtes féminines de Henri IV, de Diane d'Andouins, comtesse de Gramont (la Belle Corisande) à Henriette d'Entraygues, Gabrielle d'Estrées est la seule à avoir vraiment joué un rôle politique. Elle le poussa à se convertir au catholicisme dans l'espoir de pouvoir l'épouser un jour. Mais sa mort prématurée mit fin à un projet qui aurait posé de graves problèmes dynastiques.

pape Clément VIII (17 septembre 1595). Entre-temps le roi, également aux prises avec quelques gouverneurs récalcitrants, avait déclaré la guerre aux Espagnols et les avait battus à Fontaine-Française (5 juin 1595). Il avait pu envahir la Franche-Comté, mais il subit en Picardie des revers à Doullens (24 juillet 1595), où les Espagnols massacrèrent 4 000 personnes, et à Cambrai (7 octobre 1595). Après la prise de Calais et d'Ardres par les Espagnols (avril-mai 1596), le roi conclut en mai 1596 un traité qui l'assura du concours limité de l'Angleterre, que suivirent les Provinces-Unies (Pays-Bas du Nord), ce qui n'empêcha pas les Espagnols de menacer Paris, mais d'être aussi forcés d'évacuer Amiens après l'avoir prise (25 septembre 1597). Et c'est finalement le pape qui, par son légat Alexandre de Médicis, s'entremit entre le roi et Philippe II pour la signature du traité de Vervins (2 mai 1598) qui, rendant dans l'immédiat au roi les conquêtes espagnoles (Calais, Doullens, Ardres) et lui ôtant le Charolais, reprenait les clauses du traité du Cateau-Cambrésis (1559) la récupération très hypothétique de la Bourgogne par l'Espagne devant se faire « à l'amiable ». Quant à la question protestante, le roi venait, non sans ambiguïté, tout juste de la régler.

■ L'édit de Nantes

On conçoit qu'après l'abjuration du roi ses coreligionnaires se soient inquiétés, et n'aient pas manqué de l'inquiéter par la tenue d'assemblées factieuses et poussant à la guerre civile. C'est donc pour les rassurer que le roi signa, après d'âpres négociations, ce que l'on appelle l'édit de Nantes, et qui constitue en réalité, autour de l'édit de pacification proprement dit, daté du 13 avril 1598 (seul soumis à l'enregistrement des parlements et déclaré perpétuel et inaliénable), un ensemble de textes comprenant un brevet relatif au traitement des ministres réformés (3 avril) et deux séries d'articles secrets (30 avril, 2 mai) concernant les lieux et libertés du culte et les places de sûreté accordées aux protestants. On voit ici toute l'ambiguïté d'un édit fait, en réalité, de concessions réciproques et fragiles, et aboutissant à la coexistence de fait de deux pouvoirs, politique et militaire, dont le premier subventionnait en certains lieux le second qui, lié alors à une religion minoritaire, n'en risquait pas moins de mettre alors en péril la nécessaire unité politique de la nation.

Finalement critiqué par les deux partis, alors que l'histoire y verra plutôt une miraculeuse réconciliation, dénoncé par le pape, l'édit de Nantes, que le roi appliqua on ne peut plus libéralement en ce qui concerne les protestants, ne put être enregistré au Parlement de Paris qu'après de sévères remontrances et un beau discours du roi (7 janvier 1799) ; et l'on sait que le parlement de Rouen ne céda qu'en 1609, après maintes lettres de jussion ordonnant l'enregistrement. La vérité est que le courageux essai tenté par le roi d'une coexistence, que les places de sûreté interdisent de qualifier de totalement pacifique, était prématuré dans une Europe, où l'unité de religion entre le prince et son peuple – *Cujus regio ejus religio* – était la règle.

Les clauses de l'édit de Nantes

Bien que la religion catholique demeure une religion d'État, l'Édit de Nantes accordait aux protestants la liberté de conscience, d'enseignement et (avec quelques restrictions) de culte. Ils pouvaient accéder à toutes les fonctions et obtenaient des garanties judiciaires avec une chambre de l'Édit à Paris, et quelques chambres « mi-partie » en province. Quant aux « articles secrets », soumis au bon vouloir du roi, ils leur permettaient de tenir des assemblées religieuses et politiques et leur accordaient 151 places de refuge, dont des places de sûreté dans lesquelles le gouverneur, toujours protestant, et les soldats devaient être payés par le roi.

■ Le gouvernement de Henri IV

Ce gouvernement s'efface presque en regard de l'œuvre accomplie par son ami Sully, soumis néanmoins au pouvoir d'un monarque absolu. La principale tâche de Henri IV était en effet avant tout de restaurer l'État, et non de le gérer. Pour cela il dut tout d'abord – sans presque rien changer à l'organisation du gouvernement dont il confia les principales tâches à ses fidèles, en assurant la primauté des cadres financiers sur les cadres judiciaires – s'attaquer aux gouverneurs de province, auxquels il avait, en réalité, racheté son royaume, en réduisant leurs pouvoirs judiciaires et financiers. Mais il se heurta aussi aux parlements, qu'il neutralisa parfois en y nommant ses amis. Quant aux villes, il les surchargea de frais et d'emprunts forcés en imposant aussi ses candidats aux fonctions municipales. Mais il est évident que l'essentiel de sa politique intérieure fut assumé par son ami Sully.

Sully (1559-1641)
Baron de Rosny, puis duc de Sully, Maximilien de Béthune, ami de jeunesse du roi, lui conseilla de se convertir par pure politique au catholicisme, tout en demeurant, pour sa part, protestant. Bourru et rébarbatif, mais moins ladre qu'on l'a dit, il réussit à rétablir les finances d'un roi très dépensier. Mais sa réussite économique ne doit pas faire oublier d'éminentes qualités de diplomate qui, sans la mort du roi, auraient peut-être mené à une politique – devenue finalement belliqueuse – qu'il aurait pu tempérer.

■ Sully

Sully entra au Conseil des finances dès 1596, puis au Conseil des affaires et s'y heurta avec le chancelier Pomponne de Bellièvre, partisan d'une monarchie « à grand conseil », limitée par les parlements et les lois fondamentales, alors que Sully défendait, comme son maître, une monarchie absolue où, avec des conseillers dociles, prédominerait la raison d'État. Et c'est plus précisément lors de l'institution de la paulette – droit annuel imaginé en 1604 par le financier Charles Paulet et permettant l'hérédité des offices à la condition que les officiers paient un soixantième de la valeur vénale de la charge – que les deux hommes s'affrontèrent. Adversaire de la paulette, et mis en minorité au conseil, Bellièvre se vit finalement retirer les sceaux ; mais la vérité oblige à dire qu'il avait vu juste en expliquant au roi qu'en engendrant des castes d'officiers, l'hérédité d'offices destinés finalement à se multiplier du fait de la baisse de leur valeur finirait par être nuisible à la monarchie.

Pour bien comprendre l'importance de l'œuvre de Sully, il faut tout d'abord noter que la multiplication même de ses fonctions – conseiller et bientôt surintendant des Finances, grand voyer de France, grand maître de l'artillerie, et surintendant des bâtiments – l'obligea à avoir à son service de nombreux adjoints et lieutenants, tout comme des commissaires, dont certains, intendants de justice, police et finances (les futurs intendants) devinrent permanents. Le premier soin de Sully fut, par des moyens parfois brutaux, de réduire la dette de l'État, en rachetant les rentes, et surtout en abaissant le taux du loyer de l'argent pour diminuer l'usure. Il s'efforça aussi d'introduire plus de justice dans la répartition des tailles dont certains, pour avoir combattu aux côtés du roi, se prétendaient exempts.

En matière économique, il est bien connu qu'il encouragea l'agriculture par une habile propagande auprès des nobles, symbolisée par le fameux *Théâtre d'Agriculture et mesnage des champs* du noble protestant Olivier de Serres, qui préconisa aussi la culture du mûrier nécessaire à la fabrication de la soie. Mercantiliste avant Colbert, et donc hostile à toute importation, Sully s'opposait donc à l'industrie de luxe qui avait la faveur du roi ; mais la solution de leur conflit requit le concours du protestant Barthélemy de Laffemas, contrôleur général du commerce en 1602 qui, en théoricien mercantiliste intégral, voulut établir un protectionnisme farouche en faveur des fabrications nationales, en systématisant en particulier les métiers jurés. Toutefois, il ne réussit en réalité qu'à financer pauvrement des industries nouvelles, surtout de luxe, pour empêcher les importations, mais qui, sauf exception (les Gobelins, la Savonnerie) ne survécurent pas au règne d'Henri IV.

Grand maître de l'artillerie et surintendant des fortifications, Sully se préoccupa d'accroître notre armement, de faire construire des galères et, vrai précurseur de Vauban, de réparer nos fortifications.

Grand voyer de France, on lui doit aussi la construction et l'entretien de nombreuses routes (plantées d'ormes), de nombreux ponts ; de même qu'il fit commencer la construction du canal de Briare, reliant la Seine et la Loire par le Loing, tout cela pour encourager le commerce. C'est d'ailleurs dans ce dernier but que furent signés des accords commerciaux avec l'Espagne (1604) et l'Angleterre (1606), et qu'après le premier voyage de Samuel Champlain au Canada (1603), suivi d'un essai de colonisation, fut fondée en 1603 la Compagnie de commerce des Indes.

Mais cet aperçu de la politique de Sully ne serait pas complet sans la mention des nombreuses constructions (Pont-Neuf, place Royale, plus tard place des Vosges, place Dauphine, hôpital Saint-Louis), restaurations et agrandissements (Louvre, Fontainebleau, Saint-Germain-en-Laye), qui se firent sous son égide.

■ Les épreuves

Aussi brillante que fût la reconstruction du royaume grâce à Sully, sa réduction à l'obéissance par un roi que catholiques et protestants pouvaient également détester n'alla pas sans épreuves, que l'inconduite du roi devait aggraver. C'est ainsi que sa maîtresse Henriette d'Entraygues qui, après la naissance du dauphin en 1601, lui avait donné finalement un bâtard pour lequel elle rêvait de la couronne, se trouva liée, par sa parenté avec l'un des conjurés, le comte d'Auvergne, au complot tramé par l'un des plus fidèles compagnons du roi, le maréchal de Biron, avec l'Espagne, le duc de Savoie, et quelques grands (d'Épernon, La Trémoille, Bouillon et peut-être Montmorency) pour se partager la France après la mort du roi. Biron, ayant nié le complot, fut condamné pour crime de lèse-majesté par le Parlement et décapité à la Bastille le 29 juillet, alors que le roi gracia le comte d'Auvergne, frère utérin de sa maîtresse. Mais, en 1603-1604, ce fut un autre complot de l'Espagne, du duc d'Entraygues, de sa fille Henriette, du duc de Soissons et du comte d'Auvergne, cette fois contre Sully. Bien que les conjurés eussent été condamnés à mort pour lèse-majesté (sauf Henriette, qui fut finalement libérée), le duc d'Entraygues fut gracié et le comte d'Auvergne emprisonné. Mais cela n'empêcha pas le duc de Bouillon, vicomte de Turenne et chef des huguenots, de réci-

Laffemas (1545-1612)
Ancien tailleur, ce brillant économiste protestant devint premier valet de chambre du roi, qu'il aida finalement dans la réorganisation de l'économie. Dans ses projets soumis en 1596 à l'Assemblée des notables de Rouen, il s'opposa aux « abus et monopoles » et prétendit réformer les manufactures. Devenu contrôleur général du commerce, il en profita pour crééer un Conseil du commerce où siégaient deux commerçants à côté des notables. Et on lui doit un essor, hélas limité, de notre industrie.

diver en 1605-1606 et d'être finalement pardonné.

■ Le grand dessein

Le traité de Vervins n'ayant pas réglé les problèmes du roi de France avec le duc Charles-Emmanuel de Savoie qui avait occupé le marquisat de Saluces et tenté de conquérir le Dauphiné et la Provence, une brève campagne l'obligea à céder. Succédant à un traité qui n'avait rien réglé, le traité de Lyon (7 janvier 1601), négocié par Sully, lui permit de garder Saluces, mais nous donna la Bresse, le Bugey, le Valromey et le pays de Gex. Et, pour interdire toute communication alpine par la Valteline entre les pays possédés par les Habsbourg de Vienne et d'Espagne, le roi conclut le 29 janvier 1602 à Soleure un traité d'alliance avec la plupart des cantons suisses avant de prendre, par le traité de Saint-Julien (juillet 1603), Genève sous sa protection.

Poursuivant la politique de François Ier, il renouvela, l'année suivante, les capitulations du Levant et, en 1606, offrit sa médiation dans le conflit qui opposait le pape et Venise et qui fut réglé par lui en 1607, alors que l'Espagne avait échoué. Mais ses principaux ennemis demeuraient les Habsbourg, qu'il tenta tout d'abord d'affaiblir aux Pays-Bas en assurant, le 23 janvier 1608 à La Haye, les Provinces-Unies de l'alliance française contre l'Espagne, avec laquelle il les poussa finalement à conclure, moyennant la reconnaissance de leur souveraineté, une trêve de douze ans, le 9 avril 1609.

D'un autre côté, il donna son appui aux protestants d'Allemagne, qui avaient conclu, le 4 mai 1608, une Union évangélique, évidemment dirigée contre les Habsbourg, et contre laquelle les catholiques constituèrent une Sainte Ligue. Mais le conflit était inévitable, avec la mort, le 25 mars 1609, de Jean Guillaume, duc de Clèves, de Berg et de Juliers, dont la succession était convoitée aussi bien par les catholiques que par les protestants. En attendant que la question soit réglée, l'empereur Rodolphe II prononça, en juin 1609, le séquestre des duchés, ce qui poussa finalement Henri IV à préparer la guerre en concluant un traité d'alliance avec l'Union évangélique (11 février 1610), suivi d'une alliance avec le duc de Savoie (25 avril).

Faut-il voir, dans ces préparatifs de guerre, le début de l'exécution du « grand dessein » que Sully prêta au roi dans ses *Mémoires,* et qui l'aurait conduit à abaisser les Habsbourg en remodelant une Europe unie ? Les historiens modernes le nient, mais échouent à expliquer comment le prudent Henri IV a pu se montrer soudainement – la raison sentimentale qui l'aurait poussé à faire la guerre pour récupérer sa jeune conquête Charlotte de Montmorency, réfugiée aux Pays-Bas avec son mari le jeune Condé, est bien mince – si belliqueux. Au demeurant, c'est le destin qui empêcha une guerre que l'on pouvait trouver imprudente, mais dont le succès eût évité à l'Europe la guerre de Trente Ans.

■ L'assassinat du roi

Avant d'entrer en campagne, Henri IV décida, non sans hésitation, de confier la régence à Marie de Médicis et de la faire

Duc Henri de Bouillon (1555-1623)
Père du grand maréchal de Turenne, Henri de la Tour d'Auvergne, devenu protestant à la suite de la Saint-Barthélémy, se rallia à Henri IV et participa au siège de Paris. Maréchal en 1592, il n'en conspira pas moins contre le roi à plusieurs reprises et, après que Henri IV l'eut gracié, il récidiva après sa mort en s'opposant à Sully et à Concini, bien qu'il ait fait partie en 1610 du conseil de régence.

tardivement couronner et sacrer à Saint-Denis, le 13 mai 1610. On sait que c'est au lendemain de cette cérémonie qu'un maître d'école d'Angoulême, quelque peu détraqué et peut-être inspiré par l'esprit de la Ligue, bien qu'il n'eût avoué aucun complice, François Ravaillac, qui avait à plusieurs reprises tenté d'approcher le roi, lui donna deux coups de couteau mortels dans son carrosse ouvert, arrêté rue de la Ferronnerie par un embarras de charrettes. Mais, si l'on n'ignore aucun des détails du supplice infligé à l'assassin, on sait moins que, devant les pleurs de la reine, le chancelier Sillery, tenant le dauphin par la main, eut le réflexe de répliquer : « Les rois ne meurent pas en France », ce qui est en tout cas vrai du souvenir laissé par Henri IV.

■ Un roi exceptionnel

Même si la légende du « bon roi Henri », libéral et bon enfant, doit être abandonnée, ne serait-ce que dans la mesure où ses contemporains le considérèrent parfois plutôt comme un « tyran d'exercice », voire « d'usurpation », il n'en demeure pas moins qu'il fut, avec Saint Louis, l'un de nos meilleurs rois. Tout autant que par ses qualités guerrières et son indéniable sens politique, il frappe, dans une période de querelles sans pitié, par son humanité, si bien résumée dans son propos : « J'ai plus de place en mon cœur pour la miséricorde que pour la haine » ; ou encore par son aveu jailli du cœur : « Plût à Dieu que je n'eusse jamais été capitaine puisque mon apprentissage devait se faire à de tels dépens. »

Mais, pour bien le comprendre, il faut bien voir que son humanité et son affabilité mêmes sont toujours demeurées au service de l'État, et même de la raison d'État, au nom de laquelle il refusa de gracier son ami le maréchal de Biron, alors que sa faiblesse naturelle le poussa à gracier ses comparses, liés à sa maîtresse. Tout Henri IV est, semble-t-il, dans le double langage qu'il tint aux membres du Parlement de Paris pour leur imposer l'enregistrement de l'édit de Nantes. Après avoir déclaré les recevoir habillé non en roi, mais « vêtu comme un père de famille, en pourpoint, pour parler à ses enfants », il n'en précisa pas moins : « Je couperai la racine à toutes factions, à toutes prédications séditieuses, et je ferai raccourcir tous ceux qui les susciteront. » Mais il est vrai que, de cet exercice bonhomme du pouvoir absolu, ses successeurs ne retiendront que l'absolutisme ou la bonhomie sans jamais pouvoir égaler la séduisante mais aussi dangereuse (puisqu'il la paya de sa vie) synthèse du Béarnais.

Ravaillac (1578-1610)
Il est indéniable que la personnalité instable de ce modeste instituteur, religieux à l'excès, le prédisposait au régicide. Plus mystérieux demeure son passage à l'acte – explicable certes par les libelles de l'époque justifiant le régicide – mais que les religieux qu'il consulta paraissent ne pas avoir pressenti. Tout aussi troublante est – pour autant qu'il n'ait pas agi seul, ce qui est loin d'être prouvé – la multiplicité des commanditaires possibles d'un crime qu'il expia dans d'horribles souffrances.

1610 - 1643

Louis XIII *(1601 - 1643)*

Épouse en 1615 Anne d'Autriche → **Louis XIV**

Un roi pieux et juste

Louis XIII, né le 27 septembre 1601, n'avait que neuf ans à la mort de son père. Sa mère Marie de Médicis se fit donc reconnaître comme régente jusqu'à la majorité du roi (2 octobre 1614) par un arrêt du Parlement de Paris.

■ Une minorité dangereuse

Mais, n'ayant aucune expérience politique, et réalisant la prédiction de Sully selon laquelle le royaume « allait tomber en d'étranges mains », elle laissa gouverner sa sœur de lait, la « magicienne » Leonora Dori, dite Galigaï, une intrigante mariée au gentilhomme bellâtre florentin Concino Concini qui, fait bientôt marquis d'Ancre, et même maréchal en 1613, ne sut qu'accumuler les honneurs et se séparer de l'indispensable Sully (dès 1611) comme des vieux ministres de Henri IV (les « barbons »). La place était nette pour les intrigants, et il en résulta une révolte des grands (Condé, Guise, Mayenne, Nevers, Bouillon) qui surent avant tout profiter du trésor amassé par Sully, mais aussi des protestants, réunis dans les Assemblées de Saumur et de La Rochelle (1611-1612), et qui s'inquiétèrent surtout de la politique pro-Habsbourg de la régente dont le résultat fut, dès 1612, le projet du double mariage de Louis XIII avec l'infante Anne d'Autriche et de sa sœur Elisabeth avec le futur Philippe IV d'Espagne. C'est pourtant le soulèvement des grands qui entraîna, par le traité de Sainte-Menehould qu'ils conclurent avec la régente (15 mai 1614), la promesse de la réunion d'états généraux.

■ Les états généraux de 1614-1615

Réunis à Paris dès le 27 octobre 1614 ces états généraux – les derniers avant ceux de 1789 –, composés surtout de nobles (même dans le tiers état !) et d'officiers tout dévoués à la royauté, furent marqués par une rivalité entre les ordres qui ne réussit qu'à renforcer l'absolutisme royal, sans que les questions soulevées aient été réglées. Les députés de la noblesse, soutenus par ceux du clergé, demandèrent, dès le début de la session, la suppression de la paulette, de la vénalité des charges militaires et la répression des usurpations de noblesse ; mais ceux du tiers état répliquèrent en réclamant la réduction des tailles, et aussi des pensions accordées aux nobles par le roi.

Cependant, le début fondamental concerna probablement la demande faite par le tiers état pour que la formule selon laquelle « le roi est souverain en France, il ne tient sa couronne que de Dieu seul et il n'y a

Un roi juste et modéré

Louis XIII, « prince de mœurs exemplaires et d'une pureté de vie non ordinaire, arrive à l'âge de quarante ans, persiste plus que jamais dans une parfaite modération, loin du luxe et des crapules, du jeu et des amours... Il porte avec grande raison le surnom de juste, et même presque de sévère. Dans les affaires graves il a du bon sens ; il pénètre avec vivacité le fond des choses, mais il ne vient jamais à aucune délibération sans le conseil de qui il estime le plus » (Angelo Correr, ambassadeur de Venise).

Louis XIII couronné par la Victoire.
Peinture de Philippe de Champaigne, 1635.
Musée du Louvre, Paris.
Ph. S. Guiley-Lagache © Arch. Photeb.

aucune puissance sur terre, qu'elle soit spirituelle ou temporelle, qui ait aucun droit sur son royaume » soit arrêtée comme loi fondamentale de l'État. Surtout préoccupé d'obtenir que les décrets du concile de Trente fussent officiellement reçus en France, et toujours partisan de l'autorité pontificale, le clergé, soutenu par la noblesse, s'y opposa ; et, avant la séance royale de clôture (23 février 1615), au cours de laquelle on remarqua le discours du jeune évêque de Luçon, Armand du Plessis de Richelieu, l'accord ne fut trouvé que sur la nécessité de la réduction de la taille, de faire rendre gorge aux financiers et d'obtenir la publication du budget. Mais on peut dire que le désaccord entre les ordres sauva l'absolutisme d'un régime qui ne considérait en réalité les états généraux que comme un expédient, relayé, dès le 22 mai 1615, par les vaines remontrances du Parlement de Paris.

Richelieu (1585-1642)
Il convient de retoucher quelque peu l'image d'un Richelieu aussi altier qu'impitoyable. Ce parfait prélat, plus politique que mystique, eut en réalité une carrière hasardeuse à ses débuts, ce qui le rendit prudent et dissimulé ; et il fut plus soucieux d'utiliser les événements intelligemment que de les modeler à sa guise. Sa politique fut exécutée avec bien plus de souplesse qu'on l'a dit, en dehors, il est vrai, des exigences obligées de la raison d'État, qui rendirent impitoyable cet incontestable « machiavélien ».

■ Le roi prend le pouvoir

Bien que le roi eût proclamé solennellement sa majorité devant le Parlement de Paris le 2 octobre 1614, il avait été tenu à l'écart du gouvernement par sa mère et Concini qui, après la conclusion des mariages prévus (28 novembre 1615), se heurtèrent à un nouveau soulèvement des nobles, terminé par le traité de Loudun (3 mai 1616), conclu entre la régente et Condé qui, acclamé par les Parisiens en haine de Concini, devint un temps chef du Conseil, avant d'être arrêté (1er septembre 1616). Concini s'entoura alors d'hommes nouveaux, dont Richelieu qui, dès le 25 novembre 1616, devint en fait secrétaire d'État aux Affaires étrangères et à la Guerre. Mais, le 24 avril 1617, ce fut le « coup de majesté » (non d'État) de Louis XIII qui, sous l'influence de son ami, le dresseur d'oiseaux Charles d'Albert de Luynes, se vengea enfin du mépris et de l'humiliation dans lesquels il avait été tenu et fit assassiner Concini (24 avril 1617), son épouse Léonora Galigaï finissant sur le bûcher le 8 juillet suivant.

Pourtant, la fin de Concini, qui éloigna un moment du pouvoir Richelieu qui avait vainement tenté de régler les affaires d'Italie, n'améliora pas la situation intérieure, son successeur le duc de Luynes se montrant aussi intéressé que lui. Furieuse au surplus d'avoir été évincée, la reine mère favorisa une révolte nobiliaire qui, apaisée en un premier temps par le traité d'Angoulême négocié par Richelieu (30 avril 1619), aboutit à la « drôlerie des Ponts-de-Cé » où ses partisans furent dispersés le 7 août 1620, et finalement à la paix d'Angers (10 août 1620).

Il restait à combattre les protestants, en particulier pour que le culte catholique fût rétabli en Béarn et en Navarre, ce qui fut fait dès 1620 ; mais la réunion de ces provinces à la couronne avec un parlement unique à Pau entraîna leur révolte. Et si Luynes, promu connétable, réussit à prendre aux protestants Saint-Jean-d'Angély, il échoua devant Montauban en novembre 1621, peu avant sa mort causée par une fièvre contractée au siège de Monheurt (15 décembre 1621). Peu après le cardinalat de Richelieu (5 septembre 1622), et l'échec du siège de Montpellier, la paix qui y fut conclue (18 octobre 1622) mit fin provisoirement à l'insurrection protestante en renouvelant l'édit de Nantes. Mais les années 1622-1624 virent l'irrésistible montée au pouvoir de Richelieu qui entra enfin pleinement au Conseil le 29 avril 1624, au début comme un simple factotum de la reine mère, qu'il ne tarda pas à abandonner pour défendre, surtout après la disgrâce du marquis de La Vieuville, surintendant des Finances (13 août 1624), les seuls intérêts du roi.

▪ Richelieu au pouvoir

Dès sa véritable arrivée au pouvoir, Richelieu, qui devint « principal ministre » en août 1624, régla l'affaire du mariage de la sœur du roi Henriette de France avec Charles Ier d'Angleterre. Et, après avoir conclu hâtivement la paix de La Rochelle avec les protestants (février 1626), et bâclé le 5 mars 1626 le traité de Monçon, accordant aux Espagnols le passage libre en Valteline, il vit se tramer contre lui personnellement le complot du comte de Chalais. Provoqué par le refus du mariage de Gaston d'Orléans (« Monsieur », frère du roi) avec Mlle de Bourbon-Montpensier, ce complot fut animé par l'intrigante Mme de Chevreuse. Son échec entraîna la décapitation du comte (ensorcelé par l'intrigante), le 19 août 1626, en réalité concomitante d'une politique systématique d'abaissement de la noblesse (démolition des châteaux forts sans nécessité stratégique et interdiction des duels), qui conduisit à la mort deux nobles qui s'étaient battus en duel (22 juin 1627), mais que l'on ne doit nullement confondre avec une hostilité de principe au deuxième ordre.

Mais le problème interne le plus préoccupant demeurait celui des protestants, aggravé par la rupture franco-anglaise et le parti des dévots (le cardinal de Bérulle), qui poussa Richelieu à s'emparer de La Rochelle où les protestants s'étaient réfugiés et où les Anglais, débarqués dans l'île de Ré et commandés par Buckingham (l'ancien amant de la reine Anne d'Autriche), tentèrent de les secourir. On sait qu'à l'issue d'un siège de quatorze mois, marqué par la famine et la construction d'une immense digue, le roi put faire son entrée solennelle dans la ville, qui avait capitulé le 29 octobre 1629. La guerre contre les protestants devait cependant se prolonger dans le Midi avec la destruction de Privas, avant que l'édit de grâce d'Alès (28 juin 1629) ne réglât (en fait momentanément) la question protestante par une confirmation de l'édit de Nantes, à l'exception notable des brevets accordant aux protestants des assemblées et des places de sûreté. La liberté de conscience et de culte était donc maintenue, mais dans l'espoir fallacieux de conversions massives, le but de l'édit demeurant l'extinction de l'hérésie.

▪ Richelieu menacé

Une des conséquences du règlement de la question protestante fut le problème du choix de la politique française dans une Europe déchirée depuis 1618 par la guerre de Trente Ans et où elle ne pouvait pas attaquer trop directement l'Espagne. En s'emparant cependant de Pignerol, clé de l'accès en Italie (29 mars 1630), puis de Saluces en juillet, avant de renouveler, en juin 1630, l'alliance avec les

Le père Joseph (1577-1638)
Sorte de double mystique du cardinal, ce capucin, que son rôle discret fit surnommer l'Éminence grise, fut très vite utilisé par Richelieu dans les négociations les plus délicates, avec Rome ou les princes allemands. Aussi doué pour la propagande par voie de presse que comme médiateur, il n'en demeura pas moins un religieux exemplaire, que seule une mort prématurée empêcha d'être cardinal comme son maître.

Provinces-Unies, Richelieu heurta l'Espagne. Aussi, en dépit du succès du père Joseph (l'Éminence grise) qui réussit à évincer en octobre 1630 à la diète de Ratisbonne le prétendant Habsbourg, et à cause même du traité conclu dans le même lieu (sans instructions à cause de la maladie du roi) pour faire la paix avec l'empereur (13 octobre 1630), la reine mère jura de perdre le cardinal. Elle faillit y réussir, au cours de ce que le comte Bautru appela la journée des Dupes, en fait les journées des 10 et 11 novembre 1630, qui virent se succéder la disgrâce apparente (extorquée par la reine mère au roi) du cardinal, qui assista lui-même incongrûment à la scène, et sa rentrée en grâce. Mais ce fut au grand dam du garde des Sceaux Michel de Marillac, qui voulait le supplanter, de son frère Louis, le maréchal qui, après un procès inique, fut décapité (10 mai 1632), et surtout de la reine mère, qui finit par s'exiler et mourut finalement à Cologne en 1642 sans avoir revu son fils.

Michel de Marillac (1563-1632)
Ancien ligueur, conseiller au parlement de Paris et chef du parti dévôt, devenu garde des Sceaux en 1626, Michel de Marillac est surtout connu par la Grande Ordonnance de réformation qu'il mit au point, que Louis XIII promulgua en 1629 pour satisfaire les doléances des états généraux de 1614, et que l'on baptisa « Code Michau ». Mais son hostilité à Richelieu le perdit, et il fut disgracié et exilé finalement à Châteaudun après la journée des Dupes.

■ La lutte contre les Habsbourg

Avec le but avoué de contrecarrer les ambitions hégémoniques des Habsbourg de Madrid et de Vienne et de rompre l'encerclement du royaume, et aussi de donner à la France une position dominante en Europe, cette lutte se caractérisa par le passage d'une guerre « couverte », c'est-à-dire faite par alliés interposés, à la guerre ouverte que Richelieu fut contraint de mener. C'est tout d'abord son allié le roi de Suède Gustave Adolphe, stratège génial qui, débarqué en Allemagne dès 1630, y remporta, après le traité de Bärwald conclu avec nous en 1631, la victoire de Breitenfeld sur les Impériaux commandés par Tilly (septembre 1631). Mais la mort du roi de Suède à Lützen (16 novembre 1632), malgré la victoire, changea le cours des choses. Richelieu, qui avait prudemment occupé la Lorraine et Trèves, fut contraint, après la défaite des Suédois à Nordlingen (5-6 septembre 1634), et l'occupation de Trèves par les Espagnols, de faire ouvertement la guerre à l'Espagne (19 mai 1636). Mais cette guerre commença mal pour nous, avec la chute de Corbie le 15 août (bientôt reprise), qui menaça un moment Paris, et surtout la déclaration de guerre de l'empereur (septembre 1636) dont les troupes ne purent cependant prendre Saint-Jean-de-Losne.

Heureusement, après la déroute de Fontarabie (1638), la situation se redressa quand Bernard de Saxe-Weimar, notre allié, conquit l'Alsace, avant qu'à sa mort (1639) la France ne rachetât ses troupes et ses conquêtes. En 1640 les soldats de Louis XIII conquirent Arras, Richelieu fit occuper la Savoie et le Piémont, en même temps qu'il encouragea la sécession du Portugal, la révolte de la Catalogne, et plus particulièrement du Roussillon que la France annexa déjà après la capitulation de Perpignan (9 septembre 1642). Dès le 25 décembre 1641 des préliminaires de paix avaient eu lieu à Hambourg, et l'on sait qu'après même la mort du cardinal et celle du roi, le duc d'Enghien (le futur Grand Condé) remporta, le 19 mai 1643, sur les troupes espagnoles des Pays-Bas qui revenaient vers Paris, l'éclatante victoire de Rocroi, qui marqua le début de la prépondérance militaire de la France en Europe.

■ Le gouvernement de Louis XIII

Plus importante que les transformations du Conseil du roi – où apparut dès 1617, au moins comme appellation, mais non encore comme organe distinct du Conseil des Affaires, le Conseil des Dépêches chargé de l'administration interne du royaume – est assurément la pratique de ce que l'on a appelé le « ministériat ». Fondée sur la confiance du roi envers un Richelieu responsable devant lui de ses actes, mais non lui dictant, comme on l'a souvent dit, sa volonté, elle a eu cependant comme corollaire, dans le cadre juridique du Conseil des affaires, l'introduction au sein de ce dernier de créatures du cardinal pour lui permettre, malgré tout, de dominer l'appareil d'État, sans hésiter même à faire appel à l'opinion publique par la propagande et la presse *(Mercure françois* et *la Gazette* de Théophraste Renaudot).

Il va de soi que l'efficacité gouvernementale recherchée supposait, outre l'effacement après 1615 des états généraux, et la domestication d'états particuliers dont certains disparurent, et qui furent réduits à payer l'impôt, parfois sans discuter, l'abaissement des parlements. L'édit du 21 février 1641 limita leur droit de remontrance, et leur interdit de se mêler des affaires d'État.

De leur côté, les gouverneurs, seuls vrais représentants de la personne du roi, par opposition aux intendants qui représentaient plutôt l'abstraction de l'État, virent leurs pouvoirs diminuer au profit des seconds qui, s'ils ne furent pas créés, comme on le dit à tort, par Richelieu, furent largement utilisés (sans devenir pour autant permanents) par le pouvoir pour accompagner l'effort financier, contrôler les mœurs et les actes des officiers de justice et de finances, la répartition des impôts et, d'une manière générale, remédier aux désordres causés par l'injustice des riches envers les pauvres.

Quant aux finances de Louis XIII, elles furent, dans une période de guerre qui obligea le roi à recourir à des expédients ou à déclarer en 1621 le « don gratuit » du clergé périodique, et compte tenu de l'incompétence avouée de Richelieu en la matière (pourtant aidé de Bullion et de Bouthillier), le point faible du règne. Malgré un gigantesque effort en matière maritime, le commerce national et international demeura, faute de capitaux, et en dépit même de la fondation de multiples colonies et compagnies coloniales aux Antilles, au Canada, en Afrique et à Madagascar, très au-dessous de la grandeur maritime rêvée par Richelieu.

Mais le tableau du gouvernement de Louis XIII ne serait pas complet sans la mention des problèmes posés par une Église catholique en pleine renaissance (saint Vincent de Paul, Bérulle) dont Richelieu, partisan d'une harmonie, et non d'un combat entre le temporel et le spirituel, exalta le gallicanisme, ne serait-ce que pour mieux se démarquer de l'Espagne ultramontaine. Pourtant, il combattit sans pitié le parti dévot. Et, après la mort du cardinal de Bérulle (1629), le tenant du premier jansénisme, l'admirable abbé de Saint-Cyran, fut emprisonné le 14 mai

Saint Vincent de Paul (1581-1660)

Ce fils de berger des Landes, aussi humble que charitable, n'en joua pas moins un rôle « politique ». En effet, son action caritative comme aumônier général des galères (1619) ou fondateur avec Louise de Marillac des Filles de la Charité (1633) ne l'empêcha pas de faire partie du Conseil de Conscience où il épura le haut clergé et veilla à la qualité des vocations. Ami à la fois des grands et des humbles qu'il aima plus qu'eux, il fut le « grand saint du grand siècle ».

Gaston d'Orléans (1608-1660)
Troisième fils de Henvi IV et de Marie de Médicis, « Monsieur » à la mort de son frère Nicolas (1611) et héritier présomptif du trône avant la naissance de Louis XIV, Gaston d'Orléans offre l'exemple même du cadet inconsolable de ne pas avoir eu le pouvoir. Aussi cultivé qu'inconstant, il ne cessa de comploter contre Richelieu et n'hésita pas à s'allier aux ennemis de la France, quitte à livrer ses complices pour être absous. Nommé lieutenant général du royaume à la mort de Louis XIII, il n'en participa pas moins à la Fronde, et Louis XIV s'empressa de l'exiler dès son retour à Paris en 1652.

1638, non seulement à cause d'un différend politique avec Richelieu, mais à cause du danger social que ce dernier subodorait dans la renonciation janséniste au monde.

■ Les complots

Attisés aussi bien par le roi d'Espagne que par les querelles de famille qu'il envenima, de multiples complots marquèrent la fin du règne de Louis XIII. Audelà de celui qui valut au duc de Montmorency d'être exécuté (30 octobre 1632) pour avoir soulevé le Languedoc, dont il était gouverneur, afin de mieux favoriser les dangereuses ambitions de Gaston d'Orléans (frère d'un roi encore sans héritier, puisque le futur Louis XIV naquit seulement le 5 septembre 1638), on citera seulement celui de la reine Anne, qui, en 1637, alla jusqu'à trahir des secrets d'État, et le complot final, toujours en faveur de Gaston d'Orléans, du favori que Richelieu lui-même avait donné au roi, Henri d'Effiat, marquis de Cinq-Mars. Ce dernier, après qu'un traité félon et secret eut été conclu le 13 mars 1642 avec l'Espagne pour permettre au frère du roi de s'emparer du pouvoir, alla jusqu'à demander au monarque (peut-être consentant !) de se débarrasser de Richelieu alors souffrant. Mais la police du cardinal saisit le traité litigieux et le roi, lui-même très malade, ne put que faire arrêter, le 13 juin 1642, Cinq-Mars, qui fut exécuté à Lyon avec son complice de Thou le 12 septembre 1642. Après ce dernier triomphe sur l'adversité, Richelieu mourut le 4 décembre 1642. Il fut suivi de près par le roi qui, avec le cardinal Mazarin, maintint la politique précédente et eut le temps d'organiser un éphémère Conseil de régence, avant que le jour anniversaire de la mort de son père (14 mai) ne lui fût fatal en 1643.

■ Un roi à reconsidérer

Quelque peu éclipsé par la gloire de son père et celle à venir de son fils, et finalement écrasé par l'immense personnalité de Richelieu, qu'il eut le mérite insigne de soutenir aussi bien contre les intrigues du roi d'Espagne que contre celles des dévots, Louis XIII fut un roi exemplaire, qui sut toujours prendre seul les décisions capitales dans un monde aussi violent (cf. les « jacqueries » de son règne, des croquants aux lanturelus) qu'intellectuellement riche, puisqu'il vit naître notre âge classique, symbolisé par la fondation en 1634 de l'Académie française. Par la conscience de son rôle de monarque tout autant que par sa piété – qui le poussa à dédier son royaume à la Vierge Marie, d'où notre fête patronale du 15 août – il fut, plus que son glorieux fils, un roi d'autant plus digne d'estime qu'il demeura incompris, quoique aimé de ses sujets.

1643 - 1715

Louis XIV *(1638 - 1715)*

Épouse en 1660
Marie-Thérèse d'Autriche → Louis le Grand Dauphin (†1711)
↓
Louis, duc de Bourgogne (†1712)
↓
Louis XV

Le Soleil noir

A la mort de son père Louis XIV n'avait pas encore cinq ans, et son premier geste (inconscient !) fut de se rendre le 18 mars 1643 à Paris pour demander au Parlement de casser en lit de justice le testament (illégal) de son père. Cela équivalait à débarrasser sa mère du Conseil de régence prévu.

■ Mazarin au pouvoir

Peu experte en politique, sinon en intrigues, elle conserva comme Premier ministre Mazarin, auquel finit par la lier un sentiment probablement amoureux sur la nature duquel les historiens sont partagés, mais qui fut en tout cas bénéfique pour l'État, puisque leur entente réciproque se révéla aussi solide qu'efficace. Mais l'entourage de la régente – et en particulier les trois clans Bourbons – étant hostile à Mazarin en jouant sur son intimité avec elle, une cabale des « Importants » se noua dès 1643, et aboutit à l'emprisonnement du duc de Beaufort à Vincennes en septembre. Ce n'était cependant qu'un prélude à la contestation que les édits financiers de Mazarin – en particulier sur les droits d'octroi (1646) et les « crues » d'impôts – allaient provoquer, après les simples pamphlets que furent en 1648 les mazarinades.

■ La Fronde

Définie par H. Méthivier comme « un fléchissement simultané de l'État, de l'économie et de la société », la Fronde – au nom des plus évocateurs puisque, comme dans le dangereux jouet d'enfant à laquelle elle doit son nom, ses deux branches (parlementaire et nobiliaire) se rejoignirent – fut à l'origine, sur la base incontestable d'un marasme économique, un mouvement parlementaire. Après l'enregistrement forcé d'un édit créant de nouvelles charges, le 15 janvier 1648 (annulé le lendemain), et la dispense accordée le 30 avril au parlement du paiement (obligatoire pour les autres cours souveraines dont on voulait le dissocier) de quatre années de gages (au lieu des neuf années de « droit annuel ») pour le renouvellement de la paulette, ce dernier rendit un arrêt d'union (13 mai 1648) invitant les autres cours souveraines à délibérer en commun. Il aboutit à une réunion révolutionnaire dont le résultat fut, le 2 juillet,

Un roi complexe
L'étonnant portrait par l'ambassadeur vénitien Nani d'un Louis XIV âgé seulement de onze ans montre déjà toute la complexité du personnage : « Ce que je puis me représenter d'un roi enfant, c'est que son aspect n'a pas toutes les perfections de beauté, mais bien de vénération et de gravité. Le sérieux et le triste apparaissent sur le visage. Il agit en toutes choses avec disposition et grandeur. La mélancolie le domine trop [...] à tel point que beaucoup craignent qu'en ses années adultes parmi les sombres pensées ne puisse s'insinuer dans son cœur une sorte de cruauté renfermée qu'abhorre la nation. »

une déclaration de vingt-sept articles diminuant les impôts, rappelant les intendants et établissant l'*habeas corpus* à l'exemple anglais.

Mais, après avoir cédé, par une déclaration royale du 13 juillet révoquant la plupart des intendants, Mazarin fit arrêter, le 26 août, le populaire président du parlement, Broussel, ce qui provoqua la mémorable journée des (1260 !) barricades qui bloquèrent le Palais-Royal et obligèrent le cardinal à libérer Broussel. Pourtant, le rétablissement de l'ordre et une nouvelle capitulation de la régente (24 octobre 1648), le jour même de la conclusion des traités de Westphalie, ne mirent pas fin aux prétentions du Parlement. Dans la nuit du 5 au 6 janvier 1649, la régente dut s'enfuir à Saint-Germain et, après le siège de Paris par Condé, la paix de Rueil (11 mars) mit fin, sur la base de concessions réciproques, à la Fronde parlementaire, permettant au jeune roi de faire sa rentrée à Paris le 18 août.

Pourtant, cette première Fronde fut bientôt relayée par celle des princes, quand la régente décida, le 18 janvier 1650, de faire arrêter Condé, Conti et Longueville, qui s'opposaient à sa politique. Leurs partisans s'unirent pour tenter de soulever certaines provinces, mais Turenne, soutenu par les Espagnols, finit par être battu à Rethel (15 décembre 1650), ce qui provoqua, en décembre 1650-février 1651, l'union des deux Frondes et la fuite « politique » de Mazarin en Allemagne. Ce fut alors, après une période de discussions entre les frondeurs, et malgré la proclamation de la majorité du roi (7 septembre 1651), une période d'anarchie durant laquelle le rebelle Condé battit les troupes royales le 7 avril 1652 à Bléneau et fut sauvé par la Grande Mademoiselle (Mlle de Montpensier, fille de Gaston d'Orléans, frère du roi) lors de la bataille du faubourg Saint-Antoine (2 juillet 1652), suivie, le 4 juillet, du massacre des magistrats de l'Hôtel de Ville par les troupes de Condé, qui s'enfuit le 13 octobre à Bruxelles. Cela permit, après un nouvel exil « politique » de Mazarin, le retour du roi à Paris, où il tint le 21 octobre un lit de justice interdisant au Parlement de s'occuper des affaires d'État. Et il finit par faire arrêter, le 19 décembre, l'un des frondeurs les plus compromis (bien que la régente l'eût utilisé comme médiateur), Paul de Gondi, cardinal de Retz, dont les célèbres *Mémoires* sont un document capital sur la Fronde.

Ainsi s'acheva ce mouvement, qui avait ébranlé aussi bien la société que l'État, mais qui, après le retour définitif de Mazarin, acclamé par les Parisiens le 3 février 1653, et le sacre de Louis XIV à Reims (7 juin 1654), permit le triomphe de l'absolutisme. Il avait été préparé de main de maître par Mazarin qui, avant de mourir (9 mars 1661), avait légué au jeune Louis XIV, son filleul, une équipe ministérielle de premier ordre (Le Tellier, Fouquet, de Lionne, Colbert) et une situation internationale des plus brillantes dont il nous faut rappeler les bases historiques.

Mazarin (1602-1661)
Homme d'Église sans avoir jamais été prêtre, ce « condottiere d'État », tôt remarqué par Richelieu parvint, à force de ruse et d'habileté, à mener de front une délicate politique extérieure et la reprise en main d'un pays excédé par ses exigences fiscales et au bord de la guerre civile. Son extraordinaire fourberie peut indisposer, mais on ne saurait trop admirer la manière dont, sans cesser de ménager ses intérêts propres, il parvint, avec l'aide de la régente, à sortir le pays de l'imbroglio de la Fronde.

■ La politique extérieure de Mazarin

Après la victoire de Rocroi, qui marqua la fin de la prépondérance militaire de l'Espagne, des négociations internationales, en

Louis XIV
Cette peinture montre bien la dérive guerrière d'un règne qui aurait pu être plus pacifique.
Peinture de Van der Meulen, XVIIe s.
Collection particulière.
Ph. © Bulloz - Arch. Photeb.

Le Grand Condé (1621-1686)
Louis II de Bourbon, quatrième prince de Condé et époux d'une nièce de Richelieu, débuta en remportant l'éclatante victoire de Rocroi, suivie, entre autres, de celle de Lens (1648). Mais au moment de la Fronde, où il commença par soutenir Mazarin en écrasant la Fronde parlementaire, il prit la tête de celle des princes et finit par se mettre au service de l'Espagne. Condamné à mort en 1654, il fut cependant pardonné au moment du traité des Pyrénées et se racheta par une conduite glorieuse lors des guerres de Dévolution et de Hollande.

réalité parallèles à la poursuite de la guerre contre les Impériaux, s'engagèrent dès avril 1644 en Westphalie, à Münster pour les Français et à Osnabrück pour les Suédois avec, comme nouveauté, l'apparition du français au lieu du latin comme langue diplomatique. Les victoires françaises de Turenne à Fribourg (2 août 1644) puis, après son échec à Marienthal, à Nordlingen (3 août 1645), et surtout à Zusmarshausen (17 mai 1648) amenèrent la conclusion de ce qu'il convient d'appeler les traités de Westphalie.

Après une paix séparée conclue à Münster le 30 janvier 1648 entre l'Espagne et la Hollande (qui se vit reconnaître son indépendance), ces traités furent conclus simultanément, sur la base d'une victoire de Condé à Lens (20 août 1648), le 24 octobre 1648, à Münster avec Ferdinand III d'Autriche et à Osnabrück avec la Suède. Outre le maintien en Allemagne du principe *Cujus regio, ejus religio*, qui permettait aux princes d'imposer leur religion à leurs sujets, et l'abaissement politique d'une Allemagne dans laquelle l'empereur élu n'eut pratiquement plus de pouvoirs, ils accordèrent surtout à la France la pleine souveraineté sur les Trois Évêchés, Pignerol et, sur l'Alsace (moins Strasbourg), une souveraineté des plus ambiguës, puisque les droits respectifs du roi et de l'empereur demeuraient mal délimités.

Mais il restait à régler le problème des rapports avec l'Espagne, à laquelle le rebelle Condé s'allia en combattant Turenne, qui finit par remporter sur ce dernier et les Espagnols la victoire des Dunes (14 juin 1658), qui força le roi d'Espagne à traiter. Négociée dans une petite île de la Bidassoa d'août à novembre 1659, la paix des Pyrénées, signée le 7 novembre, comporta deux aspects : le mariage de Louis XIV avec l'infante Marie-Thérèse d'Espagne (célébré finalement le 9 juin 1660 à Saint-Jean-de-Luz) et l'acquisition du Roussillon, de la Cerdagne, de l'Artois, de quelques places en Flandre, Hainaut et Luxembourg, ainsi que la suzeraineté sur le duché de Bar. Mais, outre la grâce finale de Condé, le traité comportait une clause : la renonciation de l'infante à ses droits à la succession d'Espagne moyennant le paiement rapide d'une dot de 500 000 écus d'or, qui ne fut jamais payée, ce qui engendra, dès la mort de Philippe IV en 1665, la question de la succession d'Espagne.

■ Le roi et sa cour

Dès le lendemain de la mort de Mazarin, le roi, âgé de vingt-deux ans et demi, déclara au Conseil qu'il gouvernerait sans Premier ministre, assumant seul la charge de ce qu'il nomma lui-même le « métier de roi », inséparable d'un travail assidu et guidé par la raison d'État. Si les principaux traits du caractère du roi, dissimulation, appétit de vivre, maîtrise absolue de soi, insensibilité au moins apparente, curiosité, ne prêtent guère à discussion, il n'en est pas de même pour son intelligence, jugée parfois médiocre, sans que l'on puisse alors expliquer que Leibniz l'ait considéré comme « un des plus grands rois qui furent jamais ». C'est donc que l'efficacité et la grandeur se mesurent peut-être moins à la vivacité de l'intelligence qu'à une retenue donnant « le temps de la réflexion » (le fameux « Je verrai »), sans que ce dernier mette jamais à l'abri des fautes imputables à l'orgueil ou à l'obstination, sans compter le possible défaut de jugement.

Quoi qu'il en soit, l'une des originalités de Louis XIV fut de faire de sa cour même un moyen de gouvernement. Non qu'il ait cherché, comme on le dit couramment, à y domestiquer la noblesse, accusation qui ne tient pas compte du fait que seulement un cinquième de la noblesse la fréquenta. Il est cependant vrai qu'il s'agissait le plus souvent de la haute noblesse. Mais la vérité oblige à dire que le roi l'attira par des pensions moins onéreuses qu'on ne le pense (1,21 % du budget en 1683), avec des charges qui, pour n'être pas seulement honorifiques, ne concernaient pas, le plus souvent, le gouvernement, tout l'art du roi consistant à jouer à merveille sur la vanité humaine et l'octroi de faveurs bien dosées : être absent de la cour était s'en priver sans rémission.

Mais, avant même qu'elle s'installe à Versailles le 6 mai 1682, la cour était un incomparable foyer de civilisation. Ses usages mondains, d'origine espagnole, symbolisés par le mot significatif d'« étiquette », et faisant de la cour même un théâtre d'opéra, donnèrent le ton à l'Europe entière, tout comme l'art qui, au-delà de la construction de Versailles et de ses embellissements successifs, s'y développa. Il n'est que de rappeler le nom des protégés du roi, de Le Brun à Le Nôtre, de Lully à Couperin, de Molière à Racine, pour conclure qu'il fallait être un grand roi pour opérer (malgré quelques avatars, comme le rejet du Bernin !) des choix aussi judicieux.

Peut-être n'en fut-il pas de même avec le choix par le roi au sein de sa cour de ses maîtresses, dont nous ne retiendrons que Louise de La Vallière qui finit au couvent, la marquise de Montespan qui, mêlée peut-être à l'affaire des poisons, lui donna quatre enfants qu'il légitima (dont le duc du Maine et le comte de Toulouse) et, surtout Mme de Maintenon (veuve Scarron) qu'il finit par épouser secrètement, peut-être dès 1683 après la mort de la reine (30 juillet 1683).

■ Le gouvernement de Louis XIV

On notera tout d'abord que la manière même dont Louis XIV concevait son pouvoir comme absolu (mais non despotique), et que résume de façon trop cursive la célèbre formule « l'État, c'est moi » qui ne tient pas compte des limites imposées au pouvoir royal par son origine divine elle-même, ne pouvait que retentir sur son gouvernement. Aussi fut-il marqué, dès la « révolution de 1661 » soulignée par M. Antoine, par l'effacement du chancelier, et finalement, après l'élimination la même année du surintendant des Finances Fouquet pour prévarication, par la pratique d'un gouvernement personnel aidé d'un puissant contrôleur général des Finances (Colbert en 1665) et de quatre secrétaires d'État, le personnel gouvernemental demeurant restreint (seize ministres d'État durant tout le règne) et choisi dans quelques familles bourgeoises, souvent alliées à la noblesse.

Bien que Louis XIV n'ait jamais gouverné « à grand

Colbert (1619-1683)
Même si l'on a pu parler d'un « mythe » de Colbert, ce fils de bourgeois devenu gentilhomme n'en fut pas moins la cheville ouvrière de la réussite économique du début du règne de Louis XIV. Sa politique économique, variante du mercantilisme, le poussa à faire entrer le plus d'argent possible dans le royaume en donnant la priorité aux compagnies commerciales, aux manufactures et au développement des colonies. Partisan du travail créateur de richesses, il n'a peut-être songé, comme l'a vu J. Meuvret, qu'à offrir à tous des moyens variés de subsister et même de gagner quelque chose.

conseil », comme ses prédécesseurs, on distingue entre les Conseils de gouvernement, marqués par sa présence et prenant des « arrêts en commandement », et les autres conseils agissant en son nom.

On retiendra des premiers : – *le Conseil d'en haut* (l'ancien Conseil des Affaires), conseil restreint, où ne siégeaient que des ministres d'État, convoqués verbalement par huissier, chargé de déterminer la politique générale, et où domina, au début du règne personnel du roi, la triade Le Tellier (père de Louvois), Lionne, Colbert, le roi demeurant le maître absolu ; – le *Conseil des Dépêches,* plus ouvert et chargé de l'administration du royaume ; – le *Conseil royal des Finances,* créé en 1661, où le roi signait les ordres de paiement et le brevet fixant le montant global de la taille ; – des Conseils plus épisodiques, de *Guerre,* de *Conscience* (pour la nomination aux bénéfices ecclésiastiques) et de *Commerce.*

Et des seconds nous mentionnerons surtout l'appellation commune de *Conseil d'État privé, finances et direction,* en fait un groupe de conseils chargés du contentieux, où siégeaient des conseillers d'État et des maîtres des requêtes, et dont le plus connu est le *Conseil des parties,* habituellement présidé par le chancelier, et chargé de juger au niveau suprême (cassation et révision) les affaires entre particuliers, tant civiles que criminelles, et aussi de trancher les conflits entre tribunaux.

Quant à la politique intérieure du roi, elle fut tout entière marquée par ce que l'on a appelé la « maxime de l'ordre », c'est-à-dire de l'obéissance au roi, symbolisée tout d'abord par l'abaissement des cours souveraines, qualifiées de cours supérieures en 1665, privées en 1667 des itératives remontrances, et contraintes en 1673 à un enregistrement préalable aux remontrances, qu'elles n'adressèrent d'ailleurs plus au roi pendant quarante-deux ans.

A ce même titre, la justice fut réformée par six célèbres ordonnances, *civile* (1667), des *Eaux et Forêts* (1669), *criminelle* (1670), *commerciale* (1673), *maritime* (1681), et *coloniale* ou *code noir* (1685). Mais ce qui, après que les « Grands Jours » d'Auvergne (1665-1666) eurent mis fin aux exactions des nobles de cette région, frappa le plus les contemporains, c'est le retour à l'ordre dans Paris, avec la nomination au Châtelet en mars 1667 d'un lieutenant général de police (dont le célèbre La Reynie qui instruisit l'affaire des poisons), dont les multiples pouvoirs, attribués auparavant à des instances différentes, furent si efficaces qu'on les taxa d'arbitraires.

Le maintien de l'ordre en province (où furent aussi créés en 1699 des lieutenants de police dans de nombreuses villes) fut pour sa part assuré, après l'effacement des gouverneurs, bientôt retenus à la cour, par les intendants qui devinrent permanents dans les généralités (des circonscriptions financières correspondant à trois de nos départements), avec un statut de commissaire révocable, ce qui marquait bien leur dépendance à l'égard du roi. Leurs pouvoirs de justice, police et finances, en firent à la fois des juges (ils pouvaient présider certaines juridictions royales) et des garants de l'ordre tant administratif, pu-

Louvois (1641-1691)
Fils du chancelier Michel Le Tellier, qui poussa à la révocation de l'Édit de Nantes, le marquis de Louvois n'avait peut-être pas, selon Saint-Simon, « l'étendue, la force ou la patience requises pour être à la tête des affaires ». Mais son sens inné de l'organisation en fit un excellent administrateur de la guerre, qui rénova et développa l'armée. Plus contestable fut son influence proprement politique, car sa flatterie constante du roi inspira à ce dernier une politique hasardeuse et parfois odieuse.

blic, économique que social et commercial, ainsi que des auxiliaires du roi en matière de levée (mais non de perception) des impôts anciens – leur compétence étant exclusive pour les impôts nouveaux (capitation, vingtième). Ils furent souvent inspirateurs des décisions royales concernant leurs circonscriptions.

■ Questions religieuses

L'absolutisme du roi ne pouvait qu'avoir des conséquences sur son attitude en matière religieuse, en exacerbant tout d'abord son gallicanisme. Il imagina en effet de proclamer, le 10 février 1673, qu'outre la régale temporelle (qui lui permettrait de percevoir les revenus des évêchés vacants) la régale spirituelle (qui lui permettait de nommer aux bénéfices mineurs) s'appliquerait à tout le royaume, alors que certains diocèses en étaient exemptés. Deux évêques jansénistes du Midi, Caulet (de Pamiers) et Pavillon (d'Alet), protestèrent auprès du pape, lequel leur donna raison en 1678. Le roi, s'appuyant judicieusement sur le clergé français, en convoqua alors, en 1682, une Assemblée extraordinaire qu'il amadoua en restreignant les effets de la régale spirituelle mais, qui dominée par Bossuet qui en nuança les termes, vota, le 19 mars 1682, la fameuse *Déclaration des quatre articles*. Elle affirmait l'indépendance absolue du pouvoir temporel, la supériorité du concile universel sur le pape, l'autorité particulière des anciens canons et la nécessité du consentement de l'Église pour que les décisions du pape fussent infaillibles. On comprend que le pape Innocent XI ait été offusqué de sa publication par le roi. Il en refusa d'instituer canoniquement les nouveaux évêques, et il fallut attendre sa mort (1689) pour que le roi changeât de politique et acceptât en 1693 que la déclaration litigieuse ne fût plus enseignée, en obligeant même les nouveaux évêques à envoyer leur rétractation à Rome. Et c'est alors que, devenu pour la circonstance ultramontain, le roi réclama au pape (sans l'obtenir totalement) en 1699 la condamnation du quiétisme cher à Fénelon, et put achever la destruction du jansénisme.

Issu d'une interprétation hasardée de saint Augustin formulée dès 1640 par Cornélius Jansen et condamnée sous la forme abrégée de cinq propositions en 1653, le jansénisme avait séduit l'élite de l'époque, et en particulier Pascal, tout comme les religieuses du couvent de Port-Royal de Paris. L'archevêque de Paris Hardouin de Péréfixe, ancien précepteur du roi, voulut obliger ces dernières, qualifiées de « pures comme des anges, orgueilleuses comme des démons », à signer en 1664 le formulaire imposé à tous ; et, après quelques épisodes dramatiques, les opposantes furent confinées en 1665 à Port-Royal-des-Champs. En 1668 survint cependant, et pour presque trente ans, la paix de l'Église, négociée avec le pape Clément XI, qui se contenta de la signature du formulaire avec des restrictions mentales : le « silence respectueux » à l'égard de Rome des jansénistes. Mais à la suite de la publication, en 1693, des *Réflexions morales sur le Nouveau Testament* du père Quesnel, de l'Oratoire, la querelle rebondit ; et, après la dispersion des dernières religieuses

Bossuet (1627-1704)
Ce brillant prélat (l'Aigle de Meaux), qui fut le précepteur du Grand Dauphin, incarne parfaitement la grandeur et les limites du catholicisme de l'époque. Admirable prédicateur et écrivain, il sut certes modérer le gallicanisme du roi et dialoguer avec le protestant Leibniz. Mais il approuva la révocation de l'édit de Nantes, et la hargne avec laquelle il poursuivit l'exégète Richard Simon et Fénelon, qu'il avait lui-même sacré évêque, contraste avec la charité et la tolérance qu'il prêcha par ailleurs.

(1709) et la démolition de Port-Royal-des-Champs (1710-1711) la bulle *Unigenitus Dei Filius* (8 septembre 1713) condamna 101 propositions tirées de l'ouvrage précité. Mort comme doctrine religieuse, le jansénisme allait cependant se perpétuer sous forme d'opposition populaire et parlementaire contre l'ultramontanisme tant royal que pontifical.

Plus douloureux encore pour les intéressés fut le combat que mena le roi, recherchant à tout prix l'unité religieuse, contre les protestants. Alors que Richelieu avait su transiger, Louis XIV, pénétré de son rôle d'extirpateur de l'hérésie et assiégé de réclamations catholiques contre la RPR (Religion prétendue réformée), commença par la combattre en exigeant l'application restrictive de l'édit de Nantes après la suppression en 1668 des Chambres de l'édit. Puis, après la conversion de Turenne (1668), il en vint à la Caisse des conversions, imaginée en 1676 par l'académicien converti Pellisson. Ce n'était pourtant qu'un moyen doux, auquel succédèrent les fameuses dragonnades tentant d'obtenir par la « violence militaire » en Poitou et en Languedoc des conversions forcées. Mais, soucieux en outre de passer aux yeux de l'Europe comme le seul rempart contre l'hérésie, le roi résolut, alors même que l'unité entre catholiques et protestants était, sinon immédiatement possible, du moins envisageable, de révoquer l'édit de Nantes par celui de Fontainebleau (18 octobre 1685). Les pasteurs furent bannis, mais non les fidèles, passibles des galères s'ils voulaient s'enfuir. Mais cela n'empêcha, ni l'exode de 200 000 à 300 000 sujets, ni les problèmes posés par les « nouveaux convertis », ni enfin, de 1702 à 1705, la révolte des camisards des Cévennes dont la cruelle répression, qui mobilisa une armée entière, nuisit à la guerre en cours. Si bien que la révocation précitée, pourtant largement approuvée à l'époque, demeure la faute la plus impardonnable de Louis XIV.

Vauban (1633-1707)
Si la carrière militaire de Vauban, un « gentilhomme tout au plus », dira Saint-Simon, – qui développa l'intendance, et surtout un système de places fortes et de fortifications quasi imprenables est bien connue, on ignore souvent son ouverture humaine aux problèmes de son temps. Excellent mémorialiste, il préconisa la liberté de conscience et l'égalité devant la loi ; et son célèbre *Projet pour une dîme royale*, publié en 1706 sans la permission du roi qui le fit mettre au pilon car il recommandait, outre l'impôt proportionnel l'abandon des privilèges, lui valut une disgrâce dont il mourut.

▪ Le temps des victoires

Indiquons tout d'abord qu'on ne saurait dissocier la puissance militaire du roi de l'œuvre conjointe de Le Tellier, de son fils Louvois et de Vauban.

Après un début de règne calme, le roi songea à exploiter le non-paiement précité de la dot de la reine, pour réclamer à l'Espagne, aux dépens du roi Charles II, au moins une compensation territoriale. Ce fut alors la guerre de Dévolution (du nom d'une coutume du Brabant qui voulait que les enfants nés d'un premier mariage succèdent à leurs parents), qui commença par l'invasion de la Flandre espagnole (mai 1667). Lille fut prise en août et Condé conquit la Franche-Comté en janvier 1668. Mais la conclusion, le 24 janvier à La Haye, d'une triple alliance entre l'Angleterre, les Pays-Bas et la Suède, amena le roi à signer avec l'Espagne, le 2 mai 1668, la paix d'Aix-la-Chapelle, par laquelle il abandonna la Franche-Comté, mais qui lui donna Lille et quelques autres places fortes dans les Pays-Bas lui permettant de poursuivre un jour son avantage.

C'est alors que, probablement pour des raisons économiques et poussé par Colbert, le roi résolut de se retourner contre la Hollande, qu'une remarquable campagne diplomatique (dirigée par Lionne et son successeur Pomponne), et aussi pas mal d'argent, commença par isoler. En avril 1672 la Hollande était envahie et les Français franchirent le Rhin le 12 juin au gué de Tolhuys. Mais les Hollandais ouvrirent leurs digues, et le roi eut le tort de ne pas accepter leur offre de paix (18 millions de livres et la rive gauche de la Meuse) ; si bien que, après la prise de pouvoir du jeune Guillaume d'Orange – un protestant fanatique – début juillet 1672, la guerre reprit, car ce dernier réussit à édifier une coalition antifrançaise. Pourtant, le roi et Vauban prirent Maestricht (30 juin 1673), Condé réoccupa la Franche-Comté (début 1674) et, après la mort de Turenne à Salzbach (27 juillet 1675) après sa belle victoire de Turkheim (5 janvier), et l'écrasement par Duquesne de la flotte hollando-espagnole aux îles Lipari, puis à Agosta (22 avril 1676), la paix fut conclue à Nimègue. Les traités qui y furent conclus en 1678-1679 entre le roi et ses adversaires (Provinces-Unies, Espagne, Angleterre) lui donnèrent, outre de nouvelles citadelles dans le Nord, aussitôt fortifiées par Vauban, et Fribourg-en-Brisgau, la Franche-Comté, et finalement la Lorraine.

Mais c'est après ces brillants traités que la politique du roi, devenu Louis le Grand, commença à « déraper », lorsqu'il prétendit mettre en œuvre les « réunions » (des territoires cédés avec leurs dépendances par les traités de Westphalie et de Nimègue). A ce titre il annexa, en arguant du droit féodal, pratiquement l'Alsace avec Strasbourg (1681), de nombreux territoires entre Rhin et Moselle, le Luxembourg dans ses anciennes limites, et la Flandre maritime au nord de l'Escaut. Les puissances européennes furent indignées ; mais l'empereur, gêné par l'invasion turque (déjà arrêtée en fait par la victoire du roi de Pologne Jean Sobieski au Kahlenberg, le 12 septembre 1683) signa, ainsi que l'Espagne, le 15 août 1684 à Ratisbonne, une fragile trêve (prévue pour vingt ans !) et permettant au roi de garder les territoires conquis. Toutefois, la révocation de l'édit de Nantes en octobre 1685 allait retourner contre lui l'Europe tout entière.

■ L'Europe contre la France

Le roi ayant continué sa politique de provocation en soutenant les droits de sa belle-sœur la princesse Palatine à l'héritage de l'Électeur Palatin, l'empereur, avec les rois de Suède et d'Espagne, l'Électeur Palatin et celui de Bavière, forma contre lui, le 9 juillet 1686, la ligue tout d'abord défensive d'Augsbourg. Mais l'occupation par le roi de Cologne et du Palatinat (suivie de la révolution anglaise de décembre 1688 qui détrôna Jacques II au profit de Guillaume d'Orange) ne put que mener à la guerre totale, dont le ravage du Palatinat par les Français, en janvier 1689, demeure l'acte le plus connu et le plus contestable.

Bien que la mort de Turenne et de Condé eût privé le roi de chefs exceptionnels, le maréchal de Luxembourg remporta d'éclatantes victoires à Fleurus (1er juillet 1690), Steinkerke (3 août 1692) et Neerwinden (29 juillet 1693), et Catinat écrasa le duc

Turenne (1611-1675)
C'est sous Louis XIV que Henri de La Tour d'Auvergne, vicomte de Turenne, calviniste converti par Bossuet en 1668, atteignit le sommet de sa gloire militaire. Vainqueur en Hollande, il rejeta aussi les Impériaux hors d'Alsace, et l'on sait que Napoléon, qui avait étudié à fond toutes ses campagnes, fera transférer ses restes aux Invalides.

Victor-Amédée à La Marsaille (4 octobre 1693). Sur mer cependant, après quelques belles victoires, la flotte de Tourville, voulant débarquer en Angleterre, avait subi la défaite de La Hougue (2 juin 1692), compensée, il est vrai, par les succès des corsaires Jean Bart et Forbin. Mais la lassitude générale l'emporta ; et la paix signée à Ryswyck en septembre-octobre 1697 marqua un arrêt de la puissance française, puisque le roi ne conserva pratiquement des « réunions » que l'Alsace et Sarrelouis, évacua Pignerol, dut faire des concessions commerciales à la Hollande et, humiliation suprême, reconnaître Guillaume d'Orange comme roi d'Angleterre.

La guerre fut cependant relancée par la question de la **succession du roi Charles II d'Espagne**, à propos de laquelle le roi s'entendit à l'avance avec la Hollande (traité de La Haye du 13 octobre 1698), puis avec cette dernière et l'Angleterre par le traité de Londres (mars 1700), selon lequel le Dauphin aurait pu acquérir, avec possibilité d'échanges, Milan, Naples et la Sicile. Mais, avant de mourir (14 novembre 1700), le roi d'Espagne légua finalement toutes ses possessions à l'un des petits-fils de Louis XIV, le duc d'Anjou, à la condition expresse que son royaume ne fût jamais réuni à la France, et le problème se posa de l'acceptation par le roi de son testament. Contre la majorité des membres du Conseil, le roi, qui violait ainsi le traité de Londres, accepta, non tant peut-être pour des raisons dynastiques que pour des raisons économiques (l'accès aux colonies espagnoles d'Amérique). Mais, si cette acceptation était défendable, le roi eut le tort de continuer ses provocations, en maintenant les droits éventuels du duc d'Anjou à la couronne de France et de Jacques III à la couronne d'Angleterre, et surtout en faisant occuper par surprise les Pays-Bas espagnols.

De la guerre d'Espagne, nous ne retiendrons que les moments décisifs, après la Grande Alliance de La Haye conclue le 7 septembre 1701 contre la France et l'Espagne par l'Angleterre, l'Autriche et la Hollande, et les premiers succès français de Villars : les victoires de Marlborough à Blenheim (13 août 1704) et à Ramillies-sur-Villeroy (23 mai 1706) ; et, après l'invasion de la France, la défaite de Vendôme à Oudenarde (11 juillet 1608), puis de Villars à Malplaquet (11 septembre 1709), suivie enfin de sa belle victoire de Denain sur le Prince Eugène (24 juillet 1712), qui coupa court à l'invasion et rendit la paix possible.

Un premier traité fut signé à Utrecht entre la France et les puissances maritimes (11 avril 1713). Philippe V (ex-duc d'Anjou) y conserva son trône, mais dut renoncer, pour lui et ses descendants à la couronne de France – ce qui était contraire aux lois fondamentales du royaume et autorise donc les prétentions actuelles des Bourbons d'Espagne. Et la France y perdit, en faveur de l'Angleterre, Terre-Neuve, l'Acadie et la baie d'Hudson. Quant au traité de Radstadt, signé le 6 mars 1714 entre la France et l'Autriche, il nous permit seulement de conserver les frontières stratégiques récemment constituées, et marqua notre abaissement et notre encerclement, ainsi que le

Jean Bart (1650-1702)
Issu d'une famille de navigateurs marchands de Dunkerque, Jean Bart, qui avait servi tout d'abord la Hollande, devint en 1672 corsaire français, opérant tout d'abord en mer du Nord. La paix de Nimègue (1678) le força cependant à aller en Méditerranée où il s'attaqua aux pirates barbaresques. Finalement prisonnier à Londres l'« Ours » s'en évada et devint la terreur des ennemis du Grand Roi : il faillit même capturer Guillaume d'Orange. Anobli en 1694, il fut le père d'une lignée de grands marins.

renforcement de la puissance autrichienne. Le principe britannique de l'équilibre des puissances européennes triomphait, tout comme la maîtrise absolue de l'Angleterre sur les mers.

■ Le désenchantement final

Le coût excessif des dernières guerres du roi ne pouvait qu'appauvrir une nation qui, par deux fois (en 1693 et en 1709-1710), connut en outre la famine.

Pour éponger le déficit, le roi créa de nouveaux impôts : en 1695 la capitation, au départ impôt de quotité assis sur le rang social et le revenu présumé de tous les contribuables répartis en vingt-deux classes, supprimée en 1698 et rétablie en 1701 comme impôt de répartition dont le clergé se racheta immédiatement ; et, en 1710, le dixième, portant sur le dixième des revenus fonciers et (dans une moindre mesure) commerciaux de tous. Cela n'empêcha pas le déficit de l'État, que l'on évalue à près de trois milliards à la fin d'un règne de plus en plus critiqué par des hommes comme Vauban et Fénelon.

Toutefois, le fond du désespoir fut atteint avec les deuils qui frappèrent le roi. Il perdit successivement son fils le Grand Dauphin (1711), son petit-fils le duc de Bourgogne, et son arrière-petit-fils aîné le duc de Bretagne (1712), ce qui fait que la couronne passa au cadet, le futur Louis XV. Mais le roi eut, à tort, tellement peur de ne plus avoir de successeurs qu'il imagina, par un édit de juillet 1713, d'habiliter à lui succéder, à défaut de princes du sang, et contrairement au principe de l'indisponibilité de la couronne, les bâtards légitimés qu'il avait eu de Mme de Montespan, le duc du Maine et le comte de Toulouse. Et, avant de mourir d'une gangrène sénile à Versailles, le 1er septembre 1715, il eut le temps de regretter certains de ses actes, puisqu'il mit en garde le futur Louis XV contre les guerres entreprises trop légèrement et soutenues par vanité, en lui recommandant surtout de soulager ses sujets.

■ L'apogée de la monarchie

Il est difficile de porter un jugement équitable sur Louis XIV, que les opinions les plus contradictoires ont porté au pinacle ou injustement abaissé. Il est cependant incontestable que, dans presque tous les domaines, la monarchie de Louis XIV atteignit des sommets que ses successeurs ne purent jamais dépasser. Toutefois, les erreurs du roi furent, elles aussi, à la mesure de sa réussite, et le reproche précis qu'on peut lui faire est d'avoir, par son attitude intransigeante envers les jansénistes et les protestants, laissé s'installer ce qui sera fatal à ses successeurs, l'esprit d'opposition systématique et l'incrédulité, sans compter la haine persistante des États protestants. Plus précisément, en privant les protestants de leurs pasteurs, il en poussa certains vers la libre pensée, et, en persécutant les jansénistes, il rendit finalement possible leur revanche tardive que fut la *Constitution civile du clergé* de 1790. C'est ainsi, qu'au sein même de la monarchie la plus glorieuse furent déposés les germes d'un état d'esprit qui, avec d'autres causes, il est vrai, finit par engendrer la Révolution.

Mme de Maintenon (1635-1719)

Née protestante (petite-fille d'Agrippa d'Aubigné), elle fut chargée d'élever les enfants que Mme de Montespan avait eus du roi, ce qui l'introduisit à la cour. Unie au roi, qu'elle ramena à la religion, par un mariage secret, elle passe pour avoir donné un style plus austère à sa cour, mais on lui prête une influence politique qu'elle fut loin d'avoir. On sait que, passionnée par l'éducation, elle fonda la maison de Saint-Cyr pour assurer l'éducation des jeunes filles pauvres de la noblesse, où elle se retira après la mort du roi, non sans veiller de loin à l'éducation première du jeune Louis XV.

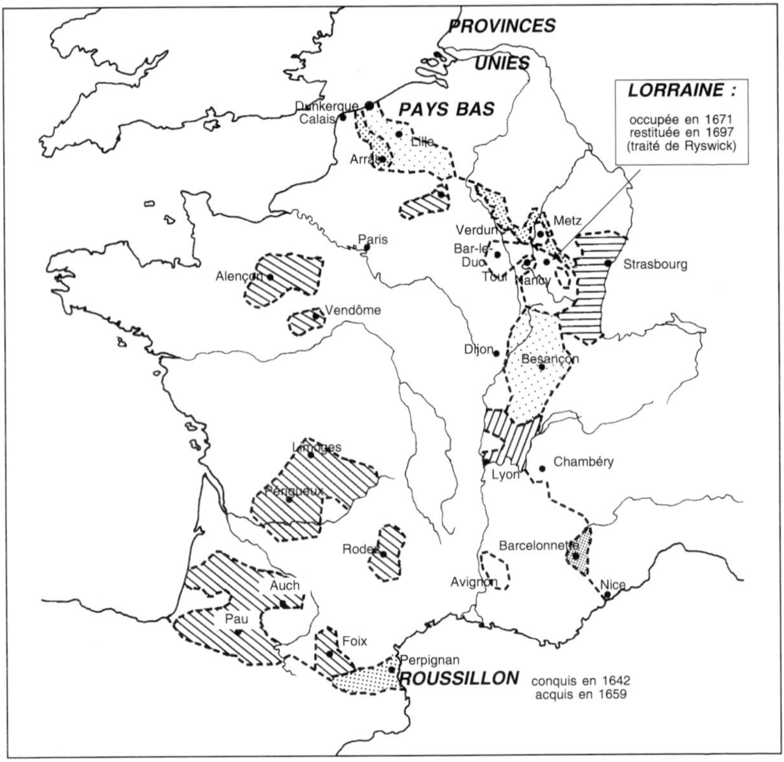

Domaine royal :

1607 : rattachement du dernier grand fief (maison de Bourbon-Navarre) = fin de la féodalité

Territoires acquis aux traités de :

Lyon 1601

Westphalie 1648

Nimègue 1679

Pyrénées 1659

Utrecht 1713

Extension de la France sous Henri IV et Louis XIV
On remarque les acquisitions majeures des règnes de Henri IV (Navarre) et Louis XIV (Artois, Flandre, Franche-Comté, Roussillon).

1715 - 1774

Louis XV *(1710 - 1774)*

Épouse en 1725
Marie Leszczynska → Louis († 1765)
↓
Louis XVI, **Louis XVIII**, **Charles X**

Le spectateur de son propre règne

Le roi qui succéda à Louis XIV n'était autre que son arrière-petit-fils le duc d'Anjou, seul fils survivant du duc de Bourgogne et de Marie-Adélaïde de Savoie et, comme tel, descendant de Henri IV à la fois par Marie de Médicis et par Gabrielle d'Estrées (par les Vendôme).

▪ Une transition calme

Né le 15 février 1710, il n'avait que cinq ans, mais un testament du feu roi du 2 août 1714 avait confié le pouvoir durant sa minorité à un Conseil de régence présidé par son neveu Philippe d'Orléans dont il se méfiait, si bien que l'éducation du roi y était confiée au duc du Maine. Mais, dès le 2 septembre 1715, le Régent s'empressa, non pas de faire casser le testament de Louis XIV par le parlement garni de pairs, comme on le dit couramment, mais, comme l'a noté justement M. Antoine, de lui demander de ne pas tenir compte des dispositions qui le gênaient. Certaines dispositions concernant l'éducation du roi furent donc appliquées mais, conformément à la décision du 2 septembre, le Régent se fit reconnaître les pleins pouvoirs et attribuer la garde du roi par le lit de justice du 12 septembre.

Ce triomphe n'en était pas moins la contrepartie d'une faute politique majeure, car en vertu d'une promesse inconsidérée faite aux parlementaires dès le 2 septembre, une déclaration du 15 septembre rendit au Parlement le plein droit de remontrance que Louis XIV avait paralysé, et dont le mauvais usage fut l'une des causes principales du déclin de la monarchie.

▪ La polysynodie

La première réforme politique tentée par le Régent, et inspirée des célèbres *Tables de Chaulnes* élaborées avec le concours de Fénelon sous l'égide du duc de Bourgogne en 1711, fut celle du gouvernement, auquel il adjoignit des Conseils particuliers présidés par des membres de la haute noblesse et destinés à se substituer aux départements des secrétaires d'État et du contrôleur général des Finances. Mais, malgré leur titre, les sept Conseils, dominés par la noblesse d'épée de la *polysynodie* (terme forgé après son échec par l'abbé de Saint-Pierre) et qu'il ne faut pas confondre avec le Conseil de régence, – bref les Conseils des Affaires du *Dedans,* des *Affaires étrangères,* de la *Guerre,* de la *Marine*, de *Finances,* de *Conscience* et du

Un roi insaisissable

Si la beauté physique de Louis XV a frappé ses contemporains au point que Casanova a pu écrire que « jamais habile peintre n'est parvenu à rendre l'expression de cette magnifique tête, lorsque le monarque la tournait avec bienveillance », son caractère était plus impénétrable. Et en 1753 le duc de Luynes écrivit : « Il est plus difficile à dépeindre qu'on se l'imagine ; c'est un caractère caché non seulement impénétrable dans son secret, mais encore très souvent dans les mouvements qui se passent dans son âme. »

Commerce furent plutôt des organes subalternes du gouvernement. Il ne faut pas pour autant exagérer leur inefficacité et leur incompétence, car certains firent un excellent travail, les nobles y étant d'ailleurs assistés par les roturiers les plus experts. L'expérience échoua cependant à cause de la lourdeur de l'appareil, mais aussi de la primauté du Conseil de régence dès 1718, et seul le Conseil de la Marine subsista jusqu'en 1723.

■ Le système de Law

Le problème financier qui se posait après la mort de Louis XIV était celui de la dette de l'État, aggravé par le manque de numéraire. Mais, non sans avoir eu recours aux moyens traditionnels (refonte de monnaies, suppression d'offices, réduction des rentes, création d'une Chambre de justice pour juger les financiers), le Régent fit appel à John Law, un banquier écossais quelque peu aventureux, qui avait compris la nécessité d'une relance de l'économie liée à la création de papier-monnaie immédiatement convertible et créé par une banque d'État. Il ne fut tout d'abord autorisé qu'à créer une banque privée de dépôt, de change et d'escompte, émettant des billets acceptés par les caisses royales (2 mai 1716), et il y ajouta, l'année suivante, la Compagnie d'Occident (ou du Mississippi), chargée de mettre en valeur la Louisiane pour servir les intérêts de ses actionnaires. Bientôt, sa banque devint Banque royale (5 décembre 1718), sa compagnie s'élargit en Compagnie des Indes, il reçut l'adjudication de la Ferme générale des impôts, et devint même contrôleur général des Finances.

Pourtant son système, qui lui valut la haine de concurrents (les frères Pâris) comme des fermiers généraux, périt en quelque sorte de son propres succès (cf. l'affluence à la rue Quincampoix). De plus, la montée du prix des actions de sa compagnie ne correspondit pas aux bénéfices escomptés de la mise en valeur de la Louisiane ; et il eut l'imprudence de mettre en circulation trop de billets, eu égard au numéraire existant, cela au moment même où les dividendes de sa compagnie baissaient. Il suffit alors que l'on demandât le remboursement des billets en monnaie métallique pour que s'écroulât tout le système. Law dut s'enfuir ; mais le comble est que, malgré la banqueroute et la perte de confiance durable des Français pour le papier-monnaie et les réformes de l'État, le système, qui eut l'avantage de brasser les classes sociales en les liant à ses péripéties, aboutit finalement à relancer l'économie et le commerce colonial, et même à réduire la dette héritée de Louis XIV. Si bien qu'Edgar Faure remarqua que « Law a échoué mais le système a réussi ». En réalité, Law était en avance sur son temps ou, du moins, sur la mentalité d'une époque qui ne le comprit pas, contrairement au Régent qui songea à le rappeler en 1723.

■ La question espagnole

Une des originalités de la politique du Régent, poussé par son ancien précepteur le cardinal Dubois, fut d'opérer un renversement des alliances, en se rapprochant de l'Angleterre pour combattre les prétentions à la couronne de France de Philippe V d'Espagne si le jeune roi mou-

Le Régent (1674-1723)
Fils de Monsieur, frère de Louis XIV, et de sa seconde épouse la princesse Palatine, le Régent a toujours été mal jugé. Mais il ne faut pas confondre les mœurs dépravées de ce surdoué (cf. son opéra *Penthée*) avec son action politique qui, en dépit d'une faute majeure (rendre aux parlements leur droit de remontrance), fut plutôt bénéfique, au point que sa régence fut la moins problématique de toutes.

Louis XV
Pastel de Maurice Quentin de la Tour, 1748.
Musée du Louvre, Paris.
Ph. S. Guiley-Lagache © Arch. Photeb.

Le cardinal Fleury (1653-1743)
Jugé par Saint-Simon « l'homme le plus superbe au-dedans et le plus implacable », l'ancien précepteur du roi, que sa modeste origine n'empêcha pas d'atteindre les sommets de l'Église et de l'État, poursuivit, sous des dehors affables, une politique trop précautionneuse et peu imaginative pour être efficace. Peut-être aussi l'éducation qu'il donna au roi fut-elle trop abstraite pour le former en vue d'un pouvoir dans l'exercice duquel il commença par le supplanter brillamment.

rait. Il conclut, le 11 janvier 1717, une triple alliance avec l'Angleterre et les Provinces-Unies, et l'empereur s'y joignit en septembre. Il suffit dès lors de la découverte, en décembre 1718, d'un complot d'opérette contre le Régent, noué au sein de la cour de Sceaux avec le prince de Cellamare, ambassadeur d'Espagne, et qui valut à son instigatrice la duchesse du Maine d'être un moment arrêtée avec son mari, pour que la guerre soit déclarée à l'Espagne (9 janvier 1719).

Les Français ayant été vainqueurs le 19 août à Saint-Sébastien, et une conspiration bretonne ayant échoué, le roi d'Espagne signa la paix (22 juin 1720) en adhérant à l'alliance précitée, et les fiançailles (provisoires) de l'infante Marie Anne avec le jeune roi (27 mai 1721) marquèrent sa réconciliation avec la France. Ajoutons qu'après le renvoi de l'infante en 1724 les relations franco-espagnoles devaient se tendre de nouveau, pour aboutir, grâce à la politique de paix du cardinal Fleury, à la normalisation des relations entre les deux pays par le traité de Séville (novembre 1729) auquel adhéra aussi l'Angleterre.

■ Questions religieuses

La première de ces questions eut sa source dans la bulle *Unigenitus* (1713) que Louis XIV avait obtenue du pape contre les jansénistes. Elle fut refusée par le cardinal de Noailles, président du Conseil de conscience, et le pape refusa d'investir canoniquement les évêques nommés par le Régent. Mais Dubois, qui désirait le chapeau de cardinal – et auquel on dut conférer tous les ordres à la fois quand il devint archevêque de Cambrai (février 1720) –, s'interposa. Il obtint du Régent, sur la base d'un vague compromis avec le cardinal de Noailles, la déclaration royale du 4 août 1720 qui fit de la bulle *Unigenitus* une loi de l'État, en interdisant tout débat sur elle et tout appel à un futur concile. Pourtant, l'agitation janséniste reprit, lorsqu'en 1727 Soanen, évêque janséniste de Senez, fut interdit par le concile d'Embrun. Les jansénistes en firent un martyr, si bien que, devant l'agitation persistante, le cardinal Fleury obtint l'ordonnance du 24 mars 1730, qui imposa à nouveau l'obéissance à la bulle *Unigenitus.*

Mais cela n'empêcha, ni une agitation parlementaire, puisqu'un lit de justice fut nécessaire pour que l'ordonnance fût enregistrée (3 avril 1730), ni la continuation de troubles jansénistes qui persistèrent jusqu'à la fermeture en janvier 1732 du cimetière de Saint-Médard où des « convulsionnaires » s'agitaient sur la tombe du diacre Pâris. Ils reprirent d'ailleurs en 1752, toujours en liaison avec l'agitation parlementaire, lors de l'affaire des billets de confession refusés aux jansénistes, jusqu'au moment où une bulle du pape Benoît XIV ordonna de ne priver des sacrements que les adversaires déclarés de la bulle *Unigenitus* (1756).

Ajoutons que le règne de Louis XV vit aussi quelques mesures contre les protestants. Et, à la suite du procès fait au jésuite La Valette pour banqueroute (1760), et à titre de revanche de Port-Royal, fut décidée, en novembre 1764, la suppression sur toute l'étendue du royaume de la Compagnie de Jésus et l'expulsion de ses membres, suivie de la contestable confiscation de leurs biens, qui servit de précédent à celle de ceux du clergé en 1789. Notons enfin qu'en 1766 fut créée une *Commission des réguliers* destinée à remédier aux abus des ordres religieux et anticipant également sur les mesures à venir de l'Assemblée constituante.

■ La majorité du roi

Après son brillant sacre à Reims (25 octobre 1722), le roi, qui avait reçu de l'emphatique maréchal de Villeroy, et surtout du futur cardinal Fleury, une excellente éducation, fut déclaré majeur le 16 février 1723. Il rétablit l'ancien Conseil d'en haut, et choisit comme principal ministre Dubois qui, depuis juin 1721, était cardinal. Mais ce dernier mourut le 10 août 1723, suivi, le 2 décembre, par l'ex-Régent qu'après la mort du cardinal le roi avait choisi comme Premier ministre.

Sur le conseil de Fleury, le roi choisit alors comme Premier ministre le duc de Bourbon (arrière-petit-fils du Grand Condé), ce dernier étant au demeurant gouverné par sa maîtresse, la marquise de Prie. De son ministère, on ne retiendra que la conclusion du mariage du roi avec une princesse pauvre, fille d'un roi de Pologne détrôné, Marie Leszczynska (5 septembre 1725), l'infante d'Espagne ayant été renvoyée.

La reine, aussi pieuse que bonne, donnera au roi dix enfants, avant qu'il ne se tourne vers d'illégitimes conquêtes. Quant au duc de Bourbon, qui imagina d'utiliser la reine pour évincer son rival Fleury, il y gagna la disgrâce, le 11 juin 1726, et, dès le lendemain, le roi fit de son ancien précepteur, alors âgé de soixante-treize ans, son Premier ministre.

■ Le ministère Fleury

On s'accorde à donner à l'ancien évêque de Fréjus, cardinal le 20 août 1726, la palme d'un « bon ministère », qu'il eut cependant le tort de ne pas vouloir lui-même « historique », d'où une politique extérieure trop molle. Sur le plan intérieur, il eut le flair de choisir comme contrôleur des Finances Le Peletier des Forts qui, le 15 juin 1726, stabilisa les monnaies (en fait jusqu'au début de notre siècle !), et auquel a succédé Philibert Orry, le Colbert du règne, qui réussit en 1738 l'exploit de mettre le budget en équilibre, rétablit le dixième et mena une bonne politique économique.

Plus contestable est déjà, sous l'influence du secrétaire d'État Chauvelin, la position du cardinal Fleury lors de la guerre de Succession de Pologne, quand l'ancien roi Stanislas Leszczynski, père de la reine, fut élu roi en septembre 1733, ce qui provoqua l'intervention de la Russie, qui avait soutenu avec l'Autriche la candidature de l'Électeur Auguste III de Saxe. Les armées austro-russes envahirent la Pologne et Stanislas fut bloqué à Dantzig, où une mince escadre française ne put vraiment le secourir, si bien que la ville fut prise en 1734 après sa fuite. Mais, entre-temps, Fleury avait décidé d'attaquer l'Autriche (octobre 1733), non sans s'être entendu avec l'Espagne, à laquelle il promit le royaume de Naples, la maison de Savoie recevant le Milanais, que après la mort de Villars, le maréchal de Coigny conquit en remportant la bataille de Guastalla (19 septembre 1734). Fi-

Mme de Pompadour (1721-1764)
Fille d'un fournisseur aux armées et d'une mère qui la maria au neveu de son galant protecteur, Jeanne Antoinette Poisson réussit à devenir la maîtresse du roi à l'issue du bal des Ifs, sans s'aliéner pour autant la reine. Elle procura complaisamment des maîtresses au roi, et joua un rôle politique plus contestable (renvoi d'Orry et d'Argenson, promotion de Choiseul) que son rôle de protectrice des arts et de ces Philosophes que le roi n'aimait guère.

nalement, après de laborieuses négociations, la paix fut signée le 18 novembre 1738 à Vienne. Le traité de paix faisait d'Auguste III le roi de Pologne, mais Stanislas Leszczynski y obtenait, en compensation de son trône perdu, les duchés de Lorraine et de Bar, destinés à revenir à sa mort (en 1766) à la France, qui s'en octroya d'abord l'administration immédiate. Pourtant, si la présente guerre procura au moins un avantage à la France, on ne peut pas en dire autant de la future guerre de Succession d'Autriche que, même après la disgrâce du belliqueux Chauvelin (dès 1737), Fleury n'eut pas la volonté d'empêcher avant sa mort, et lors même qu'au moment du traité de Belgrade (18 septembre 1739) la France avait su imposer sa médiation entre la Turquie et la coalition austro-russe.

Stanislas Leszczynski (1677-1766)
Nominalement roi de Pologne de 1704 à 1766, Stanislas Leszczinski ne sut jamais s'imposer dans son propre pays. Il fut un moment prisonnier des Ottomans, et le roi de Suède Charles XII lui donna en compensation une principauté qu'il dut quitter à sa mort. Il n'aurait probablement laissé aucune trace dans l'histoire s'il n'était devenu en 1725 le beau-père de Louis XV qui, après de nouveaux malheurs, lui donna la Lorraine et le duché de Bar, qu'il ne put qu'embellir sans y régner vraiment.

■ Le règne personnel du roi

Au lendemain de la mort du cardinal Fleury (29 janvier 1743), le roi décida d'être lui-même – on discute encore pour savoir si ce fut pour le bien de l'État – son « principal ministre », abolissant ainsi en fait une fonction dont la distinction d'avec la sienne était peut-être d'autant plus nécessaire qu'il était lui-même un indécis. Il n'en demeure pas moins vrai que ce n'est qu'à partir de son règne (et dès le début) que le terme de « gouvernement » prit son sens actuel d'action collective, bien qu'il n'eût guère correspondu à la pratique du roi qui, outre les Conseils réguliers de gouvernement, aimait aussi à recevoir séparément ses ministres.

Le fonctionnement de ces Conseils ayant déjà été expliqué à propos du règne précédent, on notera seulement qu'au-delà même d'une nette remontée de la fonction de chancelier (dans laquelle s'illustrèrent d'Aguesseau et Maupeou), le Conseil d'en haut (souvent nommé Conseil d'État) finit par être concurrencé par le Conseil des dépêches. Il ne s'occupa plus que de politique extérieure, étant même doublé un moment par un informel Conseil des ministres que le roi, sans y être présent, chercha logiquement à dominer en en fixant lui-même les réunions. On notera aussi que, à l'encontre du Conseil d'État privé (ou Conseil des Parties), le Conseil d'État et des Finances déclina à la fin du règne, pour disparaître sous Louis XVI. Quant aux intendants, qui représentaient dans les provinces (trente intendances en 1726) l'abstraction de l'État, et donc certains avaient un subdélégué général, ils accomplirent une œuvre utile d'administration, les meilleurs d'entre eux pouvant espérer une carrière ministérielle.

Mais l'étude du gouvernement de Louis XV serait incomplète sans la mention de ses favorites qui, de la duchesse de Châteauroux (et ses deux sœurs) à Mme du Barry, en passant par la marquise de Pompadour, prétendirent jouer, au gré des circonstances et des humeurs du roi, un rôle politique souvent plutôt néfaste, sans être jamais absolument décisif.

■ La guerre de Succession d'Autriche

Elle résulta à la fois de la mort en 1740 de l'empereur d'Autriche Charles VII, qui avait légué ses biens héréditaires à sa fille Marie-Thérèse, et de l'arrivée au pouvoir en Prusse du jeune Frédéric II qui, dès décembre 1740, s'empara de la Silésie. Au lieu de rester neutre, la France, poussée par le maréchal de Belle-Isle, descendant de Fouquet, participa avec la Bavière, la Saxe, la Pologne, l'Espagne et la Sardaigne à la ligue de Nymphenburg contre Marie-Thérèse (28 mai 1741), puis signa, le 4 juin 1741, un traité d'alliance avec la Prusse. Mais Belle-Isle décida de conquérir la Bohême, ce qui permit, lorsque Prague fut prise (novembre 1741), à l'Électeur de Bavière d'être proclamé empereur, mais n'empêcha pas les Français de devoir quitter Prague.

Ayant obtenu ce qu'elle voulait (la Silésie), la Prusse s'était déjà retirée de la guerre, dont la charge retomba alors sur les Français qui, après la mort de Fleury, furent vaincus par la coalition formée contre eux (et comprenant les Anglais) à Dettingen le 23 juin 1743 : victoire à la Pyrrhus qui n'eut comme conséquence que le magnifique *Te Deum* que Haendel composa pour la circonstance. L'Alsace n'en fut pas moins menacée et, lorsqu'elle fut sauvée, la France déclara officiellement la guerre à l'Angleterre et à l'Autriche en 1744, non sans avoir conclu un nouvel accord avec Frédéric II (5 avril).

On sait que c'est à ce moment que le maréchal Maurice de Saxe (fils naturel du roi de Pologne Auguste II entré au service de la France) remporta sur les Anglais et leurs alliés hollandais et autrichiens la brillante bataille de Fontenoy (11 mai 1745). Elle permit au roi, qui refusa de quitter le champ de bataille, de montrer son sang-froid et, à en croire la légende, aux Français de faire preuve d'une politesse calculée, tant il est vrai que le célèbre « Messieurs les Anglais, tirez les premiers » ne visait qu'à les mettre en difficulté, car leurs armes étaient longues à recharger ! Elle fut suivie de la prise de Bruxelles (21 février 1746), des victoires de Raucoux (11 octobre 1746) sur les Anglo-Impériaux, de Lawfeld (17 avril 1747) sur les Anglo-Hollandais, et enfin de la prise de Bergen-op-Zoom (16 septembre 1747).

Mais la France, qui obtint aux colonies des résultats décevants, malgré la brillante conduite de Dupleix aux Indes (défense de Pondichéry), signa le 28 octobre à Aix-la-Chapelle, l'un des traités les plus discutés de son histoire. Désirant « faire une paix de roi, non de marchand », Louis XV y cédait toutes ses conquêtes, lors même que la Prusse, qui l'avait par deux fois abandonné, se voyait garantir (sans même avoir participé au traité) la possession de la Silésie, d'où l'expression de l'époque : « Travailler pour le roi de Prusse. » Mais ce qui est plus grave, c'est que le roi, que le peuple avait jusque-là adoré (Louis le Bien-Aimé), y perdit d'un seul coup une popularité que l'échec patent de la guerre qui suivit ne put évidemment rétablir.

■ La guerre de Sept Ans

Due à la fois à la rivalité franco-anglaise à propos des colonies, et à la rivalité austro-prussienne, la guerre de Sept Ans commença par un spectaculaire renversement des alliances : l'Angleterre, inquiète pour le

Montcalm (1712-1759)
C'est à ce noble de la région de Nîmes que l'on doit l'extension, au demeurant précaire, de nos possessions au Canada. Mais, étant donné l'infériorité numérique de nos troupes, que la Métropole refusa de renforcer, il ne put garder les forts Frontenac et Duquesne, et finit par être tué, comme son ennemi Wolfe, en tentant de défendre Québec le 14 septembre 1759.

Hanovre, s'allia à la Prusse par le traité de Westminster (janvier 1756), et la France s'allia à l'Autriche par le traité de Versailles (1er octobre 1756), rejointe, le 1er mai 1757, par la Saxe et la Suède. Au début de la guerre, le maréchal de Richelieu réussit à conquérir le Hanovre à la bataille de Kloster Zeven, sans que l'armistice conclu alors (8 septembre 1757) fût respecté. Et, d'un autre côté, les Prussiens, pourtant vaincus par les Russes à Jegaersdorf (6 août 1757), écrasèrent le prince de Soubise à Rossbach (5 novembre 1757).

Après une nouvelle défaite du comte de Clermont à Krefeld (23 juin 1758), l'arrivée de Choiseul au pouvoir en décembre 1758 parvint d'autant moins à renverser la situation que la France était en difficulté aussi bien au Canada, où Montcalm fut vaincu et tué avant la prise de Québec (1759) et de Montréal (1760), qu'aux Indes, où Lally de Tollendal dut capituler à Pondichéry (janvier 1761). Choiseul eut beau imaginer, pour résister à l'Angleterre, un « pacte de famille » conclu avec l'Espagne et les Bourbons des Deux-Siciles (15 août 1761), la France n'en fut pas moins contrainte de signer avec l'Angleterre l'humiliant traité de Paris (10 février 1763). Reconnaissant la suprématie de son ennemi de toujours, elle lui abandonnait le Canada, la partie est de la Louisiane, une partie des Petites Antilles, le Sénégal (sauf l'île de Gorée), ne conservant que la Martinique, la Guadeloupe, la moitié de Saint-Domingue et les cinq comptoirs des Indes. Et l'on doit ajouter à la perte d'influence de la France que le traité manifestait – même si Choiseul se réjouissait d'un résultat qui contenait en germe l'indépendance des colonies anglaises d'Amérique – un désastre moral qui, à la longue, fut fatal à la monarchie.

Choiseul (1719-1785)
Très admiré en son temps pour son amitié avec les Philosophes et son soutien à l'*Encyclopédie* de Diderot, ce brillant diplomate, qui nous sauva du déshonneur lors de la guerre de Sept Ans, eut une politique intérieure plus contestable. Sa faiblesse pour les parlementaires lui fut tout aussi fatale que son opposition aux jésuites; et, si le roi le disgracia, c'est qu'il jugea ses principes « trop contraires à la religion et, par contrecoup, à l'autorité royale ».

■ Les années difficiles

On conçoit que les guerres précédentes n'aient pu, par leur coût, qu'accroître les difficultés intérieures du royaume. Dès 1749, le remarquable contrôleur général des Finances Machault d'Arnouville eut recours à un emprunt à 5 % pour le paiement des dettes de guerre et surtout, pour remplacer le dixième, au nouvel impôt du vingtième de tous les revenus, que le parlement n'enregistra qu'avec difficulté ; mais l'Église, mise aussi à contribution, refusa de payer, avec l'approbation finale du roi, si bien que Machault quitta son poste pour celui de la Marine. De plus le parlement, qui avait adressé au roi en avril 1753 de « grandes remontrances » qui lui valurent un bref exil à Pontoise, imagina de se rallier en avril 1756 à la fausse théorie des classes selon laquelle les différentes cours ne seraient que les « classes » d'un même et unique Parlement de France qui aurait, dès l'origine, soutenu les droits de la nation face au roi – ce qui équivalait à la transformation subreptice du Parlement, organe de justice royale déléguée en organe politique d'opposition à la monarchie, chargé de juger de l'opportunité des lois.

Le 5 janvier 1757 eut lieu l'attentat de Damiens, un déséquilibré qui ne réussit qu'à blesser légèrement le roi et qui fut écartelé ; mais ce crime de lèse-majesté n'apporta au souverain qu'un bref regain de popularité dont il ne sut pas profiter. A la suite d'une intrigue de palais, il chassa du pouvoir en février 1757 le comte d'Argenson et Machault pour les remplacer, le 9 octobre 1758, par Choiseul qui, comme nous l'avons vu, mit fin à la guerre de Sept Ans, réforma l'armée et fit acheter en 1768 la Corse.

Toutefois, le roi ne réussit pas à briser l'opposition des parlements, au demeurant quelque peu déshonorés par les affaires Calas (1762), de La Barre et Lally de Tollendal (1766). A la suite du soutien apporté par le Parlement de Paris à celui de Rennes, dont le procureur général de Caradeuc de La Chalotais, antijésuite, s'était querellé avec le duc d'Aiguillon, gouverneur de Bretagne, le roi y vint même en personne pour y tenir un lit de justice et prononcer, au cours de la célèbre « séance de la flagellation » (1er mars 1766), un discours extrêmement dur dans lequel, après avoir rappelé que la magistrature n'était ni un corps ni un ordre séparé, il déclara : « C'est à moi seul qu'appartient le pouvoir législatif sans dépendance et sans partage. L'ordre public tout entier émane de moi. » Avant-dernier feu d'un absolutisme assurément moins despotique qu'on l'a dit, puisque le roi devait se conformer aux lois fondamentales du royaume comme à celles de Dieu, mais que l'opinion, travaillée par les écrits des « philosophes du siècle », de Montesquieu à Rousseau, en passant par Voltaire et Diderot, tolérera de moins en moins. Ajoutons que les morts successives de Mme de Pompadour en 1768, du dauphin (le père de Louis XVI) en 1765, puis de la reine en 1768, et l'installation à la cour de Mme du Barry la même année marquèrent un tournant du règne. En effet, par l'élimination même de Choiseul – plutôt, semble-t-il pour sa politique étrangère, jugée trop hasardeuse par ses rivaux et refusée par le roi, que pour ses dangereuses amitiés parlementaires – le roi sut se ressaisir.

■ Le sursaut final

C'est après la disgrâce de Choiseul (24 décembre 1770) que s'installa au pouvoir ce que les contemporains nommèrent le « triumvirat », formé de Maupeou (chancelier depuis le 16 septembre 1768), de l'abbé Terray (contrôleur général des Finances depuis le 22 décembre 1769), et du duc d'Aiguillon (qui ne devint secrétaire d'État aux Affaires étrangères que le 6 juin 1771). La première tâche de Maupeou fut de mater le Parlement de Paris qui, à la suite d'un édit du 3 décembre 1770 condamnant ses prétentions politiques, et enregistré en lit de justice le 7 décembre, s'était mis en grève le 10. Devant son obstination, le roi et le chancelier firent ce que l'on a appelé improprement un coup d'État, alors qu'il ne s'agissait que d'un « coup de majesté », le Parlement lui-même étant dans l'illégalité : ils firent arrêter, dans la nuit du 19 au 20 janvier 1771, les parlementaires rebelles et, le lendemain, un arrêt du Conseil les exila en province et confisqua leurs charges. Par la suite, un édit du 21 février 1771 divisa en six circonscriptions le ressort du Parlement de Paris, en instituant dans cinq d'entre elles un Conseil supérieur jugeant en dernier ressort, le nouveau Parlement de Paris, au ressort diminué, conservant l'enregistrement des lettres patentes et le

Maupeou (1714 - 1792)
Ce magistrat, digne successeur de son père, déjà premier président du Parlement de Paris et vice-chancelier, et guère édifié sur le compte de ses collègues, était l'homme rêvé pour annihiler les prétentions des parlementaires. Il y réussit, mais ne put qu'être déçu lorsque Louis XVI changea de politique ; et c'est avec juste raison qu'il remarqua alors : « J'avais fait gagner au roi un procès qui durait depuis trois siècles. S'il veut le perdre encore, il en est bien le maître. »

droit de remontrance. De plus, la vénalité des charges parlementaires était abolie, les épices supprimées, et les nouveaux magistrats appointés par le roi, cela dans le but d'une justice « prompte et gratuite ». Un édit d'avril 1771 décida finalement le rachat des offices par le roi et, peu après, la réforme fut étendue aux parlements de province qui s'étaient rebellés. Précisons que, soutenue par une partie de l'opinion, la réforme fut finalement acceptée sans trop de difficultés.

Il n'en fut pas de même pour celle de l'abbé Terray (cf. son surnom de « vide-gousset ») qui réforma en novembre 1771 les vingtièmes (institués en 1748 et 1756), en s'efforçant de les rendre plus équitables, mais échoua à vouloir réglementer la circulation des grains – ce qui, quand il fit acheter des stocks, donna lieu à la légende du « pacte de famine ». Il est clair, en tout cas, que le royaume était en train de remonter la pente quand Louis XV mourut, de la petite vérole, après s'être repenti, le 10 mai 1774.

Il était devenu si impopulaire qu'on dut l'enterrer la nuit, ce qui ne rendait pas justice à son ultime sursaut de volonté, qui prolongea de quelques années l'existence de l'Ancien Régime.

Louise de France (1737-1787)

On ignore souvent que la plus jeune des filles de Louis XV entra en 1770 au carmel de Saint-Denis, peut-être pour expier les péchés de son père, qui la laissa libre d'obéir à la volonté divine. Elle tâcha de s'y faire oublier, malgré d'inévitables liens avec le parti dévot, et atteignit un tel degré de sainteté que l'Église la déclara vénérable en 1873.

■ Un roi trop indécis

Il semble que la principale faiblesse de Louis XV ait résidé moins dans son intelligence, qui était supérieure à celle de Louis XIV, que dans l'hiatus qu'il établit entre sa propre personne et sa fonction, alors qu'elles étaient identiques chez son prédécesseur. Alors que ce dernier avait su organiser à son profit un « État-spectacle », Louis XV ne fut peut-être que le spectateur par trop désabusé de son propre règne. D'où un manque de détermination d'autant plus dommageable que, malgré le grand talent de certains de ses ministres, il ne rencontra pas de Richelieu, ou même (malgré ce qu'on a pu dire de Philibert Orry) de Colbert.

Et le malheur voulut qu'il ait vécu à une époque de contestation aussi intelligente (certains des Philosophes) que vaine (les parlements), et qu'il soit mort trop tôt pour que la réforme qu'il avait judicieusement mise en marche ait eu le temps de s'enraciner.

1774 - 1792

Louis XVI *(1754 - 1793)*

Épouse en 1770 Marie-Antoinette d'Autriche → Louis († 1789)
→ **Louis XVII**

L'échec tragique de la bonté

Louis XVI, né le 23 août 1754, petit-fils de Louis XV, puisque il était le troisième fils du dauphin Louis (1729-1765) et de Marie-Josèphe de Saxe, duc de Berry jusqu'à son avènement, ne devint roi, le 10 mai 1774, que parce que ses deux frères aînés étaient morts. Élevé très religieusement par le duc de La Vauguyon, ami des jésuites, il avait épousé le 16 mai 1770 l'archiduchesse Marie-Antoinette d'Autriche, avec laquelle il fut sacré à Reims le 11 juin 1775.

■ Un mauvais début

Possédant des goûts plutôt terre à terre (chasse, travaux manuels, bonne chère), mais plus intelligent et instruit qu'on l'a dit, et parfaitement capable d'assimiler les dossiers, il était cependant parfois d'une timidité et d'une indécision peu compatibles avec une lourde charge que l'inconscience et la jeunesse de la reine (« Nous régnons trop jeunes... ») ne pouvaient l'aider à porter. Mal soutenu de plus par le clan familial, il choisit comme Premier ministre de fait le vieux comte de Maurepas (disgracié par Louis XV en 1749 !) qui lui fit commettre deux irréparables fautes : le renvoi, en août 1774, du triumvirat (Maupeou, Terray, d'Aiguillon) qui n'avait pourtant pas démérité, et surtout, le 12 novembre 1774, le rappel des anciens parlements, sous le prétexte que la valeur des charges parlementaires précédemment confisquées n'avait pas été assez remboursée. Mais, loin de lui en être reconnaissants, les parlements finirent par exercer, comme par le passé, une opposition systématique qui, avant de causer sa chute (et la leur !), bloqua toutes les réformes de l'Ancien Régime.

■ L'expérience Turgot

Parmi les « honnêtes » gens dont le roi prétendit se barricader, Vergennes aux Affaires étrangères, Saint-Germain à la Guerre, et Miromesnil comme garde des Sceaux, se détache la personnalité de Turgot qui, après un passage à la Marine devint, le 24 août 1774, contrôleur général des Finances. Du plan de redressement finalement avorté de cet ami des physiocrates, il faut rappeler tout d'abord les aspects financiers et économiques : réduction des dépenses de la cour, projet d'une subvention territoriale frappant surtout les revenus fonciers, liberté du commerce des grains (rétablie le 13 septembre 1774). C'est cependant sur le plan social que l'échec de Turgot fut le plus patent. Car, s'il réussit à abolir la corvée royale (janvier 1776) et à assurer la liberté du travail en supprimant sans in-

Un roi timide et faible

« Rien de hautain ni de royal dans son maintien, toujours embarrassé de son épée, ne sachant que faire de son chapeau » (marquise de La Tour du Pin).

« Rien de plus pur que les intentions de Louis XVI ; son sens est droit, son cœur vertueux, mais son caractère est faible et mou. L'éducation n'a point redressé les défauts de la nature » (marquis de Bensenval).

demnité, par l'édit de février 1776 (enregistré le 12 mars au cours d'un lit de justice), les « maîtrises et jurandes », c'est-à-dire les corporations – ce qui aboutissait à rendre possible le jeu capitaliste –, ces dispositions furent pratiquement annulées après sa disgrâce (12 mai 1776). Et les parlements enregistrèrent sans difficulté, le 23 août 1776, un édit rétablissant, moyennant quelques améliorations, les anciennes corporations.

■ L'échec de Necker

Nommé le 29 juin 1777 seulement directeur général des Finances, car il était étranger et protestant, le banquier genevois Necker déclara d'emblée préférer l'emprunt à l'impôt ; mais ce fut moins, en définitive, pour assainir les finances et relancer l'économie que pour financer la coûteuse guerre d'Indépendance américaine. En tirant, de 1777 à 1781, quelque 530 millions de livres d'emprunts émis jusqu'à un taux de 10 %, il ruina en réalité l'Ancien Régime, bien qu'il eût réussi à améliorer l'administration des finances en créant la Trésorerie générale et en réformant, le 9 janvier 1780, la Ferme générale.

Reprenant une idée de Turgot, il créa en Berry (1778) et en Guyenne (1779) des assemblées provinciales élues, chargées des impôts à la place de l'intendant, et au sein desquelles on votait par tête et non par ordre – le nombre des députés du tiers étant égal à celui des ordres privilégiés : idée qui fera son chemin. Mais, en février 1781, il eut la malencontreuse idée de publier un *Compte rendu au roi sur l'Administration des Finances,* apologie de sa propre gestion, nantie d'un faux bilan positif cachant 80 millions de déficit, et surtout d'un détail des pensions versées aux courtisans qui scandalisa l'opinion et retourna la cour contre lui. Il suffit alors qu'il demande l'entrée au Conseil d'en haut et le titre de ministre d'État pour que le roi le disgracie, le 19 mai 1781, avant même que ne soit terminée la guerre qu'il avait contribué à financer.

■ La guerre d'Indépendance des États-Unis

Voulue par le roi aussi bien que par l'opinion publique, la participation française à la guerre d'Indépendance des treize colonies anglaises d'Amérique du Nord fut au départ due, moins à la défense de la liberté avec laquelle on finit par l'identifier, qu'à une volonté de revanche contre l'Angleterre. Elle fut rendue possible, après la *Déclaration d'Indépendance des États-Unis d'Amérique* (4 juillet 1776), par la capitulation anglaise de Saratoga (17 octobre 1777). Cette dernière convainquit en effet la France, qui depuis 1775 négociait secrètement avec les « insurgents », auxquels des armes avaient déjà été fournies (par l'intermédiaire de Beaumarchais) et que La Fayette avait rejoints en 1777, des chances de réussite des Américains.

La France signa donc avec eux, le 6 février 1778, un pacte de commerce et d'alliance défensive qui entraîna automatiquement la guerre avec l'Angleterre qu'une habile politique de Vergennes avait déjà isolée. Après une pseudo-victoire navale au large d'Ouessant (27 juillet 1778), la France obtint

---

Marie-Antoinette (1755 - 1793)
Fille de François Ier et de Marie-Thérèse d'Autriche, Marie-Antoinette n'était pas née pour le bonheur qu'elle ne trouva ni comme femme ni comme reine. Mal accueillie en France, elle y fut injustement calomniée jusque dans sa vie de mère, et l'on comprend qu'elle ait à un moment souhaité une intervention étrangère. Sa mort inspira à Lamartine ce beau mot : « Reine légère dans la prospérité, sublime dans l'infortune. »

Louis XVI en costume de sacre.
Peinture de J.-F. Duplessis, vers 1777.
Musée national du château de Versailles.
Ph. Jeanbor © Arch. Photeb.

l'alliance espagnole (12 février 1779), sans pouvoir cependant réussir à débarquer en Angleterre ; et c'est seulement aux Antilles et en Amérique du Nord que la marine française (Suffren, de Grasse, d'Estaing) put la contrer. C'est pourtant la jonction entre l'armée de Rochambeau (six mille hommes débarqués en avril-mai 1780) et celle de Washington, pendant que l'amiral de Grasse bloquait la baie de Chesapeake, qui permit la capitulation de Corwallis à Yorktown (19 octobre 1781), et finalement l'indépendance des États-Unis. La guerre sur mer continua encore, moins glorieuse, puisque de Grasse fut fait prisonnier à la bataille des Saintes aux Antilles (1782) et que Gibraltar ne put être prise. Mais la paix avec l'Angleterre fut signée à Versailles le 3 septembre 1783, avec comme principal résultat, outre l'indépendance des États-Unis, la ruine de la France, qui n'y gagna que l'île de Tobago aux Antilles et quelques comptoirs en Afrique.

Turgot (1727-1781)
Ce fils d'un prévôt des marchands parisien, destiné tout d'abord à la prêtrise, fut non seulement un bon administrateur dans son intendance de Limoges, mais un ministre aux projets originaux. Malheureusement, il fut victime de mauvaises récoltes tout autant que de l'immaturité de l'opinion publique, et d'un roi qui ne sut pas soutenir les judicieuses réformes qu'il avait préconisées.

■ Calonne et Loménie de Brienne

La guerre d'Indépendance n'étant pas finie lors du renvoi de Necker, le roi nomma après lui comme contrôleur des Finances – n'oublions pas qu'il y en eut dix de 1774 à 1790 ! – Joly de Fleury (1781-1783) qui créa de nouveaux impôts et continua à emprunter, puis Lefèvre d'Ormesson (1783) qui recourut à des expédients. Mais son successeur Calonne, nommé le 2 novembre 1783, après avoir mené une politique de facilité, présenta au roi un *Plan d'amélioration des Finances.* Il y préconisait, outre une subvention territoriale, impôt de quotité à percevoir en nature sur tous les biens fonciers, un adoucissement de la taille, l'unification de la gabelle, le libre commerce des grains et, finalement, de nouvelles assemblées provinciales n'ayant (outre le vote de l'impôt) qu'un pouvoir consultatif. Mais une première assemblée de notables (choisis par le roi), réunie le 22 février 1787, refusa toute réforme sérieuse, si bien que, contré par le garde des Sceaux Miromesnil et par Loménie de Brienne, Calonne fut renvoyé par le roi le 8 avril 1787, peu avant les notables eux-mêmes (25 mai 1787).

On notera ici la gravité de l'opposition au roi de notables choisis par lui-même et donc supposés dociles, mais qui ne surent que lui opposer leurs privilèges. Au demeurant, Loménie de Brienne, qui avait succédé à Calonne, ne réussit pas mieux que lui à imposer une réforme fiscale que le Parlement, qui avait cependant accepté l'édit du 22 juin 1787 instituant des Assemblées provinciales dans toute la France, refusa, réclamant même, le 24 juillet, le recours aux états généraux avant d'être momentanément exilé à Troyes.

Loménie de Brienne dut alors recourir à un emprunt de 420 millions que le roi vint imposer au Parlement le 9 novembre 1787 au cours d'un lit de justice où il répliqua au duc d'Orléans qui lui avait dit « Sire, c'est illégal » : « C'est légal parce que je le veux. » Témoignage déjà périmé d'un absolutisme qui se manifesta encore quand, après que le Parlement eut prétendu imposer, par l'arrêt du 3 mai 1788, une monarchie limitée, le roi fit enregistrer, au cours d'un lit de justice tenu à

Versailles, l'édit du 8 mai 1788, rédigé par le chancelier Lamoignon. Réformant la justice, cet édit abolissait en matière pénale la « question préalable », réduisait les ressorts des Parlements, et confiait l'enregistrement des lois générales à une cour plénière chargée aussi des remontrances, mais il ne touchait pas à la vénalité des charges. Très mal accueilli par l'opinion, il provoqua de tels troubles – la « journée des Tuiles » à Grenoble, le 7 juin 1788 –, que Brienne dut capituler. Le 8 août, la création de la cour plénière fut suspendue ; et la date des états généraux fixée au 1er mai 1789. Le 16 août, les paiements de l'État (il y aura cinq milliards de dette pour seulement deux milliards et demi de numéraire en circulation, à la veille de la Révolution !) furent suspendus et, le 25, Brienne fut contraint de démissionner, regretté par le roi et par la reine, et remplacé le lendemain par Necker.

■ Le retour de Necker

Considéré comme l'homme providentiel, et nommé dès le 27 août 1788 principal ministre de l'État, Necker put d'autant moins opérer de miracles qu'il poussa le roi à abandonner la réforme justifiée de Lamoignon (14 septembre 1788) et surtout à rappeler le 23 septembre 1788 le Parlement de Paris qui, dès le surlendemain, demanda la convocation des états généraux sous sa forme ancienne. Il dut alors avoir recours à une nouvelle Assemblée de notables (6 novembre-4 décembre 1788) qui adopta la même position que le Parlement, lequel finit pourtant par accepter, le 5 décembre 1788, la règle du doublement du tiers état aux états généraux que Necker put alors imposer au roi (27 décembre 1788). Mais, ni l'annonce de cette mesure (incomplète, dans la mesure où le problème capital du vote par tête ou par ordre n'était pas tranché), ni celle d'un règlement électoral dont l'ambiguïté même était la négation de la société d'ordres de l'époque (24 janvier 1789), ne purent empêcher les troubles de l'hiver 1788-1789. Dus aussi bien aux dures conditions climatiques qu'à une effervescence sociale, ils aboutirent à Paris, fin avril, c'est-à-dire à la veille même de la réunion des États généraux, à une émeute (chez le fabricant de papiers peints Réveillon) qui, sous un prétexte futile, fit peut-être plus de trois cents morts.

■ Les derniers États généraux

Il est à peine exagéré de remarquer que, après la rédaction dans les trois ordres de cahiers de doléances qui auraient pu l'éclairer, le roi perdit la partie dès le début de la réunion des états généraux à Versailles. Lors de la séance inaugurale, le 5 mai 1789 dans la salle des Menus-Plaisirs, il ne fit en effet aux députés des trois ordres (dont le nombre, inférieur à 1 200, n'est pas connu précisément !) qu'un discours malhabile et sermonneur contre le « désir exagéré d'innovations », mais qui, malgré quelques concessions, comme l'annonce de la possibilité de l'égalité financière entre les ordres, n'abordait pas les problèmes essentiels pour eux du vote par tête (ce dernier assurait pratiquement la majorité au tiers état) et de la Constitution.

Dès le lendemain le Tiers, siégeant à part selon le règle-

Necker (1732-1804)
On discute encore de la pertinence de la politique économique de cet honnête Genevois, un peu trop glorifié par sa fille Mme de Staël. Il eut le tort d'être davantage un remarquable technicien de la banque qu'un homme politique, car à aucun moment il ne paraît avoir saisi le sens des événements qui le conduisirent à sa perte et à celle d'un roi qui, par trois fois, lui fit une confiance probablement excessive.

Pourquoi la Révolution ? Peut-être convient-il, plutôt que d'expliquer la Révolution de 1789 par telle cause économique (le gouffre financier), sociale (les contradictions de la société d'ordres) ou politiques (la faiblesse du roi) ou même par tel événement précis, d'y voir une éminente manifestation de ce que Cournot nommait le hasard : à savoir la rencontre fortuite de plusieurs séries causales parfaitement analysables, mais dont aucune n'aurait été déterminante si, justement, elles ne s'étaient pas fortuitement rencontrées, et donc sans qu'aucune d'elles, isolément, eût pu produire l'événement. Pourquoi, somme toute, y eut-il toujours en France des rois faibles, des famines, etc., mais seulement une Révolution de l'ampleur de celle de 1789 ?

ment, s'intitula « Communes » en refusant toutefois que la vérification des pouvoirs se fasse par ordre ; et, après un bon mois de négociations, il invita les ordres privilégiés (clergé et noblesse) à se joindre à lui. Finalement, quelques curés (dont l'abbé Grégoire) acceptèrent et, le 17 juin, à l'instigation de l'abbé Sieyès, les députés du Tiers, conscients de représenter 96 % de la nation, se déclarèrent Assemblée nationale. C'était là une révolution politique et juridique essentielle qui, en niant la division traditionnelle en ordres de l'Ancien Régime, abolissait ce dernier en même temps que le pouvoir absolu du roi, puisque, sans que son rôle futur fût autrement précisé, sa souveraineté était transférée à la nation et son pouvoir de percevoir l'impôt provisoirement à l'Assemblée.

■ Les débuts de l'Assemblée nationale

On sait qu'après la décision du clergé, le 19 juin, de se joindre au Tiers et après la fermeture par le roi de la salle des Menus-Plaisirs, les membres de l'Assemblée nationale, réunis dans la salle du Jeu de paume, y prêtèrent à la quasi-unanimité, le 20 juin, le célèbre serment immortalisé par David, de ne pas se séparer avant l'établissement d'une Constitution. C'était s'arroger là une compétence constitutionnelle directe, alors que les états généraux n'étaient intervenus jadis en la matière le plus souvent qu'à la demande du roi et avec sa sanction finale. Mais c'est un refus d'obéissance que l'Assemblée opposa au roi quand, après qu'il eut proposé, au cours de la séance royale du 23 juin, de trop tardives réformes, son maître des cérémonies, le marquis de Dreux-Brézé, demanda aux députés de se séparer. Plutôt que la phrase pompeuse de Mirabeau, on retiendra ici la sobriété de la réplique de Bailly : « La nation assemblée ne peut recevoir d'ordres. » Le roi ne put que céder momentanément en ordonnant, le 27 juin, aux ordres de se réunir, ce qui ne put que mener l'Assemblée à se déclarer « constituante », le 9 juillet.

■ Le relais populaire

Bien qu'il eût cédé en paroles, le roi n'en tenta pas moins d'opérer une « révolution dans la révolution ». Dès le 27 juin il fit venir de province des troupes pour encercler Paris, d'où une protestation de Mirabeau le 10 juillet à l'Assemblée, que le roi proposa même de transférer à Noyon ou à Soissons. Mais Louis XVI commit surtout la faute de renvoyer Necker le 11 juillet, et de s'entourer des ministres les plus conservateurs (Breteuil, Barentin, de Broglie, La Vauguyon). C'est en réalité ce renvoi qui affola à la fois les milieux financiers et populaires, et qui entraîna les manifestations dont l'aboutissement fut, le 14 juillet, la prise symbolique de la Bastille. Événement en réalité mineur, dû à l'affolement et à la « trahison » envers les insurgés de son gouverneur de Launay qui y laissa la vie, mais qui cristallisa le phénomène révolutionnaire et poussa le roi à renvoyer ses troupes en province et à rappeler Necker le 16 juillet, avant de consentir à recevoir, du nouveau maire de Paris Bailly, la synthétique cocarde tricolore.

Mais c'est alors que le relais

révolutionnaire fut pris par la province qui, non seulement se « municipalisa », en même temps que les intendants étaient chassés, mais encore, prenant le relais des troubles antérieurs, se révolta dans de multiples jacqueries. Leur couronnement fut le phénomène à la fois sporadique et encore mystérieux de la Grande Peur (fin juillet-début août), dans laquelle divers fantasmes contradictoires aboutirent à la destruction des archives seigneuriales et au meurtre de quelques nobles. Et c'est finalement du reflet de cette peur à Versailles que naquirent les textes fondateurs de la Révolution en marche.

■ Les textes fondateurs

Bien que l'image de la générosité ait prévalu, il est incontestable que c'est, au départ, la volonté de défendre la propriété qui inspira, au cours de la nuit du 4 août à l'Assemblée, l'abolition du régime féodal – entendons par là, non un régime politique, mais les séquelles de la féodalité. On sait que, dépassant la manœuvre politique initiale de deux nobles, le vicomte de Noailles et le duc d'Aiguillon, l'Assemblée, devenue dans son enthousiasme plutôt irresponsable, ajouta à l'abolition des entraves féodales à la liberté de la propriété foncière et des autres droits féodaux, celle des dîmes, des justices seigneuriales, des privilèges des villes, de la distinction entre les ordres, etc., avant de se séparer, vers 2 heures du matin, sans que rien n'eût été officiellement précisé. On s'en aperçut quand parurent les décrets des 5 et 11 août, revenant sur certaines des concessions de la nuit du 4 août, en précisant, en particulier, que certains droits féodaux, non créés par la violence ni usurpés sur l'État, devraient être rachetés. Ajoutons qu'il fallut un nouveau décret (15 mars 1790) pour que les choses fussent encore précisées, avant que la Convention abolît totalement la féodalité (17 juillet 1793).

Plus généreuse apparaît, en revanche, la *Déclaration des droits de l'homme et du citoyen* que, à la suite d'une longue discussion où brillèrent Mounier, La Fayette, Sieyès, Mirabeau et l'abbé Grégoire, l'Assemblée vota du 19 au 26 août, date à laquelle elle décida de la publier, malgré son inachèvement. Il serait aisé d'en critiquer les défauts, de la philosophie naïve (la bonté naturelle et les droits préexistants de l'homme) qui l'anime à la regrettable absence de devoirs venant contrebalancer des droits posés trop abstraitement, en passant par sa méconnaissance de fait de toute égalité concrète. Toutefois, les principes qu'elle a eu l'audace de poser dans l'absolu, de la liberté et l'égalité naturelles de l'homme à celui de la souveraineté nationale, en font, en dépit d'un fondement particulier (négation de l'arbitraire de l'Ancien Régime, précautions contre son retour, défense de la propriété bourgeoise sous couleur d'universalité), un moment décisif de l'histoire universelle qu'il est difficile de récuser. Des philosophes comme Kant, Fichte et Hegel ne s'y sont d'ailleurs pas trompés.

■ Les refus du roi

Dès le 4 août le roi s'était entouré d'un nouveau gouvernement, en joignant à Necker des ministres amis de La Fayette qui

Sieyès (1748-1836)
Prêtre sans vocation et vicaire général de Chartres à la veille de la Révolution, Sieyès publia en janvier 1789 sa célèbre brochure *Qu'est-ce que le tiers état ?*, qui lui valut une surprenante carrière politique, si l'on songe que c'est lui qui commença la Révolution, en proposant la transformation des États généraux en Assemblée constituante, et qui la termina en aidant Bonaparte à prendre le pouvoir.

étaient loin d'inspirer confiance, comme Champion de Cicé, Saint-Priest ou La Tour du Pin. Ils ne purent que le pousser à ne pas sanctionner les décrets pris à la suite de la nuit du 4 août, ainsi que la *Déclaration des droits de l'homme*, l'Assemblée ayant d'ailleurs adopté, le 11 septembre, le principe du veto royal suspensif de la loi (pendant deux législatures). Mais c'est précisément pour obliger le roi à sanctionner les textes votés par l'Assemblée que, sur la base d'une « émeute de la faim » quelque peu récupérée et d'un banquet versaillais jugé contre-révolutionnaire, le peuple de Paris alla à Versailles chercher le roi pour l'amener de force dans la capitale, aux Tuileries, après lui avoir fait promettre de signer les décrets litigieux (5 et 6 octobre). Il devenait ainsi l'otage du peuple de Paris où l'Assemblée le suivit (19 octobre) pour s'installer au Manège, près des Tuileries.

Il convient cependant d'ajouter à cela que, par la suite, le roi n'eut pas le courage de refuser, juridiquement du moins, la *Constitution civile du clergé* qui fut votée le 12 juillet 1790, pour régler le problème posé par le clergé séculier, après que les biens de l'Église eurent été mis à la disposition de la Nation (2 novembre 1789) pour permettre à l'État de rembourser des dettes (d'où la création, le 19 décembre 1789, des fameux Assignats, gagés sur la vente des biens de l'Église).

Positive par certains côtés (la réduction du nombre des diocèses), cette Constitution civile n'en avait pas moins le défaut de faire des curés et des évêques des fonctionnaires, certes payés par l'État, mais élus par des Assemblées politiques, et obligés de prêter serment (d'où les « réfractaires »). D'autre part, l'Église de France échappait à la nécessaire autorité du pape, qui n'avait même pas été consulté, ce qui signifiait, de la part de la France, une rupture unilatérale du concordat de Bologne de 1516.

Ce n'est cependant qu'après avoir hésité que le roi, qui connaissait l'opposition (tenue encore secrète) du pape et espérait néanmoins un arrangement avec lui, accepta de signer la Constitution civile (24 août 1790). Mais, bien qu'il eût sanctionné par la suite, le 23 décembre 1790, le décret obligeant le clergé à prêter serment, et qui menait tout droit à un véritable schisme, il la récusa au fond de lui-même.

Et l'on sait que c'est finalement la condamnation définitive par le pape de la Constitution civile, des évêques qui l'avaient acceptée, mais aussi des principes révolutionnaires (brefs des 10 et 13 avril 1791), qui fut la raison principale de la fuite du roi. Trop mal préparée par le comte de Fersen (l'« amant de la reine »), elle s'acheva le 21 juin à Varennes, entraînant une suspension provisoire du roi (25 juin), maintenue le 16 juillet lors même qu'il avait été déclaré la veille inviolable, ce qui entraîna, le 17 juillet, l'émeute populaire du Champ-de-Mars pour réclamer sa déchéance et qui fut durement réprimée par la garde nationale. Mais, finalement « restauré » sur la base de la fiction de son enlèvement, le roi ne put qu'approuver, toujours juridiquement, mais probablement sans l'accepter vraiment, la nouvelle Constitution.

Mirabeau (1749-1791)
Surtout connu avant la Révolution pour sa laideur et ses débauches, Mirabeau fut l'un des hommes les plus lucides de la Constituante. Mais ses relations équivoques avec le roi, qu'il accepta de conseiller pour payer ses dettes, furent la cause de son échec politique et lui valurent d'être chassé, après sa mort, du Panthéon dont il avait été le premier occupant.

▪ La Constitution de 1791

Après la transformation de l'Assemblée nationale en Constituante (9 juillet 1789), les députés, refusant tout aménagement de la Constitution coutumière du royaume, décidèrent d'en recréer une en faisant table rase du passé (« l'histoire n'est pas notre code »), tout en maintenant (sans l'absolutisme !) la monarchie (22 septembre 1789). Mais plusieurs points importants – veto royal, choix des ministres par le roi, mais hors de l'Assemblée (contrairement au vœu de Mirabeau) dans laquelle ils avaient droit d'entrée – avaient déjà été tranchés quand cette dernière reprit, le 8 août 1791, une discussion qui aboutit, le 3 septembre, au vote définitif de la Constitution, que le roi approuva le 13 septembre.

En écho du serment qu'il avait déjà prêté (d'obéir à la Nation et à la Loi) au cours de la fête de la Fédération (14 juillet 1790), le roi vint devant l'Assemblée jurer fidélité à la Constitution. Mais, bien que les règles de la loi salique eussent été maintenues, c'était reconnaître là la supériorité de la loi émanée de la Nation sur son propre pouvoir. De « roi de France », il était devenu « roi des Français » et, dans l'obéissance à la loi, le premier fonctionnaire de l'État, dans le cadre d'une Constitution qui, fondée sur le principe de la séparation des pouvoirs, ne lui donnait plus qu'un pouvoir exécutif, certes encore important (direction des Affaires extérieures, nomination des ambassadeurs, direction de l'administration, droit de proposer la guerre ou la paix avec le concours de l'Assemblée), mais justement limité par la loi contre laquelle son veto n'était que suspensif, d'où de possibles conflits politiques.

Ajoutons que, le pouvoir judiciaire étant pour ainsi dire indépendant, le pouvoir du roi était ainsi nécessairement limité par celui d'une Assemblée élue au suffrage censitaire (contrairement à la *Déclaration des droits de l'homme*, qui prévoyait le suffrage universel), et d'autant plus portée à s'opposer au monarque que son veto suspensif n'était qu'une demi-mesure inspirée par la crainte de son pouvoir, et que ses ministres n'étaient pas politiquement (ils l'étaient pénalement) responsables devant elle, d'où l'échec quasi inévitable de cette monarchie partagée.

▪ L'échec de la Constitution

Le 30 septembre 1791 l'Assemblée nationale constituante se sépara, remplacée le lendemain par la nouvelle Assemblée nationale législative de 745 membres, issus pour la plupart des clubs révolutionnaires (Feuillants, Jacobins), mais peu expérimentés en politique, les naïfs Constituants s'étant déclarés inéligibles à la Législative qui, dès le départ, courait à l'échec, à la fois pour des raisons de politique interne et pour des raisons de politique extérieure.

En effet, au-delà de la lettre même d'une Constitution qui, déjà problématique, fut presque immédiatement violée par l'Assemblée qui se mêla de détails relevant de l'exécutif et créa en son sein des comités à vocation exécutive, le roi et l'Assemblée s'opposèrent vite, en particulier à propos des émigrés et des prêtres réfractaires. Pourtant, malgré l'inconstitutionnalité de

La Fayette (1757-1834)

Incontestable héros de la guerre d'Indépendance des États-Unis, La Fayette joua par la suite un rôle aussi trouble qu'incohérent. Organisateur de la fête de la Fédération du 14 juillet 1790, il n'en réprima pas moins, l'année suivante, la manifestation populaire du Champ-de-Mars. Contraint de s'exiler, il ne joua de nouveau un rôle politique qu'en 1830 en aidant Louis-Philippe à prendre le pouvoir.

l'attitude de l'Assemblée qui, le 10 mars 1792, avait injustement mis en accusation le ministre des Affaires étrangères Lessart, le roi remplaça ses amis feuillants démissionnaires par des ministres girondins – Dumouriez aux Affaires étrangères (15 mars), Roland à l'Intérieur et Clavière aux Finances (23 mars) – qui avaient la confiance de l'Assemblée, mais eurent le tort de pousser à la guerre.

Il est vrai que, depuis la déclaration de Pillnitz par laquelle, en présence du comte d'Artois, l'empereur d'Autriche Léopold II et le roi de Prusse Frédéric-Guillaume II avaient pris parti en faveur de Louis XVI (27 août 1791), ce dernier pouvait espérer de la guerre une Restauration, à moins qu'à l'inverse une victoire française n'accrût son prestige. Mais, d'autre part, les prétextes extérieurs d'une guerre dans laquelle tout le monde crut voir son intérêt ne manquaient pas. Si bien que, en contradiction flagrante avec la célèbre Déclaration de paix au monde de la Constituante (22 mai 1790), et à la suite d'un échange d'ultimatums, l'Assemblée, sur proposition du roi, vota dans l'enthousiasme la déclaration de guerre à l'empereur le 20 avril 1792.

Mal préparée, comme le reconnut plus tard La Fayette, la guerre faillit tourner au désastre (un régiment passa même à l'ennemi) et, par ricochet, à la guerre civile, à laquelle l'Assemblée crut parer en prenant un décret ordonnant la déportation des prêtres réfractaires (27 mai), un décret supprimant la garde du roi (29 mai) et un décret ordonnant la formation d'un camp de fédérés aux portes de Paris (8 juin). Et c'est finalement l'opposition parfaitement constitutionnelle du roi au premier et au troisième de ces décrets qui causèrent sa perte.

■ La chute de la monarchie

C'est tout à fait légitimement, et pour sanctionner leur incapacité, que le roi renvoya, le 12 juin 1792, les ministres Roland, Servan et Clavière, en ne gardant que Dumouriez, bientôt poussé par l'Assemblée à la démission. Mais les nouveaux ministres manquant de fermeté, les Girondins organisèrent, avec la complicité de la mairie de Paris (où Pétion avait remplacé Bailly, fausement compromis lors de la fusillade du 17 juillet 1791 au Champ-de-Mars), une manifestation populaire qui finit par envahir les Tuileries. Injurié, le roi fut contraint de coiffer le bonnet rouge et de boire à la santé de la Nation, sans céder pour autant sur les vetos et le renvoi des ministres. La Fayette, découragé par la reine elle-même, renonça à faire un coup de force militaire qui, pas plus que la fausse réconciliation du 7 juillet à l'Assemblée (le « baiser Lamourette »), n'aurait pu sauver la monarchie.

Devant la menace militaire des Prussiens, l'Assemblée proclama, le 11 juillet, la « Patrie en danger » et, quand le belliqueux *Manifeste de Brunswick* (25 juillet), rédigé en réalité par un émigré, le marquis de Limon, et menaçant les Parisiens de représailles s'ils touchaient au roi, fut divulgué, le sentiment national fut blessé, et le prétexte tout trouvé pour demander la déchéance du roi, réclamée par Robespierre dès le 29 juillet au club des Jacobins.

La loi Le Chapelier

Succédant au décret d'Allarde (2 mars 1791) supprimant les corporations et avec lequel on la confond souvent, la loi votée le 14 juin 1791 à l'instigation de l'avocat rennais Le Chapelier (1754-1794) y ajouta l'interdiction des grèves et des coalitions tant ouvrières que patronales. C'était, dans le cadre du libéralisme naissant, mettre patrons et ouvriers sur le même plan pour mieux assurer l'emprise des premiers sur les seconds, ce que la gauche de l'époque ne comprit pas. Et cette loi, qui favorisa la libre concurrence et le capitalisme, dura jusqu'à la reconnaissance du droit de grève (1864) et du droit syndical (1884).

Il fallut cependant, pour en arriver là, une nouvelle insurrection, préparée dans la nuit du 9 au 10 août par les républicains manœuvrés par Danton. Après l'installation le 10 août d'une Commune insurrectionnelle dominée par ce dernier, le roi alla, à l'instigation de Rœderer, qui espérait encore un retour des ministres girondins, se réfugier avec sa famille au sein de l'Assemblée. Mais les insurgés attaquèrent les Tuileries où quelque six cents gardes suisses furent atrocement massacrés. Et le roi fut finalement suspendu par l'Assemblée, jusqu'à la décision d'une future Convention, le pouvoir passant, le 11 août, à un Conseil exécutif provisoire comprenant, entre autres, deux des ministres girondins révoqués, Roland et Clavière, ainsi que Danton. Bien que l'Assemblée eût opté, le 11 août, pour une détention du roi et de sa famille au palais du Luxembourg, on sait que c'est finalement dans la tour du Temple qu'ils furent emprisonnés sur l'ordre de la Commune insurrectionnelle (13 août).

■ Procès et mort du roi

L'inique procès (par une Assemblée et non un tribunal, et en contradiction avec les principes de non-rétroactivité des lois et de la distinction de l'époque entre jury d'accusation et jury de jugement !) d'un roi que la Constitution déclarait « inviolable et sacré » eut lieu après la découverte, le 20 novembre 1792, de l'armoire de fer contenant des documents jugés compromettants. Sur la base d'une procédure de vote à voix haute qui permettait toutes les pressions populaires, il se déroula à partir du 11 décembre. On se doute que les habiles plaidoiries de trois avocats (de Sèze, Tronchet et Malesherbes) en faveur d'un accusé qui était *a priori* coupable ne réussirent pas à sauver sa tête, le sursis lui-même ayant été refusé par 380 voix contre 310, lors même que la mort immédiate avait déjà été votée par 387 voix contre 334 (la légende de l'unique voix de majorité pour la mort se base sur le fait que 26 députés avaient voté la mort avec sursis). Il est à peine besoin de rappeler que c'est en roi – et en roi chrétien, puisqu'il pardonna à ses ennemis – que Louis XVI, accompagné jusqu'à l'échafaud par l'abbé Edgeworth, mourut guillotiné, le 21 janvier 1793, non sans avoir proclamé son innocence.

■ Un roi plus sincère que politique

S'il est un reproche à faire à Louis XVI, c'est peut-être moins d'avoir trahi son pays que de n'être jamais entré – ce qu'aurait immanquablement fait un roi plus « politique », et que fera plus habilement son successeur Louis XVIII – dans la peau d'un roi constitutionnel. C'est qu'il avait probablement préféré, au fond de lui-même, l'indélébile serment de son sacre – que Louis XVIII se gardera bien de prêter ! – au serment prêté à la Nation, puis à la Constitution. Peut-être même les jugea-t-il conciliables, ce qui ne pouvait que le mener à un « double jeu » qui, bien qu'infiniment respectable, lui fut, en fin de compte, fatal.

Un testament lucide

On ne peut qu'admirer la lucidité dont Louis XVI fit finalement mais tardivement preuve, lorsqu'il écrivit, dans son testament rédigé le jour de Noël 1792 au Temple à l'adresse du Dauphin : « Je recommande à mon fils, s'il avait le malheur de devenir roi, de songer qu'il se doit tout entier au bonheur de ses concitoyens, qu'il doit oublier toute haine et tout ressentiment, et nommément tout ce qui a rapport aux malheurs et aux chagrins que j'éprouve, qu'il ne peut faire le bonheur des Peuples qu'en régnant suivant les Lois, mais qu'en même temps un Roy ne peut les faire respecter, et faire le bien qui est dans son cœur, qu'autant qu'il a l'autorité nécessaire, et qu'autrement étant lié dans ses opérations et n'inspirant point de respect, il est plus nuisible qu'utile. »

1793 - 1795

Louis XVII *(1785 - 1795)*

Le roi sacrifié

Né à Versailles le 27 mai 1785, Louis Charles, duc de Normandie, ne devint dauphin qu'à la mort de son frère aîné Louis Joseph, le 4 juin 1789. Enfant charmant, on sait qu'il fut adoré par sa mère et ses gouvernantes. Mais le bonheur de celui dont la Constitution de 1791 avait fait un prince royal fut de courte durée. Enfermé au Luxembourg, puis au Temple à partir du 13 août 1792, il y fut d'abord séparé, du moins pour le coucher, de sa mère, et suivit son père, le 29 septembre, au deuxième étage de la grosse tour ; mais lorsque le procès de ce dernier s'ouvrit, le 11 décembre suivant, il revint avec sa mère.

■ Le roi emmuré

La mort de son père, le 21 janvier 1793, en fit incontestablement un roi, et sa mère, comme les monarchistes, le reconnurent comme tel. Le 3 juillet 1793, il fut définitivement séparé de sa mère (transférée le 2 août à la Conciergerie avant son exécution le 16 octobre) et confié pour six mois à un franc-maçon notoire, partisan de Robespierre et membre de la Commune insurrectionnelle, le cordonnier Simon, aidé de son épouse. Il ne semble pas que le couple l'ait jamais maltraité. Tout au plus Simon s'efforça-t-il de lui inculquer, sinon l'idéologie, du moins le vocabulaire grossier du sans-culotte moyen. Mais, après le départ du cordonnier Simon (qui périt sur l'échafaud le 10 thermidor an II) le sort du jeune roi devint plus incertain, car, à coup sûr emmuré, il devint l'otage des projets les plus divers.

■ Une mort sans équivoque

Les conditions obscures de la détention finale de Louis XVII ont largement alimenté l'hypothèse d'une substitution, dont nous dirons simplement qu'elle aurait pu arranger ceux qui voyaient en lui une monnaie d'échange possible dans des négociations internationales. Mais alors, pourquoi l'avoir remplacé, si cette hypothèse est vraie, par un enfant malade ? En fait, sa mort, parfaitement explicable par la maladie, arrangea finalement aussi bien les révolutionnaires que le futur Louis XVIII. Il semble, en tout cas, que ce fût bien Louis XVII que Barras était venu reconnaître, le 10 thermidor an II, pour le trouver dans un état déplorable. Le malheureux enfant ne fut vraiment soigné qu'à la toute dernière extrémité et, tout comme son frère aîné, il mourut de tuberculose osseuse le 8 juin 1795. On l'enterra, non sans qu'une autopsie eût été pratiquée, dans la fosse commune de l'église Sainte-Marguerite, ce qui n'empêcha pas l'apparition de pseudo-dauphins – Naundorff est le plus connu – dont l'imposture s'est longtemps nourrie du tragique destin d'un roi innocent.

Une beauté meurtrie

Il est fascinant de suivre, d'après la chronologie des multiples portraits de Louis XVII, l'empreinte croissante sur son visage du tragique de son destin. Victor Hugo s'en aperçut bien dans son ode de 1822 :

« Son œil bleu du malheur portait le signe austère ;
Ses blonds cheveux flottaient sur ses traits pâlissants. »

Louis XVII
Peinture d'Alexandre Kucharski.
Collection particulière.
Ph. Jeanbor © Arch. Photeb.

1792 - 1799

Le peuple souverain

La Convention

(21 septembre 1792 - 26 octobre 1795)

Le spectre de la Terreur

Après la suspension de la monarchie (10 août 1792), remplacée le lendemain par un Conseil exécutif provisoire, l'Assemblée législative, réduite à 200 députés, n'en vota pas moins la création d'un Tribunal révolutionnaire (17 août) et un nouveau décret contre les prêtres réfractaires (26 août), avant que l'annonce du siège de Verdun ne déclenchât les massacres des 2-5 septembre (1 400 morts), dont Danton fut le complice.

▪ La République

Le 21 septembre (lendemain de la victoire de Valmy) eut lieu la première réunion des 750 députés de la Convention, élus au suffrage universel à deux degrés, mais seulement par un dixième des électeurs, les plus engagés. Composée de 200 Montagnards et de 120 Girondins, le reste formant la Plaine, l'Assemblée se hâta de proclamer la République et de la déclarer « une et indivisible » (25 septembre). Mais, outre la guerre, son principal problème était d'élaborer une nouvelle Constitution.

▪ La Constitution fantôme

Dès le 11 octobre 1792, un comité de Constitution, comprenant Danton et Condorcet, fut élu, mais les travaux de l'Assemblée furent retardés par le procès du roi et le début de la guerre de Vendée (11 mars 1793) ; si bien qu'ils ne commencèrent vraiment qu'après la chute des Girondins (2 juin), pour se terminer le 24 juin par le vote d'une Constitution démocratique, antilibérale et antiparlementaire. Bien qu'elle n'eût jamais été appliquée après son adoption par référendum en juillet, et en dépit de la grandiose fête de la Fédération organisée en son honneur (10 août), surtout à cause de la guerre, il est intéressant d'en souligner certains aspects.

On y remarque en effet, dès la *Déclaration des droits de l'homme et du citoyen* qui précède l'Acte constitutionnel, la primauté de l'égalité sur les autres droits de l'homme, ainsi que l'affirmation de droits sociaux au travail et à l'assistance et le droit de vote accordé (à certaines conditions) aux étrangers. Mais la propriété y demeure (malgré Robespierre) un droit naturel. Quant à l'organisation des pouvoirs, elle est dominée par un corps législatif élu pour un an, dont les lois peuvent être soumises à un référendum populaire, et qui élit, sur une liste préparée par les assemblées électorales de département, les vingt-quatre membres d'un Conseil exécutif qu'il tient sous sa coupe.

> **La guerre de Vendée (1793-1801)**
>
> Commencée en mars 1793, plutôt par refus de la levée en masse de 300 000 hommes votée par la Convention que pour les motifs religieux qui prirent le relais, cette guerre, où s'illustrèrent La Rochejaquelein et Charette du côté des insurgés, Hoche du côté des républicains, ne tarda pas à déraper. Confinant à certains endroits au génocide, comme celui perpétré durant l'hiver 1793-1794 par le général Turreau, elle ne pouvait que s'éterniser. Achevée pour l'essentiel en 1801, elle reprit sporadiquement vers 1830.

Le Gouvernement révolutionnaire

Quand la Convention déclara, le 10 octobre, à l'instigation de Saint-Just, « le gouvernement de la France est révolutionnaire jusqu'à la paix » – ce qui équivalait à mettre en sommeil la Constitution – ce gouvernement, formé en réalité de « comités de gouvernement » coexistant avec le Conseil exécutif et les ministres, existait déjà avec ses principaux organes, le comité de Sûreté générale (2 octobre 1792) et le comité de Salut public (6 avril 1793). Ce sont eux qui dirigèrent en fait la politique, bien que ce fût dans le cadre juridique d'un régime d'assemblée, puisque la Convention les élisait. Mais, dans la mesure même où la Convention décida qu'on ne nommerait les membres des autres comités que sur proposition du comité de Salut public (12 septembre 1793), la dictature de ce dernier, dominé du 27 juillet 1793 au 27 juillet 1794 (9 thermidor an II) par Robespierre, devint exclusive. Il en résulta une sourde rivalité entre le comité de Salut public et le comité de Sûreté générale et ce dernier, après la mascarade que fut la fête de l'Être suprême présidée par Robespierre le 8 juin 1794, et surtout après la victoire de Jourdan à Fleurus (26 juin) qui fit ressortir le besoin d'une pause dans la Terreur, contribua à la perte de l'Incorruptible.

Robespierre (1758-1794)

Plus que par la Terreur qui demeure attachée à son nom, bien qu'il ne fût pas le pire des sanguinaires, Robespierre est important par la dialectique de la Terreur et de la Vertu qu'il exposa les 25 décembre 1793 et 5 février 1794 devant la Convention. Il y expliqua que, modérée d'un côté par la Vertu, la Terreur devait cependant être employée pour l'imposer, en particulier en temps de guerre, civile ou extérieure. Mais, comme le montrera Engels, la Terreur est le fait d'hommes eux-mêmes terrorisés, ce qui explique que, après avoir terrorisé, Robespierre a fini lui-même par être éliminé.

Saint-Just (1767-1794)

Plus encore que Robespierre, ce poète libertin, mais théoricien plutôt médiocre, incarne le fanatisme glacé de la Révolution. Il réclama sans nuances la tête du roi, inspira la loi du 14 frimaire an II (4 décembre 1793) systématisant le gouvernement révolutionnaire auquel il participa. La lucidité de son mot d'avant Thermidor, « la Révolution est glacée », ne lui épargna pas l'échafaud.

Les excès de la Terreur

Conséquence inévitable d'une guerre aussi bien extérieure qu'intérieure, la Terreur, qui finit par dévorer les droits de l'homme, était déjà impliquée, non seulement par la création (provisoire) du Tribunal révolutionnaire précité (17 août 1792) élu par les sections parisiennes, mais par celle du Tribunal révolutionnaire créé par la Convention (qui en nomma illégalement les membres, dont l'accusateur public Fouquier-Tinville) le 10 mars 1793, et chargé de juger, sans appel ni cassation, les conspirateurs et contre-révolutionnaires. Elle ne put qu'être renforcée par la loi qui décida, le 17 septembre 1793, l'arrestation de tous les suspects, dont les biens finirent par être attribués, par les décrets de ventôse an II (26 février et 13 mars 1794) aux « indigents patriotes ».

Mais ce qui, outre les excès provinciaux (destruction de Lyon, noyades de Nantes), frappa le plus l'opinion fut évidemment la terrible loi du 22 prairial an II (10 juin 1794), qui étendit le domaine de la suspicion, priva l'accusé de défenseur, et obligea le tribunal à choisir entre la mort et l'acquittement. Ce qui est cependant le plus remarquable dans la Terreur est peut-être moins le nombre de ses victimes (40 000, dont 17 000 jugées), que son implacable mécanisme qui, reposant sur une confusion de fait entre l'exécutif et le judiciaire dans le cadre d'une législation inique, permit à Robespierre d'éliminer toutes les factions qui s'opposaient à lui (les hébertistes le 24 mars 1794, Danton et ses amis le 5 avril), en s'appuyant sur l'une pour éliminer l'autre, avant de céder lui-même la place, le 9 thermidor an II (27 juillet 1794), aux thermidoriens.

Les thermidoriens

Ce serait une erreur d'imaginer que la chute de Robespierre mit immédiatement fin à la Terreur. Tout au plus en ralentit-elle le rythme, ne serait-ce qu'à cause de la diminution des pouvoirs du comité de Salut public et du retour en force du comité de Sûreté générale qui, par suite de son rôle policier, devint l'artisan de la réaction thermidorienne. Quant à la justice révolutionnaire, elle fut attribuée dans les départements aux tribunaux criminels « jugeant révolutionnairement » et, après une réforme de sa procédure donnant plus de droits à l'accusé, le Tribunal révolutionnaire de Paris fut supprimé (31 mai 1795) après avoir pleinement servi la vengeance des thermidoriens, et quelques jours après l'exécution de Fouquier-Tinville.

Rappelons que, dans leur volonté de sauver au moins une part de l'acquis révolutionnaire – non tant d'ailleurs dans l'intérêt du peuple que dans celui de la bourgeoisie – les thermidoriens se heurtèrent à la fois aux partisans attardés de Robespierre et aux royalistes. Après la fermeture significative du club des Jacobins (12 novembre 1794) et à quelques jours de la paix de Bâle avec la Prusse (5 avril 1795), une foule, probablement manipulée, envahit, le 1er germinal an III (21 mars 1795), la Convention en réclamant « du pain et la Constitution », ce qui, après une nouvelle émeute, le 12 germinal an III (1er avril 1795), n'aboutit qu'à la déportation de quelques députés (Barère, Collot d'Herbois...). Si bien qu'une émeute populaire – la dernière de la Révolution – éclata le 1er prairial an III (20 mai 1795), durement réprimée pendant trois jours par Menou et Murat.

Au demeurant, la Constitution de l'An III (celle du Directoire) était déjà votée et même acceptée par plébiscite quand une dernière insurrection – royaliste cette fois – eut lieu, le 13 vendémiaire an IV (5 octobre 1795), devant l'église Saint-Roch, matée, comme on sait, par Barras, qui fit appel à Bonaparte (le général Vendémiaire). Et le 26 octobre 1795, la Convention, qui avait voté deux Constitutions, semé et réprimé la Terreur, mais aussi tenu tête à l'Europe, tenté une expérience égalitariste et séparé finalement l'Église de l'État (18 septembre 1794), se sépara aux cris de « Vive la République ! », non sans avoir voté auparavant une impossible amnistie générale pour les faits révolutionnaires.

Une société égalitaire

Les excès de la Terreur ne doivent pas faire oublier que la Convention chercha à réaliser un égalitarisme systématique dans tous les domaines. C'est ainsi que les biens des immigrés furent un moment attribués, pour rétablir l'égalité, aux paysans les plus démunis (juin 1793), tout comme ceux des suspects aux patriotes indigents (décrets de Ventôse an II précités). Sur le plan économique, la loi du maximum des grains (11 septembre 1793), suivie de celle du maximum général (29 septembre 1793), qui s'appliqua aussi aux salaires, tenta de rationaliser dans un but égalitariste toute la vie économique qui se trouva soumise à l'emprise de l'État. Quant à l'égalité civique, elle fut réalisée par l'abolition de l'esclavage dans les colonies (4 février 1794). En ce qui concerne la famille, il faut être plus nuancé, car la Convention ne parvint pas à établir l'égalité entre époux dans le mariage dont la dissolution fut admise aussi bien pour incompatibilité d'humeur que pour abandon, ou absence durant trois mois. Pourtant, l'égalité apparut en matière de filiation, par l'assimilation des enfants naturels (ni adultérins ni incestueux) aux enfants légitimes (2 novembre 1793). Et les testaments et donations entre vifs furent interdits (7 mars 1793) pour assurer l'égalité entre descendants, et surtout pour empêcher que les partisans de la Révolution soient déshérités.

Le Directoire

(27 octobre 1795 - 9 novembre 1799)

L'impuissance cynique au pouvoir

Les thermidoriens avaient tout d'abord pensé mettre en vigueur, moyennant révision, la Constitution montagnarde du 24 juin 1793 ; mais, après les émeutes de germinal an III (mars-avril 1795), la Convention nomma, le 3 avril 1795, une commission de Constitution qui comprenait quelques modérés, dont le protestant Boissy d'Anglas, qui obtint qu'une nouvelle Constitution, aussi hostile à la dictature que favorable aux possédants, fût rédigée.

▪ Une Constitution déséquilibrée

Influencée surtout par Montesquieu, cette dernière fut promulguée le 5 fructidor an III (22 août 1795). Remarquable déjà par l'absence de référence aux droits naturels, l'absence d'égalité sociale, et une moralisante *Déclaration des devoirs,* surtout orientée vers la défense de la propriété, elle ne l'est pas moins par un retour hypocrite au suffrage censitaire et une séparation des pouvoirs destinée à éviter toute dictature.

En effet, ses deux Chambres, le Conseil des Cinq-Cents et le Conseil des Anciens (plus de quarante ans), ont beau intervenir dans la nomination des cinq directeurs formant le « Directoire exécutif », ce dernier, élu pour cinq ans (sous la réserve de l'élimination annuelle par tirage au sort d'un de ses membres et de son remplacement), n'a ni l'initiative des lois ni le droit de veto. Il n'en possède pas moins des pouvoirs étendus, aussi bien dans les relations internationales que sur le plan interne, où il peut disposer (sans la commander) de la force armée et délivrer des mandats d'amener. Pourtant, la séparation des pouvoirs ainsi organisée est déséquilibrée – d'où l'instabilité prévisible du régime – non tant peut-être par l'intervention du législatif dans la désignation de l'exécutif que par le dangereux pouvoir que possède ce dernier de « casser les élections », lors même que, d'un autre côté, le corps législatif peut traduire les directeurs en justice. Ajoutons à cela que la mise en route du Directoire fut des plus contestables.

Babeuf (1760-1797)

Tout d'abord partisan du « partage des terres », ce spécialiste du droit féodal créa, le 30 mars 1796, un Directoire secret exécutif destiné à prendre le pouvoir pour installer un communisme agraire. Arrêté le 10 mai 1796 (il avait été trahi), il fut exécuté le 27 mai 1797 ; mais son projet demeure intéressant par sa technique de prise de pouvoir dont (après que son ami Buonarotti eut diffusé ses idées, parfois utopiques) les bolcheviks sauront s'inspirer.

▪ Les décrets scélérats

Alors que les naïfs Constituants s'étaient interdits de siéger à la Législative, les Conventionnels rescapés de la Terreur complétèrent la Constitution par deux décrets (22 et 25 août 1795) qui prévoyaient que les deux tiers des Assemblées à élire devraient être nécessairement composés d'anciens Conventionnels, et ils les soumirent (comme la Constitution elle-même) à un référendum. Mais l'adoption contestable de ces décrets provoqua l'émeute précitée du 13 vendémiaire an IV (5 octobre 1795), et les élections qui suivirent ne permirent pas d'atteindre le quorum prévu de Conventionnels, si bien que les élus durent coopter le nombre manquant ! Quant aux cinq premiers directeurs, La Revellière-Lépeaux, Rewbell, Carnot, Letourneur et Barras, ils furent tous choisis (31 octobre 1795) parmi les régicides, ce qui fut tout aussi fatal à la stabilité du régime que le renouvellement annuel du tiers des Conseils prévu par la Constitution. Et ce n'est que par des coups d'État de plus en plus hasardés que le Directoire put se maintenir.

▪ Les coups d'État

C'est certainement l'échec du complot de Babeuf (mai 1796) et le mécontentement des catholiques et des monarchistes qui expliquent le premier coup d'État (antiroyaliste) du 18 fructidor an V (4 septembre 1797). Devant le désastre des élections d'avril 1797, où seulement 11 Conventionnels avaient été élus, et la menace monarchiste, Barras, La Revellière-Lépeaux et Rewbell prirent les devants. Augereau fit occuper les Conseils, arrêter Pichegru (président du Conseil des Cinq-Cents) et Barthélemy (directeur), les élections furent cassées dans 49 départements et 53 députés déportés. Il en résulta, outre le rétablissement des mesures contre les prêtres réfractaires, un discrédit du régime, prolongé, le 30 septembre 1797, par la banqueroute des deux tiers, et qui ne put que s'accentuer avec le nouveau coup d'État du 22 floréal an VI (11 mai 1798). Ce dernier aboutit à l'invalidation des Jacobins élus en avril 1798 et, le 16 mai 1798, au remplacement de l'éminent directeur François de Neufchâteau (qui organisa le premier recensement, l'Assistance publique et les premières expositions industrielles) par l'inéligible Treilhard.

Quant au troisième coup d'État du régime, explicable cette fois par des désastres en Italie (Bonaparte était en Égypte), on peut le considérer comme une revanche de floréal, puisque ce furent cette fois les Conseils qui, après avoir reproché aux directeurs leur impéritie, et cassé l'élection de Treilhard (remplacé par Gohier), obtinrent, le 30 prairial an VII (18 juin 1799), la démission de La Revellière-Lépeaux et de Merlin de Douai, remplacés par Roger Ducos et l'obscur général Moulin, Sieyès et Barras demeurant en place. Il ne restait plus au Directoire – qui, malgré sa faiblesse intrinsèque avait su à la fois résister un temps aux Jacobins et aux royalistes, puis opérer, malgré la crise financière et une spéculation effrénée sur les biens nationaux un certain redressement économique, et remporter de brillants succès militaires – qu'à être renversé par un dernier coup d'État : celui de Bonaparte. Mais ce dernier n'en aura pas moins le souci de situer le régime du Consulat dans la logique du processus révolutionnaire comme en témoigne la proclamation des consuls du 12 décembre 1799 : « Citoyens, la Révolution est fixée aux principes qui l'on commencée : elle est finie »

Un régime méconnu

Toujours sévèrement jugé à cause du cynisme de ses hommes politiques, le Directoire n'en conserva pas moins à la France des institutions aussi durables que prestigieuses. Déjà en effet la Convention avait créé – « assez beaux titres pour une ère de destruction » (Arago) – le *Muséum d'histoire naturelle* (18 juin 1793), une *École centrale des travaux publics* (24 septembre 1794), devenue *Polytechnique*, l'éphémère *École normale* (24 octobre 1794), et surtout le *Collège de France* (13 juillet 1793) et *l'Institut national des sciences et des arts* (25 octobre 1795). Le Directoire se préoccupa surtout d'organiser, au niveau de l'enseignement secondaire, les écoles centrales que la Convention avait seulement prévu de créer (25 octobre 1795). Elles dispensèrent, à l'aide de professeurs souvent remarquables, et ecclésiastiques pour la plupart, un enseignement plutôt supérieur que vraiment secondaire. Mais le Directoire veilla aussi à l'accroissement de *l'Institut*, dont l'une des trois classes, celle des « Sciences morales et politiques » devint le refuge des idéologues (Volney, Cabanis, Sieyès). Enfin un *Conseil supérieur de l'instruction publique* fut chargé d'améliorer l'enseignement supérieur (8 octobre 1798).
Le Directoire fut donc loin d'être une période absolument négative.

Les guerres de la Révolution et du Consulat (1792-1802)

Guerre contre l'Autriche avec l'accord du roi (20 avril 1792)

Capitulation de Longwy (23 août 1792)

Victoire de Valmy (20 septembre 1792)

Victoire de Jemmapes (6 novembre 1792)

Première coalition

Défaite de Neerwinden (18 mars 1793)

Victoire de Toulon (19 décembre 1793)

Victoire de Fleurus (26 juin 1794)

Traités de Bâle (5 avril 1794 - 22 juillet 1795)

Victoire de Lodi (10 mai 1796)

Victoire de Rivoli (17 janvier 1797)

Traité de Tolentino (19 février 1797)

Traité de Campo-Formio (17 octobre 1797)

Expédition d'Égypte

Prise de Malte (11 juin 1798)

Victoire des Pyramides (21 juillet 1798)

Défaite navale d'Aboukir (1er août 1798)

Prise de Jaffa (7 mars 1799)

Echec devant Saint-Jean d'Acre (10 mai 1799)

Victoire d'Aboukir (25 juillet 1799)

Capitulation d'Alexandrie (30 août 1801)

Deuxième coalition

Prise de Naples (20 janvier 1799)

Défaite de Novi (15 août 1799)

Prise de Milan (2 juin 1800)

Victoire de Marengo (14 juin 1800)

Victoire de Hohenlinden (3 décembre 1800)

Paix de Lunéville (9 février 1801)

Paix d'Amiens (25 mars 1802)

La Révolution était-elle nécessaire ?

Indépendamment même de son bilan, qui n'apparut qu'à la fin, le problème de la nécessité profonde de la Révolution se posa très vite, non seulement à ceux qui la refusèrent au départ, mais à ceux qui la virent déraper. La question était surtout de savoir si – pour autant qu'elle n'avait pas déjà débuté sous l'Ancien Régime, comme le soutiendra Tocqueville – de simples réformes auraient suffi à améliorer ce dernier sans recourir à la violence. Mais, puisque justement c'est la violence qui l'a emporté, la question est aussi de savoir si l'on a le droit d'y recourir quand les choses sont bloquées au point d'empêcher toute réforme et de priver un peuple de son droit absolu à la liberté. Mais alors, même en admettant le recours à la violence, la liberté peut-elle être imposée à un peuple sans aucune référence à ses traditions ? A première vue cela ne paraît guère possible. A moins évidemment que la grandeur de la Révolution ait justement consisté à oser tout détruire préalablement, au nom d'une idée morale nécessaire et absolue, pour mieux la réaliser ensuite dans toute sa pureté.

C'est en tout cas ce que, sans cesser de déplorer le fanatisme de la Terreur, Hegel ne cessa d'admirer en elle, en écrivant que « Depuis que le soleil se trouve au firmament et que les planètes tournent autour de lui, on n'avait jamais vu l'homme se placer la tête en bas, c'est-à-dire se fonder sur l'idée et construire d'après elle la réalité ».

1799 - 1804
Bonaparte
1804 - 1814 et 1815
Napoléon Ier *(1769 - 1821)*

Épouse en 1796 Joséphine de Beauharnais
en 1810 Marie-Louise d'Autriche → le roi de Rome

Le démiurge

Fils de Charles Marie Bonaparte et de Letizia Ramolino, né le 15 août 1769, Napoléon Bonaparte (seul le prénom demeurera au moment de l'Empire), deuxième de huit enfants vivants, appartenait à une famille de notables anoblie en 1771 par équivalence, lors du rattachement de la Corse à la France.

Un être singulier
« C'était bien l'être le plus maigre et le plus singulier de ma vie que j'eusse rencontré. Suivant la mode du temps, il portait des oreilles de chien immenses et qui descendaient jusque sur les épaules ; le regard singulier et souvent un peu sombre des Italiens ne va point avec cette prodigalité de chevelure. Au lieu d'avoir l'idée d'un homme d'esprit rempli de feu, on passe facilement à celle d'un homme qu'il ne fait pas bon de rencontrer auprès d'un bois » (Portrait du jeune Bonaparte, rapporté par Stendhal).

Les frères et sœurs de Napoléon

*Joseph Bonaparte (1768-1844) : roi de Naples, puis d'Espagne.
*Lucien Bonaparte (1775-1840) : prince de Canino.
*Élisa Bonaparte (1777-1820) : princesse de Lucques.
*Louis Bonaparte (1778-1846) : roi de Hollande.
*Pauline Bonaparte (1780-1825) : princesse Borghèse.
*Caroline Bonaparte (1782-1839) : reine de Naples.
*Jérôme Bonaparte (1784-1860) : roi de Westphalie.

■ Une jeunesse indécise

C'est ce qui lui permit, après de médiocres études primaires, de faire comme boursier des études au collège d'Autun puis, de 1779 à 1784, à l'école militaire de Brienne. Après un séjour à l'École militaire de Paris (1784-1785), il fut affecté pendant un an à Valence puis, après un séjour en Corse (1786-1787), à Auxonne où il se cultiva, sans que sa culture, historique, géographique et politique plutôt que littéraire et philosophique, n'ait jamais réussi à être bien profonde.

C'est surtout l'action politique qui le tenta tout d'abord en Corse (qu'il commença par préférer à la France) où il devint un moment partisan de Paoli, tout autant que des idées révolutionnaires, ce qui l'amena finalement à le combattre et, après son échec à Ajaccio, à s'exiler à Toulon le 11 juin 1793 après le saccage de sa maison familiale.

C'est à cette époque qu'il se rallia, pour des raisons probablement plus matérielles (il devait nourrir sa famille) qu'idéologiques, à la Révolution, comme en porte témoignage sa brochure *Le Souper de Beaucaire* (29 juillet 1793), dans laquelle il développe les thèses montagnardes ; mais c'est évidemment par les armes qu'il réussit à entrer dans l'histoire bien qu'il ait

Napoléon Bonaparte
Le général au pont d'Arcole.
Peinture de A.-J. Gros vers 1796.
Musée du Louvre, Paris.
Ph. S. Guiley-Lagache © Arch. Photeb.

toujours prétendu, non sans hypocrisie, préférer les conquêtes de l'esprit, parce que plus durables.

■ Les premières victoires

C'est lors du siège de Toulon, tombé aux mains des Anglais, que Bonaparte, commandant de l'artillerie sous les ordres de Dugommier qui accepta son plan d'attaque, remporta, le 18 décembre 1794, une victoire qui lui valut d'être nommé, le 22, général de brigade par les représentants en mission. Au surplus, la protection d'Augustin Robespierre (le Jeune) lui procura le commandement de l'artillerie dans l'armée d'Italie ; mais la chute de Robespierre lui valut d'être un moment emprisonné en août 1794. Après sa libération, il refusa de combattre en Vendée, mais Barras fit appel à lui pour la répression de l'émeute précitée de Vendémiaire an IV au cours de laquelle sa stratégie semble avoir été efficace.

Il fut alors promu général de division (16 octobre 1795) puis, le 26, commandant en chef de l'armée de l'intérieur, et enfin général en chef de l'armée d'Italie le 2 mars 1796, quelques jours avant son mariage avec une Créole protégée et maîtresse de Barras, Joséphine Tascher de La Pagerie, veuve du général Alexandre de Beauharnais (9 mars 1796).

A la fin du mois, c'était le début de la campagne d'Italie contre les Autrichiens alliés aux Sardes, au cours de laquelle le plus remarquable fut peut-être moins la suite de ses victoires que la manière dont il sut galvaniser ses troupes et, plus encore, exploiter politiquement ses succès en utilisant la presse et même l'imagerie populaire. On comprend qu'après l'abandon (fin février 1798) de son projet de débarquement en Angleterre, les directeurs n'aient pas été fâchés de le voir s'embarquer pour l'Égypte dans un but à la fois militaire (affaiblir l'Angleterre en lui coupant une des routes de l'Inde), politique (fonder une colonie), et scientifique (il était, depuis le 25 décembre 1795, membre de l'Institut en remplacement de Carnot, exilé).

Pourtant, malgré quelques belles victoires, la campagne d'Égypte, poursuivie jusqu'en Syrie, fut décevante, et Bonaparte eut l'intelligence de rentrer le 8 octobre 1799 en France, au moment même où l'on venait d'apprendre sa récente victoire sur les Turcs à Aboukir (25 juillet 1799). L'état de décomposition du régime directorial, avec lequel il avait habilement su prendre ses distances, en faisait dès lors le seul homme capable de mettre un terme à l'expérience révolutionnaire.

■ La prise de pouvoir

Peu après son arrivée à Paris le 10 octobre, Bonaparte, auquel son âge interdisait de devenir directeur, prit contact avec Sieyès qui, depuis la mort de Joubert à Novi (15 août 1799) et le refus de Moreau, cherchait un sabre pour accomplir le coup d'État dont il rêvait et dont la nécessité objective (échecs du Directoire, dégoût de la Révolution) n'était pas niable. Jouant à merveille sur l'ambiguïté de la situation en laissant entendre qu'il se retirerait le moment venu, Bonaparte fut du complot dont le scénario, préparé quelques jours auparavant, faillit échouer.

Joséphine (1763-1814)
Il est piquant de remarquer que le grand amour de l'homme parfois cruel que fut Napoléon n'était autre que l'infidèle Joséphine, qu'il n'hésita pas à associer à la cérémonie de son sacre après l'avoir épousée religieusement la veille. Mais, quand il voulut l'héritier qu'elle ne put lui donner, il n'hésita pas à la répudier, et elle s'en consola un moment avec l'amitié du tsar qu'elle invita à Malmaison avant sa mort.

Le 18 brumaire an VIII (9 novembre 1799), les membres du Conseil des Anciens acceptèrent certes facilement, sous le prétexte d'un complot jacobin, le transfert (conforme à la Constitution de l'an III) du Corps législatif à Saint-Cloud, suivi de la nomination plus contestable de Bonaparte au commandement des troupes de Paris et de la démission de trois directeurs (Barras, Sieyès et Roger Ducos) ; mais la suite fut plus mouvementée. Le lendemain 19 brumaire, les députés démocrates du Conseil des Cinq-Cents (présidé par Lucien Bonaparte) demandèrent la mise hors la loi de Bonaparte, qui n'avait pas su auparavant s'expliquer devant le Conseil des Anciens ; et il ne dut alors son salut qu'à l'intervention opportune de ses soldats. Ces derniers, dûment sermonnés par Lucien Bonaparte, qui sauva alors son frère, et conduits par Murat, expulsèrent de leur salle les membres des Cinq-Cents (« Foutez-moi tout ce monde-là dehors ! ») ; dans la soirée même, les rescapés (environ deux cents) des deux Conseils abolirent la Constitution et acceptèrent la création d'un Consulat provisoire formé de Sieyès, Roger Ducos et Bonaparte, auquel fut confiée la mission de préparer (avec le concours de deux commissions) une nouvelle Constitution et de restaurer la sécurité intérieure et extérieure.

■ La Constitution de l'an VIII

Ce qui est tout d'abord remarquable, dans cette Constitution, c'est qu'elle fut finalement rédigée par une assemblée restreinte de douze membres, évidemment dominée par Bonaparte dont la volonté l'emporta sur le projet quelque peu compliqué de Sieyès qui n'en laissa pas moins quelques traces. « Courte et obscure », cette Constitution de 95 articles qui donnait le pouvoir à trois consuls désignés par Sieyès – Bonaparte, Cambacérès (Conventionnel régicide) et Lebrun (ancien secrétaire de Maupeou) – fut signée par ses rédacteurs le 22 frimaire an VIII (13 décembre 1799), promulguée deux jours après, et mise en application avant même que fussent connus les résultats du plébiscite (d'ailleurs truqué) organisé en février 1800.

Outre la place accordée à un Premier consul en réalité omnipotent, le plus surprenant, dans cette Constitution, est que le suffrage universel, pourtant reconnu, y était en réalité neutralisé, en vertu du principe cher à Sieyès : « La confiance vient d'en bas, le pouvoir vient d'en haut. » En effet, la pratique des « listes de confiance » permettait au gouvernement de nommer aux diverses assemblées et fonctions publiques certains de ceux qui, sur le plan communal, départemental et national, avaient été élus sur ces listes, avec d'ailleurs cette réserve que ceux qui avaient été déjà nommés par le gouvernement y figureraient nécessairement.

Quant au pouvoir législatif, il y était morcelé, puisque l'initiative des lois appartenait au seul Premier consul, leur rédaction au Conseil d'État (nommé par lui), leur discussion au Tribunat et leur vote au Corps législatif ces deux derniers nommés par le Sénat chargé de contrôler théoriquement (il n'y eut jamais aucun

Cambacérès (1753-1824)
Au départ conseiller à la Cour des comptes de Montpellier, Cambacérès, élu en 1792 à la Convention, demeura toujours prudent, ne votant qu'avec réserves la mort du roi, et n'entrant au comité de Salut public qu'après Thermidor. Président du Conseil des Cinq-Cents en 1795, il devint en 1799 Deuxième consul après Bonaparte qu'il conseilla efficacement. Et sa participation à l'élaboration du *Code civil* lui valut d'être nommé en 1804 Archichancelier de l'Empire. Son goût du faste et des honneurs ne l'empêcha pas d'être un utile modérateur.

recours !) la constitutionnalité des lois. On comprend qu'aux yeux des contemporains le seul nom de Bonaparte ait pu résumer toute la Constitution, bien que ses pouvoirs aient été limités par le fait que la guerre et les traités de paix et de commerce devaient être nécessairement des lois.

■ La pacification

Au-delà d'indispensables réformes administratives, comme la loi du 28 pluviôse an VIII (27 février 1800) qui organisa l'administration départementale, ou financières (création le 13 février 1800 de la Banque de France), Bonaparte eut à mener tout d'abord une pacification politique qui le conduisit à négocier avec les Vendéens (dès le 9 novembre 1799), à déporter des Jacobins à la suite de l'attentat de la rue Saint-Nicaise (24 décembre 1800), qui était d'ailleurs royaliste, mais aussi à clore la liste des émigrés proscrits (3 mars 1800).

■ Le Concordat

C'est cependant en matière religieuse que sa pacification fut la plus méritoire.

Plutôt incroyant pour sa part, mais partisan d'une « religion gendarme » relayant l'État pour faire régner l'ordre et la domination des nantis en faisant accepter, au nom du bonheur de l'au-delà, la misère présente, Bonaparte eut en effet l'intelligence de mettre fin au schisme résultant de la Constitution civile du clergé de 1790 en s'entendant avec le pape nouvellement élu Pie VII.

Et, non sans difficulté (il y eut au moins neuf projets !), une Convention (on voulut éviter le terme de « Concordat » dont l'usage prévaudra) fut signée le 15 juillet 1801, approuvée par le pape le 15 août et finalement votée par les assemblées le 8 avril 1802 avec des « articles organiques » qui en faussaient le contenu.

Le pape avait certes obtenu que la religion catholique fût celle de la majorité des Français, que les églises non aliénées revinssent aux évêques, et que le clergé séculier (le seul concerné) fût salarié par l'État. Mais Bonaparte obtint du pape la démission de tous les évêques, aussi bien de l'Ancien Régime que constitutionnels, pour pouvoir nommer à sa guise les nouveaux évêques selon les règles traditionnelles du concordat de Bologne qui ne donnait au pape que l'institution canonique. Au demeurant, le clergé fut pratiquement transformé en organe de renseignements d'un pouvoir qui s'arrogea justement, dans les « articles organiques », le droit de restreindre encore les pouvoirs du pape dont les actes ne purent pas être publiés en France sans l'autorisation du gouvernement, qui imposa même l'enseignement dans les séminaires de la *Déclaration des quatres articles* de 1682.

Il convient cependant de noter qu'en réalité Bonaparte avait eu de la peine à imposer ce Concordat aux athées qui l'entouraient et auxquels, en bon politique, il avait dû donner des gages. Quoi qu'il en fût, son effort de pacification, que symbolisèrent sur le plan extérieur la paix de Lunéville avec l'Autriche (9 février 1801) et celle d'Amiens avec l'Angleterre (25 mars 1802), lui permit de renforcer encore son pouvoir politique.

Portalis (1748-1807)
Il est surtout connu par sa participation (avec Tronchet, Bigot de Préameneu et Malleville) à la rédaction du *Code civil* dont il écrivit le « Discours préliminaire », exposant les idées des rédacteurs. Mais il avait aussi œuvré pour le Concordat et c'est lui qui rédigea les « articles organiques » qui en limitèrent la portée.

■ Le Consulat à vie

Selon un plan encore une fois préparé, la lecture au Tribunat du traité d'Amiens devait s'accompagner de félicitations portées à Bonaparte par un tribun, en même temps que serait proposé au Sénat de donner aux consuls un témoignage de la reconnaissance nationale. Mais ce dernier ne proposa à Bonaparte, le 6 mai 1802, qu'une prorogation de dix ans de son pouvoir, ce qui le poussa, après accord du Conseil d'État, à demander, le 8 mai 1802, que la question du Consulat à vie fût posée au peuple par plébiscite. Comme on peut le penser, la consultation fut favorable à Bonaparte et, le 14 thermidor an XII (2 août 1802), un sénatus-consulte le déclara consul à vie. Deux jours après, un sénatus-consulte organique modifiait la Constitution de l'an VIII, équivalant à une nouvelle Constitution (complétée le 30 août et le 20 décembre 1802) qui, elle, ne fut même pas soumise à l'approbation populaire.

Outre un nouveau renforcement des pouvoirs du Premier consul, qui obtenait, en particulier, le droit de conclure les traités de paix et d'alliance, la présidence du Sénat, le droit de grâce et un Conseil privé (rival du Conseil d'État), la nouvelle Constitution voyait la suppression des listes de confiance, remplacées par des collèges électoraux hiérarchisés (qui dureront jusqu'en 1848 !) dans lesquels, au niveau de l'arrondissement et du département, les nominations étaient faites à vie. Comme récompense de ses services, le Sénat voyait ses pouvoirs s'accroître (sénatus-consultes organiques, droit de dissoudre le Tribunat et le Corps législatif), tout comme le nombre de ses membres (cent vingt), lors même que ces derniers, nommés par le Premier consul, étaient domestiqués par des « sénatoreries » (domaines pris sur les biens nationaux). Quant au Tribunat, il était réduit de moitié, et le Corps législatif ne pouvait plus tenir de séances régulières.

On doit cependant remarquer que cet accroissement du pouvoir de Bonaparte fut habilement accompagné de la création d'institutions destinées à le soutenir, et en premier lieu, dès le 19 mai 1802, de celle de la Légion d'honneur, qui concerna les civils autant que les militaires, n'étant même pas au départ une décoration, mais contredisant évidemment l'égalitarisme révolutionnaire par sa division en cohortes de légionnaires pensionnés et prêtant serment, et qui constituèrent une étape vers la noblesse d'Empire.

■ Le Code civil

Quant à l'œuvre la plus durable du Consulat à vie, c'est évidemment, bien que sa longue élaboration ait commencé avant lui, le *Code civil des Français* – en fait trente-six lois votées entre mars 1803 et mars 1804 – promulgué le 30 ventôse an XII (21 mars 1804). Il est à peine besoin d'insister sur la parfaite synthèse qu'il opéra en un temps record (mais aussi sur la base d'un travail d'unification et de rationalisation qui avait débuté sous l'Ancien Régime) entre le droit coutumier, le droit romain, le droit révolutionnaire et même, en partie, le droit canonique.

Pourtant, le trait le plus frappant de ce code de 2 281 articles – devenu en 1807 *Code Napoléon*, l'œuvre dont l'Empereur

---

Talleyrand (1754 - 1838)

« C'était un personnage étrange, redouté et considérable ; il était noble comme Machiavel, prêtre comme Gondi, défroqué comme Fouché, spirituel comme Voltaire et boiteux comme le diable. On pourrait dire que tout en lui boitait comme lui, la noblesse qu'il avait faite servante de la République, la prêtrise qu'il avait traînée au Champ-de-Mars, puis jetée au ruisseau, le mariage qu'il avait rompu par vingt scandales et une séparation volontaire, l'esprit qu'il déshonorait par la bassesse. Cet homme avait pourtant sa grandeur » (Victor Hugo).

---

déchu sera le plus fier – est certainement, outre une clarté admirée par Stendhal et par Guillevic, sa parfaite convenance aux puissances politiques et sociales dominantes de son temps. Fondé en effet sur la prédominance d'un État qui maintient les grands principes révolutionnaires (égalité civile, mariage laïque, etc.) et considère que la famille est son appui naturel, il n'en est pas moins soumis aux exigences du maintien, de l'acquisition, et finalement de la domination de la propriété bourgeoise : deux des trois livres du Code civil lui sont consacrés. Pourtant il n'empêche personne d'être propriétaire ou de le devenir, mais ne prévoit rien pour ceux qui n'ont rien et, pour eux, la législation apparaît surtout comme répressive (cf. outre l'article 1781 : « Le maître est cru sur parole... », la loi du 12 février 1803 créant le « Livret ouvrier »). En tout état de cause, l'œuvre de stabilisation de la société du Consulat à vie n'était qu'une étape vers le pouvoir absolu.

Fouché (1759 - 1820)
Napoléon trouva dans cet ancien oratorien, Conventionnel régicide, le policier idéal, tellement dangereux qu'il finit par l'éloigner en 1810. Mais, revenu en grâce dès 1813, il conserva son portefeuille aussi pendant les Cent-Jours, avant de mener le double jeu qui lui permit de devenir en 1815 ministre de Louis XVIII, non sans avoir sauvé Paris du pillage et de la destruction.

■ Le sacre

Pour parvenir à ses fins, Bonaparte aurait pu n'utiliser que les circonstances, et tout d'abord, après le choc de la rupture avec l'Angleterre (qui avait refusé d'évacuer Malte) en mai 1803, l'arrestation, en février-mars 1804, des trois auteurs d'un complot anglo-royaliste, Pichegru, Cadoudal et Moreau. Mais, à l'instigation possible (mais discutée) de Talleyrand, il voulut cette fois forcer le destin en s'attaquant aux royalistes. Après l'avoir fait enlever illégalement dans le duché de Bade, il fit exécuter à Vincennes Louis de Condé, dernier duc d'Enghien, soupçonné d'être le chef de la conjuration royaliste. Peut-être cependant faut-il attribuer au seul général Savary la responsabilité d'un crime (21 mars 1804) que Bonaparte assuma avec d'autant plus de facilité qu'il symbolisait une rupture entre l'Ancien Régime et la dynastie nouvelle qu'il entendait créer.

Pour la réalisation concrète de ce projet, la lumière vint cette fois du Tribunat où, en dépit de Carnot, le vœu fut émis que Bonaparte fût proclamé « empereur héréditaire des Français ». Le Sénat n'eut plus qu'à voter, le 28 floréal an XII (18 mai 1804), un sénatus-consulte organique valant Constitution et réglant en même temps le problème de l'hérédité de l'Empereur, encore sans enfants, avant d'être soumis, en mai-juin 1804, à l'approbation populaire.

Foncièrement ambiguë, la nouvelle Constitution confiait à Napoléon, devenu Empereur des Français, le gouvernement d'une République, ce qui paraissait se référer à une fiction de délégation populaire, bien que, d'un autre côté, Napoléon, au nom duquel la justice devait être rendue, y fût nommé « par la grâce de Dieu et des Constitutions Empereur ». Et c'est bien cette ambiguïté que l'on retrouva, le 2 décembre 1804, dans la pompeuse cérémonie du sacre de l'Empereur par le pape à Notre-Dame de Paris, et à l'issue de laquelle, après le sacre proprement dit (mais l'Empereur se couronna lui-même !), il prêta le serment purement laïque de maintenir l'intégrité du territoire, le Concordat, l'égalité, la liberté, et surtout l'irrévocabilité de la vente des biens na-

Napoléon Ier
L'empereur en 1815.
Peinture d'Horace Vernet, 1815.
National Gallery, Londres.
Ph. © National Gallery Londres - Arch. Photeb.

tionaux. On comprend alors que Balzac ait écrit que « le sacre fut trempé dans cette idée ». Ajoutons à cela que cette nouvelle Constitution renforça encore les pouvoirs d'un homme entouré à présent d'une cour impériale, et que la dépendance des Assemblées fut encore accrue, avant même que le Tribunat ne disparût (19 août 1807).

Austerlitz

Cette bataille, gagnée par Napoléon contre les Austro-Russes commandés par Koutouzov (2 décembre 1805), a été parfois considérée comme la plus belle bataille de l'histoire. Elle a ceci de particulier que l'ennemi manœuvra exactement comme l'Empereur avait su le lui suggérer, ce qui lui permit d'être, avec un nombre de soldats inférieur à ceux de l'adversaire, le véritable maître de la situation. Mais, comme le montrera l'issue contraire de Waterloo, la stratégie la plus parfaite n'est jamais à l'abri d'un impondérable.

Fontanes (1757-1821)
Plus que par ses médiocres poèmes publiés à la fin de l'Ancien Régime, Louis de Fontanes, un petit noble du Poitou, est connu pour ses fonctions de Grand-Maître de l'Université (1808). Il y imposa le retour aux études classiques et, par l'intermédiaire des prêtres qu'il y fit entrer, aux idées religieuses, si bien que son ami Chateaubriand a pu écrire de lui qu'il « éleva dans les doctrines de nos pères des enfants qu'on voulait séparer du passé pour bouleverser l'avenir »

■ La société de l'Empire

Il ne fait aucun doute que cette société, encadrée par une administration solide, espionnée par une police omniprésente, et soumise à une intense propagande, est dominée par les notables. Mais ces derniers ne sont plus ceux de l'Ancien Régime, qui se distinguaient par leur naissance, leur appartenance au clergé ou leur fortune. Ce sont uniquement ceux qui sont fortunés pour les raisons les plus diverses, et qui, à condition, par exemple, d'être parmi les six cents citoyens les plus imposés d'un département peuvent faire partie de ses collèges électoraux, ou encore ne peuvent être ordinands qu'à la condition d'avoir un revenu de 300 francs par an. Il est évident que les plus éminents de ces notables sont les haut fonctionnaires ou les évêques et archevêques ; mais d'un autre côté, en dehors même de la famille impériale ou de l'ancienne noblesse, la nouvelle noblesse créée par un décret du 1er mars 1808 qui faisait de l'Empereur la source de toute noblesse, est liée à la fortune, ne serait-ce que par le biais des majorats accordés aux plus fortunés. Toutefois, la fusion entre l'ancienne et la nouvelle noblesse, qui choquaient toutes deux le sentiment égalitaire, se fit mal, et Napoléon reconnut l'échec de la noblesse impériale.

■ L'Université

Il va de soi que, les classes inférieures ne comptant guère à ses yeux, l'État napoléonien ne pouvait que se préoccuper de l'éducation « dirigée » des notables (les « masses de granit ») qui étaient censés le soutenir. Dès le 1er mai 1802 avaient été créés les lycées, pour remplacer les excellentes écoles centrales du Directoire mais, le 10 mai 1806, fut créée l'Université impériale, possédant le monopole de l'enseignement et organisée par le décret du 17 mars 1808 qui restaura les facultés. Tout l'enseignement secondaire, même privé, fut alors placé sous l'autorité d'un Grand-Maître, fonction qu'occupa brillamment Fontanes, l'ami de Chateaubriand, qui introduisit un maximum d'ecclésiastiques dans un corps enseignant plutôt révolutionnaire et athée.

On voit donc à quel point la société impériale fut, en dehors même de l'armée, enfermée dans un carcan tel qu'elle finit par s'éloigner d'un régime qui ne tarda pas à décliner mais qu'en aucun cas on ne saurait assimiler à une dictacture militaire, puisque l'armée resta toujours en dehors de la politique.

■ Grandeur et décadence

On a parfois discuté du moment exact de l'apogée de l'Empire, en hésitant entre l'entrevue historique entre un Napoléon victorieux et le tsar Alexandre Ier à Tilsit (25 juin 1807), et son brillant mariage, Joséphine ayant été répudiée, avec l'archiduchesse Marie-Louise d'Autriche (2 avril 1810). Il semble toutefois qu'existaient, en dépit des apparences, des germes de décadence antérieurement même à 1807, ne serait-ce que le fameux « système continental », c'est-à-dire le blocus par lequel Napoléon prétendit, à partir du 21 novembre 1806, interdire tout commerce entre ses alliés et l'Angleterre, et qui fut même aggravé le 17 décembre 1807. Au demeurant, à cette faute politique s'ajouta, outre sa rupture avec le pape dès le 13 février 1806, un raidissement dans sa manière de gouverner qui, après le départ de ses ministres les plus brillants – Talleyrand en 1807, Fouché en 1810 – en firent un homme d'autant plus seul que le Tribunat avait été supprimé et les autres Assemblées presque mises en sommeil.

Ce furent cependant, dès la guerre d'Espagne (1808-1813), que Napoléon aurait pu éviter, et surtout avec l'échec cuisant de la campagne de Russie (1812), les défaites militaires, qui minèrent peu à peu un régime politique qui ne reposait, en fait, que sur un homme toujours victorieux, et non sur des institutions séculaires capables de supporter les plus grands revers historiques. On remarquera ici que c'est à partir de Napoléon que les échecs militaires ont été, dans notre pays, souvent fatals au régime en place, entraînant donc automatiquement un nouveau régime.

■ Le crépuscule

Pour comprendre toute la portée de l'inévitable crépuscule du régime impérial, il faut se souvenir qu'en 1810 la France compta jusqu'à cent trente départements, mais nantis d'une administration lourde à manier, surtout pour un homme entouré de complots et de jalousies. On sait que l'un deux, celui du général Malet, perpétré le 23 octobre 1812, faillit réussir – personne n'ayant pensé qu'une fois l'Empereur mort, comme on l'avait faussement annoncé, seul Napoléon II (le roi de Rome né le 20 mars 1811) était habilité à régner. Mais on peut aussi rattacher le crépuscule de l'Empire à la détérioration des rapports de l'Empereur avec le pape Pie VII, qu'après avoir fait occuper Rome (17 mai 1809), il fit emprisonner à Savone, puis à Fontainebleau (juin 1812) avant de lui imposer, le 25 janvier 1813, un nouveau concordat, que le souverain pontife désavoua d'ailleurs dès le 24 mars. Triste fin de la politique religieuse napoléonienne qui imposa tout d'abord le gallicanisme, mais n'aboutit qu'à créer une Église ultramontaine dont l'incompatibilité avec un État demeurant paradoxalement gallican entraînera l'échec final du Concordat en 1905 !

Il fallut, pour que le régime s'écroulât une première fois, l'é-

Marie-Louise (1791-1847)
Aussi peu aimée en France que sa tante Marie-Antoinette, la fille de François II d'Autriche avait été élevée dans la haine de l'Empereur, qu'elle épousa par devoir d'État. Elle ne fut jamais à la hauteur de la situation et c'est sans imagination politique qu'elle exerça par deux fois (1813 et 1814) les fonctions de régente. Dès la première abdication, elle s'éloigna de l'Empereur et vécut à Vienne, où elle finit par s'éprendre d'un chambellan, qu'elle épousa.

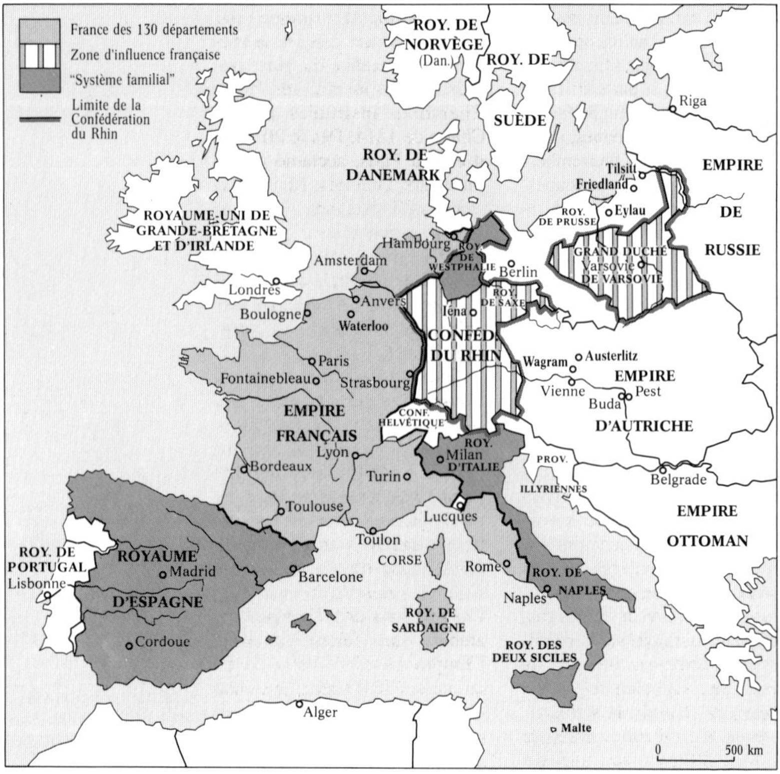

L'Empire en 1811

Les guerres (1805-1815)

Troisième coalition

Défaite de Trafalgar (21 octobre 1805)
Victoire d'Austerlitz (2 décembre 1805)
Traité de Presbourg (26 décembre 1805)

Quatrième coalition

Victoires d'Iéna et d'Auerstadt (14 octobre 1806)
Bataille d'Eylau (6 février 1807)
Victoire de Friedland (14 juin 1807)
Traité de Tilsit (25 juin 1807)

Guerre d'Espagne

Capitulation de Bailen (22 juillet 1808)
Défaite de Vitoria (21 juin 1813)
Traité de Valençay (11 décembre 1813)

Cinquième coalition

Victoire de Wagram (6 juillet 1809)
Traité de Vienne (14 octobre 1809)

Campagne de Russie

Prise de Moscou (14 septembre 1812)
Passage de la Bérézina (26 novembre 1812)

Sixième coalition

Défaite de Leipzig (19 octobre 1813)
Capitulation de Paris (31 mars 1814)
Premier traité de Paris (30 mai 1814)

Septième coalition

Défaite de Waterloo (18 juin 1815)
Second traité de Paris (20 novembre 1815)

chec de la campagne de France, au cours de laquelle, après sa défaite de Leipzig (19 octobre 1813) et aussi la perte de l'Espagne, l'Empereur eut à résister aux troupes autrichiennes, prussiennes, bavaroises, wurtembergeoises, russes et saxonnes. L'impopularité croissante de la conscription ne lui donna évidemment pas les troupes idéales, si bien qu'après quelques belles victoires, comme à Champaubert (10 février 1814) et à Montmirail (11 février), la poussée des coalisés ne put être contenue : le 31 mars ils entrèrent à Paris.

Le lendemain même, Talleyrand fit voter par le Sénat la formation d'un gouvernement provisoire, et le 3 avril les sénateurs, « abjects d'ingratitude », prononcèrent la déchéance de l'Empereur, qui abdiqua le 4 en faveur de son fils, puis deux jours après sans condition. En compensation, si l'on peut dire, Napoléon se vit octroyer, le 11 avril, la souveraineté de l'île d'Elbe, avant de faire, le 20 avril, ses adieux à la garde impériale à Fontainebleau. Mais, comme on s'en doute, la souveraineté de ce « carré de légumes », comme dira Chateaubriand, dans lequel au surplus il se sentit menacé, ne tarda pas à le lasser. Et les maladresses du début du règne de Louis XVIII qui lui avait succédé le décidèrent à revenir en France pour y faire au moins une « belle fin ».

■ Les Cent-Jours

Après s'être enfui subrepticement de l'île d'Elbe, le 26 février 1815, Napoléon débarqua le 1er mars à Golfe-Juan et vit aussitôt se rallier à lui les soldats envoyés pour l'arrêter. De passage à Lyon, il y promit une nouvelle Constitution et, le lendemain, il rétablit les trois couleurs et supprima les deux Chambres instituées par la Charte de 1814. Dès le 20 mars il était à Paris, acclamé par la foule aux Tuileries. Mais c'est alors qu'il commit une faute politique majeure en préférant l'alliance d'une bourgeoisie qui, au fond, le détestait, à celle des Jacobins (« Je ne veux pas être un roi de la Jacquerie ») qui le dégoûtaient.

Quant à la commission de Constitution qu'il réunit, et qui comprenait Carnot et Cambacérès, elle se prononça pour un régime voisin de la Charte. Influencée à coup sûr par les idées de Benjamin Constant qui participa à sa rédaction, la nouvelle Constitution (la «Benjamine ») s'intitula *Acte additionnel aux Constitutions de l'Empire*, titre ambigu qui faisait remonter l'Empire à 1799 et montrait qu'au fond le régime n'avait pas changé. Cette Constitution n'en avait pas moins certains aspects libéraux.

Elle contenait à la fin une sorte de Déclaration des droits de l'homme comprenant, en particulier, la liberté de la presse et l'interdiction de rétablir les Bourbons et l'ancienne noblesse ; et il était précisé que les Chambres pouvaient proposer des amendements, ou leur propre rédaction de la loi.

Mais l'Empereur demeurait prépondérant, ayant le droit de dissoudre la Chambre des représentants. Peut-être cependant une évolution vers un régime parlementaire était-elle possible, puisque les ministres pouvaient être choisis parmi les membres des Chambres, et que, au cas où ils auraient compromis

Malet (1754 - 1812)
Ce général factieux, réussit, après avoir fait croire quelques heures à la mort de Napoléon, à se rendre maître, dans la matinée du 23 octobre 1812, des trois quarts de la capitale. Mais sa conspiration fut vite découverte, et il fut fusillé le 29 octobre 1812 avec onze autres officiers.

la sûreté ou l'honneur de la nation, ils pouvaient être jugés, sur mise en accusation de la Chambre des représentants, par celle des pairs. Mais leur responsabilité était-elle alors politique ou pénale ?

Quoi qu'il en fût, l'Acte additionnel, promulgué le 1er juin 1815, ne manqua pas de décevoir, en particulier par l'absence de suffrage universel, et le plébiscite auquel on le soumit, et dont le résultat positif fut proclamé le 1er juin 1815 au cours d'une cérémonie grandiose, le champ de Mai, masquait en réalité un échec relatif, étant donné le nombre élevé des abstentions. Le 3 juin, la Chambre nouvellement élue se réunit et certains des élus refusèrent le 6 de prêter serment à la nouvelle Constitution : en fait l'opposition parlementaire à l'Empereur couvait.

Benjamin Constant (1767-1830)
Plus connu pour sa liaison avec Mme de Staël et son roman *Adolphe* (1806) que pour son action politique, Benjamin Constant de Rebecque, Suisse (descendant de protestants français) naturalisé, commença par soutenir en 1796 le Directoire, avant de se rallier à Bonaparte qui le chassa cependant du Tribunat en 1802. Mais on sait qu'il se réconcilia avec lui pendant les Cent-Jours avant de devenir député libéral de 1816 à 1830. Rallié finalement à la cause de Louis-Philippe, qui le nomma président de section au Conseil d'État et paya ses dettes de jeu, il demeure le plus brillant théoricien du libéralisme politique.

■ Waterloo

Mais on était à quelques jours de Waterloo (18 juin 1815), où le dévouement de la vieille garde ne suffit pas à compenser le retard de Grouchy, si bien que c'est plutôt à la malchance qu'à une erreur de tactique de Napoléon qu'il convient d'attribuer sa défaite par les troupes de Wellington et de Blücher. Revenu à Paris le 21 juin au petit jour, l'Empereur fut contraint d'abdiquer une seconde fois le 22 en faveur de son fils, après avoir d'ailleurs refusé la veille de réaliser un coup d'État avec l'appui populaire.

Car, en réalité, le peuple l'avait acclamé devant l'Élysée où il s'était réfugié, et il avait alors refusé de devenir « l'Empereur de la canaille ». Après son abdication, Napoléon fut forcé de s'éloigner de Paris, et l'on sait que c'est volontairement que, devenu proscrit et dans l'espoir d'aller en Amérique, il se livra aux Anglais qui l'exilèrent finalement à Sainte-Hélène où il arriva le 17 octobre 1815.

■ La fin

Alors que le destin d'un Napoléon prisonnier en Europe ou planteur aux États-Unis aurait été banal, son exil sur une terre lointaine où il eut à subir les tracasseries d'un gouverneur borné, Hudson Lowe, contribua en réalité à parfaire l'image légendaire qu'il avait toujours voulu donner de lui. Les confidences quelque peu orientées qu'il fit au comte de Las Cases qui les consigna dans le célèbre *Mémorial de Sainte-Hélène* (publié en 1823) firent apparaître le « sauveur » comme persécuté d'une manière d'autant plus injuste qu'à l'en croire il aurait été de tout temps l'admirateur des principes de la Révolution française, honnis par ceux qui avaient causé sa chute.

Il n'en demeure pas moins que l'exil de l'Empereur fut pénible. Peu à peu, certains de ses fidèles le quittèrent, sa santé déclina en même temps que son caractère s'aigrit et, le 5 mai 1821, il mourut dans sa cinquante-deuxième année d'un cancer de l'estomac. Mais il était si peu oublié que, déjà magnifiée par les romantiques, sa légende, relevant assurément du mythe, atteignit vite une apogée. Surtout avec l'opération politique que fut, en 1840, le retour de ses cendres finalement placées le 31 mars 1861 sous la coupole des Invalides, dans un tombeau de porphyre dont la visite ne laisse pas d'être émouvante.

■ Un démiurge

Plutôt que d'entrer dans les stériles controverses entre partisans et adversaires de Napoléon, peut-être vaut-il mieux le juger d'après ses actes les plus positifs. Il ne saurait évidemment s'agir de ses guerres, bien qu'il soit juste de ne pas lui imputer leur déclenchement, dans la mesure où ce n'est évidemment pas lui qui, dès 1792, a déclaré au monde la guerre plutôt que la paix. Mais justement, lancé à son tour (et sans véritable motif lors de la guerre d'Espagne) à la conquête de l'Europe, il n'a pu en devenir, malgré ses dires, le pacificateur, n'ayant pas pu ou voulu sortir de l'engrenage des guerres de propagande de la Révolution.

Il n'en demeure pas moins vrai que, s'il a échoué (mais l'Angleterre en fut aussi la cause !) sur le plan de la politique étrangère, ses actes ont été bien plus positifs sur le plan intérieur où, en tant qu'ordonnateur du chaos engendré par la Révolution (cf. son mot : « J'ai désouillé la Révolution »), il en a bien été le démiurge, ayant réussi à bâtir, à partir de matériaux aussi disparates que les principes abstraits et potentiellement universalistes de la Révolution et les aspirations concrètes et passablement égoïstes de la bourgeoisie, un édifice si solide que certaines de ses parties demeurent encore. Mais, démiurge de la Révolution, Napoléon n'en a pas moins été justement l'otage d'une bourgeoisie qui ne put que le rejeter après s'être servie de lui, et lors même que, d'un autre côté, il n'avait pu que singer la noblesse d'Ancien Régime et avait échoué à créer dans l'immédiat une dynastie qui ne réapparut temporairement qu'avec son neveu Napoléon III.

Et s'il faut maintenant le juger, fut-il surtout un grand politique ou un grand capitaine ? Après avoir reconnu ses mérites d'homme de guerre, Chateaubriand, en soutenant que ce serait l'opinion définitive qui resterait de lui, a écrit que « comme homme politique ce sera toujours un homme défectueux aux yeux des hommes d'État ». Aussi est-ce à l'un de ces derniers, le général de Gaulle qui, s'il ne fut pas certes un homme de guerre comparable à Napoléon, fut probablement notre plus grand homme politique après lui, que nous laisserons la parole : « Napoléon a épuisé la bonne volonté des Français, fait abus de leurs sacrifices, couvert l'Europe de tombes, de cendres et de larmes ; pourtant ceux-là même qu'il fit le plus souffrir, les soldats, lui furent les plus fidèles, et de nos jours encore, malgré le temps écoulé, les sentiments différents, les deuils nouveaux, des foules, venues de tous les points du monde, rendent hommage à son souvenir et s'abandonnent près de son tombeau au frisson de la grandeur ; tragique revanche de la mesure, juste courroux de la raison ; mais prestige surhumain du génie et merveilleuse vertu des armes. »

Napoléon ne fut-il qu'un usurpateur ?

L'inadmissible exécution du duc d'Enghien a fait que Napoléon passe couramment pour un usurpateur. Mais comment expliquer – sinon évidemment par la volonté de faire oublier son crime – son souci final de se rattacher à l'Ancien Régime, en épousant Marie-Louise, la nièce par alliance de Louis XVI ? Il semble que l'échec de Napoléon fut moins celui d'un usurpateur, que celui du créateur d'une nouvelle dynastie qu'il ne put pas imposer (et son neveu Napoléon III pas davantage), malgré sa tentative de renouveler le fondement social de la monarchie en le faisant reposer sur le peuple, et non exclusivement sur la noblesse.

1814 - 1824

Louis XVIII *(1755 - 1824)*

Épouse en 1771 Louise de Savoie

L'habile restaurateur

Un roi majestueux

« Le roi portait un habit bleu, distingué seulement par une plaque et des épaulettes ; ses jambes étaient enveloppées de larges guêtres de velours rouge, bordées d'un petit cordon d'or. Quand il est assis dans son fauteuil, avec ses guêtres à l'antique, tenant sa canne entre ses genoux, on croirait voir Louis XIV à quarante ans » (Chateaubriand).

Petit-fils de Louis XV et frère puîné de Louis XVI, Louis Stanislas Xavier de Bourbon, tout d'abord comte de Provence, naquit à Versailles le 17 novembre 1755. Intelligent et réfléchi, il se cultiva dès sa jeunesse au point de ne lire Horace qu'en latin, mais fit très vite preuve d'une grande dissimulation, et aussi de jalousie envers son aîné. Marié le 14 mai 1771 à Marie-Josèphe-Louise de Savoie, dont il n'eut pas d'enfants, il n'hésita pas à faire de la comtesse de Balbi son encombrante favorite.

■ Un roi sans royaume

Devenu « Monsieur » à l'avènement de Louis XVI, il affecta d'avoir des idées libérales et approuva le doublement du Tiers ; mais il s'enfuit le même jour que le roi (20 juin 1791) et réussit finalement à rejoindre à Coblence son frère le comte d'Artois qui avait émigré dès 1789. Dès avant la mort de Louis XVI, il se déclara lieutenant général du royaume et, après l'arrestation du roi, régent, sans que les puissances étrangères l'admettent.

Mais la mort de son neveu Louis XVII, le 8 juin 1795, en fit incontestablement un roi qui, sans beaucoup de succès encore, essaya d'intéresser à sa cause les autres souverains. Et, quand le tsar, qui l'avait accueilli à Mitau, signa en juillet 1807 un traité d'alliance avec Napoléon (qui de son côté, avait refusé les avances du « prétendant »), il alla se réfugier à Hartwell en Angleterre où il apprit au début d'avril 1814 la déchéance de l'Empereur. C'est alors qu'il répondit à celui qui lui dit « Sire, vous êtes roi ! » : « Ai-je jamais cessé de l'être ? »

■ Un début manqué

Débarqué à Calais le 24 avril 1814, lors même que son frère le comte d'Artois avait déjà été nommé lieutenant général du royaume par un décret du Sénat (12 avril), Louis XVIII se préoccupa d'assurer constitutionnellement son pouvoir. Le 2 mai le Sénat vint lui présenter à Saint-Ouen un projet de Constitution (adopté le 6 avril) encore inspiré par le principe de la souveraineté nationale, et dans lequel il avait surtout songé à préserver l'hérédité de ses membres (d'où le surnom de « Constitution de rentes » !). Le roi y répliqua le même jour par la déclaration de Saint-Ouen dans laquelle il promit, sur la base de la monarchie héréditaire, une Constitution libérale admettant le gouvernement représentatif, les impôts consentis, la responsabilité pénale des ministres et le respect de la liberté, comme de la propriété des biens nationaux. Le roi, qui, en réalité, avait dû céder aux exigences du

Louis XVIII
Gravure anonyme - Bibliothèque nationale, Paris.
Ph. Jeanbor © Arch. Photeb.

Duc de Richelieu (1766 - 1822)
Petit-fils du maréchal de Richelieu (lui-même petit-neveu du cardinal), Armand Emmanuel du Plessis émigra dès 1790 pour se mettre au service du Tsar qui le nomma en 1802 gouverneur de la province d'Odessa. Homme plutôt modéré, il s'ingénia dès son retour en France à lui redonner son rang, tout en s'opposant, malgré son approbation initiale de lois antilibérales, aux excès des ultras. Il se retira en 1818 et ne dut son retour aux affaires (1820) qu'à l'assassinat du duc de Berry, avant que l'élection d'une nouvelle « chambre introuvable » (octobre 1821) ne mette fin à sa carrière politique.

tsar, lequel avait déjà autorisé un gouvernement provisoire dominé par Talleyrand, put alors entrer à Paris le 3 mai. Le 19 mai, un ministère fut formé, comprenant le baron Louis aux Finances et Talleyrand aux Affaires étrangères.

La rédaction de la nouvelle Constitution fut confiée à une commission au sein de laquelle le roi, avant tout soucieux de déterminer lui-même l'étendue de son pouvoir, était représenté par Montesquiou, Beugnot et Ferrand, et dont les travaux cessèrent le 28 mai. Le 4 juin 1814 était promulguée, non pas une Constitution ordinaire, mais bien une Charte constitutionnelle octroyée par le roi et datée de la dix-neuvième année de son règne.

On doit cependant établir une différence entre le caractère éminemment « réactionnaire » de son préambule rappelant que l'autorité tout entière réside dans la personne du roi et refusant donc la souveraineté nationale, et son contenu. Elle débute en effet par un rappel des principes essentiels de 1789 (égalité, liberté, propriété, y compris celle des biens nationaux) et invite même à l'oubli des votes et opinions émis antérieurement. Et, si le roi y conserve bien l'exécutif, avec faculté de dissoudre la Chambre des députés, lors même qu'il peut nommer un nombre illimité des membres de la Chambre des pairs, les membres de la première Chambre sont éligibles au suffrage censitaire (et non universel), et le vote de la loi (proposée par le roi) appartient aux deux Chambres, qui ont cependant un droit d'amendement. Quant aux ministres, qui peuvent être choisis dans les deux Chambres où ils ont un droit d'entrée pour y être entendus, ils n'ont encore qu'une responsabilité pénale.

Dès avant la promulgation de la Charte, avait été signé (par Talleyrand au nom du roi) le premier traité de Paris (30 mai 1814) qui, sans indemnité de guerre, faisait perdre à la France toutes ses conquêtes de la Révolution et de l'Empire. C'était, malgré tout, un succès ; mais le nouveau régime n'en commit pas moins une série de maladresses (rétablissement de l'étiquette de la cour, loi restrictive sur la presse, mise des officiers en demi-solde) qui expliquent son effondrement facile et les Cent-Jours. Toutefois, le désastre final de l'Empire fut tel que c'est tout naturellement que le roi, réfugié à Gand pendant les Cent-Jours, revint à Paris le 8 juillet 1815 avec un gouvernement présidé par l'inévitable Talleyrand qui, prenant prétexte des dures exigences imposées par les Alliés, se retira d'ailleurs le 19 septembre suivant.

■ L'échec des ultras

Le retour du roi fut suivi en août 1815 de l'élection d'une Chambre des députés qu'il jugea lui-même « introuvable », c'est-à-dire en fait plus royaliste que le roi. Comme ce n'était pas sans danger pour lui, il fit appel, le 24 septembre 1815, au duc de Richelieu, qui forma un ministère de modérés. Mais, s'il laissa faire des lois antilibérales contre la liberté individuelle (29 octobre) ou les cris séditieux (9 novembre), Richelieu, qui connaissait bien le tsar qu'il avait servi durant son exil, eut cependant le mérite de signer, le 20 novembre 1815, le second traité de Paris avec les Alliés, en faisant réduire le montant

La Terreur blanche

En dépit des précautions prises par le roi et par la Charte, l'humiliation ressentie après Waterloo conduisit à la vengeance contre ceux qui s'étaient ralliés à l'Empereur durant les Cent-Jours. Le maréchal Brune et le général Ramel furent assassinés. Quant au maréchal Ney, qui avait voulu être jugé par la Chambre des pairs, il fut condamné à mort et fusillé le 7 décembre 1815. Relayée par des mesures attentatoires à la liberté individuelle, comme le rétablissement des cours prévôtales (27 décembre 1815) jugeant en dernier ressort, la Terreur blanche qui sévissait aussi à Marseille, Avignon et Montpellier, marqua les limites de la réconciliation désirée par le roi et préfigure les excès des ultras qui conduisirent à la Révolution de 1830.

des réparations (et finalement le temps d'occupation au congrès d'Aix-la-Chapelle, le 30 septembre 1818).

Le conflit avec les ultras était pourtant inévitable. Malgré des concessions comme la suppression du divorce (8 mai 1816), le roi prit l'initiative de dissoudre la Chambre introuvable (5 septembre 1816). Il en résulta, après de nouvelles élections qui donnèrent une majorité de royalistes modérés, une politique favorable à la bourgeoisie, avantagée par la loi électorale du 8 février 1817, instituant un collège par département et incluant la patente dans le calcul du cens, tout comme par la loi Gouvion-Saint-Cyr (12 mars 1818) sur la conscription, qui posait le principe de l'avancement des officiers à l'ancienneté.

Mais, après les élections qui, en 1817 et 1818, avaient fait entrer à la Chambre des libéraux, Richelieu démissionna (21 décembre 1818) et fut remplacé le 29 par le tandem Dessoles (Affaires étrangères) et Decazes (Intérieur-Police), ce dernier, ancien préfet de police, étant le favori du roi. Il mena une politique libérale, en particulier avec les lois sur la liberté de la presse (mai-juin 1819), cautionnées par le ministre de la Justice de Serre ; mais, devenu le 20 novembre 1819 le vrai président du Conseil, il dut se rapprocher des ultras. Et ces derniers profitèrent de l'assassinat, dans la nuit du 13 au 14 février 1820, du duc de Berry (second fils du comte d'Artois) par l'ouvrier Louvel pour conquérir le pouvoir. Ainsi se trouvait rompu l'équilibre politique précaire que Louis XVIII avait réussi à préserver jusque-là.

■ Le retour des ultras

Avec la mort du duc de Berry – dont avant la naissance du duc de Bordeaux (« l'enfant du miracle »), le 29 septembre 1820, la postérité mâle ne paraissait pas assurée –, les pieds du duc Decazes avaient, selon l'atroce mot de Chateaubriand, « glissé dans le sang ». Louis XVIII se sépara de son favori à contrecœur (20 février 1820), et fit de nouveau appel à Richelieu dont la modération ne put éviter ni le retour de la censure (31 mars) ni la loi du double vote pour les plus imposés (29 juin). Il y eut en juin 1821 des troubles à Paris, en même temps que s'organisait la Charbonnerie, société secrète d'inspiration républicaine qui organisa, à la fin de 1821 et en 1822, plusieurs conspirations dont la

Decazes (1780 - 1830)
Ce magistrat impérial, jugé commun et parvenu par Chateaubriand, eut le don de plaire à Louis XVIII, qui vit peut-être en lui le fils qu'il n'avait pas eu. Au centre de toutes les combinaisons politiques du règne, il mena une politique fluctuante qui lui valut la haine des ultras contre lesquels, après l'assassinat du duc de Berry, l'amitié même du roi ne put le protéger.

plus connue aboutit à l'exécution des quatre sergents de La Rochelle (21 novembre 1822). Entre-temps, Richelieu avait démissionné le 13 décembre 1821, remplacé le lendemain par le comte de Villèle qui, d'abord ministre des Finances, exerça en fait les fonctions de président du Conseil avant même d'en avoir le titre (7 septembre 1822).

Jugé parfois sévèrement, mais excellent administrateur, il ne put que naviguer entre l'opposition libérale et la droite de son parti ; et, après l'élection, en mars 1824, d'une « Chambre retrouvée », il porta le 9 juin 1824 le mandat électif à sept ans, avec renouvellement intégral, pour éviter le trouble des élections annuelles.

Sur le plan de la politique extérieure, Villèle, après le congrès de Vérone (octobre-novembre 1822) où fut décidé le rétablissement de Charles VII sur le trône d'Espagne d'où une insurrection libérale l'avait chassé, consentit à contrecœur à la politique belliqueuse prônée par son ministre des Affaires étrangères Chateaubriand. Le 7 avril 1823, c'était le début de l'expédition d'Espagne, dirigée par le duc d'Angoulême (neveu du roi) et qui, après la prise du fort de Trocadéro (31 août 1823) et la capitulation de Cadix (30 septembre), aboutit à la restauration sanglante des Bourbons d'Espagne.

Chateaubriand (1768 - 1848)
C'est seulement sous le règne de Louis XVIII que l'« enchanteur », qu'une haine (réciproque) avait uni à Napoléon, joua un rôle politique notable. Momentanément disgracié à la suite de sa brochure *La Monarchie selon la Charte* (1816), il n'en inspira pas moins l'expédition d'Espagne, avant d'être de nouveau disgracié. Ambassadeur à Rome en 1828, il démissionna de son poste et se confina sous le règne de Louis-Philippe dans un monarchisme légitimiste exacerbé.

Il est cependant clair que, durant les dernières années de son règne, Louis XVIII avait plutôt fait le jeu des ultras, menés par son frère le comte d'Artois, qu'il n'avait imposé sa politique. Son dernier acte marquant fut, le 6 juin 1824, la disgrâce de Chateaubriand. Et c'est sans beaucoup d'illusions (« Il n'y aura donc pas moyen d'éviter les surplis de mon frère ») qu'il mourut d'une grangrène infectieuse le 16 septembre 1824.

■ Un roi égoïste

Il n'y a que peu de chose à ajouter au jugement que Chateaubriand porta sur celui qui l'avait disgracié, car il montre bien la neutralité (parfois efficace) d'un roi qui, sans rien renier des traditions de la monarchie d'Ancien Régime, n'en refusa pas moins d'être « le roi de deux peuples » sans avoir eu cependant le courage de tenir tête jusqu'au bout aux ultras : « Égoïste et sans préjugés, Louis XVIII voulait sa tranquillité à tout prix : il soutenait ses ministres tant qu'ils avaient la majorité ; il les renvoyait aussitôt que cette majorité était ébranlée et que son repos pouvait être dérangé ; il ne balançait pas à reculer dès que, pour obtenir la victoire, il eut fallu faire un pas en avant. Sa grandeur était sa patience, il n'allait pas aux événements, les événements venaient à lui. »

1824 - 1830

Charles X *(1756 - 1836)*

Épouse en 1773

Marie-Thérèse de Savoie → Louis, duc d'Angoulême († 1844)

→ Charles, duc de Berry († 1820)

↓

Henri, comte de Chambord

Les pièges de la nostalgie

Petit-fils de Louis XV, troisième des fils survivants du dauphin Louis (après ses frères Louis XVI et Louis XVIII), Charles Philippe de Bourbon, né à Versailles le 9 octobre 1757, tout d'abord comte d'Artois, se révéla assez vite, après une enfance heureuse, comme un prince frivole et dépensier. Son mariage avec Marie-Thérèse de Savoie (belle-sœur du futur Louis XVIII) le 16 novembre 1773 l'assagit à peine ; et, absolutiste intransigeant, il n'hésita pas à s'opposer à la fois à Louis XVI et à Monsieur, jugé trop libéral. On comprend qu'il ait été le premier à émigrer le 17 juillet 1789. Adhérent à la malencontreuse déclaration austro-prussienne de Pillnitz (27 août 1791), il passa même quelques jours dans l'armée de Brunswick et finit par tenter sans succès de secourir la Vendée en septembre-octobre 1795, sans même réussir à dépasser l'île d'Yeu.

Devenu Monsieur à la mort de Louis XVII, il fut certainement plus occupé par sa liaison avec Louise de Polastron, dont la mort édifiante (27 mars 1804) le fit sombrer dans la piété, que par le destin de la monarchie. Nommé provisoirement lieutenant général du royaume le 12 avril 1814, il s'entendit avec son frère pendant la première Restauration et le suivit à Gand pendant les Cent-Jours. Mais, à partir du retour du roi en 1815, il prit la tête des ultras, protégea la Congrégation (association pieuse dont la portée politique a été surestimée) et dirigea surtout une sorte de contre-gouvernement (le « ministère de l'Entresol ») doublant illégalement le Conseil du roi et dont les idées finirent par l'emporter à la fin du règne de Louis XVIII.

■ Le sacre

A la mort de Louis XVIII (16 septembre 1824), le comte d'Artois – devenant pour la troisième fois de notre histoire le dernier de trois frères à régner (après Charles IV le Bel et Henri III) – succéda donc à son frère et prit le nom (déjà porté éphémèrement par le vieux cardinal de Bourbon !) de Charles X. Entré solennellement à Paris et chaleureusement accueilli le 27 septembre 1824, il apparut tout d'abord comme un libéral. Mais, ayant maintenu Villèle au pouvoir, il fit adopter deux mesures on ne peut plus impopulaires : le milliard des émigrés (finalement 632 millions) voté

Un roi affable

« Au lieu d'apercevoir un roi immobile, assis derrière une table, je vis un roi s'avançant vers moi avec une aisance gracieuse. Au lieu d'une physionomie magistralement hostile, je rencontrai des regards affectueux, toutefois, je sentais que là ce n'était plus Monsieur : j'étais en face du roi de France [...] » (marquis de Villeneuve).

Villèle (1773 - 1854)
Modéré parmi les ultras, le comte de Villèle brilla plus par le sérieux et la compétence que par l'imagination. Était-il pour autant incapable d'un grand dessein ? On ne le saura jamais, car cet ancien maire de Toulouse, parfait tacticien sur le plan parlementaire et parfait économe des deniers publics, s'usa dans de perpétuels compromis qui l'empêchèrent d'imposer ses idées.

le 24 mars 1825 pour les indemniser, et surtout l'inapplicable loi sur le sacrilège (15 avril 1825) allant jusqu'à punir de mort les profanateurs. Pourtant, c'est paradoxalement le sacre du roi à Reims, le 29 mai 1825 – le premier depuis la Révolution, puisque Louis XVIII l'avait judicieusement évité, et le dernier de notre histoire –, qui par son anachronisme voulu (le roi alla toucher les écrouelles) et son inutile apparat, retourna l'opinion contre lui. Et cela d'autant plus que Mgr de La Fare, qui avait déjà « sermonné » les États généraux en 1789, y fit une homélie on ne peut plus maladroite.

■ La fin de Villèle

Après le sacre, Villèle ne put que poursuivre une politique cléricale et réactionnaire, symbolisée par un projet de rétablissement du droit d'aînesse qui échoua en mai 1826 devant la Chambre des pairs, tout comme, le 17 avril 1827, une « loi vandale » (Chateaubriand) contre la presse. Et, à la suite d'une malencontreuse revue de la garde nationale par le roi (29 avril 1827), Villèle le poussa à la dissoudre. Au demeurant, l'opinion n'approuva guère sa politique étrangère quand, à la suite du traité de Londres avec l'Angleterre et la Russie (6 juillet 1727), il aida à contrecœur l'indépendance grecque ; et, ni la victoire de Navarin contre les Turcs à laquelle la France participa (20 octobre 1827), ni même le blocus du port d'Alger en octobre 1827 (à la suite de l'incident du chasse-mouches) ne la firent changer. Aussi, lorsque la Chambre fut renouvelée après dissolution en novembre 1827 sans lui donner de majorité, Villèle démissionna (3 janvier 1828).

Il fut remplacé le lendemain par un royaliste modéré, le comte de Martignac, que le roi contraignit à faire la même politique que son prédécesseur. Pourtant, dans ce ministère de transition, qui valut à Chateaubriand l'ambassade de Rome, Martignac prit quelques mesures libérales (réforme de la police, abolition de la censure sur la presse, ordonnance contre les jésuites) ; mais son échec d'une réforme administrative, restreignant le vote aux conseils municipaux et départementaux à une minorité de notables, provoqua sa chute le 8 août 1829 et son remplacement par le prince de Polignac.

■ Vers la révolution

On ne pouvait rêver personnage plus ultra que Jules de Polignac, ami de jeunesse du roi, mais aussi ministres plus impopulaires que ceux dont il s'entoura : La Bourdonnaye (Intérieur), l'homme de la Terreur blanche, et Bourmont (Guerre), qui avait trahi à la veille de Waterloo. Le principal événement de son ministère fut un conflit avec l'Assemblée, qui culmina lors de l'adresse votée (en réponse au maladroit discours du Trône du 2 mars 1830) à la Chambre, le 18 mars, par 221 députés qui rappelèrent au roi que le concours souhaitable entre les vues politiques de son gouvernement et les vœux du peuple n'existait pas. Bien que la Charte n'eût en réalité rien prévu d'un tel concours, qui impliquait un régime parlementaire, plutôt que de renvoyer ses ministres, le roi préféra, aussi légalement qu'inopportunément, dissoudre la Chambre, le 16 mai

Charles X en costume de sacre**.**
Peinture de François Gérard, vers 1825.
Musée du Louvre, Paris.
Ph. © ND - Viollet - Arch. Photeb.

1830. Mais en juin-juillet les élections lui furent défavorables (274 opposants) et, s'imaginant que la malencontreuse prise d'Alger (5 juillet 1830), qui devait tant peser sur le destin de notre pays, renforcerait la solidité de son régime, il signa, le 25 juillet 1830, les quatre ordonnances qui lui furent fatales.

■ Les Trois Glorieuses

Les quatre ordonnances de juillet aboutissaient à la suspension de la liberté de la presse, à la dissolution de la nouvelle Chambre (qui n'avait pas encore siégé !), à la modification de la loi électorale (suppression du vote des assujettis à la patente) et à la convocation des électeurs pour le mois de septembre. Aussitôt connues, elles provoquèrent une protestation des journaux de gauche dont les presses furent brisées (27 juillet).

Le lendemain, le maréchal Marmont, ne put que reprendre l'Hôtel de Ville aux insurgés, lors même qu'il avait reçu, sans résultat, une délégation de députés lui demandant le retrait des ordonnances et le changement de ministère, et que, de son côté, Polignac avait refusé d'arrêter le combat. Des troupes de ligne se joignirent alors aux insurgés qui, le 29 juillet, se rendirent maîtres de la capitale. La Fayette, auquel certains songaient comme président de la République, prit le commandement de la garde nationale ; et, retiré à Saint-Cloud, le roi décida, mais trop tard, de retirer les ordonnances et de renvoyer Polignac.

■ L'abdication

A son tour, Thiers intervint, et fit apposer le 30 juillet dans Paris des affiches rappelant lourdement que le duc d'Orléans, pour n'avoir jamais combattu la France, était l'homme de la situation. Les Chambres lui offrirent alors la lieutenance générale du royaume, qu'il accepta le 31 juillet, avant de recevoir, au balcon de l'Hôtel de Ville, une investiture populaire qui n'était en réalité que la confiscation de la révolution par la bourgeoisie : curieux résultat des Trois Glorieuses (27, 28, 29 juillet 1830) ! Réfugié à Rambouillet, Charles X ne put qu'abdiquer le 2 août en faveur de son petit-fils le duc de Bordeaux, futur comte de Chambord (son fils aîné ayant renoncé à ses droits au trône). Le lendemain, il nomma à son tour le duc d'Orléans lieutenant général du royaume et, le 16 août, il émigra en Angleterre. Mais c'est en Autriche qu'il mourut en 1836.

■ Un roi trop borné

Traditionnellement malmené par les historiens, Charles X est quand même celui dont Stendhal a pu écrire qu'il « faudra peut-être des siècles à la plupart des peuples d'Europe pour atteindre au bonheur dont la France jouit sous le règne de Charles X ». Mais, si personne n'a jamais mis en doute ses qualités humaines, Chateaubriand n'avait quand même pas tort en remarquant à son propos : « Absence de vues politiques, ignorance des causes qui ont renversé la monarchie et des moyens par lesquels on la pourrait rétablir. Pour Charles X la couronne est tombée parce que Dieu l'a voulu, nullement parce que la royauté n'a rien fait pour se rajeunir et se mettre d'accord avec le siècle : les Pyramides surent-elles autre chose que le passé ? »

Polignac (1780 - 1847)

Bien qu'ultra, ce fils d'une favorite de Marie-Antoinette ne désira que le parfait fonctionnement de la Charte ; mais avec une prééminence du roi qui devint de plus en plus insoutenable. Cet homme, dont on écrivit qu'il était « très résolu, mais il ne sait à quoi », fut perdu par un manque de détermination qui, joint à l'immobilisme du roi, l'empêcha de mettre en œuvre le seul mécanisme capable de sauver alors la monarchie : le jeu parlementaire.

1830 - 1848

Louis-Philippe Ier *(1773 - 1850)*

Épouse en 1809 Marie-Amélie de Bourbon-Sicile → 5 fils

Le roi de la bourgeoisie

Fils du régicide Louis-Philippe d'Orléans (Philippe Égalité, arrière-petit-fils du Régent) et de Louise de Bourbon-Penthièvre (descendante de Louis XIV par le comte de Toulouse), Louis-Philippe est né à Paris le 6 octobre 1773. Il avait porté successivement les titres de duc de Valois (1773-1785), de Chartres (1785-1796) et enfin d'Orléans (1793).

■ Un ami de la Révolution

Après une éducation éclairée reçue de Mme de Genlis, il était normal qu'il épouse les idées révolutionnaires de son père. Aussi, après avoir servi dans la garde nationale et être devenu maréchal de camp, puis lieutenant général, il se distingua, en 1792 dans les batailles de Valmy et de Jemmapes. Aide de camp de Dumouriez, il trahit cependant avec ce dernier après la défaite de Neerwinden (18 mars 1793) et passa à l'ennemi en avril de la même année, mais refusa de servir dans les armées contre-révolutionnaires.

Renié alors avec raison par les légitimistes, il se réfugia en Suisse, où il enseigna sous un faux nom à Reichenau (1793), puis en Allemagne, en Scandinavie (1716), aux États-Unis (1797), en Grande-Bretagne, et finalement en Sicile (1799). C'est là qu'il épousa, le 25 novembre 1809, Marie-Amélie de Bourbon, princesse des Deux-Siciles et nièce de Marie-Antoinette – ce qui le faisait (comme Napoléon d'un autre côté) le neveu par alliance du roi que son père avait envoyé à l'échafaud. Malgré cette parenté, il ne put revenir qu'en 1817 et, vivant au Palais-Royal, il fréquenta, en se conformant à sa tradition familiale, les opposants au régime de Charles X, en particulier Thiers et La Fayette. Si bien qu'il n'est pas étonnant qu'ils aient pensé à lui pour opérer, le moment venu, une contestable substitution de la branche cadette à la branche aînée des Bourbons.

■ Un sacre laïque

Nommé dès le 31 juillet 1830 lieutenant général du royaume, ce n'est cependant que le 7 août que le duc d'Orléans, qui avait fait le 3 août un discours devant les Chambres réunies qu'il avait convoquées, se vit offrir par elles le trône pour lui et pour ses descendants, en vertu d'une déclaration qui, proclamant la vacance du pouvoir, abrogeait le préambule de la Charte de 1814 et annonçait sa révision. Toutefois, pour pouvoir régner sous le nom de Louis-Philippe Ier, il dut prononcer, le 9 août, en présence des Assemblées réunies au Palais-Bourbon, le serment d'observer la Charte révisée en acceptant, du même coup, le titre (déjà porté par Louis XVI en 1791) de roi des Français, ce qui impliquait

Un roi bourgeois

« Il était rangé dans sa conduite, simple dans ses habitudes, mesuré dans ses goûts, humain sans être sensible, cupide et doux ; point de passions brûlantes, point de faiblesses ruineuses, point de vices éclatants ; une seule vertu de roi, le courage. Placé à la tête d'une aristocratie, il eût peut-être exercé une heureuse influence sur elle. Chef de la bourgeoisie, il poussa celle-ci sur la pente naturelle qu'elle n'eut que trop de penchant à suivre. Ils marièrent leurs vices en famille et cette union finit par les perdre tous deux » (Tocqueville).

aussi l'acceptation du drapeau tricolore.

Mais le moins que l'on puisse dire, c'est que la légitimité de cette nouvelle monarchie, dans laquelle un contrat entre le roi et une assemblée remplaçait le sacre, était douteuse. Elle n'était fondée en réalité, ni sur le droit héréditaire, car le changement de branche était inacceptable, ni sur la souveraineté nationale, dans la mesure où, non vraiment représentatives, les Assemblées qui avaient choisi le nouveau roi n'étaient nullement constituantes. Sans compter qu'aucun plébiscite ne vint confirmer leur choix.

Au surplus, Louis-Philippe régnait-il *quoique* Bourbon (Dupin), et en vertu de ses antécédents révolutionnaires, ou *parce que* Bourbon (Guizot), et en vertu d'une quasi-légitimité rendue nécessaire par les événements ? De la fragilité même de ces deux thèses naîtra la faiblesse de la monarchie de Juillet, qu'en réalité Louis-Philippe avait toujours désirée, comme l'a bien vu Chateaubriand : « Pendant que je parlais, je regardais Philippe. Je lus sur son front le désir d'être roi. »

En outre, la Charte révisée, et finalement promulguée le 14 août 1830 par celui qui l'avait acceptée le 9, n'était pas sans poser par elle-même de réelles difficultés.

En effet, malgré le partage de l'initiative de la loi entre le roi et l'Assemblée, elle n'établissait pas vraiment de régime parlementaire et ne laissait au roi que la pratique de la dissolution et des fournées de pairs (non héréditaires à partir de 1831) pour résoudre les crises politiques qui n'allaient pas manquer de se produire .

Casimir Perier (1777-1832)

Fils du banquier Claude Perier (Perier Milord), Casimir Perier fut le seul homme d'État à oser mener une politique originale face au roi. Mais la politique intérieure de ce grand travailleur, qui s'épuisa à la tâche, fut aussi dure que le jugement qu'à sa mort le roi porta sur lui : « C'était une âme de banquier scellée à la terre comme un coffre-fort. »

■ Du « mouvement » à la « résistance »

Il était inévitable que, détesté aussi bien des légitimistes que des bonapartistes et des républicains, le nouveau régime eût des débuts difficiles, tiraillé entre les partisans du « mouvement » (La Fayette, Laffite), qui pensaient que la révolution de Juillet n'était qu'un début, et ceux de la « résistance » (Casimir Perier, Guizot, Thiers) qui ne voulaient pas aller plus loin. Après avoir constitué, le 11 août 1830, un ministère comprenant toutes les tendances de l'orléanisme et présidé par le vieux républicain Dupont de l'Eure, Louis-Philippe, pour mieux perdre le « mouvement », appela le banquier Laffite (qui avait contribué à son arrivée au pouvoir) à la présidence du Conseil (2 novembre 1830). Mais sa tâche ne fut guère facile, car le procès des ministres de Charles X (15-21 décembre 1830), qui furent condamnés à la détention perpétuelle, provoqua une émeute. Tout comme le service malencontreusement célébré le 14 février à Saint-Germain-l'Auxerrois, et qui aboutit au sac de l'archevêché sous l'œil complaisant de la garde nationale.

En fin de compte, le désaccord entre Laffite, qui désirait une intervention en Pologne et le roi, qui pacifique, y répugnait, entraîna le départ du gouvernement, qui fut remplacé, le 13 mars 1831, par le ministère présidé par un autre banquier, mais aimant la manière forte, Casimir Perier, dont la devise était : « Toute la Charte, rien que la Charte. » La « résistance » avait triomphé et, sous son gouvernement, durant lequel le roi se contenta de

Louis-Philippe Ier
Peinture de Winterhalter.
Musée national du château de Versailles.
Ph. H. Josse © Arch. Photeb.

régner, furent votées plusieurs lois électorales, dont celle du 19 avril 1831 abaissant le cens, et la pairie héréditaire fut supprimée (29 décembre 1831). Mais Casimir Perier se montra impitoyable envers les canuts de Lyon, qui avaient obtenu la médiation du préfet et dont il fit réprimer durement l'émeute par le maréchal Soult (5 décembre 1831), avant de mourir du choléra le 16 mai 1832.

■ Vers la stabilisation

Après la mort de Casimir Perier, dont la politique extérieure avait été plus heureuse (intervention en Belgique et traité du 15 octobre 1831 fixant ses frontières, occupation d'Ancône le 22 février 1832), le roi, ravi de récupérer du pouvoir, présida quelques mois le Conseil des ministres, avant de constituer (11 octobre 1832) un ministère nominalement présidé par Soult, mais animé par de Broglie (Affaires étrangères), Thiers (Intérieur) et Guizot (Instruction publique). Mais, plutôt que d'évoquer les multiples remaniements ministériels et dissolutions de l'époque, avant la stabilisation de 1840, il importe de marquer les événements parfois tragiques qui y menèrent.

Le 5 juin 1832 eurent lieu les obsèques du général républicain Lamarque, qui servit de prétexte à une insurrection populaire qui aboutit, malgré la demande faite au roi par Laffite, Barrot et Arago de changer de politique, au massacre des derniers insurgés dans le cloître Saint-Merry (6 juin). C'était d'ailleurs en pleine équipée de la duchesse de Berry, venue tenter de faire valoir les droits de la branche aînée avec l'aide des chouans, avant d'être arrêtée à Nantes (6 novembre 1832). Par la suite ce fut, après une violente insurrection à Lyon, le massacre de la rue Transnonain (13-14 avril 1834), suivi du jugement des insurgés républicains devant la Cour des pairs (mai 1835).

Mais l'attentat manqué de Fieschi contre le roi, et qui coûta la vie au maréchal Mortier (28 juillet 1835), permit à Louis-Philippe d'intensifier la lutte contre les républicains. Les fameuses « lois scélérates » de septembre 1835 modifièrent les conditions de jugement des actes de rébellion, punirent l'offense au roi et les attaques contre la Charte – en même temps que la qualification de républicain était proscrite et la presse muselée et censurée, même dans ses dessins. Cela n'empêcha nullement, après le soulèvement manqué de Louis Napoléon Bonaparte à Strasbourg (30 octobre 1836), la tentative d'insurrection républicaine menée les 12 et 13 mai 1839 à Paris par Blanqui et Barbès et à la suite de laquelle ils ne furent graciés que de justesse.

Mais c'est sous le ministère formé par Thiers le 1er mars 1840, qu'eut lieu à la Chambre un discours prémonitoire qui déplut aux députés et qui, s'il avait été mieux écouté et accepté par le roi, aurait pu peut-être sauver son régime. Le grand savant Arago y demanda à la fois le suffrage universel et l'organisation du travail, qui devaient être au cœur de la Révolution de 1848 qui n'échoua elle-même que parce que la question (toujours capitale !) de l'organisation du travail ne put être résolue. Partisan d'une politique extérieure jugée trop belliqueuse par le roi à propos de la question d'Égypte, que le traité

Guizot (1787-1874)
Récemment réhabilité, ce protestant austère, qui n'en fut pas moins l'amant de la princesse de Lieven, a été jugé par Victor Hugo comme « faible et indécis dans le conseil, irrésolu dans le cabinet, vacillant dans le parti à prendre ». Mais on peut aussi louer la sagesse de sa politique, qui n'eut que le tort d'être seulement conservatrice, à une époque où les répercussions sociales de la révolution industrielle auraient exigé plus d'imagination.

de Londres du 15 juillet 1840 réglait sans la France, Thiers quitta le pouvoir le 20 octobre 1840, remplacé aux Affaires étrangères par Guizot qui devait dominer la politique jusqu'à la révolution de 1848.

■ L'immobilisme

Le 29 octobre 1840 fut constitué un ministère présidé par le maréchal Soult ; mais c'est en fait Guizot qui le dirigea, bien qu'il ne fût devenu président du Conseil que le 19 septembre 1847. La stabilité de ce ministère fut au départ assurée non seulement par une bonne conjoncture économique, mais par la mort accidentelle de l'héritier du trône, le duc d'Orléans (13 juillet 1842), un prince libéral – la régence éventuelle étant confiée au duc de Nemours, plus conservateur. Guizot, qui avait cependant eu le mérite de faire voter la loi sur la liberté de l'enseignement primaire (28 juin 1833), en refusa l'extension au secondaire réclamée par l'Église, et s'opposa également à toute réforme parlementaire ou électorale, son célèbre « Enrichissez-vous » ne signifiant que la possibilité de figurer sur les listes électorales du suffrage censitaire.

Mais, d'autre part, la stabilité intérieure lui permit de poursuivre une politique extérieure dominée non seulement par une délicate entente cordiale avec l'Angleterre (nouée en 1843 à Eu par une entrevue entre le roi et la reine Victoria et rompue en octobre 1846), mais encore par la poursuite de la guerre d'Algérie devenue nécessaire depuis le désastre de la Macta (28 juin 1835) où le général Trézel, gouverneur d'Oran, avait été vaincu par les hommes d'Abd el-Kader. Bugeaud, nommé gouverneur général de l'Algérie en 1840, en entreprit la conquête. Son épisode le plus connu demeure la prise de la smala d'Abd el-Kader par le duc d'Aumale (fils du roi) le 16 mai 1843. Elle fut suivie, le 14 août 1844, par la victoire de l'Isly, remportée par Bugeaud sur les Marocains et finalement – malgré la victoire d'Abd el-Kader à Sidi-Brahim le 7 septembre 1845 – par la reddition de ce grand chef (et grand mystique) au général Lamoricière le 23 décembre 1847.

Toutefois, les succès coloniaux de la France furent aussi trompeurs que celui du gouvernement aux élections d'août 1846. Malgré les apparences, il y avait en effet un divorce de plus en plus grand entre le pays légal, celui qui, par un suffrage censitaire, avait désigné les députés, et le pays réel qui, à ce moment même, subissait une crise agricole ; à laquelle s'ajoutèrent une crise financière et surtout, en 1847, deux scandales (concussion des pairs Teste et Cubières, crime commis par Choiseul-Praslin) qui ne pouvaient que discréditer un régime déjà corrompu. On sait qu'une campagne de banquets fut organisée par l'opposition à partir du 9 juillet 1847 pour obtenir l'abaissement du cens, voire le suffrage universel ainsi que des réformes sociales. Mais c'est l'interdiction par le gouvernement de l'un d'eux, prévu initialement à Paris pour le 19 janvier 1848, qui entraîna la révolution.

■ La révolution

Elle débuta quand Guizot, qui avait prononcé le 28 décembre 1848 un discours du trône par-

Bugeaud (1784 - 1849)
Ce fut le destin de ce petit noble rural, « fruste rempli d'aisance » (Hugo), qui finit maréchal de France, d'attirer à la fois sur lui l'impopularité, comme « boucher » de la rue Transnonain ou combattant les insurgés de février 1848, et la gloire militaire, quand il battit Abd el-Kader en Algérie, avant d'être l'apôtre de la colonisation.

Molé (1781-1855)
Fils d'un président du parlement de Paris, le comte Louis Mathieu Molé fut sous l'Empire conseiller d'État (1806), puis grand juge (1813). Ministre de la Marine sous Louis XVIII (1817-1818), il rejoignit l'opposition à l'arrivée de Villèle et ne revint vraiment aux affaires que sous la monarchie de Juillet où, plusieurs fois ministre des Affaires étrangères et même un moment président du Conseil (1836), il se heurta à Guizot. On comprend que le roi ait fait appel à lui quand ce dernier démissionna en février 1848, sans pouvoir éviter la révolution. Malgré son hostilité au coup d'État de 1851, il se rallia finalement à Louis Napoléon Bonaparte.

ticulièrement agressif, prétendit interdire de nouveau le banquet en question, reporté au 22 février 1848. Il y eut, au jour prévu, quelques manifestations, et dès le lendemain, avec le ralliement de la garde nationale aux insurgés, quelques barricades. Mais, alors même que Guizot avait démissionné et que Molé avait accepté de former un nouveau ministère, il y eut, dans la soirée du 23, une manifestation contre Guizot au ministère des Affaires étrangères (alors boulevard des Capucines), qui fit accidentellement cinquante-deux morts du fait de la troupe. Paris s'enflamma alors, et Bugeaud, nommé dès le 23 au soir chef de l'armée de Paris, ne put rétablir l'ordre le 24 au matin.

Une fusillade ayant éclaté au Palais-Royal, le roi se hâta d'abdiquer en faveur de son petit-fils le comte de Paris, avant de s'enfuir vers midi en abandonnant les Tuileries, aussitôt mises au pillage. La duchesse d'Orléans, accourue et même acclamée avec son fils à l'Assemblée, ne put finalement pas, devant l'insurrection, faire valoir les droits du comte de Paris. Et, vers minuit, un gouvernement provisoire, constitué entre-temps, proclama la République. Le roi ne put que prendre le chemin de la Grande-Bretagne, où il mourut, dans l'amertume de son pouvoir perdu, le 26 août 1850 à Claremont.

■ Un roi trop obstiné

Parlant le 16 novembre 1844 à Victor Hugo, Louis-Philippe disait : « On me juge mal. On dit que je suis fin. On dit que je suis habile. Cela veut dire que je suis traître. Cela me blesse. Je suis un honnête homme [...]. Ceux qui me connaissent savent que j'ai de l'ouverture de cœur. » Cependant, ces sentiments, peut-être sincères, ne correspondaient pas à la réalité car, plutôt intéressé (c'était un des plus gros propriétaires du royaume), et attaché à son pouvoir, ce roi à la légitimité douteuse et s'obstinant à refuser toute réforme était encore trop archaïque pour correspondre à son époque. Malgré son injustice foncière envers lui, Chateaubriand avait encore une fois vu juste quand il écrivait : « Philippe a dans sa personne de quoi ralentir la destinée ; il n'a pas de quoi l'arrêter. Le parti démocratique est le seul en progrès, parce qu'il marche vers le monde futur. »

24 février - 10 décembre 1848

Les débuts de la IIe République

Les illusions de la liberté

L'abdication de notre dernier roi, le 24 février 1848, devant l'émeute populaire précéda de peu la formation à l'Hôtel de Ville d'un gouvernement provisoire – issu de la fusion de deux listes proposées par les journaux d'opposition *Le National,* de tendance modérée, et *La Réforme,* de tendance socialiste –, qui se hâta de proclamer, sous réserve d'approbation populaire, la République. Dans ce curieux gouvernement, où certains n'étaient pas ministres, lors même que certains ministres n'en faisaient pas partie, se trouvaient, par rang d'âge, Dupont de l'Eure, Arago (Marine), Lamartine (Affaires étrangères), Marie (Travaux publics), Crémieux (Justice), Ledru-Rollin (Intérieur), Garnier-Pagès (Finances) et Flocon, Marrast, Louis Blanc et Albert, secrétaires d'État.

▪ Un gouvernement actif

Mais ce gouvernement, plutôt disparate, n'en accomplit pas moins une œuvre décisive, à commencer par la proclamation du droit au travail (25 février), suivie de la création d'Ateliers nationaux (27 février) ; et il ne recula, ni devant la suppression de la peine de mort en matière politique (26 février), ni surtout devant l'adoption dangereuse (pour l'époque) du suffrage universel (2 mars). Il résolut aussi le douloureux problème de l'esclavage dans nos colonies, supprimé déjà en 1794 et rétabli en 1802 par Bonaparte, en l'abolissant définitivement, grâce à la collaboration entre Arago (qui, en tant que ministre de la Marine, s'occupait aussi des Colonies) et Victor Schœlcher, auquel on attribue à tort le mérite exclusif du décret d'abolition du 27 avril 1848.

Mais, à cette date, l'élection de l'Assemblée constituante, dont une manifestation populaire (17 mars) n'avait pu obtenir le report, avait eu lieu (23 avril) et avait donné la majorité à des éléments plutôt modérés, puisque, sur 900 députés, seulement 80 républicains avancés avaient été élus.

Lamartine (1790-1869)

Aucun homme n'incarne mieux les illusions de 1848 que celui mis sur le devant de la scène politique par son *Histoire des Girondins* (1847). Après avoir refusé la régence de la duchesse d'Orléans et sauvé le drapeau tricolore, il préconisa (au contraire des Girondins !) une politique pacifique en Europe. Mais son manque de fermeté lors des événements de juin 1848 explique un échec qui ne l'a pas empêché d'écrire une magnifique et lucide *Histoire de la Révolution de 1848.*

▪ La Commission exécutive

Le 4 mai 1848 l'Assemblée proclama solennellement la République et, le 5, le gouvernement provisoire lui remit ses pouvoirs. Elle élut le 10 mai une Commission pour le pouvoir exécutif de cinq membres qui furent, par ordre des voix obtenues, Arago, Garnier-Pagès, Marie, Lamartine et Ledru-Rollin – ordre tout à fait significatif des tendances modérées de l'Assemblée.

Il convient de remarquer ici que cette Commission exécutive présidée par Arago, calquée probablement sur le Directoire et qui, face à une Assemblée toute-puissante, fut aussi inefficace que lui, offre un exemple intéressant d'exécutif collégial (sans véritable président du Conseil) élu par une Assemblée. En tant que président de cette Commission, Arago n'en devenait pas moins une sorte de chef d'État en pointillé d'où, peut-être, après le précédent de la désignation de Louis-Philippe, l'amorce d'une élection du chef de l'État par des parlementaires (et non au suffrage universel direct) dont le souvenir ne sera pas perdu (cf. l'article 2 de la « Constitution » de 1875). Mais il aurait mieux valu, malgré tout, un chef unique de l'exécutif, en l'absence duquel la Commission exécutive ne put que s'enliser dans des discussions stériles qui causèrent sa perte.

Arago (1786 - 1853)

On ne peut pas ne pas admirer le courage de cet éminent savant, qui osa risquer sa réputation universelle pour faire triompher son idéal de justice et de liberté. Pourtant, pas plus que les hommes de 1848, il ne sut dépasser les préjugés de la bourgeoisie, et il fut tragiquement conduit, en juin 1848, à combattre ceux-là même qu'il voulait libérer.

▪ Les journées de juin

Malgré l'apaisante « Proclamation au peuple de Paris » des membres de la Commission exécutive (14 mai 1848), une foule, probablement manipulée, envahit le lendemain la Chambre, qui fut même un moment déclarée dissoute, sous le prétexte de demander une intervention armée en Pologne. Les meneurs furent arrêtés, mais les troubles recommencèrent avec l'annonce, le 21 juin, de la fermeture des Ateliers nationaux, qui avaient été créés en février plutôt comme des ateliers de charité que comme les coopératives ouvrières demandées par Louis Blanc, et dans lesquels tous les chômeurs avaient afflué. Dès le 22 juin, des rassemblements eurent lieu, mais il est avéré que le général Cavaignac, chargé par la Commission exécutive, dans la matinée du 23 juin, de réprimer l'émeute, l'avait déjà sciemment laissée se développer pour pouvoir mieux l'écraser. Dès le 24, la Commission exécutive démissionna et, après avoir durement réprimé l'émeute jusqu'au 26 juin (3 000 morts et 5 000 blessés), Cavaignac fut désigné par l'Assemblée, le 28 juin, comme président du Conseil.

▪ La Constitution

Dès le 17 mai 1848, un Comité de Constitution, présidé par Cormenin, avait été élu ; mais en raison des événements, la discussion sur la Constitution ne recommença vraiment qu'en septembre. Et ce n'est que le 4 novembre, après des débats plutôt confus, au cours desquels furent écartés l'abolition totale de la peine de mort, la séparation de l'Église et de l'État et le bicaméralisme, qu'elle fut promulguée. Établissant une République une et indivisible, ayant pour devise, la liberté, l'égalité et la fraternité, elle donnait le pouvoir législatif à une Assemblée de 750 députés élus au suffrage universel pour trois ans et que le président de la République, élu pour quatre ans, également au suffrage universel, ne pouvait pas plus dissoudre qu'elle ne pouvait le renverser. Il s'agissait donc d'une Constitution aussi bâtarde que celle de 1795 ; et l'on ne savait pas exactement la nature (politique ou pénale ?) de la responsabilité des ministres nommés et révoqués par un président de la République plutôt irresponsable (sauf pour les traités et la déclaration de guerre, soumis à l'Assemblée, et le cas de haute trahison).

Ni parlementaire ni présidentiel, ce régime, dont les deux organes principaux et antagonistes étaient issus du suffrage universel, mais dans lequel le président de la République disposait de la force armée, fut d'autant plus condamné à l'échec que, sans même que la Constitution elle-même eût été soumise à un référendum, le président de la République choisi à une énorme majorité, le 10 décembre 1848, fut Louis-Napoléon Bonaparte, déjà élu comme député en juin (mais il avait démissionné) et réélu le 17 septembre, c'est-à-dire avant même que ne fût abrogée (11 octobre) la loi de 1830 maintenant la proscription de sa famille.

Mais il était évident que l'élimination même des autres candidats (Cavaignac, Ledru-Rollin, Raspail et Lamartine) signifiait déjà que la IIe République ne serait qu'une transition vers un régime fait sur mesure pour Louis-Napoléon Bonaparte.

1848 - 1852

Louis Napoléon Bonaparte

1852 - 1870

Napoléon III *(1808 - 1871)*

Épouse
en 1853 Eugénie de Montijo → Eugène Louis Napoléon

Les conséquences de l'Empire

Né le 20 avril 1808 à Paris, et troisième fils de Louis Bonaparte (frère de l'Empereur et roi de Hollande) et de Hortense de Beauharnais (fille de Joséphine), Louis Napoléon Charles Bonaparte, seul prétendant (ses frères étaient morts) au trône impérial après la mort de son cousin le roi de Rome (Napoléon II) le 22 juillet 1832, prit très tôt conscience d'un grand destin possible.

■ Un conspirateur malchanceux

A la chute de l'Empire en 1815, il se réfugia avec sa mère en Suisse, au château d'Arenenberg, sur le lac de Constance, où le fils du Conventionnel Le Bas, républicain et franc-maçon, lui inculqua, de 1820 à 1827, des principes révolutionnaires. Mais s'il étudia aussi au lycée d'Augsbourg, et à partir de juin 1830 à l'école militaire de Thoune, d'où il sortit officier d'artillerie, les idées quelque peu romanesques de sa mère rêvant de sauver le peuple l'influencèrent aussi. On comprend qu'il se soit rapproché des *carbonari* italiens et qu'il ait un moment combattu pour leur idéal.

Pourtant, la mort du roi de Rome lui fit souhaiter prendre le pouvoir en France ; et l'on sait qu'après sa malheureuse tentative de Strasbourg (1836), l'échec de celle de Boulogne (6 août 1840) lui valut d'être condamné à la détention à vie par la Cour des pairs et d'être interné au fort de Ham. Mais, après y avoir écrit un essai sur l'*Extinction du paupérisme*, de tendance socialisante, il s'en évada le 26 mai 1846 sous l'habit d'emprunt d'un certain Pinguet, dit Badinguet (nom qui lui restera), et alla à Londres. Il est par ailleurs patent que ses agents manipulèrent les ouvriers lors de journées de juin 1848. Élu lui-même à la Chambre, où il ne brilla guère (ce qui le servit !), il l'emporta finalement sur les autres candidats lors des élections à la présidence de la République, le 10 décembre 1848.

■ Le prince président

Le 20 décembre 1848 le prince président prêta serment de fidélité à la Constitution et laissa Odilon Barrot (ancien chef de l'opposition dynastique sous Louis-Philippe) constituer un ministère conservateur où il prit

Un sphinx

« Sa dissimulation, qui était profonde, comme celle d'un homme qui a passé sa vie dans les complots, s'aidait singulièrement de l'immobilité de ses traits et de l'insignifiance de son regard : ses yeux étaient ternes et opaques, comme ces verres épais, destinés à éclairer la chambre des vaisseaux qui laissent passer la lumière, mais à travers lesquels on ne voit rien » (Tocqueville).

le ministère de la Justice, celui de l'Instruction publique revenant au comte de Falloux, qui avait intrigué pour obtenir la dissolution des Ateliers nationaux. Mais, à la suite des élections du 13 mai 1849, qui virent le triomphe de la droite et des hommes de la « rue de Poitiers » (leur lieu de réunion), le ministère fut remanié et le comte de Tocqueville y prit le portefeuille des Affaires étrangères. Pourtant, la discorde n'allait pas tarder à éclater à propos de l'intervention française à Rome, où le général Oudinot avait été chargé de combattre la République romaine pour permettre au pape de récupérer son pouvoir temporel. Et, avant même la prise de Rome (3 juillet 1849), une manifestation républicaine échoua le 13 juin, ce qui valut l'exil à Ledru-Rollin, son organisateur, et une loi restrictive sur la presse (27 juillet).

Après la constitution d'un nouveau gouvernement dirigé par le prince président lui-même (31 octobre 1849), et où entra le général d'Hautpoul, purent être votées la fameuse loi Falloux (15 mars 1850) assurant, mais surtout pour le bien de l'Église, la liberté de l'enseignement, et une loi électorale (31 mai 1850) restreignant hypocritement le suffrage universel, en réservant le droit de vote aux seuls électeurs domiciliés dans le canton depuis trois ans, ce qui excluait souvent les ouvriers, obligés de se déplacer.

Morny (1811-1868)
Frère utérin de Napoléon III, mais aussi descendant de Talleyrand, il s'attacha à la carrière de son demi-frère qu'il poussa au coup d'État en 1851. Ministre de l'Intérieur, puis président du Corps législatif en 1854, il soutint fidèlement, sauf en politique extérieure, la politique d'un Empire qu'il désira libéral avant l'heure.

Toutefois, le conflit entre le prince président, qui usa de tous les moyens pour accroître sa popularité, et l'Assemblée, était d'autant plus inévitable qu'il ne pouvait pas être réélu en 1852. Déjà acclamé au camp de Satory aux cris de « Vive l'Empereur ! », il tenta d'obtenir une révision de la Constitution permettant sa réélection ; mais l'Assemblée commit la faute de la lui refuser (19 juillet 1851) ; tout comme elle refusa, le 13 novembre, d'abroger la loi électorale restreignant le suffrage universel. C'est ce qui lui permit alors de tenter un coup d'État, au nom même de la défense du suffrage universel.

■ Le coup d'État

Minutieusement préparé par les amis du prince président qui, dès le 3 janvier 1851, s'était débarrassé du général Changarnier, qui aurait pu s'opposer à lui et avait placé Maupas à la préfecture de police, le coup d'État eut lieu – anniversaire oblige – dans la nuit du 1er au 2 décembre 1851. Furent alors arrêtés les opposants possibles (Thiers, Cavaignac, Changarnier), et furent affichés dans Paris des décrets annonçant la dissolution de l'Assemblée, le rétablissement du suffrage universel et l'état de siège, en même temps que le peuple était convoqué pour un plébiscite demandant le maintien au pouvoir du prince président, auquel devait être confiée la rédaction d'une nouvelle Constitution, inspirée de celle de l'an VIII.

En réalité, bien qu'il eût prétendu n'être « sorti de la légalité que pour rentrer dans le droit », le prince président avait trahi le serment prêté à la Constitution de 1848, en rejetant habilement cette trahison sur ceux qui étaient censés la menacer et avaient porté atteinte au suffrage universel, auquel le plébiscite à venir redonnerait tout son sens. Pourtant, il y eut des protestations, venant aussi bien de députés de droite (250), qui furent un moment arrêtés, que du peuple de Paris qui, le 3 décembre, érigea des barricades détruites le lendemain, avec comme résultat environ 400 morts. Et le mouvement s'étendit même à la province, où 32 départements furent mis en état de siège, d'où des arrestations massives (plus de 26 000), suivies d'internements, d'exils ou de déportations en Algérie. Le plébiscite n'en eut pas moins lieu (21 décembre 1851) donnant, avec plus de 7 millions de voix contre 646 000, tout pouvoir au prince président d'établir une nouvelle Constitution.

■ Vers l'Empire

Rédigée, semble-t-il, en vingt-quatre heures, cette Constitution d'attente fut promulguée sans même avoir été soumise au plébiscite, le 14 janvier 1852. Elle maintenait le prince président en fonction pour dix ans, lui donnait l'essentiel du pouvoir, y compris la déclaration de guerre et les traités, l'initiative des lois (rédigées par le Conseil d'État), le Corps législatif, réduit à 260 membres et élu au suffrage universel, ne pouvant que voter les lois sous le contrôle hypothétique du Sénat, composé de 150 membres doué, pour sa part, d'un pouvoir constituant partiel (sénatus-consultes).

Il va cependant de soi que, comme sous le Consulat à vie de Bonaparte, la présente Constitution n'était qu'une transition vers l'Empire, qui fut instauré par le sénatus-consulte du 7 novembre 1852 largement approuvé par le plébiscite du 21 novembre 1852. Mais, si sa proclamation solennelle (2 décembre) ne fut pas suivie d'un sacre – le pape, réticent, aurait voulu qu'il eût lieu à Rome –, l'Empire parut consolidé par le mariage (20 janvier 1853) de l'empereur (que les cours européennes avaient rejeté) avec la fille d'un grand d'Espagne qui avait combattu pour la France, Eugénie de Montijo, comtesse de Teba et, comme on sait, amie dans sa jeunesse de Stendhal et du cavalier servant de sa mère, Prosper Mérimée.

■ Les années heureuses

C'est un paradoxe que ces années aient correspondu à ce que l'on a justement appelé l'Empire autoritaire ; au cours duquel Napoléon III ne gouverna qu'avec des ministres dociles (Morny, Walewsky, Rouher, Persigny) sans trouver le moindre obstacle parlementaire. Cela lui permit de mener une politique extérieure brillante, marquée par l'annexion de la Nouvelle-Calédonie (septembre 1853) et surtout, avec l'appui de l'Angleterre et de la Turquie, la guerre avec la Russie, destinée à modifier en notre faveur l'équilibre européen.

On en connaît les principaux épisodes, après notre débarquement en Crimée : la bataille de l'Alma (20 septembre 1854), bientôt suivie de l'interminable siège de Sébastopol (26 septembre 1854 - 10 septembre 1855) qui ne s'acheva qu'après l'héroïque prise du fort de Malakoff par Mac-Mahon (8 septembre 1855). Le congrès de Paris qui suivit (30 février 1856), aboutit à la neutralisation de la mer Noire et marqua la prépondérance de la France en Europe. Et c'est ce qui, après l'attentat manqué d'Orsini (14 janvier 1858) – prétexte à une loi de sûreté générale et judicieusement ex-

Rouher (1810 - 1884)
Créature de Morny, et avocat de Riom, après avoir participé au coup d'État de 1851, il devint le tout-puissant ministre d'État de l'empereur dont, en raison d'une santé de plus en plus déficiente, il fut en quelque sorte la doublure, aussi autoritaire que peu imaginative, jusqu'au moment où il fut prié de démissionner en juillet 1869.

ploité – permit à l'empereur d'intervenir en Italie.

A la suite d'une entrevue quasi secrète avec Cavour à Plombières (21 juillet 1858), et la conclusion, le 23 janvier 1859, d'une alliance franco-sarde nous garantissant la Savoie et le comté de Nice (finalement annexés après plébiscite en avril 1860), l'empereur déclara la guerre à l'Autriche le 3 mai 1859 et prit personnellement le commandement des opérations. Mais, après les victoires de Magenta (4 juin 1859) et de Solférino (24 juin), dont le charnier l'émut, il préféra suspendre la guerre d'Italie, que la paix de Zurich (11 novembre 1859) termina momentanément pour la France. Pourtant, battue par la suite à Castelfidardo (18 septembre 1860), elle n'en aida pas moins les troupes pontificales à battre Garibaldi à Mentana (3 novembre 1857), ce qui n'empêcha d'ailleurs pas Victor-Emmanuel II de s'emparer ultérieurement de Rome le 20 septembre 1870, c'est-à-dire après la chute de l'Empire.

Tocqueville (1805 - 1859)

Plus connu pour son ouvrage *De la démocratie en Amérique* (1835-1840) que pour son passage aux affaires, son poste de ministre des Affaires étrangères (avec Gobineau comme chef de cabinet) le mena à proposer en 1849 l'expédition de Rome pour secourir le pape. Sa retraite après le coup d'État, qu'il avait condamné, lui permit d'écrire son ouvrage *L'Ancien Régime et la Révolution* (1856) source de bien des interprétations modernes.

■ Le temps du doute

A partir de 1860, l'empereur, pressentant la faiblesse intrinsèque d'un régime qui ne reposait que sur lui, et qui avait déçu aussi bien les catholiques que la bourgeoisie d'affaires, indisposée par le traité de libre-échange conclu avec la Grande-Bretagne (23 janvier 1860), essaya de trouver un nouvel équilibre. Il fit des concessions aussi bien au Corps législatif (décret du 24 novembre 1860 lui donnant le droit d'adresse et permettant la publication de ses débats), qu'au monde ouvrier (loi du 25 mai 1864, présentée par Émile Ollivier, et autorisant la grève dans le respect de la liberté du travail, sans que les syndicats fussent pour autant permis). Le résultat fut, en dépit des candidatures officielles, l'apparition de 32 opposants, lors des élections de 1863 au Corps législatif.

D'autre part, sur le plan extérieur, les succès français aux colonies (annexion de la Basse-Cochinchine en juin 1862, protectorat sur le Cambodge en août 1863) ne purent masquer le lamentable échec de l'expédition du Mexique qui, après le retrait de la Grande-Bretagne et de l'Espagne et l'éphémère Empire de Maximilien, aboutit à notre abandon (dès février 1867) et à l'exécution de ce dernier (19 juin 1867). Mais déjà l'Empire avait commencé à se libéraliser.

■ L'Empire libéral

On peut sans exagération le faire remonter au décret du 31 janvier 1867 remplaçant le droit d'adresse par un droit d'interpellation permettant, à certaines conditions, aux ministres de venir défendre leur politique devant le Corps législatif. Et, le 14 mars 1867, le Sénat acquit le droit de renvoyer les lois au Corps législatif à une autre session pour une deuxième lecture, ce qui lui donnait une sorte de veto suspensif. Mais ces mesures renforcèrent l'opposition, et les élections du 24 mai 1869 firent du tiers parti d'Émile Ollivier (situé entre les bonapartistes autoritaires et l'opposition orléaniste et républicaine) la clé de voûte de l'équilibre parlementaire.

Comprenant dès lors où était son salut, l'empereur demanda à Rouher, qui était depuis la mort de Morny en 1865 un

Napoléon III
Peinture d'H. Flandrin, 1863.
Musée national du château de Compiègne.
Ph. H. Josse © Arch. Photeb.

« vice-empereur sans responsabilité » (Émile Ollivier), de démissionner (12 juillet 1869) ; et il fit remanier la Constitution par le sénatus-consulte du 8 septembre 1869, qui accorda au Corps législatif l'initiative des lois et transforma le Sénat en seconde chambre législative, sans pour autant admettre la responsabilité des ministres devant les Chambres. Le 2 janvier 1870, il accepta un ministère Émile Ollivier (ministre de la Justice et des Cultes sans avoir encore le titre de président du Conseil) qui eut très vite à réprimer une manifestation républicaine, lors des obsèques du journaliste Victoir Noir (tué par Pierre Bonaparte, un cousin de l'empereur), le 12 janvier 1870.

Mais la tâche principale de ce ministère, composé de créatures de l'empereur, fut de préparer le sénatus-consulte du 20 avril 1870, qui ne contenait rien moins qu'une nouvelle Constitution établissant un régime semi-parlementaire puisque, tout en continuant à être nommés et révoqués par l'empereur, les ministres, qui pouvaient être choisis dans le Sénat ou le Corps législatif, devenaient, sans autre précision, « responsables », ayant au moins l'entrée dans les deux Chambres.

Encore dominé par l'empereur, qui gardait tous les pouvoirs en matière de guerre et de traités, et demeurait responsable devant le peuple français auquel il pouvait faire appel, le régime était toujours fondé sur le plébiscite ; et, à cet égard, l'énorme succès de celui du 8 mai 1870, demandant habilement au peuple d'approuver les réformes libérales depuis 1860 et le sénatus-consulte du 20 avril 1870, parut donner à l'Empire une assise inébranlable qui ne résista pourtant pas à l'épreuve de la guerre.

Émile Ollivier (1825 - 1913)
Cet avocat marseillais, qui épousa Blandine, la fille de Liszt, eut l'originalité, étant républicain, de se rallier peu à peu au régime impérial. Mais il n'en abandonna pas pour autant ses idées libérales, ayant eu cependant le tort d'écouter en juillet 1870 les sirènes bellicistes. Si bien que, à la suite d'un mot malheureux, il se vit presque transformé en unique responsable d'une guerre à laquelle, en réalité, personne (sauf Thiers) n'avait eu le courage de s'opposer.

■ La fin

On pourrait presque parler, si les gouvernants n'étaient pas justement obligés de prévoir, de fin « accidentelle » de l'Empire ainsi consolidé. Mais la guerre qui l'emporta n'en résulta pas moins du contentieux qui, après l'écrasement des Autrichiens par les Prussiens à Sadowa (3 juillet 1866), opposa la France à la Prusse, quand, en récompense d'un soutien momentané, elle lui demanda des compensations (les territoires bavarois de la rive gauche du Rhin, la Belgique et le Luxembourg) qui, d'ailleurs, ne lui furent pas accordées. La querelle rebondit lorsque le prince Léopold de Hohenzollern (parent de Napoléon Ier par les femmes) se porta candidat au trône d'Espagne. Napoléon III obtint du prince le retrait de sa candidature (12 juillet 1870) ; mais il voulut avoir plus, en obtenant de la Prusse que cette candidature ne se renouvellerait plus, lors même que le roi Guillaume y était plutôt hostile.

Or, pour Bismarck qui, bien qu'ami de la France (à la condition qu'elle ne dérange pas ses plans), avait besoin d'une guerre avec elle pour cimenter l'unité allemande, l'occasion était toute trouvée. Ce ne fut alors pour lui qu'un jeu de transformer l'intervention maladroite de notre ambassadeur Benedetti auprès du roi en incident diplomatique, en publiant, le 13 juillet, une version abrégée de la dépêche d'Ems qui la relatait, de manière à lui donner un ton offensant pour notre pays. Poussé par le clan belliciste, et aussi par l'impératrice, l'empereur déclara la guerre à la Prusse le 19 juillet, et Émile Ollivier précisa que, cette guerre étant subie, il l'acceptait « d'un cœur léger ». Mais la légèreté était, à coup sûr, de s'engager dans une guerre insuffisamment préparée, dans laquelle la France était, non seulement en état d'infériorité numérique, mais encore sans alliés.

La guerre, au début de laquelle l'empereur eut le tort de vouloir commander en chef sans véritable stratégie, débuta vraiment par les défaites de Wissembourg (4 août) et de Frœschwiller (6 août), qui fit perdre l'Alsace (sauf Strasbourg) à Mac-Mahon, battu par von Moltke. Dès le 9 août le ministère Ollivier fut remplacé par un ministère dirigé par le comte de Palikao et, le 12 août, le commandement suprême fut remis à Bazaine. Mais on sait que ce dernier, après plusieurs défaites, dont celle, irrémédiable, de Saint-Privat (18 août), se laissa enfermer le lendemain dans Metz, sans pouvoir être secouru par Mac-Mahon dont, après sa blessure, l'armée fut rejetée sur Sedan (1er septembre), où se trouvait l'empereur, qui capitula le lendemain et fut fait prisonnier.

Le 4 septembre, la déchéance de l'empereur fut acclamée au Corps législatif, puis la République proclamée par Gambetta et Jules Favre à l'Hôtel de Ville, en même temps qu'était constitué un « gouvernement de la Défense nationale », présidé par le général Trochu. Ce gouvernement, qui semble bien avoir dès le départ sacrifié l'intérêt supérieur de la France sur l'autel de la République, décida la poursuite de la guerre. Mais, pas plus que le régime défunt, il ne réussit à vaincre la Prusse. Et, après la capitulation de Paris et l'armistice (28 janvier 1871), et lors même que la Commune de Paris avait débuté (18 mars 1871), la Prusse lui imposa le désastreux traité de Francfort (10 mai 1871) qui, outre une indemnité de 5 milliards, nous fit perdre l'Alsace-Lorraine.

Quant à l'empereur, qui n'avait pas abdiqué, il fut tout d'abord prisonnier au château de Wilhelmshöhe près de Kassel. Libéré le 9 mars 1871, il s'exila alors à Chislehurst, dans le Kent, en Angleterre, où il mourut le 9 mars 1873 des suites d'une opération de la vessie. Le prince impérial Eugène Louis Napoléon, né le 16 mars 1856, attaché à l'état-major de l'armée britannique au Zoulouland, devait mourir le 1er juin 1879, tué lors d'une reconnaissance. Et l'on sait que l'impératrice ne mourut que le 11 juillet 1920 au cours d'un voyage à Madrid.

■ Le dernier empereur

Le malheur de Napoléon III fut de devenir victime du mythe même qui l'avait porté au pouvoir, tant la comparaison avec son oncle – « Augustule après Auguste », disait Victor Hugo – joua en sa défaveur. Mais, à défaut de génie militaire (un « civil intelligent », dit Louis Girard), on ne peut lui refuser, outre des sentiments plus libéraux que ceux de son oncle, une grande habileté politique que son statut initial de comploteur n'orienta peut-être pas vers des buts assez élevés. D'autant plus que, comme le remarqua Tocqueville, courageux dans la vie, « il était fort vacillant dans ses desseins ».

L'échec du parlementarisme

Il semble que l'échec du Second Empire ait surtout tenu à l'instauration trop tardive d'un vrai régime parlementaire. Car, si l'empereur marqua bien, dans la compréhension du jeu politique, un progrès certain sur les souverains qui l'avaient immédiatement précédé, il comprit trop tard que, nonobstant sa légitime autorité, le salut ne pouvait venir que d'un régime parlementaire. Tant il est vrai qu'au départ, comme l'a justement noté Tocqueville, « le régime de la monarchie constitutionnelle lui paraissait plus insupportable encore que celui même de la République. L'orgueil que lui donnait son nom qui, était sans bornes, s'inclinait volontiers devant la nation, mais se révoltait à l'idée de subir l'influence du Parlement ».

Conclusion

L'effacement de notre dernier souverain, le 4 septembre 1870, oblige à poser le problème, apparemment dépassé, du destin final de la monarchie en France, et tout d'abord sous l'angle dynastique. Rappelons que le refus obstiné du comte de Chambord (petit-fils de Charles X) d'accepter le drapeau tricolore (octobre 1873) – alors que sa venue au pouvoir était possible – écarta probablement pour toujours les chances d'un retour de la monarchie en France. Mais, après sa mort sans postérité mâle (24 août 1883), la question dynastique ne pouvait que rebondir.

En effet, abstraction faite de la conduite du régicide Philippe Égalité et de l'usurpation notoire commise par son fils Louis-Philippe, la branche d'Orléans n'avait, selon notre droit royal historique le mieux attesté, aucun droit à régner. Plus précisément, la renonciation de Philippe V d'Espagne (duc d'Anjou et petit-fils de Louis XIV) à son droit et à celui de ses descendants de régner en France, promise au traité d'Utrecht (11 avril 1713) et même rappelée par d'autres traités jusqu'en 1815, est bel et bien nulle et non avenue. On sait en effet que le roi de France ne peut ni abdiquer ni renoncer pour l'avenir à son droit de régner, que lui donne d'ailleurs peut-être moins l'hérédité proprement dite que son statut objectif de roi, dont l'hérédité n'est qu'une composante. Cela exclut donc la branche d'Orléans, mais n'empêcha évidemment pas Philippe, comte de Paris et petit-fils de Louis-Philippe, de revendiquer, pour lui et pour ses successeurs, l'héritage des Bourbons. Pourtant, la vérité oblige à dire que, si la branche d'Orléans a pu opposer à la branche aînée des Bourbons d'Espagne des arguments aussi fallacieux que la prescription, le respect inconditionnel des traités ou sa naturalisation à l'étranger, c'est bien à cette dernière – représentée actuellement par le prince Louis, duc d'Anjou (Louis XX), né en 1974, fils cadet du duc d'Anjou et de Cadix (Alphonse II) mort tragiquement en 1989, et cousin second du roi Juan Carlos d'Espagne – que devrait revenir la couronne.

Mais, indépendamment même d'un problème dynastique qui n'est plus que théorique, la question demeure de savoir si la chute en 1792 de notre monarchie séculaire – et qui ne put que se répéter aussi bien avec Napoléon qu'avec Charles X, Louis-Philippe et Napoléon III – n'a pas en réalité déstabilisé notre pays pendant près de deux siècles. Que l'on songe, non seulement aux multiples Constitutions qui se sont succédé depuis ce moment, mais aussi à la fragilité de régimes qui en 1814, 1815, 1870 et 1940 sont tombés – chose presque impensable sous la monarchie capétienne, qui résista aussi bien à la captivité de Jean le Bon qu'à l'abdication temporaire de François Ier – à la suite de défaites militaires, majeures, il est vrai. On peut alors se demander si la fragilité intrinsèque de nos régimes modernes n'a pas été due au fait que, du moins jusqu'à une époque récente, les Français n'avaient pu remédier à la perte d'une monarchie qui, pendant quelque huit cents ans, les avait guidés à travers mille vicissitudes.

Quoi s'il en soit, la question actuelle n'est peut-être pas tant de songer à une improbable Restauration que de se demander si la monarchie capétienne ne nous a pas quand même légué, même si cela appartient à notre inconscient, une manière d'être à l'égard du pouvoir qui, aussi frondeuse qu'admirative et finalement respectueuse, n'appartient pas qu'au domaine de la nostalgie. Est-il si sûr que notre attirance pour les sauveurs ou les vieillards envers lesquels, après un moment d'engouement, notre ingratitude est à la mesure de celle que nous avons manifestée à l'époque de la Révolution, ne trouve pas, malgré tout, sa source dans un indéracinable (mais difficilement avouable) sentiment monarchique ?

En ce cas, la monarchie élective – qui en dépit de la lettre de notre Constitution selon laquelle « le gouvernement (et non le président de la République) détermine et conduit la politique de la nation » paraît bien être notre lot – ne serait pas une simple pratique empirique et amendable, mais bien de l'essence même de notre Ve République. C'est ce que montre, à notre sens, la polarisation excessive et, à certains égards, paralysante, de notre vie politique par l'élection d'un président de la République dont le mandat plutôt long (et si difficile à raccourcir !) accentue justement, et à l'encontre même de son fondement populaire, le caractère résolument (mais temporairement) monarchique.

Ne misant pas seulement sur le *Prince*, Machiavel assurait que, dans le cadre d'une République, « un peuple qui commande sous l'empire d'une bonne constitution » pourrait être « aussi stable, aussi prudent qu'un prince », et même « plus encore que le prince le plus estimé pour sa sagesse » ; ce qui ne l'empêchait pas de constater que « l'un des vices des gouvernements populaires est de dédaigner en temps de paix les hommes supérieurs ». Un homme supérieur choisi par le peuple en temps de paix ne serait-il pas dès lors, en dépit des aléas toujours possibles, le prince idéal ? Mais en ce cas, loin d'être un brillant souvenir destiné à s'effacer, l'époque des souverains de la France pourrait bien être, au moins par l'exemple que les meilleurs d'entre eux nous ont légué, encore mystérieusement liée à notre plus bel avenir.

La question dynastique après

Les prétentions des Bourbons d'Espagne

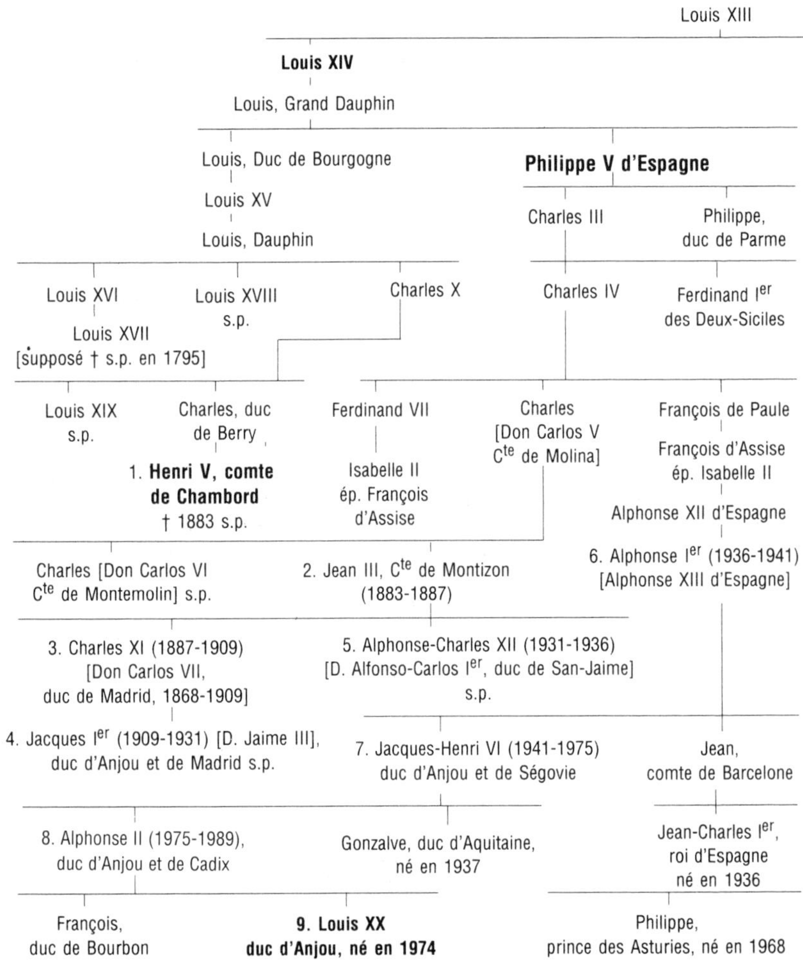

On notera que les tribunaux français ont reconnu, fin 1989, le droit du prince Louis de Bourbon (Louis XX) à porter son titre et ses armes.

Les chiffres indiquent l'ordre de succession théorique jusqu'à l'actuel prétendant.

s.p. : sans postérité.

le comte de Chambord († 1883)

Les prétentions des Orléans

- Louis XIII
  - **Philippe d'Orléans (Monsieur)**
    - Philippe, le Régent
      - Louis, duc d'Orléans
        - Louis-Philippe
          - Louis-Philippe-Joseph, dit Philippe Égalité
            - Louis-Philippe Ier, roi des Français
              - Ferdinand, duc d'Orléans « Prince royal » († 1842)
                - 2. Philippe, comte de Paris [Philippe VII, 1883-1894]
                  - 3. Philippe, duc d'Orléans [Philippe VIII, 1894-1926]
                - Robert, duc de Chartres † 1910
                  - 4. Jean, duc de Guise [Jean III, 1926-1940]
                    - 5. **Henri, comte de Paris [Henri VI]** né en 1908
                      - Henri, comte de Clermont né en 1933
                        - François d'Orléans né en 1961
                        - Jean d'Orléans né en 1965
                        - Eudes d'Orléans né en 1968
              - Louis, duc de Nemours
                - Gaston, comte d'Eu, ép. Isabelle de Bragance, princesse héritière du Brésil
                  - → souche des Orléans-Bragance
              - Antoine, duc de Montpensier
                - → souche des ducs de Galliera

De son côté, le comte de Paris (Henri VI) après avoir écarté son fils le comte de Clermont de ses droits à la couronne au profit de son petit-fils Jean d'Orléans, s'est réconcilié avec lui en mars 1991.

Les chiffres indiquent l'ordre de succession théorique jusqu'à l'actuel prétendant.

s.p. : sans postérité.

Bibliographie

Ouvrages généraux

Outre la monumentale ***Histoire de France*** publiée sous la direction d'Ernest Lavisse, Hachette, on citera :

Sous la direction de Georges Duby, ***Histoire de France***, Larousse.

Sous la direction de Jean Favier, ***Histoire de France***, Fayard.

Sous la direction de Stéphane Rials, ***Le Miracle capétien***, Perrin.

Pierre Bezbakh, ***L'histoire de France des origines à 1914***, « les Compacts », Bordas.

Ouvrages particuliers

Outre la série de Georges Bordonove, ***Les rois qui ont fait la France*** (de Clovis à Louis-Philippe), Pygmalion/Gérard Watelet, on citera :

Yves Sassier, ***Hugues Capet***, Fayard.

Jean Richard, ***Saint Louis***, Fayard.

Jean Favier, ***Philippe le Bel***, Fayard.

Paul Murray Kendall, ***Louis XI***, Fayard.

Jean Jacquart, ***François Ier***, Fayard.

Ivan Cloulas, ***Henri II***, Fayard.

Pierre Chevallier, ***Henri III***, Fayard.

Jean-Pierre Babelon, ***Henri IV***, Fayard.

Pierre Chevallier, ***Louis XIII***, Fayard.

François Bluche, ***Louis XIV***, Fayard.

Michel Antoine : ***Louis XV***, Fayard.

Évelyne Lever, ***Louis XVI***, Fayard.

Jean Tulard, ***Napoléon***, Fayard.

André Castelot, ***Grande Histoire illustrée de Napoléon***, Perrin-Bordas.

Évelyne Lever, ***Louis XVIII***, Fayard.

André Castelot, ***Charles X***, Perrin.

Hervé Robert, ***Louis-Philippe***, Denoël.

Philippe Séguin, ***Louis Napoléon le Grand***, Grasset.

Index

*On trouvera indexés ci-après les noms des personnages ayant eu un rôle important au côté ou en relation avec nos souverains. Sont exclus les noms de lieux, d'évènements, d'institutions ou de batailles. Un folio **en gras** renvoie à une étude développée.*

N

O

P

R

S

T

Les g

V